Migrantinnen im Frauenhaus

Buchreihe
Rekonstruktive Forschung in der Sozialen Arbeit

herausgegeben von
Wolfram Fischer, Universität Kassel
Cornelia Giebeler, Fachhochschule Bielefeld
Martina Goblirsch, Universität Kassel
Ingrid Miethe, Ev. Fachhochschule Darmstadt
Gerhard Riemann, Georg-Simon-Ohm-Hochschule Nürnberg

aus dem Netzwerk Rekonstruktive Sozialarbeitsforschung und Biografie

Band 6

Nadja Lehmann

Migrantinnen im Frauenhaus

Biografische Perspektiven auf Gewalterfahrungen

Verlag Barbara Budrich
Opladen & Farmington Hills 2008

Bibliografische Informationen der Deutschen Nationalbibliothek
Die Deutsche Nationalbibliothek verzeichnet diese Publikation in der Deutschen Nationalbibliografie; detaillierte bibliografische Daten sind im Internet über http://dnb.d-nb.de abrufbar.

Zugl. Dissertation, Freie Universität Berlin (2006)

Gedruckt auf säurefreiem und alterungsbeständigem Papier.

www.budrich-verlag.de

ISBN 978-3-86649-159-5

Umschlaggestaltung: disegno visuelle kommunikation, Wuppertal – www.disenjo.de
Druck: paper&tinta, Warschau
Printed in Europe

Danksagung

Mein ganz besonderer Dank richtet sich an die Interviewpartnerinnen. Ihre Sichtweisen auf ihr Leben haben mich einige Jahre begleitet und mir neue Perspektiven eröffnet.

Meine Gutachterinnen Helgard Kramer und Birgit Rommelspacher, haben mich während des gesamten Promotionsvorhabens unterstützt und waren immer offen dafür, Interpretationen und Ergebnisse zu diskutieren und weiterzudenken.

Ingrid Miethe und Bettina Völter haben in den Methodenworkshops, die an der ASFH für Stipendiatinnen stattfinden, mein Interesse an der angewandten Methode nachhaltig geweckt und mich durch wertvolle Anregungen und die kritische und konstruktive Auseinandersetzung mit allen methodischen Fragen engagiert unterstützt. Begoña Petuya, Talibe Süzen, Sonja Kubisch, Stefanie Sauer und Christine Adis waren durch viele wichtige Rückmeldungen, Diskussionen und ihre motivierende Unterstützung am Entstehen dieser Arbeit beteiligt. Bedanken möchte ich mich bei den Studentinnen, die im Rahmen des Forschungspraktikums II am Institut für Soziologie der FU Berlin fünf Interviews dieser Arbeit durchführten. Mein besonderer Dank geht dabei an Anne Becker, die das Interview mit Nihad Amin (Kapitel 7.2) engagiert durchführte.

Insgesamt gibt es viele Menschen, die in den vergangenen Jahren meine Arbeit mit mir diskutiert und die Interviews interpretiert haben. Besonders erwähnen möchte ich die Promotionscolloquien an der Alice-Salomon-Fachochschule in Berlin und am Institut für Soziologie der FU Berlin.

Finanziell unterstützt wurde diese Arbeit durch Promotionsstipendien an der Alice-Salomon-Fachhochschule in Berlin und durch eine Abschlussförderung im Berliner Programm zur Förderung der Chancengleichheit für Frauen in Forschung und Lehre.

Diese Arbeit wurde entscheidend durch den Austausch und unzählige Diskussionen mit meinen Kolleginnen und Freundinnen Louise Baghramian und Rada Grubič geprägt. Iman Attia und Heike Weinbach haben meine Arbeit zum Schluss gelesen und mit wichtigen inhaltlichen Kommentaren, Anregungen und Hinweisen dazu beigetragen, dieses Projekt abzuschliessen.

Ein herzlicher Dank an meine Mutter, die sich ausgiebig den Fehlern in dieser Arbeit gewidmet hat, und auch an meinen Vater für sein Interesse und seine Diskussionsbereitschaft.

Mein ganz besonderer Dank geht an meinen Mann Thomas Sikora, der mit seiner umfassenden emotionalen und entlastenden Unterstützung dafür gesorgt hat, dass ich immer wieder Zeit und Kraft bekam, konzentriert zu arbeiten, mich zu erholen und diese Arbeit zu beenden. Meiner Tochter Mascha bin ich sehr dankbar dafür, dass sie mich in den ganzen Jahren immer wieder daran erinnert hat, dass es noch ein ganz ‚anderes' Leben gibt. Ihr widme ich diese Arbeit.

Inhalt

Vorwort

Bis vor kurzem war die Gewalt gegenüber Migrantinnen kein Thema - weder in der öffentlichen noch in der wissenschaftlichen Debatte. Obgleich im Laufe der letzten Jahrzehnte immer mehr Frauen mit Migrationshintergrund in den Frauenhäusern Zuflucht suchten und dort teilweise mehr als die Hälfte der BewohnerInnen stellten, war dies kein Anlass für weitere Forschungen und differenzierte Debatten. Inzwischen ist das Thema Gewalt im Milieu von MigrantInnen jedoch ein öffentlich heiß diskutiertes Thema. Ob aber diese Diskussionen das Verständnis für die spezifische Situation von Migrantinnen fördern und dazu beitragen ihre Situation zu verbessern, mag bezweifelt werden, denn die meisten Diskussionen haben eine einfache Antwort auf die Frage nach den Ursachen dieser Gewalt parat: Es ist die Kultur, die Religion und das spezifische Herkunftsmilieu, das für die besondere Gewalt gegenüber Migrantinnen verantwortlich zu machen ist. Diese Behauptungen entbehren in der Regel jeder empirischen Basis.

Deshalb sind dringend Forschungen gefragt, die genau hinschauen, was die spezifische Situation von Frauen ausmacht, die aus ihrem Heimatland emigriert sind oder fliehen mussten und in Deutschland in einer oft prekären ökonomischen, rechtlichen und sozialen Situation leben. Und vor allem sind Forschungen notwendig, die die Perspektive der betroffenen Frauen selbst in den Mittelpunkt rücken und fragen, wie sie die Gewalt selbst einordnen und wie sie mit ihr umgehen.

Hier setzt die Untersuchung von Nadja Lehmann an. Sie hat Frauen mit Migrationshintergrund befragt, die massive Gewalt erfahren und im Frauenhaus Zuflucht gefunden haben. In ihrer Analyse geht sie vom Konzept der Intersektionalität aus, das heißt von der Erkenntnis, dass in einer spezifischen Situation immer mehrere soziale Einflussfaktoren und gesellschaftlichen Machtverhältnisse wirksam sind wie patriarchale Machtverhältnisse, die Migrationssituation, kulturelle Einflüsse etc.. Diese Einflüsse wirken nun bei jeder Frauen in spezifischer Weise ineinander. Gewalt kann also nicht jenseits des Kontexts verstanden werden in dem sie verübt wird.

Bei den Migrantinnen spielt vor allem die Vorgeschichte im Herkunftsland, Ursachen und Verlauf der Migration oder Flucht und auch ihre Situation im Aufnahmeland eine entscheidende Rolle. Das macht diese Untersuchung von Nadja Lehmann überaus deutlich. Sie folgt mit der Rekonstruktion der Biografien dem Verlauf sehr unterschiedlicher Lebensgeschichten und nimmt so die Leserin mit auf spannende und sehr verschiedene Lebenswege, so dass auch die jeweils unterschiedlichen Interpretationen von Gewalt durch die betreffenden Frauen plausibel werden. Zwar wird die Gewalt von allen Frauen als existenziell erschütternd erlebt, dennoch sind zugleich sehr unterschiedliche Einordnungen und Umgangsweisen damit möglich. So kann zum Beispiel die eine Frau die Gewalt ihren Repressionserfahrungen als Angehörige einer ethnischen Minderheit zuordnen, während eine andere diese vielmehr in der Kontinuität ihrer Familiengeschichte sieht, und wieder eine andere sie vor allem als Resultat patriarchaler Geschlechterverhältnisse versteht. Entsprechend dieser unterschiedlichen Einordnungen haben die Frauen auch unterschiedliche Ressourcen zum Umgang mit der Gewalt zur Verfügung.

Schon allein deshalb ist eine solche Untersuchung von unschätzbarem Wert für diejenigen, die diese Frauen beraten und unterstützen. Die besondere Bedeutung dieser Arbeit liegt jedoch vor allem darin, dass in der Rekonstruktion der verschiedenen Lebensgeschichten die eigenen Vorstellungen immer wieder irritiert und die eigenen Erwartungen korrigiert werden. Diese Erweiterung des Vorstellungshorizonts und die Anregung zur kritischen Selbstreflexion werden durch eine sensible Interviewführung und differenzierte Analyse der Interviews gestützt. Nur durch die große Offenheit mit der die Autorin den Frauen begegnet und durch die genaue und abwägende Analyse mit der sie deren Erzählungen interpretiert wird es möglich, der Individualität der Frauen und der Komplexität ihrer Lebenssituation gerecht zu werden. So zeigt diese Arbeit, wie spannend es sein kann, die eigenen Vorurteilsstrukturen und Interpretationsschemata ein Stück weit zu suspendieren und sich auf Neues einzulassen.

Insofern ist dies eine Arbeit, die den Erwartungshorizont erweitern und Neugier auf die Lebenswege anderer Frauen und deren Sichtweisen wecken kann. Mit ihrer sensiblen und differenzierten Analyse bietet sie ein Modell, eine Balance zwischen Offenheit und Systematisierung zu finden. Auf der konzeptionellen Ebene erweitert sie die feministische Analyse um weitere zentrale Dimensionen und erteilt damit zugleich auch simplen kulturalistischen Argumentationen eine Absage. Diese Arbeit stellt die betroffenen Frauen in den Mittelpunkt und ermöglicht auf der Basis ihrer Sichtweisen ein differenziertes Verständnis ihrer komplexen Lebenssituation.

Birgit Rommelspacher Februar 2008

1 Einleitung

Hintergrund für die Entstehung dieser Dissertation ist meine eigene berufliche Praxis als Sozialarbeiterin in der Beratungsarbeit, Mitte bis Ende der 90er Jahre, in einem autonomen[1] Frauenhaus in Berlin in einem interkulturellen Team. In diesem Frauenhaus war der Anteil von Migrantinnen[2] unter den Bewohnerinnen sehr hoch und lag bei ca. 60-80%.[3]

Die Arbeit im Frauenhaus macht deutlich, dass gewaltbetroffene Migrantinnen in einer spezifischen Lebenssituation sind. Die erlebte Gewalt verbindet sich mit Erfahrungen von Ausgrenzung, Stigmatisierung und Rassismus, zum Beispiel innerhalb der Gewaltbeziehung, durch aufenthaltsrechtliche Strukturen, durch institutionelle Diskriminierung und in der Gemeinschaft des Frauenhauses.

Für Mitarbeiterinnen in der Frauenhausarbeit haben sich in der Beratung von Migrantinnen die Schwerpunkte in der Arbeit verschoben. Viele andere Probleme als die erlebte Gewalt sind drängender und existentieller. Die Auseinandersetzung mit der Gewalterfahrung kommt dabei häufig zu kurz. Viele Migrantinnen haben zudem Gewalterfahrungen auf unterschiedlichen Ebenen gemacht, die sich in Begriffen wie ‚Gewalt im Geschlechterverhältnis‘ und ‚häusliche Gewalt‘ nur unzureichend erfassen lassen. Ich verwende in meiner Arbeit den Begriff ‚häusliche Gewalt‘, wenn es um die Benennung der Gewalt geht, wegen der die Frauen in das Frauenhaus gegangen sind. ‚Häusliche Gewalt‘ ist eine Übersetzung des Begriffs ‚domestic violence‘, der im gesamten angelsächsischen Kontext zu einem feststehenden Begriff gewor-

---

1 Ich beziehe mich hier auf die in den letzten ca. 30 Jahren gewachsene westdeutsche autonome Frauenhausbewegung, wenn ich von Frauenhausarbeit spreche. Allerdings sind die Kriterien für ein Frauenhaus, das sich als ‚autonomes' Frauenhaus bezeichnet, nicht transparent und einheitlich. Die Frauenhäuser in den neuen Bundesländern haben historisch und politisch eine ganz andere Entwicklung gehabt und positionieren sich ebenfalls sehr unterschiedlich zur westdeutschen Frauenhausbewegung.

2 Die Bezeichnung ‚Migrantinnen' bzw. ‚Migranten' hat sich mittlerweile in Deutschland etabliert. Jedoch bleibt in der Alltagssprache, aber auch im politischen und wissenschaftlichen Diskurs häufig ungenau, wer gemeint ist. Die politische Gruppe der feministischen Migrantinnen (FeMigra 1995:50) verwendet den Begriff „Migrantin“ für sich als politischen Begriff, der die politisch-sozialen Vergesellschaftungsprozesse, die mit Migration verbunden sind, betont. Dabei beziehen sie sich auf die eigene Erfahrung der Immigration oder die der Eltern. Ich verwende in meiner Arbeit auch die Bezeichnung ‚MigrantIn' und beziehe mich hier auf Menschen, die selbst migriert sind oder bei denen ein Elternteil migriert ist.

3 Nach Angaben des Senats in Berlin wird im Berliner Aktionsplan zur „Bekämpfung von Häuslicher Gewalt“ der Anteil von Migrantinnen, die in den Anti-Gewalt-Projekten der Stadt Hilfe und Unterstützung suchen, in den letzten Jahren allgemein mit bis zu 50% angegeben (2002:17). In anderen Großstädten wird von ähnlichen Zahlen ausgegangen.

den ist. Er bezieht sich auf Gewalthandeln zwischen erwachsenen Personen, die in einer nahen Beziehung zueinander stehen.[4] ‚Häusliche Gewalt' wird mittlerweile in Deutschland in Anlehnung an den englischsprachigen Kontext verwendet (vgl. Schweikert 2000:71).[5] In Deutschland wird jedoch nach wie vor häufig der Begriff ‚Gewalt im Geschlechterverhältnis' verwendet, bei dem die „Geschlechtlichkeit des Opfers und des Täters" und die damit verbundene „Ausnutzung eines Machtverhältnisses durch die strukturell stärkere Person" fokussiert wird (Hagemann-White 1997:29).

Es stellt sich die folgende grundlegende Frage: Wenn im Frauenhaus die ‚Gewalt im Geschlechterverhältnis' als das zentrale Problem für die betroffenen Frauen definiert wird, ist das der realen Lebenssituation und vor allen Dingen den Perspektiven aller Frauen, also auch gewaltbetroffener Migrantinnen im Frauenhaus angemessen? Um sich mit dieser Frage weiter beschäftigen zu können, ist es von Bedeutung, etwas über die subjektiven Sichtweisen gewaltbetroffener Migrantinnen zu erfahren.

Hier liegt mein Forschungsinteresse und hier setzt die vorliegende Studie an.

Empirische Grundlage der Studie sind Lebensgeschichten gewaltbetroffener Migrantinnen, die auf Grund einer Gewalterfahrung in ein Frauenhaus gegangen sind. Einige der Interviews wurden im Frauenhaus durchgeführt, andere wurden aber auch mit Frauen durchgeführt, bei denen der Frauenhausaufenthalt zum Zeitpunkt des Interviews bereits eine Zeit zurück lag. Ich gehe davon aus, dass es sich bei Frauenhäusern um ‚gesellschaftliche Orte' handelt, an denen das Thema häusliche Gewalt besonders gut sichtbar wird. Außerdem haben Frauen, die in ein Frauenhaus gehen, sich entschieden, die Gewaltsituation zumindest für eine bestimmte Zeit zu verlassen und befinden sich damit in einer gewissen Distanz zu der Beziehung. Das bietet die Option zu einer grundlegenden Reflektion der eigenen Lebenssituation.

Bevor ich die genaue Fragestellung und den Aufbau der hier vorliegenden empirischen Studie vorstelle, möchte ich zunächst auf die gesellschaftspolitische Relevanz der Frauenhausarbeit und im Anschluss auf bestehende Forschungsdefizite und sich daraus ergebende Forschungsdesiderate eingehen.

---

4 Der Begriff ‚familiy violence' bezieht sich hingegen auf alle Formen von Gewalt in der Familie.

5 Die Berliner Interventionszentrale bei häuslicher Gewalt formuliert auf ihrer Homepage folgende Definition: „Der Begriff ‚häusliche Gewalt' umfasst alle Formen der physischen, sexuellen, psychischen, sozialen und emotionalen Gewalt zwischen erwachsenen Menschen, die in nahen Beziehungen zueinander stehen oder gestanden haben". http://big-interventionszentrale.de/projekt/ (Zugriffsdatum: 6.09.06).

1.1 Gesellschaftspolitische Relevanz der Frauenhausarbeit[6]

Das Thema ‚Gewalt gegen Frauen' ist im westlichen Feminismus und in westlichen Gesellschaften heute untrennbar mit der Entstehung und Existenz der Frauenhäuser verknüpft. In den 70er Jahren ist die autonome Frauenhausbewegung aus der Erkenntnis entstanden, dass Gewalt gegen Frauen eine gesellschaftliche Realität ist, das heißt „nicht Norm*verletzung*, sondern Norm*verlängerung*" (Hagemann-White 1992:10; Hervorh.i.O.). Mit der Entstehung der autonomen Frauenhäuser ging es den Initiatorinnen um eine Veröffentlichung der Gewalt von Männern gegen Frauen und der Aufdeckung struktureller Gewalt gegen Frauen. Autonome Frauenhäuser wurden zu einem erfolgreichen Beispiel dafür, wie sich politische Analysen in eine konkrete Praxis umsetzen ließen, die sich als politisch definierte und sich in ihrem Selbstverständnis deutlich von institutioneller Sozialarbeit abgrenzte. Misshandelte Frauen und ihre Kinder kamen in die Häuser, weil es bis zu dem Zeitpunkt keine anderen Orte für sie gab. Gewalt gegen Frauen wurde damit in das öffentliche Bewußtsein gebracht. Sie ist heute sichtbar und hat einen Namen (vgl. Brückner 1998). Im Jahr 2000 gab es bereits 400 Frauenhäuser in Deutschland (Sellach 2000:463), die in den letzten 30 Jahren zur wichtigsten Anlaufstelle für misshandelte Frauen und ihre Kinder geworden sind. Misshandelte Frauen können anonym, unbürokratisch und rund um die Uhr in die Frauenhäuser gehen. Dies ist bekannt und mittlerweile in der allgemeinen Wahrnehmung zum festen Angebot in der psychosozialen Regelversorgung geworden, unabhängig davon, unter welcher Trägerschaft und mit welchem inhaltlichen Selbstverständnis gearbeitet wird. Zu den Frauenprojekten im Anti-Gewalt-Bereich gehören außerdem Zufluchtswohnungen und Frauenberatungsstellen, in denen parteiliche Beratung und Unterstützung angeboten wird. Durch die Frauenhäuser sind überall Räume entstanden, die betroffenen Frauen als Angebot zur Verfügung stehen und durch Anonymität, Hilfe zur Selbsthilfe und parteiliche Beratung eine Alternative zur Regelversorgung aufweisen. Es sind bezahlte Arbeitsplätze für Frauen entstanden, die die Möglichkeit bieten, alternative Arbeitsstrukturen zu entwickeln und zu erproben.

Seit Anfang der 90er Jahre gab es gravierende Veränderungen in der politischen Landschaft und damit einhergehende massive Kürzungen und Umstrukturierungen im gesamten Sozialgefüge. Das findet seinen Ausdruck in einem starken Legitimations- und Rechtfertigungsdruck aller sozialen Projekte. Die Frauenhäuser in Berlin beispielsweise mussten einen jahrelangen Stellenstop überstehen und sämtliche verwaltungstechnische und politische

6 Vgl. zu diesem Kapitel Lehmann (2002a).

Umstrukturierungen im Sozialbereich als letztes Glied in der Selbstverwaltung auffangen. Durch die Einsparungen und die Konsolidierung der Haushalte verschlechterte sich die personelle und materielle Ausstattung der Projekte. Zudem wurden von den Frauenhäusern Maßnahmen zu Qualitätsentwicklung und –sicherung gefordert. Dies bedeutete, dass Arbeitsstrukturen transparenter werden sollten und war gleichzeitig verbunden mit einer stärkeren Kontrolle durch die Zuwendungsgeber (vgl. kritisch v. Asel 2001).

Das Thema ‚Gewalt gegen Frauen' wurde in den 90er Jahren unter anderem auf den Weltfrauenkonferenzen, in der Europapolitik und durch nationale staatliche Programme aufgegriffen (vgl. Wölte 2002; Dederichs-Bain 2001). Es erfolgte in Deutschland die Einrichtung von Interventionsprojekten (vgl. Kavemann 2004; 2001), einer bundesweiten Frauenhauskoordinierungsstelle, die Festschreibung des Aktionsplans der Bundesregierung gegen Gewalt gegen Frauen[7] und seine Umsetzung. Hierzu gehört die Verabschiedung von gesetzgeberischen Maßnahmen wie dem Gewaltschutzgesetz und die Durchführung der ersten großen bundesdeutschen Repräsentativbefragung im Auftrag des BMFSFJ 2004 zu Gewalt gegen Frauen in Deutschland, unter dem Titel: „Lebenssituation, Sicherheit und Gesundheit von Frauen in Deutschland" (Schröttle/Müller 2004).[8] Die Anti-Gewalt-Arbeit wurde also staatlicherseits ‚pluralisiert'. Frauenhäuser machten nur noch einen Teil der Interventionen aus und die Entwicklungen in den 90er Jahren führten zu einem neuen Professionalisierungsdruck.

Zusammenfassend lässt sich feststellen, dass die Entstehung der Frauenhäuser ein Beispiel dafür ist, wie aus der Verknüpfung von politischem und sozialem Engagement ein Konzept für ein Projekt entstanden ist, für das es bis heute nach über 30 Jahren trotz aller gesellschaftlichen Umbrüche und Veränderungen einen Bedarf gibt (vgl. Schäfer 2002). Das macht deutlich, welche besondere Rolle Frauenhäuser haben. Frauenhäuser sind Projekte, die von der öffentlichen Hand finanziert werden und entgegen ihrem Selbstverständnis als feministische Alternativprojekte zu ‚defacto'- Institutionen der psychosozialen Versorgung geworden sind.

Der zugrunde liegende Gewaltbegriff und die daraus resultierende Parteilichkeit für Frauen wurde in den Jahren nach der Entstehung der Frauenhäuser erweitert, als deutlich wurde, dass die Kinder der Frauen eigene Gewalterfahrungen auch durch die Mütter zu verarbeiten haben und somit auf eine Parteilichkeit, unabhängig von ihren Müttern und erwachsenen Frauen angewiesen sind (vgl. Kavemann 2002). Der Opferstatus von Frauen wurde in den letzten ca. 20 Jahren durch Thesen über die Mittäterinnenschaft (Thürmer-Rohr 1989) oder Täterinnenschaft von Frauen in Frage gestellt und

---

7 Bundesministerium für Familie, Senioren, Frauen und Jugend (1999): Aktionsplan der Bundesregierung zur Bekämpfung von Gewalt gegen Frauen. Bonn.

8 Vgl. hierzu die Materialien zur Gleichstellungspolitik Nr.99/2004: Umsetzung des Aktionsplans der Bundesregierung zur Bekämpfung von Gewalt gegen Frauen.

differenzierter betrachtet. Die Lebenssituation von Frauen „im Widerspruch zwischen Dominanz und Diskriminierung“ wurde im Konzept der Dominanzkultur (Rommelspacher 1995) beschrieben.[9] Identitätsstiftende Begriffe und Grundprinzipien der Arbeit wie ‚Ganzheitlichkeit‘, ‚Parteilichkeit‘ und ‚Betroffenheit‘ wurden und werden hier zum Problem, wenn sie grundsätzlich Gemeinsamkeit, Solidarität und Nähe zwischen Frauen voraussetzen und damit Unterschiede, Distanz und das Austragen von Konflikten moralisch negativ belegen (vgl. Brückner 1990; 1996).

Die Grenzen der oben genannten Begriffe und Grundprinzipien wurden besonders deutlich, als Migrantinnen, die in einigen Städten als Mitarbeiterinnen in Frauenhäusern arbeiteten, den tradierten Feminismusbegriff der deutschen Frauenhausbewegung in Frage stellten und damit das Thema Differenzen zwischen Frauen nicht mehr zu ignorieren war. Das Thema Rassismus rückte in den Frauenhäusern Anfang der 90er Jahre mehr in den Vordergrund. Dies drückte sich darin aus, dass sich viele Migrantinnen als Mitarbeiterinnen politisch und inhaltlich von der mehrheitsdeutschen Frauenbewegung nicht vertreten fühlten und in Frauenzusammenhängen Erfahrungen mit Rassismus auf verschiedenen Ebenen machten (vgl. Aktaş 1993).[10]

Die Kritik der Migrantinnen rüttelte an dem Selbstbild der Frauenhausmitarbeiterinnen und wurde teilweise als ‚unsolidarisch‘ bezeichnet. In bundesweiten Zusammenhängen organisierten sich Mitte der 90er Jahre Migrantinnen als Mitarbeiterinnen und stellten konzeptionelle Forderungen an die Frauenhausprojekte. Sie forderten eine stärkere Berücksichtigung der spezifischen Situation von Migrantinnen als Bewohnerinnen und als Mitarbeiterinnen. In diesem Zusammenhang kam es zu grundlegenden Auseinandersetzungen zwischen Frauenhausmitarbeiterinnen mit und ohne Migrationshintergrund auf bundesweiten Treffen. Jedoch sind diese Kontroversen bisher nicht transparent aufgearbeitet worden oder nur als eine „Zerreißprobe“ mehr

---

9 Vgl. auch Kap. 2.1.

10 Ein Vortrag, der 1990 von Gülşen Aktaş auf der Bremer Frauenwoche gehalten wurde und später als Aufsatz veröffentlich wurde, ist für diese Diskussion exemplarisch zu nennen: Gülşen Aktaş (1993) hat viele Jahre selbst in einem Frauenhaus gearbeitet und beschreibt in einem Artikel ihre Erfahrungen mit der Frauenhausbewegung und der konkreten Arbeit im Frauenhaus. Gülşen Aktaş hatte Interviews mit Frauenhausbewohnerinnen aus der Türkei geführt und dokumentiert in dem Beitrag deren Erfahrungen mit Rassismus im Frauenhaus. Hierbei beschreibt sie einerseits den Rassismus unter den Bewohnerinnen, aber auch den subtileren Rassismus der Mitarbeiterinnen. Aktaş verweist auf die Diskrepanz zwischen politischem Anspruch und der konkreten Situation im Frauenhaus. Dieser Beitrag löste in Frauenhauszusammenhängen sehr kontroverse Diskussionen aus und führte dazu, dass in einem der autonomen Frauenhäuser in Berlin, als einem der ersten Frauenprojekte, die Quotierung von Migrantinnen als Mitarbeiterinnen eingeführt wurde (vgl. Aktaş a.a.O.:60). Grundsätzlich ist dieser Beitrag einer der wenigen, die öffentlich eine kritische Perspektive auf die Frauenhausarbeit einnehmen. Als eine weitere kritische Auseinandersetzung mit der Frauenhausarbeit aus der Praxis ist ein Beitrag von Nebahat Güclü und Mónica Rodrigo Palma (1999) über „Interkulturelle Arbeit im Frauenhaus“ zu nennen.

für die bundesweiten Vernetzungsstrukturen der autonomen Frauenhäuser eingeordnet (vgl. von Asel 2001:42). In den letzten Jahren finden zunehmend Tagungen und Veranstaltungen statt, in denen das Thema auf der Ebene ‚interkulturelle Arbeit im Anti-Gewalt-Bereich' weiter diskutiert wird. Die Diskussion der 90er Jahre um eine offensivere Positionierung der Frauenhäuser als antirassistische Projekte hat sich dahingehend verändert, dass es nun um ‚interkulturelle Kompetenz' und ‚interkulturelle Öffnung' der Anti-Gewalt-Projekte geht und dies wird in der letzten Zeit in erster Linie im Kontext von Professionalisierung thematisiert. Es stellte sich zunehmend die Frage, wie eine interkulturelle Anti-Gewalt-Arbeit aussehen kann und diese Frage wurde und wird durchaus bis heute kontrovers diskutiert. Daraus ergeben sich konzeptionelle und inhaltliche Fragen an die Frauenhausarbeit.

Die Entwicklungen in europäischen Nachbarstaaten[11] und in Staaten wie z.B. den USA (vgl. Kapitel 3), Kanada[12] und Australien, die als klassische Einwanderungsländer bezeichnet werden, haben gezeigt, dass einerseits eine interkulturelle Öffnung aller sozialen Einrichtungen und gleichzeitig auch eine Spezialisierung des Beratungsangebotes für gewaltbetroffene Migrantinnen notwendig wurde.

1.2 Forschungsdefizite und Forschungsdesiderate

Bei der theoretischen Beschäftigung mit dem Thema ‚Migrantinnen im Frauenhaus' bzw. ‚Migrantinnen und häusliche Gewalt' wird deutlich, dass innerhalb der Gewaltforschung bis heute noch keine systematische Auseinandersetzung mit Interkulturalität und Diversität stattgefunden hat. Dies spiegelt sich auch in der Theoriebildung wider. In den Fortbildungsmaterialien des Bundesministeriums für Familie, Senioren, Frauen und Jugend für Mitarbeiterinnen im Frauenhaus wird in dem Kapitel „Migrantinnen im Frauenhaus" ausdrücklich auf das Defizit an Texten hingewiesen, in denen theoretisch dem Problem der Beziehungsgewalt in Familien und Beziehungen von Migrantinnen nachgegangen wird (Sellach 2000:337f.).

---

11 Vgl. hierzu zwei Broschüren von Papatya Berlin (2000; 2001), veröffentlicht im Rahmen des Daphne-Programms der EU. In den Broschüren werden Schutzmaßnahmen für junge Frauen und Mädchen unterschiedlicher ethnischer Herkunft in anderen europäischen Ländern vorgestellt. Die veröffentlichten Ergebnisse geben auch komprimierte Informationen über die Entwicklung der Anti-Gewalt-Arbeit in Bezug auf den Umgang mit ethnischen Minderheiten.

12 Vgl. zum Beispiel eine Studie von 1990, die vom "National Clearinghouse on Family Violence" in Kanada in Auftrag gegeben wurde und sich ausschließlich mit den Hilfsangeboten für gewaltbetroffene Migrantinnen beschäftigt (MacLeod, Linda/ Shin, Maria for the National Clearinghouse on Family Violence 1990: Isolated, Afraid and Forgotten. The Service Delivery Needs and Realities of Immigrant and Refugee Women. who are battered).

Obwohl in der Fachöffentlichkeit mittlerweile allgemein bekannt ist, dass die Anzahl von Migrantinnen in Frauenhäusern sehr hoch ist, wird in theoretischen Analysen und Standortbestimmungen zur aktuellen Debatte zu ‚Gewalt im Geschlechterverhältnis' darauf gar nicht oder nur am Rande eingegangen. Dies lässt sich möglicherweise damit erklären, dass die feministische Gewaltforschung in ihrer Entstehungsgeschichte der klassischen Frauenforschung zuzuordnen ist, für die die Kategorien Geschlecht und Geschlechterdifferenz zentral sind. In dieser Forschungsperspektive wird davon ausgegangen, dass andere Differenzkategorien als Geschlecht, wie zum Beispiel „Klassenzugehörigkeit, ethnisierende und rassistische Markierungen" als „sekundäre und konkurrierende Merkmale" einzuordnen sind (Gümen 1996:79). Sedef Gümen formuliert dazu die fundamentale Kritik, dass

> „eine ausschließlich über die Geschlechterdifferenz definierte Begrifflichkeit von ‚Frau' bzw. ‚Geschlecht' (...) einen ausschließenden und homogenen Charakter hat. Aus der Perspektive einer isolierten und aus einem komplexen Gefüge von sozialen und historischen Zusammenhängen herausgelösten Kategorie der Geschlechterdifferenz wird die sog. ‚universale' Frau konstruiert. Demnach bilden Frauen auf Basis ihres Geschlechts anscheinend eine einheitliche Gruppe. Somit wird häufig argumentiert, daß der bestimmende Geschlechtsfaktor die primäre Unterdrückungsform aller Frauen sei" (Gümen 1996:80).

Im Unterschied zu anderen Teilen der sogenannten klassischen Frauenforschung wird in der feministischen Gewaltforschung bis heute an der omnipräsenten Konstruktion von Geschlechterdifferenzen festgehalten. Die Auseinandersetzung mit anderen Ungleichheitsstrukturen wird kaum in die Theoriebildung integriert und spiegelt damit auch den gesamtgesellschaftlichen Diskurs zu Einwanderung und im Umgang mit Minderheiten. Deutschland ist seit vielen Jahren ein ‚defacto-Einwanderungsland' und bekennt sich erst seit kurzer Zeit sehr zögerlich und mit Einschränkungen dazu.[13]

Der 6. Familienbericht des BMSFSJ[14] (2000), der sich ausschließlich mit der Situation „Familien ausländischer Herkunft" beschäftigt, bescheinigt dem Bildungssystem der Bundesrepublik Deutschland insgesamt einen Nachholbedarf, wenn es um „interkulturelle Bildung, internationale Migration, ethnische Studien, geschlechtsspezifische Fragestellungen der Migration und Integration und interkulturell vergleichende Familienwissenschaften" geht (a.a.O.:218). Es wird hier darauf hingewiesen, dass Migration in der Bundesrepublik Deutschland zukünftig noch an Bedeutung gewinnen wird und diese Dauersituation „durch angemessene institutionelle Vorkehrungen" berücksichtigt werden muss (a.a.O.:215). Insbesondere Heirats- und Familienmigration wird in Zukunft eine Schlüsselstellung in der Zuwanderung nach Deutschland einnehmen (a.a.O.:217).

---

13 Die Veröffentlichung des Mikrozensuses 2005 (Statistisches Bundesamt) macht deutlich, dass diese gesellschaftliche Positionierung keine verhandelbare Frage mehr ist, sondern faktisch jede/r fünfte EinwohnerIn Deutschlands einen Migrationshintergrund hat.

14 Abkürzung für: Bundesministerium für Familie, Senioren, Frauen und Jugend.

In den „Konsequenzen und Empfehlungen für die Politik" des Familienberichts des Bundesministeriums heißt es darum auch:

„Die Zunahme des weiblichen Anteils in der Migrantenbevölkerung stellt die Familienpolitik vor neue Aufgaben. Insbesondere sind im Bereich der Prävention angemessene Formen der Beratung zu entwickeln, die auf die besonderen Probleme und kulturellen Verschiedenheiten der Frauen ausländischer Herkunft in Bezug auf Geschlechterverhältnisse und Sexualität, auf Mutterschaft und Ehe eingehen. Ebenso sind im Bereich der Intervention wirksame Formen der Begegnung von Frauenhandel und häuslicher Gewalt zu erproben" (a.a.O.:216f).

Hier wird darauf hingewiesen, dass es im Umgang mit häuslicher Gewalt einen Differenzierungsbedarf gibt.

In der sozialwissenschaftlichen Forschung, in Teilen der Frauenforschung, zum Beispiel der feministischen Gewaltforschung, aber auch in Teilen der soziologischen Ungleichheitsforschung wirkt sich die Verleugnung der Einwanderung so aus, dass „Themen, die in Verbindung mit Fremden, Migration, Ethnizität und Rassismus stehen, als Sonderphänomene mit Gültigkeit für die ‚Betroffenen' " betrachtet werden (Gümen 2000b:164). Dabei gibt es, wie Gümen ausführt, zwei Strategien in der Forschung. Einerseits kommt es zu einer Form von Ausblendung, indem die Differenzkategorie „Ethnizität" einfach nicht berücksichtigt wird (a.a.O.:164) und damit „im Namen einer ‚Allgemeinheit' gesprochen, aber im Grunde nur ein bestimmter Teil der Gesellschaft, also die Mehrheitsgesellschaft gemeint" ist (a.a.O:172). Eine zweite Strategie bezieht sich darauf, dass durch eine „Besonderung"[15] die Gruppe, die durch „Ethnizität" anders markiert ist, hervorgehoben wird, die Differenz jedoch undefiniert bleibt (a.a.O:164). Beide Formen sind auch in der feministischen Gewaltforschung aufzufinden. Ethnizität als Differenz und Machtkategorie wird in der Theoriebildung in der Regel ausgeblendet oder aber bestenfalls additiv hinzugefügt, wenn es darum geht, besondere Problemlagen von Frauen, die von häuslicher Gewalt betroffen sind, aufzuzählen.

Von einem Stand der Forschung zur Situation von Migrantinnen in Frauenhäusern oder allgemein zu ‚Migrantinnen und häusliche Gewalt' kann in Deutschland erst gesprochen werden, seit 2004 die erste große bundesdeutsche Repräsentativuntersuchung zu Gewalt gegen Frauen in Deutschland, unter dem Titel: „Lebenssituation, Sicherheit und Gesundheit von Frauen in Deutschland" veröffentlicht wurde (Schröttle/ Müller 2004a).[16] Die Studie ist Teil des nationalen Aktionsplans der Bundesregierung zur Bekämpfung von

---

15 Gümen verwendet den Begriff „Besonderung" im Sinne des engl. Begriffs „othering" (a.a.O:164).

16 Die Hauptstudie und eine Zusammenfassung zentraler Studienergebnisse sind auf der Internetseite des BMSFSJ zu finden. Download unter http://www.bmfsfj.de/Kategorien/Forschungsnetz/forschungsberichte,did=20560.html (Zugriffsdatum: 16.08.05).

Gewalt gegen Frauen von 1999 und soll eine empirische Basis zu Ausmaß, Erscheinungsformen, Entstehungszusammenhängen und Folgen von Gewalt gegen Frauen in Deutschland bereitstellen. Sie ist zum jetzigen Zeitpunkt von ihrer Aktualität an erster Stelle zu nennen. Von Interesse ist an der vorliegenden Repräsentativbefragung für meine Arbeit, dass die Frage nach der Gewaltbetroffenheit von Migrantinnen explizit mit einbezogen und erhoben wurde.[17]

Ohne an dieser Stelle genauer darauf eingehen zu wollen, wurde in der vorliegenden Prävalenzstudie die stärkere Gewaltbetroffenheit von Migrantinnen, insbesondere von türkischen Migrantinnen, als ein wichtiges Untersuchungsergebnis festgestellt. Jedoch gibt es keine gesicherten Erkenntnisse dazu, wie dieses höhere Ausmaß der Gewalt zu begründen ist. So wird von den Forscherinnen im Zusammenhang mit den Ergebnissen der Hauptstudie festgestellt, dass weiterhin Forschungsbedarf bestehe:

> „Muster von Gewaltbetroffenheiten sollten herausgearbeitet werden, sowohl auf einzelne Menschen und Gewalt in verschiedenen Lebensphasen und sozialen Umfeldern, als auch bezogen auf unterschiedliche Formen und Ausprägungen von Gewalt in Paarbeziehungen" (Schröttle/Müller 2004b:22).

Deutlich wird, dass es nach wie vor ein Forschungsdefizit bei vertiefenden Analysen zu häuslicher Gewalt gibt.

1.3 Konzept der vorliegenden Arbeit

Die vorliegende Studie beschäftigt sich mit den Lebensgeschichten von Migrantinnen, die in einem Frauenhaus in Deutschland Unterstützung gesucht haben.

Sokoloff/Pratt (2005) und andere (vgl. Kapitel 3) weisen aus US-amerikanischer Erfahrung darauf hin, dass die theoretische Auseinandersetzung mit ‚häuslicher Gewalt' lange Zeit von einer ‚weißen', ‚europäischen', ‚heterosexuellen', Mittelschichtsperspektive dominiert war. Die sich daraus entwickelten Modelle und Konzepte erwiesen sich demnach oft nicht als adäquat, wenn es sich bei den betroffenen Frauen um Angehörige einer sozialen Gruppe handelt, die aufgrund von sozialen Ungleichheitsstrukturen, wie „race"[18] bzw. Ethnizität, „class"[19] oder anderen sozialen Positionierungen wie

---

17 In Kap. 2.3. gehe ich genauer auf die vorliegende Studie ein.

18 Der Begriff ‚race' ist in den USA, anders als in Deutschland ‚Rasse', stärker als gesellschaftspolitisch relevante Konstruktion und nicht unbedingt als biologistische Kategorie definiert (vgl. Kap. 3). In Deutschland wird darum häufig stattdessen die Kategorie ‚Ethnizität' verwendet, die auch auf soziale Konstruktionsprozesse verweisen soll. Es geht darum sichtbar zu machen, wie sich Ethnisierungsprozesse durch Selbst- und Fremdzuschreibun-

z.B. ‚sexuelle Orientierung' gesellschaftlich marginalisiert sind. Kanuha (1996:41) stellt fest, dass spezifische Dimensionen der erlebten Gewalt, die für Opfer unterschiedlicher gesellschaftlicher Positionen von Bedeutung sind, durch eine Vereinheitlichung der Gewalterfahrungen bagatellisiert werden. Als besonders negative Folge hebt sie hervor, dass vereinheitlichende Perspektiven die Art und Weise beeinflussen, wie die Entstehung und die Auswirkungen der Gewalt analysiert werden.

Von dieser Kritik ausgehend, hat die vorliegende Arbeit einen problematisierenden Zugang zum Ausgangspunkt gemacht, der sich auf den vorherrschenden Anti-Gewalt-Diskurs in Deutschland bezieht. Es wird zwar allgemein auf die Notwendigkeit von Differenzierungen in der Anti-Gewalt-Arbeit auf unterschiedlichen Ebenen hingewiesen (vgl. z.B. Brückner 1996; Hagemann-White 1997; Kavemann 1997). Jedoch werden im deutschsprachigen feministischen Anti-Gewalt-Diskurs und in der gängigen Literatur anschlussfähige Kontexte, wie z.B. die interkulturelle Frauen- und Familienforschung, die Migrantinnenforschung, konstruktivistische Perspektiven oder internationale Forschung zum Thema „Migrantinnen und häusliche Gewalt" so gut wie überhaupt nicht rezipiert.

Aufgrund dieser Forschungslücke stelle ich in dieser Arbeit exemplarisch Forschungsergebnisse und –diskurse aus den USA vor, auf deren theoretische Grundlagen ich mich in meiner theoretischen Rahmung beziehe. Ich habe mit der vorliegenden Arbeit nicht den Anspruch die deutsche Gewaltforschung und die MigrantInnenforschung systematisch aufzuarbeiten und aufeinander zu beziehen und diesen beiden Forschungsrichtungen in ihrer ganzen Bandbreite gerecht zu werden. Meine Vorgehensweise ist es vielmehr die fehlenden Bezüge aufzuzeigen und an meiner Arbeit punktuell Verbindungen herzustellen, die konkret für meine Fragestellung von Interesse sind.

1.3.1 Entwicklung der Fragestellung

Wenn ich noch einmal in das Frauenhaus als Ausgangspunkt der vorliegenden Studie zurückkehre, stellten sich Mitarbeiterinnen insbesondere in der Beratungsarbeit die Frage, wie sich die vielfältigen biographischen Erfahrungen von Migrantinnen im Kontext von Herkunft, Migration und Aufnahmeland Deutschland auf das Erleben in der Gewaltsituation auswirken.

---

gen im Sinne eines ‚doing ethnicity' konstituieren und wie diese Prozesse Differenz und Macht herstellen und immer wieder neu hervorbringen. Problematisch ist jedoch, dass ‚Rassifizierungsprozesse' dabei nicht explizit benannt sind.

19 In den USA wird von ‚class' gesprochen. In Deutschland häufig von ‚sozialer Herkunft'. Ich verwende in dieser Arbeit den Begriff ‚soziale Klasse', um die ökonomische und die soziale Dimension dieser Kategorie gleichermaßen zu kennzeichnen. Für eine genaueren Überblick und Definitionen von ‚Klasse' im deutschsprachigen und amerikanischen Kontext vgl. Weinbach 2006.

In der vorherrschenden Literatur und Diskussion ist bei häuslicher Gewalt die Perspektive auf das Geschlechterverhältnis[20] zentral. Ich verwende in dieser Arbeit den Begriff im Plural, um die Relationalität von ‚Geschlechterverhältnissen' zu betonen. Alternativ verwende ich den Begriff „Geschlechterarrangements", bei dem es sich um eine Konzeptualisierung von Geschlechterverhältnissen handelt, mit der „sowohl die Struktur als auch die interkulturellen Differenzen von Geschlechterordnungen, geschlechtsspezifisch unterschiedlichen Partizipationschancen, ethnische und klassenbezogene Unterschiede zwischen Frauen, als auch das Zusammenwirken dieser symbolischen und materiellen Strukturen in unterschiedlichen Arrangements" erfasst werden können (Kramer 2003:3).

Es handelt sich dabei um einen Begriff, der betont, „dass nicht nur Gewalt und Repression, sondern Mangel an Alternativen ebenso wie eigene Interessen und zustimmende Beteiligung" die gesellschaftliche Positionierung von Frauen ausmacht (a.a.O.:1f.).

Mir geht es in dieser Arbeit darum, die subjektiven Sichtweisen und Deutungsmuster von gewaltbetroffenen Migrantinnen in Bezug auf die Gewalterfahrung im Kontext der eigenen Biographie zu fokussieren. Im Prozess der Auswertung wurde deutlich, dass die Perspektiven gewaltbetroffener Migrantinnen auf die erlebte Gewalt vielschichtig und komplex sind und mit der Definition ‚Gewalt im Geschlechterverhältnis' allein nicht erfasst werden können. Es zeigt sich, dass die Themen ‚Ausgrenzung', ‚Unterdrückung' und ‚Macht' auf unterschiedlichen Ebenen in den Subjektkonstruktionen und damit im Erleben zentral sind. Dieses Ergebnis erstaunt zunächst nicht, weil es im Grunde genommen den Ausgangspunkt der vorliegenden Studie aus der Praxis der Frauenhausarbeit bestätigt. Was jedoch hier genauer herausgearbeitet werden konnte, ist der besondere Stellenwert der individuellen und subjektiven Verarbeitung von Macht- und Unterdrückungserfahrungen im Zusammenhang mit der Gewalterfahrung.

Im Forschungspozess hat sich die Fragestellung folgendermaßen präzisieren lassen:

Wie setzen sich die interviewten Migrantinnen mit der Gewalterfahrung im biographischen Kontext auseinander?

- Welche biographischen Konstruktionen entwickeln sie im Kontext von Herkunfts- und Aufnahmegesellschaft, Migration und Gewalterfahrung?
- Welche Ressourcen und Bewältigungsstrategien werden sichtbar?
- Welche Bedeutung haben ‚Geschlechterverhältnisse' bzw. ‚Geschlechterarrangements' im biographischen Kontext für die Auseinandersetzung mit der erlebten Gewalt?

20 Siehe Begriff ‚Gewalt im Geschlechterverhältnis' S. 5.

- Welche Bedeutung haben andere biographische Macht- und Unterdrückungserfahrungen (wie z.B. Rassismus) für die Auseinandersetzung mit der Gewalterfahrung?

Die subjektive Dimension der Gewalterfahrung im gesellschaftlichen Kontext erschließt sich durch eine biographietheoretische Herangehensweise.

1.3.2 Methodischer Zugang

Ich habe als methodischen und methodologischen Zugang die Biographieforschung gewählt. Eine biographische Perspektive war bereits im Frauenhaus ein wichtiger Zugang zu den gewaltbetroffenen Frauen im Beratungsprozess. Die Biographieforschung eignet sich für die Fragestellung dieser Arbeit, weil hier die Relevanzsetzungen und Sichtweisen der Interviewpartnerinnen zentral sind und die Verknüpfung von gesellschaftlichen und subjektiven Perspektiven im Zentrum der Analyse steht. Genauer gesagt geht es darum, wie die Aneignung und Hervorbringung gesellschaftlicher Prozesse durch das Individuum verläuft und sich die gesellschaftliche Konstitution von Subjekten vollzieht (vgl. hierzu genauer Kapitel 5). Die sozialkonstruktivistische Ausrichtung der Biographieforschung erweist sich hier als anschlussfähig an eine sozialkonstruktivistische Geschlechter- und Migrationsforschung.

Empirische Grundlage für die Bearbeitung dieser Fragestellung sind Lebensgeschichten von gewaltbetroffenen Migrantinnen. Im Zeitraum von 1999-2004 wurden 15 biographisch-narrative Interviews mit Migrantinnen durchgeführt, die aufgrund psychischer und physischer Gewalterfahrungen in ein Frauenhaus gegangen waren. Der Auswertungsprozess erfolgte als biographische Fallrekonstruktion (Rosenthal 1995; Fischer-Rosenthal/ Rosenthal 1997b). Das methodische Vorgehen ist so angelegt, dass keine vorab definierten Kategorien oder Hypothesen überprüft werden, sondern Forschungshypothesen am empirischen Material generiert und überprüft und gegebenenfalls wieder verworfen werden (vgl. Kapitel 6). Aus meinem Sample habe ich drei Interviews ausführlich rekonstruiert und stelle diese im Rahmen meiner Dissertation in Falldarstellungen vor. Diese drei Interviews wurden deshalb ausgewählt, weil sie sich in der Art und Weise der Auseinandersetzung mit der Gewalterfahrung deutlich voneinander unterscheiden. In den anderen Interviews des Samples findet sich diese Struktur in unterschiedlich ausgeprägter Form wieder.

1.3.3 Kapitelüberblick

In Kapitel 2 „'Migrantinnen, häusliche Gewalt und Frauenhaus' in Deutschland“ werde ich aufzeigen, welche Forschungskontexte anschlussfähig für eine (feministische) Gewaltforschung in Deutschland zur Situation von gewaltbetroffenen Migrantinnen sind.

In Kapitel 3 „Interkulturelle und internationale Forschungsperspektiven auf häusliche Gewalt am Beispiel der USA" wird in einem kurzen Überblick der Stand der Diskussion zu international und interkulturell vergleichender Forschung zu häuslicher Gewalt vorgestellt. Wie universell sind die Perspektiven auf häusliche Gewalt? Anschließend wird am Beispiel der USA aufgezeigt, wie dort durch die theoretische und praktische Auseinandersetzung mit gesellschaftlich marginalisierten Gruppen von gewaltbetroffenen Frauen, zum Beispiel Migrantinnen, eine Differenzierung in der (feministischen) Gewaltforschung stattgefunden hat.

In Kapitel 4 „Fazit: Differenzierende Perspektiven auf häusliche Gewalt" steht im Mittelpunkt, welche Überlegungen sich aus den vorangegangenen Kapiteln für meine eigene empirische Studie ergeben. Ich beziehe mich hier auf sozialkonstruktivistische Forschungsperspektiven, auf den Ansatz der Intersektionsanalyse und auf ein integratives Modell zur Kontextualisierung von häuslicher Gewalt. Damit stelle ich den theoretischen Übergang zu meinem eigenen Forschungsansatz her.

Kapitel 5 „Biographietheoretische Forschungsperspektiven" gibt einen Überblick über die theoretische Begründung des Konzepts ‚Biographie'. Hier soll aufgezeigt werden, warum sich das Konzept Biographie als methodologischer Zugang eignet, um sich konkret mit der Situation gewaltbetroffener Frauen (Migrantinnen) auseinanderzusetzen. Zentral ist hier die Frage nach biographischen Konstruktionen von Differenz und Macht, gravierenden, traumatischen Lebensereignissen und den damit verbundenen Prozessen der Bewältigung.

Kapitel 6 „Eigener Forschungsansatz – der empirische Zugang" beschreibt den konkreten methodischen Forschungsansatz der Dissertation. Es geht hier darum, die Prozesse der Erhebung, Auswertung und Interpretation transparent und nachvollziehbar zu machen.

In Kapitel 7: „Die Rekonstruktion von Lebensgeschichten in Einzelfalldarstellungen" werden die Ergebnisse der biographischen Fallrekonstruktionen in drei ausführlichen Falldarstellungen präsentiert. *In Kapitel 7.1* geht es um die Biographie von *Mirja Johannsen aus Rumänien*, die Angehörige der Roma ist. Im gesamten Interview ist deutlich, wie stark tradierte, ethnisierende und diskriminierende Diskurse der Herkunftsgesellschaft über Roma, und die auch in Deutschland zum Zeitpunkt der Migration wirksamen Diskurse über rumänische Roma, für das Erleben der Gewalt in der Beziehung zu einem deutschen Mann eine Rolle spielen. *In Kapitel 7.2* wird die Rekonstruktion der Biographie von *Nihad Amin, einer Frau aus Irakisch-Kurdistan* vorgestellt. Nihad Amin setzt sich mit ihrer Gewalterfahrung im Kontext der Herkunftsfamilie auseinander. Die eigenen schweren Gewalterfahrungen in ihrer Ehe thematisiert sie nicht als Gewalt im Geschlechterverhältnis. Sie setzt vielmehr das Verhalten des Ehemannes, mit dem Verhalten der Mutter ihr gegenüber gleich, mit den Worten „Mein Mann ist wie meine Mutter". *In Kapitel 7.3* wird als dritte Falldarstellung, die von *Ella Noack aus Polen* vorgestellt. Ella Noack beschreibt die Gewalterfahrung als singuläre Erfahrung, die unverbunden mit der eigenen Lebensgeschichte bleibt. Jedoch wird durch ausführliche Nachfrageteile und die Auswertung des gesamten Interviews deutlich, dass in der Lebensgeschichte ausgesprochen viele biographische Kontinuitäten und sehr viele belastende Erfahrungen vorhanden sind, die in einem unmittelbaren thematischen und emotionalen Zusammenhang zur Gewalterfahrung stehen. Zentral für diese biographische Dekontextualisierung sind hier das Scheitern des starken Wunsches nach Familie und Zugehörigkeit und die Befürchtung eines ‚biographischen Scheiterns'.

In Kapitel 8 „Kontrastiver Vergleich und theoretische Verallgemeinerungen" werden die vorgestellten Falldarstellungen mit den Ergebnissen der Globalanalyse des gesamten Samples verglichen und diskutiert.

Als ein zentrales Ergebnis kann hier schon vorab präsentiert werden, dass sich alle interviewten gewaltbetroffenen Migrantinnen mit der Gewalterfahrung auf der Ebene von Ausgrenzungs- und Unterdrückungserfahrungen im Kontext der Herkunftsfamilie und der Gesellschaft (Herkunfts- und Aufnahmegesellschaft) auseinandersetzen. Diese typischen Ebenen der Auseinandersetzung sind als Strategien der Bewältigung der Gewalterfahrung einzuordnen.

Es lassen sich drei ‚typische' Ebenen der Thematisierung der Gewalterfahrung im biographischen Kontext voneinander unterscheiden:

- Gesellschaft
- Herkunftsfamilie
- die Gewalterfahrung als singuläre Ausgrenzungs- und Unterdrückungserfahrung.

In Kapitel 9 „Ausblick und Überlegungen für die Frauenhausarbeit" werden die empirischen Ergebnisse der Dissertation in einen Bezug zur Frauenhausarbeit und Beratungsarbeit gestellt. In diesem Kapitel sollen die grundsätzlichen Überlegungen dazu abschließend zusammengetragen werden.

2 ‚Migrantinnen, häusliche Gewalt und Frauenhaus' in Deutschland

Der aktuelle Stand der Forschung zu ‚Migrantinnen und häusliche Gewalt' ist im Wesentlichen durch die Prävalenzstudie des BMFSFJ (2004) repräsentiert. Jedoch gibt es in der Migrantinnenforschung und in der interkulturellen Familienforschung Forschungsergebnisse, die für eine (feministische) Gewaltforschung anschlussfähig sind, wenn sie sich auch nicht unmittelbar oder nur partiell auf häusliche Gewalt beziehen. Dieses Kapitel gibt einen kurzen Überblick zu den vorherrschenden Diskursen zu ‚Migrantinnen' in Deutschland. Fokussiert werden Diskursstränge, die sich von den Anfängen der MigrantInnenforschung bis heute durchziehen und sich als bedeutsam für die aktuellen Diskussionen zu Migrantinnen und häusliche Gewalt erweisen. Danach gehe ich auf Migrationsmotive und –formen von Frauen ein, die nach Deutschland migrieren und stelle dann aktuelle Ergebnisse aus der Migrantinnenforschung und interkulturellen Familienforschung zu ‚Geschlechterarrangements' und ‚Geschlechterkonstruktionen' vor, die ich im Zusammenhang mit der Situation von gewaltbetroffenen Migrantinnen für relevant halte. Anschließend komme ich explizit zur Situation gewaltbetroffener Migrantinnen. Welche neuen Erkenntnisse gibt es in der Prävalenzstudie des Bundesministeriums und wie sind die Studie und die Ergebnisse einzuordnen? Wie ist die Situation von Migrantinnen in den Frauenhäusern? Dieses Kapitel soll einen inhaltlichen Einstieg in die vorliegende Arbeit geben und gleichzeitig einen Forschungsüberblick zu ‚Migrantinnen, häusliche Gewalt und Frauenhaus in Deutschland' darstellen.

2.1 ‚Migrantinnen' im Diskurs

Die dominanten Diskurse zu ‚Migrantinnen' in Deutschland sind an die allgemeinen Diskurse zu ‚Migration' gekoppelt.

Die Entwicklung der Migrationspolitik und damit auch der Migrationsforschung in Deutschland kann, im Vergleich zu anderen Ländern als „Sonderweg" charakterisiert werden (Gültekin/Inowlocki/Lutz 2003). Migration und die damit einhergehende Heterogenität der Bevölkerung werden bis heute in Deutschland von der Mehrheit entweder ignoriert oder negativ bewertet, anstatt eine akzeptierende oder eine realistisch-pragmatische Perspektive einzunehmen. Zu erklären ist dies unter anderem damit, dass im Gegensatz zu vielen anderen Staaten, z.B. in Frankreich und den USA ein Verständnis von Staatsbürgerschaft existiert, das impliziert, dass damit zugleich eine kollektive kulturelle Identität verbunden sei. Dies findet seinen Ausdruck in einem „juristisch festgelegten Mythos einer homogenen und gemeinsamen kulturellen Identität“ (Gümen 1996:79).

Die Migrationsforschung in Deutschland entwickelte sich mit dem Zuzug von „GastarbeiterInnen“ in den 60er Jahren. Sie entstand aus einer sozialpädagogischen Perspektive, weil durch die Existenz von GastarbeiterInnen und ihren nachziehenden Familien, soziale Institutionen zur Kennntnis nehmen mussten, dass es im Zusammenhang mit der Arbeitsmigration Veränderungen in den bestehenden Strukturen psychosozialer Versorgung gab. Probleme und Anforderungen, die auftauchten wurden überwiegend als Defizite der MigrantInnen interpretiert. Die seit damals entstandenen Ansätze der „Akkulturation“, „Assimilation“ und „Enkulturation“ haben gemeinsam, dass sie kaum berücksichtigen, welchen Einfluss die Migrationsgeschichte auf den Verlauf des Migrationsprozesses hat und welche Rolle dabei die Lebenssituation im Aufnahmekontext Deutschland einnimmt. MigrantInnen wurden vielmehr als RepräsentantInnen ihrer Herkunftskulturen konstruiert. Grundlage dafür ist ein theoretisches Konzept von „Kulturen“, die sich als deutlich voneinander abgrenzbar, quasi als monolithische Blöcke, gegenüberstehen (Apitzsch 1994:241). Kultur haftet demzufolge einer Person lebenslang an und bestimmt ihr Verhalten. MigrantInnen werden hier nicht als handelnde AkteurInnen wahrgenommen, sondern als von gesellschaftlichen Kräften z.B. „Kultur“ determiniert (Gültekin/Inowlocki/Lutz 2003:8f). Migration wird davon ausgehend als „Kulturschock“ für die ProtagonistInnen interpretiert, Migrationsphänomene sind als Defizitphänomene einzuordnen und Migrationstheorien haben die Funktion kompensatorisch bei der Überwindung kultureller Unterschiede und Defizite zu wirken (Apitzsch 1994:241). Der damit verbundene bis heute dominante „Problemkonsens“ der Sozialwissenschaften im Zusammenhang mit Zuwanderung und Migration, gilt insbesondere für MigrantInnen und Familien aus der Türkei.

Der vorherrschende sozialwissenschaftliche Diskurs über MigrantInnen in Deutschland kann als eine Geschichte der Konstruktionen von „Bildern über das Andere“ durch Betonung der Unterschiede und gleichzeitiger Ausblendung von Gemeinsamkeiten gelesen werden (Gültekin/Inowlocki/Lutz 2003:8f). Insbesondere der Begriff der „Integration“ steht im Zentrum der öffentlichen Aufmerksamkeit. In die Diskussionen um diesen Begriff gehen die normativen Erwartungen der bundesrepublikanischen Gesellschaft ein, wie eine gelungene Integration idealtypisch zu verlaufen habe. Somit hat sich dieser in allen Diskussionen zu Migration verwendete Begriff gradezu als einer von vielen „Kampfbegriffen“ etabliert (BMSFSJ 2000:9).

Die oben beschriebenen theoretischen Grundannahmen der bundesrepublikanischen Gesellschaft bestimmen die Perspektive auf Frauen mit Migrationshintergrund maßgeblich mit. Zentral ist in der Forschung bis heute die

Annahme ethnischer und kultureller Differenzen, mit der jedoch unterschiedlich umgegangen wurde und wird (Gümen 1996:82). Es lassen sich im Umgang mit kultureller und ethnischer Differenz unterschiedliche Phasen erkennen, die sich jedoch überschneiden und bis in die Gegenwart hinein in den wissenschaftlichen und öffentlichen Diskursen wirksam sind. [21]

Negative kulturelle Differenzen – die Kulturdefizithypothese

In den frühen 70er Jahren bis Mitte der 80er Jahre überwog im Rahmen der umfangreichen staatlichen Projektförderung und –forschung[22] eine negative Bewertung der angenommenen kulturellen Differenzen. Das Spannungsverhältnis kultureller Normen von Herkunft- und Residenzgesellschaft wurde besonders stark in Bezug auf das Geschlechterverhältnis diskutiert (Ochse 1999:47). In der sozialpädagogischen Diskussion war auf „frauenbewegter" Ebene ein paternalistisches Engagement für unterdrückte „Ausländerinnen", vorzugsweise Musliminnen festzustellen, das seit Ende der 70er Jahre in Frage gestellt wird, aber bis Mitte der 80er Jahre dominierend bleibt (vgl. Gutiérrez Rodríguez 1999:27). In den zahlreichen Publikationen, z.B. in Form von Projektberichten gaben mehrheitsdeutsche Frauen ihre subjektiven Eindrücke von Migrantinnen wieder und es wurde eine „ethnisierte Weiblichkeitskonstruktion" (Gümen 1996:82) und damit der Problemdiskurs „Ausländerin" hervorgebracht. Aus feministischer Perspektive wurde die Unterdrückung von Frauen insbesondere islamischer Herkunft als Inbegriff und Steigerung der von westlichen Frauen erlebten patriarchalen Gewalt interpretiert. Hier wird auf eine Besonderheit im Geschlechterverhältnis durch die „islamische Differenz" rekurriert, die sich dann wie Sedef Gümen feststellt mit der Formel „Islam plus türkischer Mann gleich Gewalt" versus unterdrückter, hilfloser, ohnmächtiger „Türkin" verbindet (Gümen 1996:83; vgl. BMSFSJ 2000:89). Lutz (1991:10ff.) bezeichnet dies als „Orientalismusparadigma der Migrantinnenforschung", bei dem der Orient als fundamentaler Gegensatz zum Westen konstruiert wird, die türkische Muslima als besonders unterdrückte Frau gilt und das Kopftuch als Symbol dieser Unterdrückung. Die Konstruktion eines „Kulturdefizits" sollte hier die Ursachen der Unterdrückung von Migrantinnen erklären. Standardwerke aus dieser Phase haben dazu beigetragen, dass bis heute eine grundlegende Überzeugung in den Alltagsdiskursen auffindbar ist, „dass es faktische, durch die Herkunft oder Abstammung bestimmte ethnische oder kulturelle Wesenheiten (sprich: Differenzen) gibt. Demnach hat jede ethnische Gruppe ihre entsprechende Kultur, jedes Mitglied dieser Gruppe eine entsprechende kulturelle Identität" (Gümen 1996:83). Die Kulturdefizittheorie ist vielfach kriti-

21 Einen gut strukturierten Überblick dazu bietet Ochse (1999).

22 In diesem Rahmen entstanden auch die autonomen Frauenhäuser.

siert worden, aber sie ist nach wie vor im aktuellen Diskurs präsent. Grundsätzlich lässt sich feststellen, dass mit der Kulturdefizitthese strukturelle Probleme sozialer Ungleichheit zu Kulturproblemen umdefiniert und darauf reduziert werden. Konstruierte Defizite und Hierarchien dienen somit auch der ideologischen Rechtfertigung komplexer Ausgrenzungsmechanismen von Migrantinnen (Ochse 1999:48).

Positive kulturelle Differenzen

In Reaktion auf die oben beschriebenen Defizitannahmen entstand Mitte der 80er Jahre eine zweite Phase der Migrantinnenforschung, in der aus einer kritischen und selbstreflexiven Position heraus eine positive oder differenzierende Bewertung ethnisch-kultureller Differenzen vorgenommen wurde (Gümen 1996:84). Hintergrund für diesen Prozess waren politische Auseinandersetzungen zwischen westdeutschen Frauen und Migrantinnen, Schwarzen Frauen, jüdischen und im Exil lebenden Frauen in interkulturellen Frauenprojekten, auf Tagungen und allgemein in politischen Zusammenhängen.[23] Stereotype Bilder wurden zurückgewiesen, Ausgrenzungs- und Rassismuserfahrungen auch innerhalb der Frauenbewegung thematisiert und der Zusammenhang von Sexismus und Rassismus analysiert. Seit Anfang der 90er Jahre meldeten sich zunehmend in der wissenschaftlichen Debatte Migrantinnen der zweiten Generation zu Wort und versuchten die vorherrschenden Bilder von Migrantinnen zu korrigieren (vgl. u.a. FEMIGRA 1994). Es entstanden Veröffentlichungen, die Teile der feministischen politischen Debatte in den 90er Jahren grundlegend beeinflussten.[24]

Die Kritik an der ersten Phase der Frauen- und Migrantinnenforschung führte dazu, dass unterschiedliche Theorieansätze entstanden. Teilweise wurde die Annahme negativer kultureller Differenzen verworfen und stattdessen wurden diese Differenzen nun positiv bewertet. Kultur und Differenz sollten nicht länger als Belastungsfaktoren wahrgenommen werden, sondern als Bereicherung. Vielfalt wurde positiv konnotiert und aus der sozialpädagogischen Praxis der interkulturellen Arbeit mit Frauen wurden die kulturelle Gleichwertigkeit, das gegenseitige Kennenlernen, der Dialog und das Miteinander eingefordert. Dieser Ansatz der positiven kulturellen Differenzen wurde auch von der „klassischen" Frauenforschung aufgenommen (Ochse 1999:49). Der Ansatz der positiven kulturellen Differenzen wird jedoch

---

23 Vgl. hierzu auch die Diskussion in den Frauenhäusern Kapit. 1.1.

24 Vgl. z.B. Oguntoye, Katharina u.a. (1986); Beiträge zur feministischen Theorie und Praxis (1990): Geteilter Feminismus; Hügel, Ika u. a. (1993); Joseph, Gloria (1993); Frauen gegen Antisemitismus (1993); Aghakhan, Akram (1994); Kraft, Marion /Shamim Ashraf-Khan, Rukhsana (1994); Beiträge zur feministischen Theorie und Praxis (1996): Ent-fremdung, Migration und Dominanzgesellschaft; Fuchs, Brigitte/ Habinger, Gabriele (Hg.)(1996); Uremovic, Olga/Oerter, Gundula (1994).

ebenfalls kritisiert, weil er gegenüber Macht- und Herrschaftsverhältnissen unkritisch bleibt und Beziehungen zwischen Migrantinnen und mehrheitsdeutschen Frauen auf eine persönliche Ebene reduziert. Durch die schematische positive Konnotierung findet eine erneute Stereotypenbildung statt. Migrantinnen werden auf ihre Rolle als Trägerinnen von Herkunftskulturen reduziert und sollen positiv definierte Erwartungen und Bilder der Mehrheit zu Kultur und den damit einhergehenden Lebensweisen erfüllen. Dieser Ansatz der positiven Bewertung kultureller Differenzen bleibt nach wie vor in einem statischen, homogenisierenden Verständnis von „Kultur" verhaftet.

Gümen formuliert an dem Diskurs um die Anerkenung kultureller Differenzen die grundlegende Kritik:

> „Forderungen nach der Anerkennung kultureller Differenz bedingen zugleich die politische Gleichberechtigung und demokratische Beteiligung aller Gesellschaftsmitglieder. In der bundesrepublikanischen Gesellschaft, wo Differenzen juristisch als soziale Ungleichheit festgelegt sind und einem überkommenen Staats- und Kulturverständnis unterliegen, wirkt die Rede von der Anerkennung der ‚kulturellen Differenzen' in einer ‚multikulturellen Gesellschaft' mystifizierend und führt zu einer Festschreibung sozialer und politischer Unterschiede" (Gümen 1996:79).[25]

Sowohl die Kultudefizithypothese, als auch die Betonung der positiven kulturellen Differenzen prägen bis in die Gegenwart öffentliche Diskurse zu ‚Migrantinnen' und werden sowohl von großen Teilen der Mehrheitsgesellschaft, aber auch teilweise von den Migrantinnen selbst als authentisches Abbild der Realität eingeordnet.

Dekonstruktive Perspektiven

In den 90er Jahren entstanden Forschungsperspektiven, die sich explizit von kulturalistischen Ansätzen abgrenzten und davon ausgehen, dass es sich bei der Überbetonung von Differenzen, ob nun negativ oder positiv, um gesellschaftliche Konstruktionen von Wirklichkeit handelt. Forschungsgegenstand wurde es nun die Prozesse der Hervorbringung dieser Differenzkonstruktionen, ihre Funktion und ihre Wirkungen zu analysieren.

Dazu gehören Diskriminierungsansätze, die die strukturelle Ungleichheit und damit einhergehende gesellschaftliche Unterdrückungsformen innerhalb der Mehrheitsgesellschaft in das Zentrum der Analyse setzen.

Der Theorieansatz der dreifachen Unterdrückung stellt heraus, dass Migrantinnen als Frauen (Geschlecht), als Arbeiterinnen (Klasse) und durch den Status als Migrantinnen (Ethnizität) diskriminiert werden und diese Formen der Unterdrückung additiv wirken. Kritisiert wurde an diesem Modell, dass es die Opferrolle von Migrantinnen deterministisch festlegt und sich für

---

25 Viele interkulturelle Konzepte in der Praxis basieren unreflektiert auf der Anerkennung kultureller Differenzen als wesentlichem Ausgangspunkt (vgl. Attia 1997).

genauere Differenzierungen als ungeeignet erweist. Das wird auch daran deutlich, dass Migrantinnen per se der Status als ‚Arbeiterinnen' zugeschrieben wird und dabei die Heterogenität von Migrantinnen auch bezüglich ihrer sozialen Herkunft unbeachtet bleibt. Grundsätzlich wird am Dreifachunterdrückungsansatz kritisiert, dass sich die gesellschaftliche und soziale Positionierung von Migrantinnen nicht einfach aus einer Anhäufung von verschiedenen Unterdrückungsebenen ergibt, sondern dass diese miteinander verknüpft sind (vgl. Lenz 1996:219).

Birgit Rommelspacher (1995) beschreibt mit dem Begriff Dominanzkultur die individuellen und gesellschaftlichen Prozesse innerhalb der Mehrheitsgesellschaft, die dazu führen, dass Dominanz gegenüber denen, die als „Andere" oder „Fremde" wahrgenommen werden, abgesichert wird. Sie bezieht sich hier explizit auch auf die Ausübung von Macht und Dominanz von „weißen, deutschen, christlich sozialisierten Mittelschichtsfrauen" gegenüber Frauen, z.B. Migrantinnen, die gesellschaftliche Marginalisierungserfahrungen nicht nur aufgrund ihrer Geschlechtszugehörigkeit machen. Dominanzkultur meint, „daß unsere ganze Lebensweise, unsere Selbstinterpretationen sowie die Bilder, die wir vom anderen entwerfen, in Kategorien der Über- und Unterordnung gefasst sind" (a.a.O.:22). Birgit Rommelspacher definiert den Begriff „Kultur"

> „als das Ensemble gesellschaftlicher Praxen und gemeinsam geteilter Bedeutungen, in denen die aktuelle Verfasstheit der Gesellschaft, insbesondere ihre ökonomischen und politischen Strukturen, und ihre Geschichte zum Ausdruck kommen. Sie bestimmt das Verhalten, die Einstellungen und Gefühle aller, die in dieser Gesellschaft leben, und vermittelt so zwischen den gesellschaftlichen und individuellen Strukturen. Diese Kultur ist in den westlichen Gesellschaften vor allem durch die verschiedenen Traditionen von Herrschaft geprägt, die zugleich auch sehr unterschiedliche Dimensionen umfassen.(...) Insofern ist Dominanzkultur als ein Geflecht verschiedener Machtdimensionen zu begreifen, die in Wechselwirkung zueinander stehen" (a.a.O.:23; Hervorh. i. O.).

Mehrheitsdeutsche Frauen sind demnach dominant und diskriminiert zugleich. Birgit Rommelspacher greift den Begriff „Kultur" explizit auf und dekonstruiert ihn gleichzeitig. „Kultur" wird hier nicht als statische und essentialistische Kategorie definiert, sondern als eine gesellschaftliche Konstruktion. Rommelspacher hat in ihrem Begriff der Dominanzkultur die Vieldimensionalität von Machtverhältnissen herausgearbeitet und auf konkrete Ein- und Ausschließungsmechanismen verwiesen, die durch Zuschreibungs- und Differenzierungsprozesse in gesellschaftlichen Kontexten hergestellt werden (vgl. auch Rommelspacher 2006).

Es entstanden weitere theoretische Perspektiven, die sich mit den Konstruktionsprozessen und der Verflechtung unterschiedlicher Differenz- und Machtstrukturen befassen. Sie basieren auf dem sogenannten Sozialkonstruktionsansatz, der in den theoretischen Debatten Ende der 80er Jahre durch den Aufsatz „doing gender" von Fenstermaker/West (1987) an Bedeutung gewann. ‚Geschlecht' wurde hier als durch soziale Situationen, wie alltägliches

Handeln und Interaktionsprozesse und als eine durch Institutionen und Individuen erzeugte Differenzkategorie definiert.[26] Dieser Ansatz wurde auch auf andere Differenzkategorien im Sinne eines „doing difference" (vgl. West/ Fenstermaker 1995; 2001) übertragen, insbesondere in Deutschland auf die Kategorie Ethnizität, also „doing ethnicity" (Bednarz-Braun 2004:39). Bei diesem Untersuchungsansatz stellt sich im Rahmen der Migrationsforschung die Frage, wie Ethnisierungsprozesse verlaufen und welche Auswirkungen diese Ethnisierungsprozesse auf Selbst- und Fremdbilder sowohl von MigrantInnen als auch auf die Angehörigen der Mehrheitsgesellschaft haben. So gibt es Ansätze im deutschen Kontext, die durch die US-amerikanische Forschung beeinflusst sind und sich mit Konstruktionen von „Weißheit" beschäftigen (vgl. Wachendorfer 1998; 2001; Eggers u.a. 2005).

Es entstehen Forschungsprojekte, die die Verflechtung von Vergeschlechtlichungs- und Ethnisierungsprozessen zum Untersuchungsgegenstand machen. Dies geschieht auf unterschiedlichen Ebenen, zum Beispiel im Rahmen der Biographieforschung und Migrantinnenforschung (z.B. Gutiérrez Rodríguez 1999) oder auf der Ebene vergleichender Forschung zwischen unterschiedlichen Migrantinnengruppen und Frauen aus der Mehrheitsgesellschaft und zwischen Migranten und Migrantinnen (vgl. Herwartz-Emden 2000a). In einer diskursanalytischen Studie von Margret Jäger (1996) wird herausgearbeitet, wie sich der Einwanderungs- und der „Frauendiskurs" miteinander verschränken und dies zu einer „Ethnisierung von Sexismus" führt. Sexistisches Verhalten von Migranten wird hier im Diskurs der Mehrheitsgesellschaft mit der ethnischen Zugehörigkeit begründet und damit als ethnische Markierung konstruiert.

Im Überblick stellt sich bei vielen Arbeiten mit dem Fokus auf Geschlecht und Ethnizität die Frage, warum beispielsweise die Kategorie soziale Klasse nicht systematisch in die Analyse miteinbezogen wird (vgl. hierzu auch Ochse 1999:69f). Die Komplexität der gesellschaftlichen Positionierung von Frauen und damit auch der gesellschaftlichen Machtverhältnisse wird von Ilse Lenz (1995) in ihrem Modell der dreifachen Vergesellschaftung von Frauen analysiert. Hier geht es darum die wechselseitigen und komplexen Verbindungen und Konstituierungsprozesse von sozialer Klasse, Ethnizität und Geschlecht abzubilden. Gutiérrez Rodríguez (1999) betont die Notwendigkeit, das Modell von Lenz als Ausgangspunkt für die Analyse anderer Vergesellschaftungsprozesse, zum Beispiel „der heterosexuellen Normierung, der Disziplinierung und der Diskursivität" zu betrachten und offen für neue Perspektiven zu bleiben (a.a.O.:39).

Alle die hier genannten Aspekte und Perspektiven bündeln sich im Konzept der Intersektionsanalyse[27], das aus der US-amerikanischen Diskussion kommt und sich bei uns erst ansatzweise etabliert (vgl. Lutz 2001, 2005;

26 Vgl. z.B. Feministische Studien (1993) Jg.11, Heft 2: Kritik der Kategorie „Geschlecht".

27 Englisch: ‚intersectionality'.

Rommelspacher 2006).[28] Dies gilt auch für Forschungsansätze, die sich auf antirassistische Perspektiven (z.B. Gelbin/ Konuk/ Piesche 1999) und eine postkoloniale Kritik beziehen (z.B. Steyerl/ Gutiérrez Rodríguez 2003).

2.2 Ergebnisse aus der Migrantinnenforschung und interkulturellen Familienforschung

Es sollen nun zentrale, für diese Arbeit anschlussfähige Forschungsergebnisse aus der Migrantinnenforschung und der interkulturellen Familienforschung in Deutschland zusammenfassend vorgestellt werden. Die ausgewählten Forschungsperspektiven haben den Ansatz, die dominanten Diskurse der Migrantinnenforschung in Deutschland zu reflektieren und stereotype Zuschreibungspraktiken durch empirische Ergebnisse zu überprüfen, zu korrigieren und gegebenenfalls zu dekonstruieren.

2.2.1 Migration von Frauen – Migrationsmotive und -formen

Frauen, so wurde bereits zu den Anfängen der Migrationsforschung festgestellt, sind eine große Gruppe in der weltweiten Migration (Prodolliet 1999:26f, Treibel 1999). Seit Ende des zweiten Weltkrieges stellen Frauen knapp die Hälfte aller legalen und illegalen MigrantInnen weltweit (United Nations 1995 zit. nach Aufhauser 2000:104), jedoch sind sie in den weltweiten Migrationsbewegungen unterschiedlich stark repräsentiert. Die große Zuwanderungswelle in die „Gastarbeiterländer", also auch nach Deutschland wurde anfangs zahlenmäßig sehr stark von Männern dominiert (Aufhauser 2000:105), während wiederum zum Beispiel unter den innereuropäischen Flüchtlingen aus dem ehemaligen Jugoslawien der Anteil von Frauen besonders hoch war (Schottes/Treibel 1997). Wenn in den 90er Jahren von einer globalen „Feminisierung der Migration" gesprochen wird, ist das von der konkreten Datenlage nicht zutreffend (Aufhauser 2000:104). Frauen wurden häufig nicht als Akteurinnen im Migrationsprozess wahrgenommen und dies kommt auch in den internationalen Gesetzgebungen zu Einwanderung und aufenthaltsrechtlichen Bestimmungen zum Ausdruck (Prodolliet 1999:27). Es wurde davon ausgegangen, dass Männer die Entscheidungsträger bei Migrationsbewegungen sind (a.a.O.30; Aufhauser 2000:97).

Es gibt sowohl bei Männern als auch bei Frauen unterschiedliche Motive, Formen und Ziele der Migration, die jedoch nicht immer wirklich von-

28 Vgl. zur Intersektionsanalyse im Zusammenhang mit häuslicher Gewalt genauer in Kap. 3 und Kap. 4.

einander abgrenzbar sind (vgl. Prodolliet 1999:29) und sich im Lauf des Migrationsprozesses ändern können. So kann es darum gehen, sich im Aufnahmeland durch eine Heirat oder eine berufliche Tätigkeit ein neues Leben aufzubauen oder aber eine spätere Perspektive im Herkunftsland zu schaffen. Ein wichtiges Motiv von Migration liegt darin, weit weg von Zuhause zu sein, um eine emotional belastende Situation zu bewältigen. Es gibt Migrationen, die von Vorneherein so angelegt sind, dass die Beziehung zum Herkunftskontext kontinuierlich aufrecht erhalten bleibt. Dann geht es nicht um eine Entscheidung für das eine oder andere Land, sondern vielmehr darum ein Leben im transnationalen Raum zu führen. Diese Form von Familie ist nicht mehr an einen Ort und an einen lokalen Haushalt gebunden, sondern funktioniert wie ein Netzwerk. So gibt es den Begriff der „transnationalen Mutterschaft", wo Mütter sich entschlossen haben, ihre Kinder bei Verwandten oder Freunden zu lassen und sie finanziell durch die Migration zu unterstützen, weil es sonst keine Lebensperspektive gibt. Erziehungs- und Versorgungsaufgaben werden dabei über nationale Grenzen und teilweise über Kontinente hinweg transferiert und delegiert. Wie die internationale Migrationsforschung zeigt, ist diese Art der Migration oft mit Illegalität verbunden. Dies wird von den Akteurinnen in Kauf genommen, um Familien zu erhalten und Haushalte zu sichern (Herwartz-Emden.2000b:9; Hillmann 1996:40f). Migrationsentscheidungen werden zukünftig nicht mehr unbedingt damit verbunden sein, dass der Herkunftskontext aufgegeben werden muss. Dies steht im Zusammenhang mit den neuen Informations- und Verkehrstechnologien, durch die finanziell erschwinglich und zeitlich flexibel Kontakt zum Herkunftskontext aufrecht erhalten bleiben kann und Migrationsbedingungen und -entscheidungen verändert und erweitert werden (BMSFSJ 2000:21).

Die Migrationsbedingungen, das heißt die Voraussetzungen unter denen eine Migration überhaupt möglich ist, wirken sich entscheidend darauf aus, welche Migrationsformen gewählt werden. Beispielsweise ist Heiratsmigration schon immer eine Option für Frauen gewesen, ihre soziale Umgebung zu verlassen und den eigenen Lebensstandard zu verbessern. Heiratsmigration wird besonders von Frauen als Strategie zur Einwanderung genutzt. Arrangierte Ehen bieten Frauen, aber auch Männern, häufig die einzige legale Zuzugsmöglichkeit nach Deutschland. Es handelt sich dabei nicht nur um Ehen, die zwischen Familien ausgehandelt werden, sondern auch um die Vermittlung durch professionelle Agenturen (z.B. Philippinen und Thailand) und selbst gesuchte Verbindungen, um auswandern zu können. Ein sozialer Aufstieg durch Heirat gelingt vielen Frauen und ist eine wichtige Überlebensstrategie. Gleichzeitig werden die entstehenden aufenthaltsrechtlich begründeten neuen Abhängigkeitsverhältnisse für Frauen oft zum großen Problem (Prodolliet 1999:33). Müller-Schneider (2000) belegt die Bedeutung der Zuwanderung auch für andere nicht-europäische Länder. Er untersuchte Migrationen aus Brasilien, der Dominikanischen Republik, den Philippinen und Thailand und stellt allgemein einen hohen Anstieg interethnischer Ehen als Ergebnis dieser Zuwanderungsoption für Frauen fest (a.a.O:224). Treibel merkt an, dass es nicht klar sei, was geschlechtsspezifische und geschlechtsneutrale Motive zur Migration sind. Wanderungsmotive sind Armut, Verfolgung, Arbeitssuche und mangelnde Lebensperspektiven und das gilt für beide Geschlechter. Daneben kommen für Frauen geschlechtsspezifische Gründe wie verschärfte Mittellosigkeit, strukturelle Diskriminierung und besondere Verfolgungssituationen hinzu (Treibel 2000:78).

In einer Studie von Niesner u.a. (1997), in der insgesamt 60 Migrantinnen (Thailand, Philippinen, verschiedene Länder Lateinamerikas und Karibik) befragt wurden (a.a.O.:24), zeigt sich, dass es „gemeinsame biographische Brüche" gab, die sich auf persönliche Trennungserfahrungen (Scheidung der Eltern, Trennung von Partner und Ehemann) bezogen und ein Motiv für die Migration waren (a.a.O.:50).

Die Motivation zur Migration wird bei Frauen allgemein häufig mit Heirat und Familienzusammenführung assoziiert. In Studien der Migrationsforschung stellt sich jedoch heraus, dass Frauen auch migrieren, weil spezifische Dienstleistungen von Frauen im jeweiligen Einwanderungsland besonders gefragt sind. Die Entscheidung zur Migration wird aber nicht nur abhängig von individuellen Motiven getroffen, sondern ebenfalls durch strukturelle Bedingungen des Weltmarktes gesteuert (Prodolliet 1999:30). Eine strukturalistische Makroperspektive in der Migrationstheorie analysiert und thematisiert diese Verbindung zwischen Migration und ungleicher Entwicklung auf dem Weltmarkt. Die Nachfrage nach spezifisch weiblichen Arbeitsleistungen bestimmt das Migrationsverhalten von Frauen und deren Perspektive sehr stark (a.a.O:33). Hierzu gehören beispielsweise Dienstleistungen im Bereich von Prostitution, Unterhaltungsbranche und in Privathaushalten. Für viele Frauen ist die Arbeit in der Sexindustrie die einzige Möglichkeit eigenständig zu migrieren und damit das eigene Leben zu verändern (vgl. Aufhauser 2000:98). Mit der Zunahme der Beschäftigung von Migrantinnen in der Sexarbeit geriet das Thema ‚Frauenhandel' in die öffentliche Wahrnehmung. Die Verbindung von Migration und Prostitution und der organisierte Frauenhandel sind historisch betrachtet jedoch keine neuen Erscheinungen. Kritisch anzumerken bleibt, dass die ungenaue Ausweitung des Begriffs ‚gehandelter Frauen' auf alle Frauen, die in der Sexarbeit tätig sind, Zuschreibungen von Migrantinnen als passive Opfer von Ausbeutung und Unterdrückung reproduzieren kann (a.a.O:98). Die Perspektive auf Frauen als gehandelte „Ware", fördert paternalistische Haltungen und Einstellungen und wird insbesondere von Migrantinnen kritisiert. Selbst wenn die betroffenen Frauen in Abhängigkeitssituationen leben, nehmen sie sich nicht unbedingt als „gehandelte Frauen" wahr und haben in den meisten Fällen eigenständige Entscheidungen getroffen (a.a.O.:99; Niesner u.a. 1997; Karrer u.a.1996).

Ein weiterer Arbeitsbereich sind die so bezeichneten „ethnic businesses“, selbstständige Unternehmen von MigrantInnen z.B. in der Gastronomie und im Handel. Die häufig mit diesen Bereichen verbundenen schlechten Lebens- und Arbeitsbedingungen werden in Kauf genommen, weil Frauen ihre eigene Lebenssituation und die ihrer Familienangehörigen verbessern wollen und diesen Aufstieg auch häufig, manchmal allerdings erst in der nächsten Generation erreichen (Prodolliet 1999:34).

Ein wichtiger Aspekt ist die Lebenssituation von Menschen, die durch illegale und irreguläre Zuwanderung ohne Aufenthaltsstatus in Deutschland leben. Die Grenzen zwischen legalem und illegalem Aufenthalt sind fließend und ein fehlender Aufenthaltstatus kann die unterschiedlichsten Ursachen haben (vgl. BSFSJ 2000:62ff). Zumindest gibt es sehr viele Menschen und Familien, die unter diesen Bedingungen in Deutschland leben und die kaum Möglichkeiten haben, Sozialleistungen in Anspruch zu nehmen, da illegale Zuwanderung sehr stark kriminalisiert ist. Aufgrund fehlender Legalisierungsprogramme, wie in z.B. in Italien oder in den USA, kommen unterstützenden Migrationsnetzwerken und Familienstrukturen hier eine besondere Bedeutung zu (BMSFSJ 2000:63). Für Migrantinnen ohne Aufenthaltsstatus gilt, dass sie sich in Arbeitsverhältnissen befinden, in denen sie „extrem ausbeutbar“ sind oder dass sie Ehen eingehen müssen, in denen sie sich in einer großen Abhängigkeit befinden (vgl. Niesner 1997:36).[29]

> „Motive für Auswanderungen, Migrationen und Einwanderungen sind, so läßt sich sozialhistorisch zeigen, auf der Seite der Frau sehr häufig damit verbunden, schwierige Lebensbedingungen zu verändern *und* die Restriktionen der Geschlechterrolle aufzuheben“ (Herwartz-Emden 2000a:34, Hervorh. i. O.).[30]

Es zeigt sich allgemein, dass Frauen eher an dauerhafter Einwanderung beteiligt sind und seltener zurückkehren als Männer (Aufhauser 2000:104).

Insgesamt betrachtet greift eine strukturelle Perspektive auf Migrationen zu kurz, wenn sie die Verknüpfungen und Interdependenzen von gesellschaftlichen Prozessen und individuellen Handlungsmustern nicht sichtbar macht (Prodolliet 1999:31). Entscheidungen zur Migration werden nur in seltenen Fällen individuell getroffen, sondern in der Regel innerhalb eines Familien- und Haushaltsverbands. Es handelt sich dabei also um kollektive Strategien, bei denen Frauen häufig eine zentrale Rolle einnehmen, wie unterschiedliche Studien nachweisen (a.a.O.:31f, Aufhauser 2000:97).

---

29 Vgl. hierzu die Falldarstellung von Mirja Johannsen (Kap. 7.1), in der sich viele der genannten Aspekte wieder finden lassen.

30 Herwartz-Emden nennt hier als Beispiel die häufigsten Motive deutscher Auswanderinnen in die USA im 19. Jahrhundert: sie hatten in Deutschland ungesicherte und schlechte Arbeits- und Lebensbedingungen und konnten ihren Kindern keine Zukunft bieten und/oder sie wollten gesellschaftlichen Stigmatisierungen als nicht verheiratete Frau oder uneheliche Mutter entkommen (Blaschke/Harzig 1990 zit. nach Herwartz-Emden 2000:35).

2.2.2 *Geschlechterarrangements und -konstruktionen im Migrationskontext*

In der aktuellen Migrantinnenforschung liegt der Fokus nicht mehr allein auf der Situation der Frauen im Migrationsprozess. Vielmehr beziehen sich die theoretischen Überlegungen auf Geschlechterverhältnisse, Geschlechterkonstruktionen, das heißt auf Konstruktionen von Männlichkeit und Weiblichkeit und auf Machtkonstellationen im jeweiligen gesellschaftlichen Kontext und wie diese im Migrationskontext wirksam werden (Herwartz-Emden 2000b:27f). Bei diesen Forschungsansätzen kommt auch die Situation von männlichen Migranten in den Blick. Zu wenig untersucht wurde bisher die Frage, wie sich Männlichkeitskonstruktionen im Kontext von Migration verändern, welche neuen Konstruktionen entstehen, wie sich diese auf die Beziehungsdynamik in Partnerschaften und in den Geschlechterarrangements auswirken und welchen Einfluss dies für die Situation in der Aufnahmegesellschaft hat (a.a.O.:38,40). Durch Konstruktionen von Männlichkeit und Weiblichkeit werden Geschlechterpraxen hervorgebracht, die sich wiederum in Relation zu anderen relevanten Aspekten wie „Ethnizität, soziale Herkunft, Religion, politischer Hintergrund, Herkunftsregion, Niederlassungsmuster, Familienstatus“ in ihren Wechselwirkungen weiter ausdifferenzieren lassen (a.a.O.:38,37). Grundsätzlich ist hier auch zu reflektieren, dass MigrantInnen Beziehungen zu MigrantInnen aus anderen Herkunftskontexten eingehen und dies auch die Lebenssituation in der Migration bestimmt.

An der Universität Osnabrück wurde das empirische Forschungsprojekt FAFRA („Familienorientierung, Frauenbild, Bildungs- und Berufsmotivation von eingewanderten und westdeutschen Frauen in interkulturell vergleichender Perspektive“)[31] durchgeführt. Im Mittelpunkt der Studie standen Einstellungskonzepte und Akkulturationsstrategien von zwei Gruppen von Einwandererfamilien (Aussiedler/-innen aus der Sowjetunion, Einwander/-innen der ersten Generation aus der Türkei) in Beziehung zu Einstellungen und Geschlechterbildern westdeutscher Frauen und Männer. Hier wurde Grundlagenforschung zu den oben beschriebenen Fragestellungen vorgenommen, die von der Migrationsforschung bisher zu wenig berücksichtigt wurden.

Die zentralen Forschungsfragen bezogen sich auf vergleichende Perspektiven zu innerfamiliären Beziehungen und auf Geschlechter- und Generationenbeziehungen. Dieses Forschungsprojekt ist darum für die Fragestellung dieser Arbeit interessant und ich werde mich in den folgenden Ausführungen auf die vorliegenden Ergebnisse und den zugrunde liegenden Forschungsstand stützen und durch weitere Forschungsergebnisse ergänzen.

---

31 Dieses Forschungsprojekt wurde von der Deutschen Forschungsgemeinschaft (DFG) im Rahmen des Schwerpunktprogramms „Folgen der Arbeitsmigration für Bildung und Erziehung“ (FABER) von März 1991- März 1997 gefördert.

2.2.2.1 Migrantinnen und Familie

Herwartz-Emden (2000b) stellt in einem Forschungsüberblick, den besonderen Stellenwert von Familie für Migrantinnen heraus:

> „Familie ist (...) der zentrale Bezugspunkt für die Einwanderin, Mittelpunkt des Lebenskonzepts sowie Basis ihrer Erwerbstätigkeit. (...) Familie ist zugleich ein Kräftepotential, eine Ressource in einer oft feindlich gesonnenen und/oder wahrgenommenen Umgebung, eine (ethnische) Enklave, die Schutzraum bietet. Für die Frau aus einer Gruppe mit unsicherem gesellschaftlichem Status, wie es Einwanderer meist sind, wird die Familie oft zum einzigen Ort für eine positive Identitätsfindung" (a.a.O.:.23).

Herwartz-Emden geht davon aus, dass zum Beispiel Heirat, Elternschaft und Veränderungen im Altersstatus auf das Leben von Frauen insgesamt mehr Einfluss haben (a.a.O.:37). Die Lebenssituation von MigrantInnen und ihren Familien wird von einigen Dimensionen entscheidend beeinflusst:

> „Migrationserfahrung, kulturelle Herkunft, soziale Integration, aufenthaltsrechtlicher Status, Zugehörigkeit zu einer Minorität, Platzierung in sozialen Ungleichheitsstrukturen, nationale und ethnische Zusammensetzung und Migrationsmotivation" (BMSFSJ 2000:6).

Die Unterschiede zwischen den Familien machen sich daran fest, wie einzelne Dimensionen sich miteinander verbinden oder wegfallen (ebd.).

Der Migrationsprozess ist für viele Einwandererfamilien nicht mit dem Ankommen in der Aufnahmegesellschaft abgeschlossen. Durch weiteren Familiennachzug, Pendelmigration, Remigration oder Binnenmigration sind Familien gefordert, Trennungserfahrungen zu verarbeiten und Beziehungen neu zu definieren. Damit gehen häufig auch Loyalitätskonflikte, Schuldgefühle und andere emotionalen Belastungen einher (a.a.O.:18). Durch das bestehende Ausländer- bzw. Einwanderungsrecht, das beispielsweise mit den Regelungen zum Familiennachzug festlegt, wer zur Familie gehört, wer als naher und als entfernter Verwandter zu bezeichnen ist, finden Neudefinitionen von Familie im Einwanderungskontext statt. Das Rechtssystem greift mit seinen Vorgaben, die den Aufenthaltsstatus und andere Aspekte des Lebens der Migrantenfamilie betreffen, massiv in die Familienstruktur und den Alltag der Familie ein. Dies erweist sich als eine große Belastung für Familien im Migrationskontext (BMFSFJ 2000:216). Probleme ergeben sich auch daraus, dass einzelne Familienmitglieder unterschiedlich in die Aufnahmegesellschaft integriert sind (Herwartz-Emden 2000b:18). Dies gilt für den Familiennachzug, aber auch im Zusammenhang mit Heiratsmigration. Handelt es sich dabei um einen deutschen Partner ohne Migrationshintergrund, wird dieses Diskrepanz in Bezug auf den Status besonders offensichtlich. Bestehende soziale Netzwerke fallen zunächst durch die Migration weg und müssen erst wieder neu gefunden und aufgebaut werden.

Einwandererfamilien sind gefordert sich mit den bestehenden kulturellen Werten, den vorherrschenden Diskursen der Aufnahmegesellschaft und den damit verbundenen Anforderungen an Familien allgemein und an Familien im Migrationskontext insbesondere, auseinanderzusetzen. Dadurch werden starke Veränderungsprozesse initiiert, die sich zum Beispiel auf die Vorstellungen von Elternschaft, Erziehung, geschlechtsspezifische Arbeitsteilung beziehen. Der Einfluss und die Anforderungen von öffentlichen Institutionen wie zum Beispiel Schulen, nehmen hier eine exponierte Rolle ein (vgl. a.a.O.:14).

Herwartz-Emden verweist auf Studien, die belegen, dass Migrantenfamilien im Gegensatz zu vorherrschenden Stereotypen über ein hohes Maß an „Kohäsion" verfügen. Das bezieht sich unter anderem darauf, dass es mehr Austausch und Kommunikation unter den Familienmitgliedern gibt als bei vergleichbaren deutschen Familien. Es lässt sich feststellen, dass die Beziehungen zwischen den Generationen nicht etwa, wie häufig angenommen wird, nur konflikt- und problembelastet sind, sondern auch stark von Unterstützung und Respekt geprägt (a.a.O.:19, vgl. Boos-Nünning/Karakasoglu 2004[32]). Es lässt sich feststellen, dass Migrantenfamilien im Vergleich zu deutschen Familien keine Anzeichen einer psychosozialen Risikogruppe aufweisen. Trennungen und Scheidungen kommen nicht häufiger vor, soziale Dienste werden nicht häufiger in Anspruch genommen, begonnene Therapien nicht mehr abgebrochen als bei vergleichbaren deutschen Familien ohne Migrationshintergrund. Kinder zeigen keine größeren Auffälligkeiten, die eine psychiatrische Behandlung notwendig machen (Herwartz-Emden 2000b:19).

Netzwerke spielen eine zentrale Rolle für Familien im Migrationskontext. Familiäre und verwandtschaftliche Beziehungen sind hier besonders wichtig.[33] Für Migrantenfamilien konnte allgemein festgestellt werden, dass intergenerative Transmissionsprozesse in der Migration zunehmen und Familienmitglieder sich stärker aneinander orientieren (a.a.O.:15f).

Festzustellen ist, dass sich durch den Migrationsprozess die Kernfamilie stärker aufeinander bezieht. Die Partnerbeziehung steht mehr im Mittelpunkt, die „mit einer neuen Form der Kindzentriertheit des Paares einhergeht" (a.a.O.:14).

„Der Anspruch der Eltern, für die langfristige Zukunftsabsicherung der Kinder zu sorgen, führt in ihrer unsicheren (und mit Diskriminierungserfahrungen belasteten) Einwanderungssituation zu erheblichem Aufwand und zu Mehrarbeit im Familienalltag und stellt

32 Vgl. hierzu die Ergebnisse einer Studie, die vom BMSFSJ in Auftrag gegeben wurde, zu Lebensorientierungen bei unverheirateten Mädchen und jungen Frauen mit Migrationshintergrund, die auch zu ihrer Situation im Elternhaus befragt wurden (vgl. Boos-Nünning/Karakasoglu 2004).

33 Hier muss jedoch auch zwischen Kinder- und Erwachsenengeneration unterschieden werden. Für Kinder haben Familie und Verwandte nicht eine derartige Bedeutung, sondern für Kinder stehen mehr die Beziehungen zu anderen mit demselben ethnischen Hintergrund und Beziehungen zu Deutschen im Vordergrund (Herwartz-Emden 2000:15f)

darüber hinaus eine spezifische, emotional sehr stark belastende Dimension ihres Alltagslebens dar“ (Herwartz-Emden a.a.O.:47).

Es ist davon auszugehen, dass Migrantinnen aufgrund ihrer stärkeren Einbindung im innerfamiliären Beziehungs- und Versorgungsbereich durch diese Anforderungen im Migratiosnprozess emotional besonders belastet sind. Sie müssen häufig widersprüchliche Anforderungen verarbeiten und innerhalb der Familie vermitteln (a.a.O.:18).

Die in Deutschland dominierende Vereinbarkeitsproblematik zwischen Beruf und Familie, die das Leben der Frau sowie der Geschlechterverhältnisse entscheidend prägt und schon für deutsche Familien ein tiefgreifendes Konfliktpotential bildet, bringt besondere Probleme für die Einwandererfamilien der Untersuchungsgruppe (a.a.O.:35).

Es wird deutlich, dass sich die westdeutschen Frauen wesentlich ambivalenter gegenüber der Frage nach Vereinbarkeit zeigten als die Einwanderinnen. Die jeweiligen Vorerfahrungen und „Orientierungen“ führen zu einem unterschiedlichen Umgang mit der Vereinbarkeit von Beruf und Familie (a.a.O.:45f). Ein Beispiel dafür, ist die in Deutschland ideologisch tief verankerte Ausschließlichkeit der Mutter-Kind-Beziehung und die daraus resultierenden Erwartungen an Frauen, mit denen Migrantinnen auch durch Institutionen wie Schule und Kita konfrontiert werden (a.a.O.:14). In der vorliegenden Studie wurde bei dem interkulturellen Vergleich zu Einstellungen zur Mutterschaft deutlich, dass sich die Frauen aus der Türkei und die Aussiedlerinnen aus der ehemaligen Sowjetunion häufig entgegengesetzt zu den westdeutschen Frauen äußern und ihre Definitionen und Bilder von Weiblichkeit völlig andere Elemente enthalten.

„Westdeutsche Frauen weisen eine kritische, vielfach gebrochene Haltung in diesem Bereich auf, wohingegen die Einwanderinnen in der Mutterschaft die biographische Option sehen, die Kontinuität und existentielle Sicherheit gewährleistet“ (Herwartz-Emden 2000b:43).

In der bundesdeutschen Migrantinnenforschung wird die Erwerbstätigkeit von Migrantinnen häufig als ein wichtiger Aufbruch aus traditionellen Geschlechterstrukturen eingeordnet (Westphal 2000:292). Es hat sich allerdings herausgestellt, dass viele Migrantinnen bereits im Herkunftskontext erwerbstätig waren, sich jedoch häufig der Umfang und die Bedeutung der Erwerbstätigkeit in der Migrationssituation ändert (a.a.O:25). Grundsätzlich hat bezahlte Erwerbstätigkeit Auswirkungen auf den innerfamiliären Status der Migrantinnen, weil sich Machtverhältnisse und traditionelle Muster in den Haushalten verschieben. Beispielsweise übernehmen Frauen in bestimmten Einwanderergruppen die Verwaltungshoheit über die Finanzen. Es zeigt sich in unterschiedlichen Studien, dass Frauen im Migrationskontext häufig deutlich mehr Präsenz im öffentlichen Leben einnehmen als im Herkunftskontext (Herwartz-Emden 2000b:25). Es stellt sich die Frage, wie dieser Umgang mit unterschiedlichen Konzepten von Mutterschaft und Weiblichkeit und die daraus entstehenden Anforderungen auf die Selbst– und Fremdbilder im Migrationsprozess wirken.

2.2.2.2 Selbst- und Fremdkonzepte

In einem weiteren Untersuchungsteil, der von Sedef Gümen (2000) aus der Forschungsgruppe der FAFRA-Studie durchgeführt wurde, geht es darum, wie sich die interviewten Frauen aus den Einwanderergruppen mit Minderheitenstatus und der westdeutschen Gruppe mit Mehrheitsstatus zu ihrer jeweiligen Eigengruppe positionieren und ob und wie sie sich miteinander vergleichen.

Es stellt sich für alle Gruppen heraus, dass bei den Identifikations- und Abgrenzungsprozessen subjektive und gesellschaftliche Dimensionen wirksam sind (Gümen 2000:325).

Bei der Untersuchung der sozialen Vergleichprozesse wurde deutlich, dass westdeutsche Frauen es eher ablehnen sich mit eingewanderten Frauen zu vergleichen, während Frauen aus den Einwanderergruppen wiederum eher dazu tendieren Vergleiche mit den westdeutschen Frauen mit Mehrheitsstatus vorzunehmen. (Herwartz-Emden 2000b:48f).

Der Stellenwert von gesellschaftlichen Diskursen für die jeweiligen Selbst- und Fremdbilder wird ebenfalls deutlich. Dies zeigt sich an der Definition des Begriffs „modern“. Bei den westdeutschen Frauen überwiegt ein „Gruppen-Fremdbild“ über die „rückständige, vom Mann abhängige Aussiedlerin und Ausländerin“, die „nicht-berufstätig“ ist, von „patriarchalen Familienstrukturen“ unterdrückt wird und dieses wiederum in einer „andersartigen Mentalität“ zum Ausdruck komme. Gleichzeitig wird von den westdeutschen Frauen ein „Gruppen-Selbstbild“ konstruiert, das von der „individualisierten, offensiven und berufstätigen Frau“ ausgeht. Dies wird mit „Deutschsein“ verbunden. Hier wird also von den westdeutschen Frauen auf das tradierte Modernitäts-Traditionsparadigma und das Paradigma der negativen kulturellen Differenzen rekurriert (vgl. Kapitel 2.1.) und damit gleichzeitig reproduziert (a.a.O.:49f). Dieses hier erzeugte Gruppenfremdbild entspricht jedoch nicht dem Gruppen-Selbstbild der befragten Einwanderinnen. Die Aussiedlerinnen setzen sich in ihrem Gruppen-Selbstbild eher mit der eigenen nicht-gewollten Arbeitslosigkeit und Dequalifizierung auseinander, die kontrastiert wird mit dem Bild des freiwilligen Verzichts auf Berufstätigkeit bei den westdeutschen Frauen. In diesem Vergleichsprozess wird die eigene Erfahrung einer selbstverständlichen Berufstätigkeit als positiv eingeordnet.

> „Von Interesse ist dabei die Entgegenstellung der Bedeutung eines bequemen Lebens bzw. einer emanzipativen Nicht-Berufstätigkeit (Fremdbild) und der emanzipativen Berufstätigkeit (Selbstbild) andererseits“ (a.a.O.:50).

Das Modernitäts-Traditionsparadigma ist hier also für die Selbst- und Fremdbilder nicht relevant, sondern es geht um unterschiedliche Definitionen von „Modernität" (vgl. a.a.O.:50). Die Frauen aus der Türkei verbinden Modernität eher mit materieller Absicherung und Zugang zu gesellschaftlichen Ressourcen und Erwerbstätigkeit. Auf dieser Ebene beschreiben sie westdeutsche Frauen als „modern". Für die Frauen aus der Türkei bietet jedoch im Gegensatz zu den Aussiedlerinnen „Familie" ebenfalls eine wichtige Vergleichsebene mit westdeutschen Frauen. Sie erleben Modernität duch die Vereinbarkeit von Familie und Berufstätigkeit (a.a.O.:50; Gümen a.a.O.:325ff).

Sedef Gümen verweist auf die Notwendigkeit der Untersuchung von Selbst- und Fremdbildern von Frauen und den damit verbundenen gegenseitigen Stereotypen, um vorherrschende Problemdiskurse zu Migrantinnen zu dekonstruieren (a.a.O.:351).[34]

2.2.2.3 Veränderungsprozesse in den Geschlechterverhältnissen im Migrationskontext

Grundsätzlich wird die Migrations- und Einwanderungssituation für Familien zu einem „Kulminationspunkt von geschlechtsbezogenen Konfrontationen und Konflikten" (Herwartz-Emden a.a.O.:29). Geschlechterverhältnisse im Migrationskontext weisen in besonderer Weise auf Machtverhältnisse sowohl im Herkunftskontext als auch im Aufnahmekontext hin (Prodolliet 1999:26). Um diese genauer einordnen zu können, ist es nicht ausreichend, sich mit den Geschlechterverhältnissen im Herkunftskontext zu befassen, sondern es ist vielmehr notwendig, unterschiedliche Beziehungskonstellationen und Machtstrukturen zu untersuchen (vgl. Herwartz-Emden 2000b:29). Ein übergreifendes Ergebnis der FAFRA-Studie ist es, dass bei Migrantenfamilien Geschlechterkonstruktionen und –stereotype zwar im Alltag flexibel gehandhabt werden, jedoch sich gleichzeitig als „dauerhaft und stabil" erweisen (Herwartz-Emden 2000b:12). Auch wenn sich durch die Migration oder die Situation im Aufnahmeland der gesellschaftliche und soziale Kontext maßgeblich verändert haben sollte, bedeutet dies nicht, dass dadurch Migrantinnen ihre Einstellungen und Erwartungen an Familie oder Geschlechterarrangements in Frage stellen. Die Herausforderung liegt für Migrantinnen vielmehr darin, Familienstrukturen und Geschlechterarrangements im Rahmen des bestehenden familiären Netzwerkes umzugestalten (a.a.O.:23). Dieses Ergebnis verweist auch auf internationale Forschungsergebnisse in der Migrationsforschung. Deniz Kandiyoti bezeichnete diese häufig im Verborgenen ablaufenden Veränderungsprozesse als „patriarchal bargain" (1988 zit. nach Herwartz-Emden 2000b:28). Im Vorgehen von Migrantinnen können hier

34 Vgl. hierzu auch Çelik (2003); Riegel (2003).

Strategien identifiziert werden, die auch als „politics of appeal“ beschrieben werden. Darunter ist zu verstehen, dass Migrantinnen Forderungen innerhalb des Geschlechterarrangements formulieren, dies jedoch unter Berücksichtigung der Position und der Integrität des Partners innerhalb des jeweiligen gesellschaftlichen und sozialen Kontextes in der MigrantInnencomunity oder in der Aufnahmegesellschaft tun (a.a.O.:28).

Die Frage, ob durch Migration positive oder negative Veränderungsprozesse für die Gestaltung der Geschlechterarrangements initiiert werden, lässt sich nicht eindeutig beantworten.

Untersuchungen zu unterschiedlichen Migrantinnengruppen in unterschiedlichen Ländern legen nahe, dass mit der Migration konkrete Erwartungen an Veränderungen für Frauen verbunden sind, die sich auf ihren Status beziehen. Jedoch handelt es sich dabei nicht um klar definierte Formen der Veränderung (a.a.O.:24).

> „Das Ergebnis der Migration für die Frau ist also abhängig vom kulturellen Kontext, von der sozialen Herkunft und Geschichte der Migrantin selbst, von der Interaktion zwischen den Geschlechtern in der Familie und der Arbeitssituation außerhalb des Hauses“ (a.a.O.:27).

Um Veränderungsprozesse in den Geschlechterarrangements erfassen zu können, sei es darum notwendig den „Zusammenhang zwischen Prä- und Postmigration“ aufzuarbeiten. Dabei müssen andere soziale Positionierungen (z.B. soziale Klasse, Ethnizität) systematisch mit einbezogen werden (a.a.O.:27), weil anderenfalls beobachtbare Phänomene falsch gewichtet und zugeordnet werden und zu Fehlinterpretationen führen können. Es wird deutlich, dass der Kontext entscheidend ist, wenn allgemeine Aussagen über bestehende oder sich verändernde Geschlechterverhältnisse getroffen werden sollen.

Sichtbare Veränderungsprozesse in der Migration, die als Erfolge gewertet werden, zeigen sich häufig durch einen sozialen Aufstieg im Aufnahmeland. Die Anforderungen, die sich aus diesem Statusgewinn ergeben, werden dann auch auf die Töchter übertragen und kommen oft in einer hohen Erwartungshaltung bezüglich der schulischen und beruflichen Qualifikation zum Ausdruck. Allgemein lässt sich in unterschiedlichen Forschungsergebnissen feststellen, dass sich für Frauen häufig durch die Migration bessere Optionen ergeben, eigene Ziel und Wünsche zu verwirklichen, als bei den Männern. Die Frage, welche Auswirkungen dies für die bestehenden Geschlechterarrangements hat und welchen Umgang Männer mit diesen Veränderungen finden, ist im deutschsprachigen Raum nach Angaben von Herwartz-Emden nicht erforscht (a.a.O.:36).

Nicht berücksichtigt wurde jedoch in den vorangegangenen Ausführungen, wie sich die Geschlechterarrangements von Paaren gestalten, bei denen nur einer einen Migrationshintergrund hat.[35] Dabei handelt es sich nicht nur um sogenannte „bikulturelle“ Ehen zwischen einem/r mehrheitsdeutschen Partner/in und einem/er mit Migrationshintergrund. Sondern es geht auch um Paare, bei denen beide einen Migrationshintergrund haben, aber einen unterschiedlichen Aufenthaltsstatus[36] oder bei denen beide nicht Angehörige der Mehrheitsgesellschaft sind, sondern aus unterschiedlichen Herkunftsgesellschaften kommen. Durch ausländerrechtliche Regelungen bzw. die Regelungen im Zuwanderungsgesetz, werden Familienzusammenführungen häufig zur einzigen legalen Einwanderungsoption. Dadurch fallen Familiengründung und Migration eines Partners häufig zeitlich zusammen (BMSFSJ 2000:76). Festzustellen ist, dass unterschiedliche aufenthaltsrechtliche Bedingungen und soziale und ökonomische Ressourcen im Aufnahmeland zu einem Machtungleichgewicht führen, das sich als Belastung für die Beziehung auswirkt (BMSFSJ 2000:16; Niesner u.a. 85ff). Jedoch werden solche Ehen für zukünftige Zuwanderungen einen großen Stellenwert einnehmen (a.a.O.:16).

Es wird deutlich, wie vielschichtig und komplex die Zusammenhänge sind, unter denen eine Migration stattfindet und welche Geschlechterarrangements und Geschlechterkonstruktionen im Migrationskontext wirksam sein können oder sich dort entwickeln. Es zeigt sich, dass die Gestaltung des Familienlebens, der Paarbeziehung, das jeweilige Geschlechterarrangement und die damit verbundenen Konflikte sowohl durch individuelle und strukturelle Erfahrungen im Herkunfts- und Migrationskontext, als auch durch die Situation im Aufnahmeland geprägt sind. Wenn diese Erkenntnisse nun auf die Analyse von häuslicher Gewalt im Migrationskontext übertragen werden, ist also davon auszugehen, dass diese Mehrdimensionalität hier auch wirksam ist.

In den folgenden Kapiteln soll nun genauer auf das Thema „Migrantinnen und häusliche Gewalt“ eingegangen werden. Ich stelle zunächst, wie bereits angekündigt die aktuelle Prävalenzstudie des Bundesministeriums vor und gehe dann auf die Situation von Migrantinnen im Frauenhaus ein.

2.3 Die Prävalenzstudie des BMFSFJ: „Lebenssituation, Sicherheit und Gesundheit von Frauen in Deutschland“

Die Studie wurde vom BMFSFJ in Auftrag gegeben und vom Zentrum für Interdisziplinäre Frauen- und Geschlechterforschung (IFF) der Universität

35 Vgl. hierzu die Falldarstellungen von Mirja Johanssen (Kap.7.1) und Ella Noack (Kap.7.3).

36 Vgl. die Falldarstellung von Nihad Amin (Kap.7.2).

Bielefeld von März 2002 – September 2004 durchgeführt und 2004 veröffentlicht.[37]

Die Studie setzt sich aus mehreren Untersuchungsteilen zusammen: In der Hauptuntersuchung wurden, auf der Grundlage einer repräsentativen Stichprobe, 10.000 Frauen zu ihren Gewalterfahrungen, zu ihrem Sicherheitsgefühl und zu ihrer psychosozialen und gesundheitlichen Situation befragt.[38] Bei den weiteren Untersuchungsteilen der Studie handelt es sich zum einen um eine Erhebung bei türkischen und osteuropäischen Migrantinnen, bei der ebenfalls von infas je 250 weitere Interviews in türkischer und russischer Sprache erhoben wurden.[39] Insgesamt liegen damit 397 Interviews mit Frauen türkischer und 862 Interviews mit Frauen osteuropäischer Herkunft vor, die jeweils getrennt von der Hauptstudie ausgewertet wurden (Schröttle/Müller 2004a:117). Weiterhin wurden in Kooperation mit Fachhochschulen und Universitäten Erhebungen bei kleinen „schwer erreichbaren" Teilpopulationen durchgeführt. Es handelt sich dabei unter anderem um „Flüchtlingsfrauen", um Anhaltspunkte dafür zu bekommen, ob hier besondere Gewaltbetroffenheiten und ein besonderer Hilfebedarf feststellbar sind.[40] Für die Gruppe der Flüchtlingsfrauen wurden 65 Fragebögen in die Auswertung einbezogen. Die Forscherinnen der Studie weisen selbst daraufhin, dass durch die hohe Selektivität bei der Auswahl der Interviewpartnerinnen, durch die geringen Fallzahlen und Abweichungen in der Methodik und der Untersuchungsanlage hier Vergleiche nur vorsichtig vorzunehmen sind (a.a.O.:2004b:23). Die Stichprobe der türkischen und osteuropäischen Migrantinnen hingegen ist hier schon von der Anzahl der Fragebögen als belastbarer einzuordnen.

In einem weiteren Untersuchungsteil wurden insgesamt sieben qualitative Gruppendiskussionen mit Frauen durchgeführt, die von körperlicher, psychischer und sexualisierter Gewalt betroffen sind oder waren. In jeder Gruppe waren 6-11 Frauen (Glammeier/Müller 2004:15). Es geht in diesem Untersuchungsteil explizit um die Perspektive der betroffenen Frauen und ihren konkreten Unterstützungs- und Hilfebedarf. Eine Gruppe setzte sich aus Frauen mit Migrationshintergrund zusammen. Die Zusammensetzung dieser Gruppe war insofern besonders, weil sie sich ausschließlich aus Migrantinnen zusammensetzte, die über Frauenhäuser als aktuelle oder ehe-

---

37 Die Studie ist als Langfassung und Kurzfassung auf der Internetseite des Bundesministeriums als Download unter
http://www.bmfsfj.de/Kategorien/Forschungsnetz/forschungsberichte,did=20560.html (Zugriffsdatum: 16.08.05) zu finden.

38 Im europäischen Vergleich wird bei den Ergebnissen für Deutschland von mittleren bis hohen Gewaltbetroffenheiten ausgegangen.

39 In die Endauswertung wurden auch deutschsprachige Interviews mit Frauen türkischer und russischer Herkunft aus der Hauptuntersuchung miteinbezogen.

40 Bei den beiden anderen Gruppen handelte es sich um Frauen in der Prostitution und inhaftierte Frauen.

malige Bewohnerinnen vermittelt werden konnten (a.a.O.:15). Im qualitativen Untersuchungsteil der Studie und in den durchgeführten Gruppendiskussionen stand die Frage nach besonderen Hemmschwellen bei der Unterstützungssuche oder aber auch nach spezifischen existierenden Unterstützungsmöglichkeiten, wie der Entwicklung eigener Netzwerke, die bisher noch nicht wahrgenommen wurden im Mittelpunkt (a.a.O.:9). Für mich ist hier insbesondere die Gruppendiskussion „gewaltbetroffene Migrantinnen“ von Interesse. Jedoch handelt es sich aufgrund der wenigen Frauen (6-8) nicht um Aussagen, die repräsentativ sind. Aufgrund dessen werde ich auf einzelne Aspekte der Gruppendiskussion „gewaltbetroffene Migrantinnen“ in Kapitel 2.4 beispielhaft eingehen, wenn es um die Beschreibung der Situation von Migrantinnen im Frauenhaus geht.

2.3.1 Prävalenzdaten zu türkischen und osteuropäischen Migrantinnen

Bei den türkischen und osteuropäischen Migrantinnen lässt sich feststellen, dass deutlich häufiger als beim Durchschnitt der weiblichen Bevölkerung in Deutschland körperliche und sexuelle Gewalt erlebt wurde (Schröttle/Müller 2004b:27). Bei körperlicher und sexueller Gewalt in Paarbeziehungen ist die besonders hohe Betroffenheit türkischer Frauen auffällig, die mit 38% deutlich über dem Durchschnitt der Hauptuntersuchung (25%), aber auch höher als bei den osteuropäischen Migrantinnen (28%) liegt (Schröttle/Müller 2004a:121). Bei den Angaben zu psychischer Gewalt und sexueller Belästigung unterscheiden sich die beiden befragten Migrantinnengruppen quantitativ nur geringfügig vom Durchschnitt der Frauen in Deutschland (a.a.O.:123). Die vorliegenden Ergebnisse verweisen darauf, dass türkische Migrantinnen dann, wenn sie Gewalt erleben, besonders bedrohlichen und schweren Formen von Gewalt ausgesetzt sind.[41] Die Gruppe der betroffenen türkischen Migrantinnen war den Ergebnissen der Studie zufolge besonders schweren Gewalterfahrungen doppelt so häufig ausgesetzt, wie die Gruppe der osteuropäischen Migrantinnen und der Durchschnitt der Frauen der Hauptuntersuchung (a.a.o.:124). Ein weiterer Hinweis auf die stärkere Gewaltbetroffenheit türkischer Frauen ist der deutlich höhere Anteil unter ihnen (71%), die im Vergleich zu osteuropäischen Migrantinnen (53%) und den

41 31% gaben an, sie seien verprügelt worden, im Vergleich zu 16% der betroffenen Frauen der Hauptuntersuchung und 17% der osteuropäischen Migrantinnen. Doppelt so häufig wie die betroffenen Frauen der zuvor genannten Gruppen gaben türkische Migrantinnen an, gewürgt worden zu sein. 18% von ihnen gaben an, mit einer Waffe bedroht worden zu sein, im Vergleich zur 9% der betroffenen Frauen der Hauptuntersuchung und 11% der osteuropäischen Stichprobe. Mit Ermordung wurde 27% der türkischen gewaltbetroffenen Frauen gedroht, im Gegensatz zu 14% bei den anderen beiden Gruppen (Schröttle/Müller 2004a:124).

befragten Frauen der Hauptuntersuchung (60%) angaben, in den letzten 5 Jahren mehrfach viktimisiert worden zu sein. Die Forscherinnen der Studie sehen den hohen Anteil von Mehrfachviktimisierung bei türkischen Migrantinnen im Zusammenhang mit der starken Gewaltbetroffenheit dieser Befragungsgruppe durch Gewalt in der Partnerschaft und Familie[42], weil, wie sich in den Ergebnissen der Hauptstudie nachweisen lässt, allgemein die Anzahl der Taten im Kontext naher Beziehungen höher ist (a.a.O:126). Als Ursache, wird hier ein hypothetischer Zusammenhang zu größeren Abhängigkeitsverhältnissen oder traditionellen Beziehungsmustern hergestellt, jedoch auf den Bedarf vertiefender Analysen verwiesen, um dies zu überprüfen. Weiterhin wurde vermutet, dass insgesamt mehr Gewalterfahrungen in Kindheit und Jugend vor dem 16. Lebensjahr die insgesamt höhere Gewaltbetroffenheit von türkischen Migrantinnen begründen könnten. Diese Hypothese konnte jedoch nicht bestätigt werden. Erhöhte Werte waren bei den türkischen Migrantinnen nicht gegeben (a.a.O.:130). Die aktuellen Partner der türkischen Frauen hatten zu knapp drei Viertel die türkische Staatsangehörigkeit und weniger als ein Viertel hatte die deutsche Staatsangehörigkeit. Bei den osteuropäischen Migrantinnen lag der Anteil von Partnern mit deutscher Staatsangehörigkeit „gruppenspezifisch" bei 50% bis über 80% und ein Anteil von 38% der aktuellen Partner war in Deutschland geboren. Die Forscherinnen verweisen darauf, dass differenzierende Analysen zu den Paarbeziehungen und den Partnern an dieser Stelle nicht erfolgen können (a.a.O.:122). Jedoch sind diese Informationen von Bedeutung, um die Gewaltbetroffenheiten von Migrantinnen einordnen zu können. Erwähnenswert ist auch eine kurze Befragungssequenz zu „Zwangsverheiratung", die jedoch lediglich mit den türkischen Probandinnen durchgeführt wurde, ohne dass genauer begründet wurde, warum die osteuropäischen Probandinnen dazu nicht befragt wurden. Auch hier wird seitens der Forscherinnen, allerdings nur in der ausführlichen Fassung der Studie, eine Verallgemeinerbarkeit ausgeschlossen. Jedoch lässt sich feststellen, dass etwa 10% der türkischen Migrantinnen in einer Ehe leben, die nicht wirklich freiwillig oder sogar mit Zwang eingegangen wurde. Hier merken die Forscherinnen kritisch an, dass diese Einordnung abhängig davon ist, welche Definition von Zwangsheirat zugrunde gelegt wird.[43] Die Daten ergeben auch aufgrund der niedrigen Fallzahl keinen Anhaltspunkt dafür, dass zwangsverheiratete türkische Frauen stärker von Partnergewalt betroffen sind (a.a.O.:131).

Gewaltbetroffene osteuropäische Migrantinnen gaben wiederum stärker als die anderen Gruppen Erfahrungen mit sexueller Gewalt durch fremde oder kaum bekannte Täter z.B. im Kontext der Arbeitssituation an (a.a.O.:130).

---

42 Siehe die genauen Zahlen (Schröttle/Müller 2004a:.128).

43 Vgl. hierzu auch Straßburger (2003), die sich mit dem Partnerwahlverhalten von türkischen MigrantInnen beschäftigt hat und dabei auch die dominanten Diskurse reflektiert.

2.3.2 *Teilpopulation Flüchtlingsfrauen*

Zunächst lässt sich feststellen, dass in der Studie allgemein die Gruppe der „Asylbewerberinnen" mit der Gruppe der „Flüchtlingsfrauen"[44] gleichgesetzt und wiederum von der Gruppe der „Migrantinnen"[45] unterschieden wird. Deutlich wird die Heterogenität des vorliegenden Samples „Flüchtlingsfrauen" in der Studie bei Betrachtung einer Tabelle (Schröttle/Müller 2004c:20, Tabelle 2), zum Aufenthaltsstatus. Hier zeigt sich, dass es sich im Grunde genommen bei diesem Sample um Frauen mit einem ungesicherten Aufenthaltsstatus handelt und dies die strukturelle Gemeinsamkeit ausmacht. Von Fluchterfahrungen im klassischen Sinne[46] ist bei der Gruppe nicht per se auszugehen. Gemeinsam ist diesen Frauen, dass sie in der Regel mit ihrem Aufenthaltsstatus unter das Asylbewerberleistungsgesetz fallen und dies ihre Lebenssituation im Migrationskontext strukturiert.

Für die vorliegende kleine Stichprobe der Flüchtlingsfrauen wird, trotz aller Einschränkungen, was die Aussagekraft der Daten anbelangt, festgestellt, dass ein hohes Ausmaß an Gewalt in allen erfassten „Gewaltformen" und „Gewaltkontexten" deutlich wird. Problematisiert wird,

> „dass diese oftmals bereits in ihren Heimatländern und im Kontext der Flucht viktimisierten und hoch traumatisierten Frauen auch in Deutschland in hohem Maße körperlicher (51%), sexueller (25%) und psychischer (79%) Gewalt ausgesetzt sind. Dabei handelt es sich sowohl um Gewalt durch Beziehungspartner, um Gewalt und rassistische Übergriffe durch fremde oder kaum bekannte Personen als auch um Übergriffe durch MitbewohnerInnen und Personal in den Wohnheimen und im Kontext der psychosozialen Betreuung und Versorgung" (Schröttle/Müller 2004b:27).

Bei der Gruppe der Flüchtlingsfrauen ist besonders erwähnenswert, dass sie mehr Gewalt im öffentlichen und halböffentlichen Raum erleben.

Es wird ebenfalls auf die Häufigkeit und die Intensität der erlebten Gewalt hingewiesen und darauf, dass die Frauen sich diesen aufgrund der viel-

---

44 In der Langfassung zur Teilpopulation „Flüchtlingsfrauen" wird im Kapitel „Hintergrund der Untersuchung" (Schröttle/Müller 2004c:4) folgende begriffliche Definition dargestellt: „Der Begriff ‚AsylbewerberInnen' ist im Rahmen der vorliegenden Untersuchung als ‚Sammelbezeichnung' im soziologischen Sinne (dem eines gemeinsamen Erfahrungshintergrundes) zu verstehen, d.h. er umfasst – im Unterschied zur rechtlichen Definition – sämtliche Personen, die Asyl beantragt haben, als Asylberechtigte anerkannt worden sind oder über eine (vorläufige) Aufenthaltsbefugnis bzw. ein Bleiberecht verfügen" (a.a.O.:4). Es stellt sich hier die Frage, ob es sinnvoll ist, einen eindeutig definierten Rechtsbegriff „Asylbewerberin" neu zu definieren. Der Begriff „Flüchtlingsfrauen", der ebenfalls verwendet wird bietet sich hier möglicherweise mehr an. Allgemein ist kritisch anzumerken, dass in der neueren Migrationsforschung zunehmend für einen erweiterten Migrationsbegriff plädiert wird, weil sich Einwanderung, Gastarbeit und Flucht nicht genau voneinander abgrenzen lassen und die Übergänge fließend sind (vgl. Treibel 1999:22).

45 Siehe die Zusatzbefragung der osteuropäischen und türkischen Migrantinnen.

46 Eine genauere Klärung des Begriffs „Flucht" bzw. „Fluchtmigration" findet sich bei Treibel 1999:157ff.

fältigen Abhängigkeiten schwer entziehen können. Als zusammenfassendes Ergebnis wird festgestellt, dass bei den Frauen aller Teilpopulationen, also auch der größeren Stichprobe der „Migrantinnen", eine anteilsmäßig deutlich höhere Gewaltbetroffenheit als bei den Befragten der Hauptuntersuchung festzustellen ist. Interessant ist, dass auch der Anteil derjenigen, die in Kindheit und Jugend Gewalt erlitten haben, deutlich höher liegt (a.a.o.:25).

Besonders erwähnenswert ist, dass die befragte Gruppe der Migrantinnen insgesamt mehr psychische Gewalterfahrungen durch fremde oder kaum bekannte Täter im Vergleich zur Hauptstudie angeben. Die Forscherinnen vermuten, dass es sich hierbei um „rassistisch" oder „ausländerfeindlich" bedingte Gewalt handeln könnte (a.a.O.:28). Es gibt jedoch keinen Hinweis darauf, dass dies genauer erhoben wurde.

2.3.2.1 Resümee

Die vorgestellte Prävalenzstudie ist von großer Bedeutung, wenn es um den Stand der Forschung zu Gewalt gegen Frauen in Deutschland allgemein geht. Die Studie hat es sich darüber hinaus zum Ziel gesetzt, auch die Problematik von Migrantinnen/ Flüchtlingsfrauen/ Asylbewerberinnen zu repräsentieren. Eine Einschränkung liegt darin, dass die Daten zu Flüchtlingsfrauen/Asylbewerberinnen nicht repräsentativ sind. Der Untersuchungsteil zu türkischen und osteuropäischen Migrantinnen hat hier eine belastbarere empirische Basis vorzuweisen.

Insgesamt betrachtet wirft die Studie viele neue Fragen auf, zum Beispiel wie sich die höhere Gewaltbetroffenheit türkischer Frauen einordnen lässt. Bestimmte Themen werden sichtbar, wie die Betroffenheit von Gewalterfahrungen im öffentlichen Raum bei Flüchtlingsfrauen, die sich von der Beziehungsgewalt in der vorliegenden Studie nicht eindeutig abgrenzen lässt. Hier wird deutlich, dass für Migrantinnen, die von Gewalt betroffen sind, die Eingrenzung des Gewaltbegriffs auf Beziehungsgewalt unzulänglich ist, um das gesamte Spektrum und die Bedeutung von unterschiedlichen Gewalterfahrungen zu erfassen.

Die Unterteilung von Migrantinnengruppen in Asylbewerberinnen/Flüchtlingsfrauen und andere Migrantinnen, wie dies in der gesamten vorliegenden Studie vorgenommen wurde, kann als ein problematisches Konstrukt angesehen werden. So ist nicht klar definiert, welche Frauen als Flüchtlingsfrauen bzw. Asylbewerberinnen gelten. Ein formaler aufenthaltsrechtlicher Status muss nichts darüber aussagen, unter welchen Umständen eine Frau nach Deutschland gekommen ist. So kann sie geflüchtet oder über eine Heirat nach Deutschland gekommen sein und mittlerweile mit einem ganz anderen aufenthaltrechtlichen Status hier leben. Insgesamt werden diese Formen der Unterscheidung der Komplexität der Lebensrealitäten von Migrantinnen nicht gerecht.

2.4 Migrantinnen im Frauenhaus[47]

Frauenhäuser sind Orte, an denen Frauen mit unterschiedlichem sozialem Hintergrund in einer Krisensituation aufeinandertreffen und über einen kurzen oder manchmal langen Zeitraum miteinander leben. Sie kommen aus einer gewalttätigen und gescheiterten Beziehung und das bringt ein großes Konfliktpotential für das Zusammenleben mit sich. Jedoch sind Frauenhäuser für viele Frauen wichtige individuelle Erfahrungsräume, die positive Veränderungen für das weitere Leben bewirken können. Für viele Frauen ist das Frauenhaus ein Ort, von dem aus sie erste Erfahrungen mit einem selbstständigen Leben und eigenständig gewählten Beziehungen machen können, ohne sozial isoliert zu sein. Die Gemeinschaft des Frauenhauses ist ein wichtiger Faktor, um die psychische und soziale Isolation der Gewaltbeziehung durchbrechen zu können. Frauenhäuser unterscheiden sich in ihrer Arbeitsweise, in ihrem Unterstützungsangebot und in ihrer professionellen Kompetenz genauso stark voneinander wie andere Institutionen.

2.4.1 Inanspruchnahme der Hilfeleistungen und des bestehenden Unterstützungsangebots

Der Anteil von Migrantinnen in Frauenhäusern, insbesondere in den Großstädten, ist allen offiziellen Angaben zufolge schon seit vielen Jahren überdurchschnittlich hoch.[48]

Es ist davon auszugehen, dass insbesondere Migrantinnen mit ungeklärtem oder unsicherem Aufenthaltsstatus auf das Unterstützungsangebot der Frauenhäuser angewiesen sind, wenn sie sich aus der Gewaltsituation lösen wollen oder flüchten müssen. Sie haben häufig keine Alternative, wenn sie aus einer Misshandlungsbeziehung wegmüssen oder wegwollen. Es bleibt oft nur das Frauenhaus mit seinem niedrigschwelligen, unbürokratischen und anonymen Angebot.

47 Teile dieses Kapitels wurden bereits in Lehmann (2001) veröffentlicht.

48 Es wurde bereits 1989 davon ausgegangen, dass mehr als ein Fünftel der Bewohnerinnen in Frauenhäusern Migrantinnen unterschiedlicher Nationalität waren (vgl. Sellach 2000:336). Ebenfalls wurde bei einer Untersuchung der Frauenhauskoordinierungsstelle festgestellt, dass 1996 in den alten Bundesländern häufig mehr als ein Drittel der Bewohnerinnen in Frauenhäusern Migrantinnen sind (a.a.O:336). Eva- Maria Bordt von der bundesweiten Frauenhauskoordinierungsstelle in Frankfurt gibt in einem Artikel von 1999 mit dem Titel: "Frauenhäuser vor neuen Problemen. Anteil der Ausländerinnen in den Zufluchtsstätten steigt" an, dass in Großstädten wie Berlin, Hamburg und München etwa 50- 80 % der Frauenhausbewohnerinnen Migrantinnen sind (Schaible, dpa erschienen in: Rundbrief des dfb März 1999). Vgl. hierzu exemplarisch die Situation in Berlin: 50% der hilfesuchenden Frauen in Frauenhäusern sind Migrantinnen (Berliner Aktionsplan „zur Bekämpfung häuslicher Gewalt“ 2002:17).

Die Frauenhäuser bieten die Möglichkeit, der Misshandlungssituation zu entkommen, ohne dass die Migrantinnen sofort eine endgültige, eventuell existentielle Entscheidung über die weitere Perspektive treffen zu müssen. Gaitanidis (1999) bezeichnet Frauenhäuser als den „last channel" der Sozialarbeit und meint damit, dass die Frauenhäuser, wie z.B. vergleichbar der Jugendgerichtshilfe, das Auffangbecken in einem Hilfesystem sind, das bestimmte Zielgruppen systematisch ausgrenzt, weil es für sie kein adäquates Angebot macht. Es spricht viel dafür, dass der hohe Anteil von Migrantinnen in den Frauenhäusern ein Hinweis auf die Versäumnisse anderer Stellen ist.

Bei der in Kapitel 2.3 vorgestellten Prävalenzstudie des Bundesministeriums (2004) wurde bei der allgemeinen Frage nach Inanspruchnahme von Hilfeleistungen deutlich, dass türkische (41%) und osteuropäische (49%) Migrantinnen deutlich seltener Kenntnis von Hilfseinrichtungen für gewaltbetroffene Frauen haben, als die überwiegend deutschen Frauen der Hauptuntersuchung (65%) (Schröttle/Müller 2004:132). Jedoch werden insgesamt betrachtet psychosoziale Hilfsangebote, insbesondere Frauenhäuser und (Frauen-) Beratungsstellen von den gewaltbetroffenen türkischen Migrantinnen, vor allem von Frauen mit deutschen Sprachkenntnissen häufiger genutzt (17%), im Vergleich zu osteuropäischen Migrantinnen (8%) und den Frauen aus der Hauptuntersuchung (11%). Die Forscherinnen stellen mit Vorbehalt, wegen der geringen Fallzahlen fest, dass türkische Migrantinnen überwiegend Frauenhäuser und Frauenberatungsstellen nutzen.

Es ist davon auszugehen, dass es viele Gruppen von Frauen (Migrantinnen) gibt, die aus unterschiedlichen Gründen nicht oder nur dann in ein Frauenhaus gehen, wenn die Bedrohung so stark ist, dass es keine andere Möglichkeit gibt, sich selbst und die Kinder zu schützen.

Ein wichtiger Aspekt ist die soziale Isolation, in der viele Migrantinnen sich häufig zum Zeitpunkt der Gewaltsituation befinden. Diese Isolation ist jedoch nicht immer nur migrationsspezifisch bedingt. Sie ist auch allgemein symptomatisch für Frauen, die sich in Gewaltbeziehungen befinden und kann zur Folge oder Ursache von Gewalt werden. Diese soziale Isolation betrifft alle Frauen des Samples der vorliegenden Arbeit auf unterschiedliche Weise und wird auch in der Gruppendiskussion „gewaltbetroffene Migrantinnen" benannt. Wie in dem Sample meiner Arbeit deutlich wird, kann sie gewaltbetroffene Migrantinnen ganz besonders treffen, die als sogenannte ‚Heiratsmigrantinnen' nach Deutschland gekommen sind und deren Familie und andere Bezugspersonen nicht in Deutschland leben.

In der Gruppendiskussion der Prävalenzstudie zum Unterstützungs- und Hilfebedarf von Migrantinnen wird darauf hingewiesen, dass viele gewalttätige Männer den Frauen verbieten, Deutschkurse zu besuchen, um den Status der Abhängigkeit aufrecht zu erhalten. Einige Frauen befürworten daher eine gesetzliche Pflicht für Migrantinnen, an Deutschkursen teilzunehmen (Glammeier/Müller 2004:54). Für Migrantinnen, die sozial sehr isoliert sind, gibt es häufig nicht die Möglichkeit, Informationen über Hilfs- und Unterstützungsangebote zu erhalten oder diese Angebote wahrzunehmen. Die Erfahrung der ‚sozialen Isolation', insbesondere im Kontext von Heiratsmigration, aber auch in anderen Beziehungen bezieht sich auch auf gewaltbetroffene Migrantinnen, die einen deutschen Partner ohne Migrationshintergrund haben. Sowohl deutsche als auch nicht-deutsche Partner sind sich innerhalb der Gewaltbeziehung in der Regel darüber im Klaren, welche Abhängigkeitsverhältnisse ausgenutzt werden können. Der Versuch, Frauen in einer Gewaltbeziehung sozial zu isolieren, ist eine der wichtigsten Strategien von Männern, die Beziehung und die Gewalt fortsetzen zu können.[49] Ein wesentlicher Grund, warum viele Migrantinnen nicht in ein Frauenhaus gehen, liegt darin, dass sie die aufenthaltsrechtlichen Folgen befürchten, die eine Trennung für sie selbst und ihre Kinder haben können. Häufig bekommen sie durch den Ehemann falsche Informationen über ihren Aufenthaltsstatus oder sie werden durch den Partner bedroht, indem ihnen die Abschiebung oder die Trennung von ihren Kindern als Konsequenz verkündet wird (vgl. hierzu Glammeier/Müller 2004:54). Häufig ist für Migrantinnen, die in einer Beziehung mit einem deutschen Partner sind, häusliche Gewalt mit Rassismuserfahrungen in der Beziehung verbunden.[50] Rassismus erleben Migrantinnen jedoch auch bei der Suche nach Unterstützung, wenn zum Beispiel SozialamtsmitarbeiterInnen darauf verweisen, dass Gewalt bei der Herkunft einer Frau doch „normal" sei (Glammeier/Müller 2004:55). Gewaltbetroffene Migrantinnen sind gefordert, sich mit Stereotypen über ihre ‚Kultur', die in den öffentlichen Diskursen vorherrschend sind, auseinanderzusetzen, sich als Individuum darin zu verorten und Position zu beziehen. Welchen Einfluss gesellschaftliche Diskurse auf die öffentliche Wahrnehmung und Problemdefinitionen von häuslicher Gewalt haben, ist sowohl in seinen positiven als auch negativen Auswirkungen bekannt.[51] Jedoch gibt es kaum Erkenntnisse darüber, wie sich unterschiedliche öffentliche Diskurse, zum Beispiel zu ‚Zwangsverheiratung', ‚Ehrenmorde' auf das Erleben der Betroffenen auswirken.[52]

Aus der Gruppendiskussion „gewaltbetroffene Migrantinnen" wird berichtet, dass Migrantinnen, die in „engen traditionellen Familienzusammenhängen" lebten, dies als besonders erschwerend in der Gewaltsituation empfanden. Frauen schildern, wie die Familie verhindern wollte, dass die Frau aus der Gewaltsituation ausbricht, die Töchter sollten zuhause bleiben, um

49 Vgl. hierzu die Falldarstellungen von Nihad Amin (Kap. 7.2) und Ella Noack (Kap. 7.3).

50 Vgl. exemplarisch dazu in meiner Studie die Falldarstellung von Mirja Johannsen (Kap. 7.1.). Auch in den Gruppendiskussionen der Prävalenzstudie des Bundesministeriums wurde dies benannt (Glammeier u.a.2004:55).

51 Das bezieht sich einerseits auf den Erfolg der Frauenbewegung, gesellschaftliche Tabuisierungen brechen zu können, als auch auf die Stereotypen zu häuslicher Gewalt.

52 In der US-amerikanischen Gewaltforschung gibt es Veröffentlichungen, die sich mit der Frage nach den Auswirkungen von gesellschaftlichen Diskursen auf das Erleben und die Wahrnehmung von häuslicher Gewalt beschäftigen (z.B. Crenshaw 1994, Kanuha 1996).

die „Ehre“ zu wahren. Zudem übten nahe Verwandte Druck und Zwang auf die Familie aus (a.a.O. 2004:55). Migrantinnen, die an den Gruppendiskussionen teilnahmen, thematisierten, dass es Kulturunterschiede bei der Einstellung zu Gewalt gäbe und es in ihren traditionellen Familien- und Kulturzusammenhängen restriktivere Geschlechterkonstruktionen gäbe (a.a.O.:61) als in der deutschen Mehrheitsgesellschaft.

Bei der Gruppendiskussion mit gewaltbetroffenen Migrantinnen wurde deutlich, wie stark Bilder, die in der Öffentlichkeit über Frauenhäuser existieren, auch die betroffenen Frauen prägen. Die meisten Menschen haben keine eigenen Erfahrungen, wie das Leben in einem Frauenhaus ist. Es gibt darum Assoziationen zu „sozialem Abstieg, Zwielichtigkeit in sexueller Hinsicht und Anarchie“ (a.a.O:87). Insbesondere in „traditionelleren Familien- und Glaubenszusammenhängen“ hätte dieses negative Image eine besondere Bedeutung (a.a.O.:87).

Jedoch sollte hier ergänzt werden, dass aus den Erfahrungen in der Frauenhausarbeit für viele Migrantinnen das Frauenhaus ein geschützter Ort ist. Insbesondere junge Frauen betonen oft gegenüber ihren Familien, dass sie keinen Männerbesuch bekommen dürfen und es strenge Regeln im Frauenhaus gibt. Für viele Familien ist es wichtig, dass ihre Tochter in einer Institution beraten und betreut wird und dadurch eine stärkere soziale Kontrolle und Unterstützung gewährleistet ist.

2.4.2 Zufluchtsort Frauenhaus

Die Bewohnerinnenstruktur in den Frauenhäusern ist heterogen und setzt sich aus unterschiedlichen Migrantinnengruppen zusammen. In den 90er Jahren sind beispielsweise Frauen aus Osteuropa als große Gruppe unter den Migrantinnen hinzugekommen. Gesamtgesellschaftliche Entwicklungen wie die Öffnung der Grenzen nach Osteuropa, Bürgerkriege, Migration als globales Phänomen, Armut und Ausgrenzung im Inland, spiegeln sich allgemein in der Bewohnerinnenstruktur und den jeweiligen Problemlagen des Frauenhauses fokussiert wieder.

Die Lebenssituation einer großen Gruppe gewaltbetroffener Migrantinnen im Frauenhaus ist wesentlich durch die strukturellen Bedingungen des Migrationsstatus geprägt. Abhängig vom jeweiligen Herkunftsland und den Migrationsbedingungen wurde ihnen bis zur Verabschiedung des Zuwanderungsgesetzes (2004)[53] vom bundesdeutschen Ausländer- und Asylrecht ein

53 Weitere Informationen zum Zuwanderungsgesetz „Die Beauftragte der Bundesregierung für Migration, Flüchtlinge und Integration“ und „Der Beauftragte für Integration und Migration des Senats von Berlin“ (Hg.)(2004). Download unter: http://www.integrationsbeauftragte.de.

unterschiedlicher rechtlicher und sozialer Status zugewiesen.[54] Das neue Zuwanderungsrecht sieht mittlerweise nur noch zwei Aufenthaltstitel vor. Duldungen gibt es jedoch nach wie vor.

Für die meisten Migrantinnen mit befristetem Aufenthaltsstatus bedeutet der Schritt ins Frauenhaus zwar zunächst ein Ende der Gewalt, aber gleichzeitig das Entstehen vieler neuer Probleme. Der Aufenthaltsstatus ist bei vielen Migrantinnen in dem Moment gefährdet, wenn sie aus der Misshandlungsbeziehung fortgehen. Darin liegt eine strukturelle Benachteiligung im Vergleich zu Frauen mit deutschem Pass aus Gewaltbeziehungen.

Von zentraler Bedeutung war früher der §19 des AuslG[55] und ist nun der §31 AufenthG[56] im neuen Zuwanderungsrecht. Hier ist geregelt, wann MigrantInnen, deren Aufenthaltsstatus vom Ehepartner abhängig ist, einen eigenständigen Aufenthaltsstatus unabhängig vom Ehepartner erhalten können. Wenn die Ehe weniger als zwei Jahre in Deutschland bestanden hat, müssen MigrantInnen bei einer Trennung mit dem Verlust des Aufenthaltsstatus rechnen. Wenn sie nachweislich psychischen und physischen Misshandlungen ausgesetzt waren, gibt es die Möglichkeit, unabhängig vom Zeitraum des Bestehens der Ehe als Härtefall einen eigenständigen Aufenthalt zu bekommen. Eine weitere Gruppe mit unsicherem Aufenthaltsstatus sind Frauen mit einer Duldung und asylsuchende Frauen. Diese Frauen bekommen reduzierte Sozialleistungen nach dem Asylbewerberleistungsgesetz. In Bedrohungssituationen erhalten sie häufig keine Erlaubnis, in eine andere Stadt zu gehen, weil sie den Wohnort nicht verlassen dürfen (Residenzpflicht).

Insgesamt hat sich die Situation angesichts des Sozialabbaus in Deutschland an vielen Stellen für Migrantinnen verschärft.[57] Strukturelle Benachteiligungen wirken sich erfahrungsgemäß in der Misshandlungssituation problemverschärfend aus. Die Existenzgrundlagen der einzelnen Frauen im Frauenhaus klaffen stark auseinander. Benachteiligungen, wie z.B. ein unsicherer Aufenthaltsstatus, alltägliche Rassismuserfahrungen, keine Arbeitserlaubnis, geringe Chancen auf dem Arbeitsmarkt, interkulturelle Differenzen, Sprachprobleme, schlechte bzw. keine medizinische und psychologische Versorgung haben grundlegende Auswirkungen auf die Lebenssituation von

---

54 Das betrifft vom Zeitraum her alle Interviewpartnerinnen dieser Studie.

55 Ausländergesetz.

56 Aufenthaltsgesetz.

57 Insgesamt bleibt festzustellen, dass Änderungen in der Sozialgesetzgebung für gewaltbetroffene Migrantinnen ihre spezifischen Auswirkungen haben. Punktuell gibt es durch das neue Zuwanderungsrecht Verbesserungen. Die relativieren sich dann jedoch wieder durch Veränderungen an anderer Stelle, zum Beispiel durch die neuen Regelungen im SGB II (Hartz IV). Vgl. hierzu Kriechhammer-Yağmur, Sabine (2005 und für allgemeine rechtliche Informationen die Internetseite der Frauenhauskoordinierungsstelle www.frauenhauskoordinierungsstelle.de.

MigrantInnen[58] und dementsprechend besonders in der Bewältigung schwieriger Lebenslagen.

Die für alle sichtbare strukturelle Schlechterstellung von Migrantinnen führt erfahrungsgemäß häufig zu einer Schwächung ihrer Position im Zusammenleben auf engstem Raum. Dies kann in Alltagsrassismen und Hierarchisierungen unter den Bewohnerinnen zum Ausdruck kommen.[59]

Hier haben sich in der Praxis der Frauenhausarbeit spezifische Probleme ergeben. Ein Beispiel dafür sind Erfahrungen mit dem Prinzip ‚Hilfe zur Selbsthilfe'. Hiermit ist gemeint, dass die Bewohnerinnen darin unterstützt werden sollten, ihr Leben unabhängig (von Mitarbeiterinnen und Sozialarbeit) zu gestalten und zu bewältigen. Die betroffenen Frauen sollten sich insbesondere in den Anfängen der Frauenhausarbeit idealerweise gegenseitig solidarisch unterstützen und aktiv bei der Organisation des Frauenhauses mitbestimmen. Es sollten neue Lebensformen miteinander erprobt, selbstbestimmte Perspektiven entwickelt und die strukturelle Dimension von Gewalt gegen Frauen erfasst werden.

Die Praxis erweist sich jedoch als vielschichtiger und komplexer. Ein großes Problem sind die unterschiedlichen Bedürfnisse der Bewohnerinnen und die Hierarchisierungen untereinander, die im Konzept der ‚Hilfe zur Selbsthilfe' stärker berücksichtigt werden müssten. Bewohnerinnen bekommen häufig im Rahmen der Selbstorganisation bestimmte Kompetenzen zugewiesen, z.B. die Verwaltung oder Weitergabe von Sachspenden. Die Erfahrungen zeigen, dass es immer wieder Gruppenbildungen gibt, über die der Zugang zu Ressourcen gesichert wird und andere Bewohnerinnengruppen systematisch Ausgrenzung erfahren. Ein weiteres Beispiel sind die Telefondienste, die von Bewohnerinnen übernommen werden, um andere gewaltbetroffene Frauen rund um die Uhr im Frauenhaus aufnehmen zu können. Wenn Bewohnerinnen aufgrund ihrer Deutschkenntnisse im Frauenhaus besonders verantwortungsvolle oder einflussreiche Funktionen einnehmen können, z.B. den Telefondienst, kann das zu einer Verstärkung der vorhandenen Unterschiede und zu Hierarchisierungen führen. Es kann in solchen Konstellationen zu unkontrolliertem Machtzuwachs von einzelnen Frauen

58 Diese strukturellen Bedingungen betreffen Migranten und Migrantinnen allgemein. Ich beziehe mich im Folgenden jedoch auf die besondere Situation von gewaltbetroffenen Migrantinnen. Bei der Prävalenzstudie des Bundesministeriums ist hier ein Ergebnis hervorzuheben: 54% der türkischen und 46% der osteuropäischen Migrantinnen, im Gegensatz zu nur 26% der Frauen aus der Hauptuntersuchung, teilten mit, dass sie sich aufgrund des Alters, des Geschlechts oder der Herkunft benachteiligt oder schlecht behandelt fühlten (Schröttle/Müller 2004b:29). Es wird auch im Untersuchungsteil der Gruppendiskussionen darauf hingewiesen, dass Migrantinnen in spezifischer Form (z.B. fehlender Aufenthaltsstatus, fehlende Deutschkenntnisse und mangelnde Integration) von Gewalt betroffen sind (vgl. Glammeier/Müller/Schröttle 2004:9).

59 Vgl. Aktaş (1993); Senatsverwaltung für Arbeit und Frauen i. Berlin (1995); Sellach (2000); Lehmann (2001); Glammeier/Müller/Schröttle (2004).

kommen. Dabei handelt es sich nicht nur um Machtverhältnisse zwischen mehrheitsdeutschen Frauen und Migrantinnen. Es handelt sich auch allgemein um das Verhältnis zwischen Mehrheit und Minderheit im Zusammenleben. So können sich auch einzelne Migrantinnen durch eine große Gruppe von Migrantinnen ausgegrenzt fühlen, wenn diese sich sprachlich miteinander verständigen können, während sie niemanden haben, mit dem sie sich austauschen können.[60]

Viele Migrantinnen schildern Erfahrungen von Rassismus im Frauenhaus und können sich im Frauenhaus durch die Enge des Zusammenlebens besonders schwer entziehen. Die fehlende Privatsphäre und geringe Rückzugsmöglichkeiten können sich auf die psychische Situation der betroffenen Frauen besonders belastend auswirken. Die Gemeinschaft des Frauenhauses wird aufgrund dessen, je nach Lebenssituation, sehr unterschiedlich erlebt.

2.5 Fazit

Wenn man das Verhältnis zwischen Mehrheitsgesellschaft und EinwanderInnen beschreiben will, zeigt sich, dass das Geschlechterverhältnis eine der zentralen Kategorien ist, um ethnische und kulturelle Differenz abzubilden.

Insbesondere im wissenschaftlichen und politischen Diskurs wird kaum auf konkrete Forschung zu Geschlechterstrukturen und Geschlechterverhältnissen zurückgegriffen. Es haben sich vielmehr Vorstellungen

> „von den patriarchal orientierten Geschlechterbeziehungen des eingewanderten Bevölkerungsteils schon längst miteinander verwoben und zusammen ein statisches Bild zementiert. (...) Eine imaginäre Migrantin dient als Folie, vor der die Spezifik des Geschlechterverhältnisses sichtbar erscheint. Dies wird in der Folge genutzt, um Fremdheitsbeschreibungen zu konstruieren und zu festigen" (Huth-Hildebrandt 1999:200).

Die entstandenen Stereotypen, Diskurse und Alltagstheorien sind kaum mehr in Frage zu stellen, weil sich ein „Begriffsapparat als Kanon herausgebildet hat, der Wahrnehmungen in spezifischer Weise kanalisiert und kategorisiert" (a.a.O.:201).

Deutlich wird, dass in der Frauen- und Migrantinnenforschung und damit in den Diskursen zu ‚Migrantinnen' die Auseinandersetzung mit Stereotypen, sei es ihre Konstruktion, Dekonstruktion oder ihre Zurückweisung viel Raum einnimmt. In den letzten Jahren werden die tradierten Bilder zur Unterdrückung von Migrantinnen, insbesondere muslimischen Migrantinnen wieder aktualisiert und strukturieren die öffentlichen Diskurse zu Einwanderung und Integration.

60 Vgl. Attia 2005.

Die Diskussion um Migrantinnen und häusliche Gewalt ist in Deutschland durch die „Kulturdefizithypothese“ aus der ersten Phase der Migrantinnenforschung geprägt. Die Ursachen für das Auftreten von häuslicher Gewalt bei Migrantinnen werden von der Mehrheitsgesellschaft überwiegend mit kulturellen Defiziten begründet. Häufig unerwähnt bleibt in der öffentlichen Diskussion, dass ein Teil der Migrantinnen, die von häuslicher Gewalt betroffen sind, Gewalterfahrungen in einer Beziehung zu einem deutschen Mann erlebt haben. Allgemein ausgeblendet wird, wie sehr Erfahrungen von häuslicher Gewalt an die rechtlichen und sozialen Lebensbedingungen im Einwanderungskontext gekoppelt sind, sei es durch aufenthaltsrechtliche Bestimmungen oder andere kulturelle und soziale Unterschiede. In der Regel wird auf Berichte aus der Praxis der Anti-Gewalt-Arbeit oder auf persönliche Erfahrungsberichte zurückgegriffen. Dies ist notwendig und wichtig, um Themen wie Zwangsverheiratung, häusliche Gewalt und Ehrenmorde in die Öffentlichkeit zu bringen[61], betroffene Frauen zu schützen, Unterstützungsangebote einzufordern, sich breit zu vernetzen und PolitikerInnen und MigrantInnen-communities zu mobilisieren. Grundsätzlich ist es bei der Diskussion jedoch für das politische und gesellschaftliche Klima als problematisch einzuordnen, dass die Ergebnisse der aktuellen MigrantInnenforschung hier nicht systematischer berücksichtigt werden und stattdessen im öffentlichen Diskurs häufig auf tradierte, stigmatisierende Stereotypen zurückgegriffen wird.

61 Vgl. z.B. die vieldiskutieren Bücher von Ateş (2003); Kelek (2005).

3 Interkulturelle und internationale Forschungsperspektiven auf häusliche Gewalt am Beispiel der USA

Im Kontext der Forschung zu ‚Migrantinnen und häusliche Gewalt' ist es aufgrund des Forschungsdefizits in Deutschland naheliegend, sich mit interkulturellen und internationalen Perspektiven zu beschäftigen. Es stellt sich zudem die Frage nach der Universalität von Forschungsergebnissen und theoretischen Grundlagen zu häuslicher Gewalt innerhalb einer Gesellschaft und im Vergleich von unterschiedlichen Gesellschaften und kulturellen Kontexten. Ich werde zunächst auf einige Aspekte interkulturell vergleichender Forschung zu häuslicher Gewalt[62] eingehen und diese zusammenfassend darstellen. Anschließend werde ich am Beispiel der USA aufzeigen, wie dort das Thema ‚Migrantinnen und häusliche Gewalt' [63] diskutiert wird.

3.1 Interkulturelle und internationale Perspektiven auf häusliche Gewalt

Die öffentliche Thematisierung von ‚häuslicher Gewalt', bzw. ‚Gewalt gegen Frauen' ist, wie in der Einleitung deutlich wurde, wesentlich durch die Frauenbewegung und durch feministische Analysen geprägt, deren Forschungsansätze ich in dieser Arbeit vereinfacht als ‚feministische Gewaltforschung' bezeichne. Da die Frauenbewegung in Teilen international vernetzt war und ist, kann hier durchaus von internationalen Frauenbewegungen gesprochen werden, die in sich jedoch sehr unterschiedliche inhaltliche und politische Positionierungen repräsentieren. Ein Teil der Frauenbewegung vertritt nach wie vor einen Ansatz, nach dem Frauen kultur- und nationenübergreifend in erster Linie durch patriarchale Machtstrukturen unterdrückt werden, und hier ist der Ansatzpunkt einer universellen Perspektive auf ‚Gewalt gegen Frauen' zu verorten. Das Thema ‚Gewalt gegen Frauen' ist Gegenstand eines menschenrechtlichen Diskurses, der die Anerkennung von ‚Frauenrechten als Menschenrechten' universell einfordert. Feministinnen fordern auf der politischen Ebene eine generelle weltweite Ächtung und Bekämpfung aller For-

62 Bezieht sich nur auf die Gewalt zwischen erwachsenen BeziehungspartnerInnen, bei der die Opfer in der überwiegenden Mehrzahl Frauen sind. Davon wird auch in den hier angegebenen Quellen in der Regel ausgegangen.

63 In engl. ‚domestic violence'.

men von Gewalt gegen Frauen und Mädchen (vgl. z.B. Bunch 1995; Friedman 1995) Amnesty International (vgl. 2004) und die WHO (vgl. 2005) betonen diese Perspektive ebenfalls.

Eine grundsätzliche Kritik an dieser Perspektive bezieht sich darauf, dass die Forderung nach einer Universalität von ‚Frauenrechten als Menschenrechten' ihre Legitimität und Glaubwürdigkeit nur aufrecht halten kann, wenn andere Menschenrechtsverletzungen, die sich nicht explizit auf Geschlechtszugehörigkeit beziehen lassen, ebenfalls benannt werden und somit ‚Gewalt gegen Frauen' doch wieder zu relativieren sei im Verhältnis zu anderen Formen von Gewalt und Unterdrückung. Solange dies nicht geschehe, so wird eingewendet, ist das politische Statement ‚Frauenrechte sind Menschenrechte' in den jeweiligen (postkolonialen) Gesellschaften nur schwer vermittelbar und durchsetzbar (Weedon 2000). In diesem Spannungsfeld wird das Thema ‚Gewalt gegen Frauen' bzw. ‚häusliche Gewalt' verhandelt und ist damit hochpolitisch (vgl. Zorn 1999).

Vermutlich sind diese unterschiedlichen politischen Dimensionen auch die Ursache dafür, dass es in der Gewaltforschung einen Mangel an vergleichenden Perspektiven gibt (vgl. Lyons 1999).

Festzustellen ist, dass die Mehrzahl aller vorliegenden empirischen Untersuchungen zu häuslicher Gewalt monokulturell ausgerichtet ist, das heißt sich auf eine Nation, eine Ethnie, eine spezifische Gruppe zu konzentrieren und nicht vergleichend vorzugehen (Godenzi 1994:272). Die Vorteile einer interkulturell vergleichenden Forschung liegen dem Gewaltforscher Alberto Godenzi zufolge darin, dass die Entstehungsbedingungen von Gewalt oder Gewaltlosigkeit, das Wissen über das gesamte Ausmaß, die Reichweite von Definitionen, Ausprägungen und Bedeutungen von Gewalthandlungen, die Überprüfung theoretischer Konzepte und ihre generelle Gültigkeit, die Auswirkungen sozialen Wandels und die Bedeutung von egalitären Beziehungen (Familienformen) in Bezug zum Vorkommen und der Dynamik der Gewalt besser untersucht werden können. Vergleiche zwischen gewaltfreieren und gewalttätigeren Kulturen/Gesellschaften werden dadurch möglich. Daraus könnten neue Erkenntnisse für die Prävention und Intervention resultieren (a.a.O.:272f). Ein Ergebnis der bisher vorhandenen kulturvergleichenden Forschung ist es, dass die meisten Menschen in der Welt Gewalt in der Familie irgendwann in ihrem Leben als Täter oder Opfer erlebt haben. Die meisten Opfer finden sich unter Frauen und die meisten Täter sind erwachsene Männer. Frauen erleiden die schwersten Folgen überwiegend in jungen Ehejahren und kleine Kinder werden häufig Zeugen der Gewalt. Körperliche Formen von Gewalt gegen Ehefrauen und Kinder sind die universellsten Formen der Gewalt „im sozialen Nahraum" (a.a.O.:275f).

Ein international beachteter Forschungsüberblick, der sich aus anthropologischer Perspektive mit der Bedeutung und den unterschiedlichen Kontexten von Gewalt gegen Frauen in unterschiedlichen Gesellschaftsformen beschäftigt, wurde zuerst 1992 von Dorothy Ayers Counts und anderen unter dem Titel „Sanctions and Sanctuary" und in einer weiteren überarbeiteten Auflage 1999 mit dem Titel „To have and to hit" veröffentlicht.[64] Durch das Herausarbeiten von Gemeinsamkeiten und Unterschieden in unterschiedlichen Gesellschaftsformen soll das Spezifische und das Allgemeine der ‚Gewalt' verdeutlicht werden. Es handelt sich um den Versuch festzustellen, wie es um die soziale Akzeptanz von Gewalt gegen Frauen in unterschiedlichen Kontexten bestellt ist und welche Faktoren Gewalt verhindern oder befördern können. Die Herausgeberinnen sehen eine Stärke dieses Forschungsüberblicks darin, dass er sich nicht wie viele andere Studien mit familiärer Gewalt allgemein beschäftigt, sondern ausschließlich mit Gewalt gegen Frauen in Partnerschaften. Es wird hier unterschieden zwischen Gewalt, die aus Schlägen besteht („beating"), und Formen der Gewalt, die als Misshandlung („battering") zu bezeichnen sind. Diese Differenzierung wird im westlichen feministischen Kontext in der Regel abgelehnt. Es zeigt sich jedoch nach Ansicht der Herausgeberinnen, dass hier eine wichtige Trennlinie verläuft, die erkläre, welche Bedeutung ‚Gewalt gegen Frauen' jeweils in einer Gesellschaft oder einer subkulturellen Gruppe hat. So werde zum Beispiel, *Misshandlung* in den meisten Gesellschaften abgelehnt und sanktioniert. Das *Schlagen* von Frauen wird jedoch grundsätzlich anders eingeordnet, interpretiert und bewertet (Brown 1999:3ff.). Es wird festgestellt, dass Schutz und Sanktionen die zentralen Themen im Zusammenhang mit Gewaltprävention und Gewaltbekämpfung sind. Jedoch gibt es unterschiedliche Sanktionen und Schutzmaßnahmen, die wirksam und teilweise gesellschaftlich verankert sind. Die institutionellen Formen, die in den westlichen Gesellschaften entwickelt wurden, sind eine ausgesprochen wichtige Variante, aber es gibt viele andere Formen. Es wird an unterschiedlichen Beispielen aufgezeigt, welchen Stellenwert in vielen Gesellschaften Angehörige von gewaltbetroffenen Frauen dabei einnehmen. Es lassen sich drei wesentliche kulturell determinierte Faktoren benennen, die Einfluss auf das Auftreten und die Schwere der Misshandlungen haben: Ein Faktor ist der kulturell diktierte Grad der Isolation von Frauen. Ein weiterer Faktor ist die Ebene der Beziehungen zwischen den weiblichen Angehörigen einer Familie, die als sehr bedeutsam einzuschätzen sind. Andere weibliche Angehörige der Familie können sowohl Schutz geben, als auch durch ihr Alter Frauen unterdrücken.[65] Ein weiterer wichtiger Faktor bezieht sich auf die Ebene der Beziehungen zwischen den Männern einer Gesellschaft oder Gruppe (a.a.O.:19f).

Der Forschungsüberblick leistet auch eine Kontextualisierung globaler Perspektiven auf Gewalt, indem die unterschiedlichen theoretischen Erklä-

---

64 Auch die WHO-Studie bezieht sich auf diesen Forschungsüberblick.

65 Vgl. hierzu Kap. 7.2 Nihad Amin. In der Herkunftsfamilie spielen die Beziehungen zwischen den Frauen eine herausragende Rolle bei den Machtstrukturen zwischen den Geschlechtern.

rungsansätze zu ‚häuslicher Gewalt‘ auf ihre universelle Gültigkeit hin überprüft werden. Nach Ansicht der Herausgeberinnen stellt sich heraus, dass kein theoretischer Erklärungsansatz allein das Thema ‚Gewalt gegen Frauen‘ umfassend abdecken könne (vgl. Campbell 1999).

Die Notwendigkeit, international vergleichbare Daten vorzulegen, um das Ausmaß und andere Faktoren im Zusammenhang mit häuslicher Gewalt“ besser analysieren zu können, führte dazu, dass von der WHO eine Länderstudie „WHO Multi-country Study on Women‘s Health and Domestic Violence against Women“ (2005) veröffentlicht wurde, die das Ausmaß der Gewalt gegen Frauen in 10 Ländern untersucht hat, in denen die Durchführung einer eigenen nationalen Prävalenzstudie nicht möglich war. Es wird in allen interkulturell vergleichenden Studien, einschließlich der WHO-Studie, festgestellt, dass es sich bei Gewalt gegen Frauen um ein weltweites soziales Problem handelt, jedoch mit großen Unterschieden zwischen Gesellschaften und gesellschaftlichen Subgruppen, die sich auf den kulturellen, gesellschaftlichen und sozialen Kontext beziehen, in dem die Gewalt stattfindet. Die Unterschiede liegen darin begründet, welchen Stellenwert Gewalt gegen Frauen in einer Gesellschaft hat und welche Unterstützungsysteme es jeweils institutionell oder aber auch im sozialen Netz gibt.

Für zukünftige Forschungsperspektiven in der Gewaltforschung wird der Frage ein großer Stellenwert eingeräumt, warum es in manchen Gesellschaften bzw. Kontexten deutlich weniger Gewalt gegen Frauen gibt als in anderen. Was führt dazu, dass es nicht zur Gewalt kommt? (vgl. hierzu WHO-Studie 2005; Hagemann-White 2002; Godenzi 1994). Godenzi weist daraufhin, dass man gewalttätige und gewaltlose Menschen nicht als zwei voneinander abgeschlossene Gruppen betrachten kann (a.a.O.:293f) und es sich bei gewaltbetroffenen Frauen auch nicht um eine homogene Gruppe handelt (a.a.O.:291).

Ein zentrales Ergebnis der vergleichenden Forschung ist es, dass häusliche Gewalt erstens ein globales Problem und damit von internationaler politischer Relevanz ist und zweitens differenziert und kontextualisiert werden muss, wenn es darum geht, gesellschaftliche Veränderungsprozesse zu initiieren, adäquate Präventions-, Interventions- und Schutzmaßnahmen zu entwickeln, bereits bestehende zu unterstützen und weiterzuentwickeln. Dies bezieht sich auf die allgemein anzuerkennende Pluralität moderner Gesellschaften, insbesondere von Einwanderungsgesellschaften und umfasst damit die Diskussion zur Situation von Migrantinnen und Erfahrungen mit häuslicher Gewalt.

3.2 Stand der Forschung und Diskussion in den USA zu Migrantinnen/ ethnische Minderheiten und häusliche Gewalt

Die Entstehungsgeschichte der Frauenbewegung und der feministischen Anti-Gewalt-Bewegung in Deutschland ist stark durch die US-amerikanische Diskussion geprägt. Im folgenden Kapitel werde ich am Beispiel der USA darstellen, wie sich dort differenzierende Sichtweisen auf häusliche Gewalt entwickelt haben und welche grundsätzlichen Perspektiven, Überlegungen, Ansätze es zu häuslicher Gewalt gibt, die auch für die Diskussion in Deutschland in Bezug auf häusliche Gewalt von Relevanz sind.

3.2.1 Der gesellschaftspolitische Kontext der Diskussion

Die Auseinandersetzung mit Kolonialismus, Imperialismus und Sklaverei und die Folgen bis in die Gegenwart sind konstituierende Bestandteile der amerikanischen Gesellschaft und wurden in den 60er und 70er Jahren in der Bürgerrechtsbewegung politisch thematisiert. Das wird daran deutlich, dass in den USA bei allen sozialen und politischen Fragen die Perspektive auf ‚race' zentral ist. Der afroamerikanische Philosoph Cornel West (1993) sagt, dass „race matters" ein konstitutives Element des Lebens in der amerikanischen Gesellschaft sind. ‚Race' ist nicht etwa eine Besonderheit oder etwas Charakteristisches für Individuen. ‚Race' ist eine soziale Struktur, die durch soziale Interaktionen hervorgebracht wird und sich in gesellschaftlichen Institutionen und im Leben von denen wieder findet, die in diesen rassistisch begründeten sozialen Systemen leben. Rassismus betrifft MigrantInnen und „Andere" AmerikanerInnen.[66] MigrantInnen sind aus dieser Perspektive nur eine Minoritätengruppe unter anderen.

Ein grundlegender Unterschied zur Situation in Deutschland besteht darin, dass das Fundament der US-amerikanischen Gesellschaft auf Einwanderung begründet ist und auf einem gesellschaftspolitischen Selbstverständnis als Einwanderungsland basiert. Während in Deutschland traditionell eine Sichtweise verbreitet ist, die die Lebenssituation von MigrantInnen als direkte Folge kultureller Prägung ansieht, ist die amerikanische Migrationsforschung eher von den Grundannahmen geprägt, dass Migration ein sozialer Prozess ist und dass MigrantInnen als „human agents", als aktiv handelnde Subjekte, wahrgenommen werden sollen (Ochse 1999:20).

66 „Andere" AmerikanerInnen bezieht sich hier auf AmerikanerInnen, die aufgrund von Hautfarbe oder anderen Merkmalen als ‚Andere' wahrgenommen und ethnisiert bzw. rassifiziert werden. Der Psychologe Paul Mecheril hat diesen Begriff am Beispiel der „Anderen Deutschen" eingeführt (Mecheril 1994).

Als Ergebnis der Bürgerrechtsgesetze von 1964 für Angehörige ethnischer Minderheiten und Frauen wurden Antidiskriminierungsregelungen und –programme (affirmative action) eingeführt, die ein starkes Ansteigen des Anteils von Frauen und Angehörigen ethnischer Minderheiten auf allen Ebenen der universitären Hierarchien bewirkte (Kramer 1992:195). Einen weiteren wichtigen Impuls hat die akademische Etablierung der Racial/Ethnic-Studies, vergleichbar mit den Gender Studies, in den USA gesetzt, in denen sich WissenschaftlerInnen auf unterschiedlichen Ebenen mit dem Thema Diversität am Beispiel von Minoritäten und EinwanderInnen im Zusammenhang mit den wichtigen sozialen Fragen beschäftigt haben. Dies hat in allen relevanten Disziplinen der sozialwissenschaftlichen Forschung dazu geführt, dass sich oppositionelle Diskurse neben dem US-amerikanischen Mainstream etablieren konnten. So wurde auch die Frauenbewegung von Anfang an mit oppositionellen Diskursen überwiegend durch ‚Women of Color‘ [67] konfrontiert. Bereits in den 70er Jahren gab es eine grundlegende Kritik am weißen Feminismus und diese Kritik machte auch vor der ‚Anti-Gewalt-Bewegung‘ in den USA nicht halt. So gründete sich 1974 das Combahee River Collective durch lesbische und sozialistische Afroamerikanerinnen. Das Kollektiv wies in seiner Gesellschaftsanalyse die einseitige Fokussierung der weißen Frauenbewegung auf patriarchale Machtstrukturen zurück und betonte die Verknüpfung des Geschlechterverhältnisses mit anderen Machtstrukturen (Bednarz-Braun 2004:26).

Die Frauen- und Bürgerrechtsbewegung („Women′s and Civil Rights Movement“) und die Anti-Vergewaltigungsbewegung („Anti-Rape-Movement“) hatten zur Entstehung der Anti-Gewalt-Bewegung (“Battered Women’s Movement”) in den USA geführt. Die Entwicklungen dieser Bewegungen hatten dazu beigetragen, dass ein gesellschaftlicher Konsens existierte, dass es sich bei ‚Gewalt gegen Frauen‘ um ein universelles soziales Problem handelte. Die programmatische Aussage ‚Jede Frau kann betroffen sein‘ wurde zur Grundlage eines Verständnisses einer gemeinsamen Erfahrung von Geschlechterunterdrückung. Einer Individualisierung dieser Erfahrungen sollte entgegengewirkt werden. Viktimisierungserfahrungen wurden zum potentiellen essentiellen gemeinsamen Nenner aller Frauen. Bei der Betonung von Gemeinsamkeit handelte es sich zudem um eine Strategie, mit der eine Stigmatisierung von gewaltbetroffenen Frauen aufgrund von Zugehörigkeiten zu sozialer Klasse oder ‚race‘/Ethnizität verhindert werden sollte.

Jedoch gab es gleichzeitig von Anfang an die Kritik an der Vorrangigkeit der Kategorie Geschlecht, dem feministischen Patriarchatsbegriff und an der als ethnozentristisch wahrgenommenen Perspektive von weißen Feministinnen auf ‚Familie‘. Women of Color wiesen auf Ethnozentrismus und Rassismus innerhalb der weißen Frauenbewegung hin (Bednarz-Braun 2004:22ff).

67 Der politische Begriff ‚Women of Color’ bezieht sich im angelsächsischen Kontext auf Frauen aus rassistisch diskriminierten Minoritätengruppen.

Die in den USA bekannte afroamerikanische Gewaltforscherin Beth E. Richie (2000) zog zum Milleniumswechsel in einem Aufsatz mit dem Titel „A Black Feminist Reflection on the Antiviolence Movement“ eine kritische Bilanz. Sie verweist auf die große Zahl an Erfolgen, die die Anti-Gewalt-Bewegung in den USA erreicht hat und die sie selbst als Aktivistin und Gewaltforscherin mit erkämpfte. Jedoch kommt sie in ihrer Bilanz zu dem Ergebnis, dass die Strategie der Betonung der *gemeinsamen* Erfahrung von Gewalt im Geschlechterverhältnis unter Ausblendung und Neutralisierung der Auswirkungen von sozialer Klasse- und ‚race‘/Ethnizität fatale Folgen für gewaltbetroffene Frauen hat, die einer gesellschaftlich marginalisierten Gruppe angehören. Es wurden, wie sie beschreibt, in den USA nationale Strategien gegen häusliche Gewalt entwickelt, die auf einer falschen Konstruktion von Gemeinsamkeit aller gewaltbetroffenen Frauen basieren. Sie weist darauf hin, dass die Strategie der Betonung ‚jede Frau kann betroffen sein‘ im nationalen Diskurs zu häuslicher Gewalt eher die Bedeutung eingenommen habe, dass häusliche Gewalt auch Frauen betreffen könne, die in einer privilegierten gesellschaftlichen Position seien. Genau diese gesellschaftliche Position sei der Ausgangspunkt und der Grund für die öffentliche Aufmerksamkeit und Sympathie, die gewaltbetroffene Frauen erhalten hätten. Profitiert habe davon eine bestimmte Gruppe von gewaltbetroffenen Frauen, die Richie als „white middle-class women who could turn to a private therapist, a doctor, a police officer, or a law who protect her from abuse“ charakterisiert (a.a.O.:1135). Die Bedürfnisse und Erfahrungen von gewaltbetroffene Frauen, die durch „class“ und „race“ gesellschaftlich marginalisiert seien, würden hier nicht berücksichtigt. Richie weist daraufhin, dass die Trennung der Gewalt im Geschlechterverhältnis von anderen Unterdrückungszusammenhängen dazu geführt habe, dass die heutige Anti-Gewalt-Bewegung sich im Ergebnis weit von den gesellschafts- und machtkritischen Analysen aus den Anfängen der Frauenbewegung entfernt habe (vgl. a.a.O.:1134f.).

Diese anhaltende Kritik[68] hat die vergangene und gegenwärtige US-amerikanische Gewaltforschung zu häuslicher Gewalt beeinflusst.

3.2.2 Forschung zu Migrantinnen/ethnische Minderheiten und häusliche Gewalt

Aufgrund der historischen und sozialen Entwicklung in den USA, ist ‚race‘, wie bereits erwähnt, ein Standardfaktor, der auch in den nationalen Surveys zu häuslicher Gewalt berücksichtigt wird.

68 In Deutschland wurde diese grundlegende Kritik auch von ‚Women of Color’ formuliert (vgl. Kap. 2). Jedoch wurde diese Kritik im Unterschied zu den USA nicht innerhalb der Gewaltforschung aufgenommen.

Die meiste Forschung zu Migrantinnen/ethnische Minderheiten und häusliche Gewalt existiert zur schwarzen Bevölkerung und zu lateinamerikanischen EinwandererInnen in den USA. Über misshandelte Frauen anderer marginalisierter Minderheiten ist hingegen weniger bekannt. Jedoch sind in den USA mittlerweile eine Vielzahl von Einzelstudien durchgeführt worden, die bestimmte Minoritätengruppen fokussieren, z.B. Koreanerinnen, jüdische Frauen, oder aber diese Gruppen miteinander vergleichen. Allgemein wird kritisiert, dass die Kategorie ‚race' in vielen Studien undifferenziert einfließt. Häufig werden unterschiedliche ethnische Gruppen als homogene Gruppen betrachtet, wie zum Beispiel ‚Asiatinnen' oder die spezifische Situation einzelner Gruppen, wie die der mexikanischen Amerikanerinnen, wird mit der Situation aller lateinamerikanischen Frauen gleichgesetzt (vgl. Bograd 2005:27f).

In der US-amerikanischen Gewaltforschung zu Migrantinnen/ ethnischen Minderheiten, gibt es zwei dominante Perspektiven. Zum einen gibt es eine strukturelle Perspektive, die ausgehend von den Lebensbedingungen in den USA die Situation von gewaltbetroffenen Women of Color im Kontext von Migration, Rassismus und struktureller Benachteiligung thematisiert. Eine andere Perspektive stützt sich hingegen stärker auf kulturelle Erklärungsansätze.

Bei den meisten dieser Forschungsprojekte wird die Frage nach einem adäquaten Hilfsangebot gestellt oder ist der Ausgangspunkt für das Forschungsvorhaben. Es gibt viele Studien, die in Frauenhäusern durchgeführt wurden, um mehr über Unterschiede zwischen Bewohnerinnen und über die Inanspruchnahme von Hilfsangeboten zu erfahren. Als ein übereinstimmendes Ergebnis dieser unterschiedlichen Studien wird festgestellt, dass sich Angebote und Interventionen bei häuslicher Gewalt an den kulturellen und sozialen Unterschieden der gewaltbetroffenen Frauen orientieren müssen (vgl. Gondolf 1998). Die beschriebenen Studien sind auch als eine Kritik zu verstehen, die sich darauf bezieht, dass die Situation gesellschaftlich marginalisierter Frauen im Mainstream der US-amerikanischen Anti-Gewalt-Bewegung und im existierenden Hilfssystem immer noch zu wenig berücksichtigt wird. Die Formulierung dieser Kritik ist ein wesentlicher Bestandteil der aktuellen Forschung zu häuslicher Gewalt bei Minoritätengruppen.

Aufgrund dieser Entwicklung, die die Anti-Gewalt-Bewegung durchlaufen hat, gibt es auch eine kritische Auseinandersetzung mit spezifischen Stereotypen und Diskursen zum Thema ‚häusliche Gewalt und ethnische Minderheiten/Migrantinnen'. Im Mittelpunkt der Kritik stehen Perspektiven, die ‚Kultur' zum zentralen Erklärungsansatz bei häuslicher Gewalt machen (vgl. Narayan 1997). Mittlerweile entstanden Ansätze, die nicht nur die Zugehörigkeit zu einer ethnischen oder rassifizierten Minderheit, sondern auch sexuelle Orientierungen oder gesellschaftlich marginalisierte Gruppen wie behinderte oder arme Frauen in ihre Überlegungen mit einbeziehen. Hier gibt es wiederum unterschiedliche Forschungsrichtungen oder Schwerpunkte.

Diese Entwicklungen erforderten theoretische Überlegungen, die sich mit den Verknüpfungen und Überschneidungen von Differenzstrukturen auseinandersetzten. So hat die US-amerikanische Juristin Kimberlé Crenshaw (vgl. 1994) ein theoretisches Konzept entwickelt, das sich „intersectionality“ nennt. Sie diskutiert dieses Konzept an der Situation von Women of Color, die von häuslicher Gewalt betroffen sind. Es soll die Analyse der Verknüpfungen und Gleichzeitigkeiten von Differenz- und Ungleichheitsstrukturen wie ‚race, ‚gender‘ und ‚class‘ in Bezug auf Identitätskonstruktionen ermöglichen und damit die Perspektiven marginalisierter Frauen in feministische Diskurse integrieren.

Die feministische Psychologin und Gewaltforscherin Michele Bograd erklärt, auf welchen grundlegenden Annahmen die Intersektionalitätsanalyse[69] basiert und weshalb diese für das Thema häusliche Gewalt bedeutsam ist:

„... intersectionality suggests that no dimension, such as gender inequality, is privileged as an explanatory construct of domestic violence, and gender inequality itself is modified by its intersection with other systems of power and oppression. So, for example, while all men who batter exercise some form of patriarchal control, men's relationships to patriarchy differ in patterned ways depending on where they are socially located. While all women are vulnerable to battering, a battered woman may judge herself and be judged by others differently if she is white or black, poor or wealthy, a prostitute or housewife, a citizen or an undocumented immigrant” (Bograd 2005:27).

Das entwickelte Konzept der Intersektionsanalyse kann auf unterschiedlichen theoretischen Ebenen genutzt werden.[70] Es erweist sich auch als sinnvoll, um zu analysieren, wie sich die vorherrschende Definition eines sozialen Problems, z.B. häusliche Gewalt im öffentlichen Diskurs etablieren kann. Crenshaw stellt hierzu fest, dass gewaltbetroffene Women of Color sowohl durch feministische als auch durch antirassistische[71] politische Diskurse auseinanderdividiert werden und damit in beiden Diskursen marginalisiert sind (Crenshaw 1994:94). Crenshaw entwickelte den Begriff der Intersektionalität nicht als eine neue umfassende Identitätstheorie und vertritt auch nicht die Position, dass sich häusliche Gewalt allein durch den von ihr vorgeschlagenen Rahmen analysieren lässt. Der theoretische Fokus auf die beschriebenen „intersections“ soll vielmehr darauf aufmerksam machen, dass unterschiedliche Ebenen berücksichtigt werden müssen, wenn es darum geht zu erklären,

69 Der Begriff ‚Intersektionalitätsanalyse' bzw. ‚Intersektionalität' hat sich mittlerweile im deutschsprachigen Raum etablieren können und wird von mir ebenfalls verwendet.

70 Vgl. hierzu genauer Kap. 4 und Kap. 9.

71 Hier wird die im amerikanischen Raum (in Deutschland auch) kritisierte Vernachlässigung von ‚Geschlecht' als Strukturkategorie in antirassistischen und Migrationsdiskursen thematisiert.

wie das soziale Umfeld für Frauen strukturiert ist, die sowohl von häuslicher Gewalt betroffen als auch gleichzeitig Angehörige von Minoritätengruppen sind (a.a.O.:94f).

Die Intersektionsanalyse ist in den USA aktuell eine wichtige theoretische Grundlage für GewaltforscherInnen, um sich mit den unterschiedlichen sozialen Positionierungen von gewaltbetroffenen Frauen empirisch und theoretisch zu beschäftigen.

Auf einzelne Aspekte dieser Forschung möchte ich nun genauer eingehen.

3.2.2.1 Strukturelle Aspekte

Es gibt mittlerweile einen Konsens in der Gewaltforschung, dass strukturelle Aspekte, insbesondere sozioökonomische Faktoren (Armut, Obdachlosigkeit, Arbeitsplatzverlust) beim Thema häusliche Gewalt von zentraler Bedeutung sind (Sokoloff/ Dupont 2005:5). Studien in den USA kommen zu dem Ergebnis, dass fehlende finanzielle Ressourcen ein wesentlicher Grund dafür sind, dass insbesondere Migrantinnen Gewaltbeziehungen aufrecht halten (Asbury 1999:159).

Crenshaw (1994) analysiert die Dynamik ‚struktureller Intersektionalität' im Rahmen einer Feldstudie in Frauenhäusern für Angehörige von Minoritäten in Los Angeles. Sie stellt bei ihren Feldstudien fest, dass viele der gewaltbetroffenen Women of Color, die Schutz vor häuslicher Gewalt suchen, von Armut, von Arbeitslosigkeit, dem Fehlen von beruflichen Perspektiven und der Hauptverantwortung in der Kindererziehung belastet sind. Crenshaw ist der Meinung, dass diese Belastungen Ausdruck einer gesellschaftlichen Position sind, in der sich die spezifische Verknüpfung von „class" mit „gender" widerspiegelt, die sich zudem mit rassistischen und diskriminierenden Praktiken auf dem Arbeitsmarkt und bei der Wohnungsvergabe verbindet (a.a.O.:95ff). In einem der untersuchten Frauenhäuser wurde angegeben, dass 85% der Klientinnen wieder in die Gewaltbeziehung zurückkehren würden wegen der Schwierigkeiten, Arbeit und eine Wohnung zu finden (a.a.O.:116). Es zeigt sich, dass Änderungen in der Sozialgesetzgebung immer besonders nachhaltige Folgen für gewaltbetroffene Frauen und ihre Kinder haben, die von den Verknüpfungen der Machtsysteme wie „race", „class" und „gender" betroffen seien (vgl. Josephson 2005). Auch in den USA gibt es für gewaltbetroffene Migrantinnen das Problem, dass der Aufenthaltsstatus von Frauen an den Ehepartner gebunden ist. Dies hat zur Folge, dass Migrantinnen sozial isoliert sind und sich in Abhängigkeit von Ehemann und Familie befinden. Oft seien Migrantinnen auf Informationen durch den Ehemann zu ihrem aufenthaltsrechtlichen Status angewiesen. Ihr fehlendes Wissen und ihre Abhängigkeit werden von den Männern häufig dahingehend ausgenutzt, dass sie ihnen mit Abschiebung drohen. Zudem gäbe es in den USA unzählige Frauen, die mit Männern ohne einen legalen aufenthaltsrechtlichen Status verheiratet seien oder selbst zu dieser Gruppe gehören. Sie würden ihre Situation häufig ertragen, um die Sicherheit ihrer Familie nicht zu gefährden (Crenshaw 1994:97)[72]. Sprachbarrieren spielen ebenfalls eine große Rolle für gewaltbetroffene Migrantinnen. Diese Sprachbarrieren verhindern nicht nur, dass Frauen die notwendigen Informationen über bestehende Hilfsangebote wie Frauenhäuser erhalten[73], sondern führen immer wieder dazu, dass Migrantinnen von Frauenhäusern mit unterschiedlichen Begründungen abgewiesen werden (ebd.).

Abraham (2000a) macht auf die besonderen Folgen sozialer Isolation im Migrationskontext aufmerksam. Soziale Isolation steht im direkten Zusammenhang mit dem Risiko, häusliche Gewalt zu erleben. Das Fehlen sozialer Interaktion und Integration, die fehlende soziale Kontrolle und das Stigma, zu einer diskriminierten Gruppe zu gehören, seien hierbei wichtige Faktoren. Die soziale Isolation verbinde sich mit der jeweiligen „ethno-gender-position". Die vielen Barrieren und die Isolation von Migrantenfamilien lassen Frauen in Misshandlungsbeziehungen ausharren und führen dazu, dass Täter nicht zur Rechenschaft gezogen werden. Durch diese Faktoren entstehe ein gewalttätiger Raum im Kontext der Ehe, wodurch Männer Frauen zum Schweigen bringen (a.a.O.:235).

Dies sind nur einige grundlegende Themen, die die strukturelle Lebenssituation von gewaltbetroffenen Migrantinnen in den USA kennzeichnen. Hier gibt es sehr viele strukturelle Ähnlichkeiten zur Situation von gewaltbetroffenen Migrantinnen in Deutschland.[74]

Festzustellen ist, dass traumatische Gewalterfahrungen durch sekundäre Viktimisierungserfahrungen außerhalb der intimen Beziehung, das heißt z.B. durch Rassismus und Klassenunterdrückung verstärkt werden können (Bograd a.a.O:31). Derartige strukturelle Ungleichheiten führen zu großen Härten für Frauen, die Hilfe suchen. Die Gewaltforscherin Michelle Bograd bezieht sich ebenfalls auf das Konzept der Intersektionalität, wenn sie daran erinnert, dass häusliche Gewalt nicht die gleichen Auswirkungen auf alle Frauen und Familien hat:

> „Not only do different patterns of domestic violence have different consequences for different families, intersectionality asks us to integrate into theory and practice the simple recognition that, for many families, domestic violence is not the only or primary violence shaping family life."(Bograd a.a.O:33).

72 Vgl. in Deutschland den §31 Zuwanderungsgesetz bzw. den vorher geltenden §19 AuslG (Kap. 2).

73 In der Prävalenzstudie des Bundesministeriums stellte sich ebenfalls heraus, dass Migrantinnen häufig nicht über bestehende Hilfsangebote informiert sind (vgl. Einleitung).

74 Vgl. Kap. 2.

Viele GewaltforscherInnen, die sich mit häuslicher Gewalt bei Migrantinnen/ethnischen Minderheiten beschäftigen, weisen simple Analysen über die Rolle von Kultur bei häuslicher Gewalt zurück. Zu oft werde übersehen, wie strukturelle Aspekte kulturelle Praktiken überschneiden. Dazu gehören strukturelle Repressalien, die Frauen in ihrer ökonomischen und politischen Handlungsfähigkeit einschränken, globale Ungleichheitsstrukturen, neue Artikulationen des Patriarchats in religiösen Fundamentalismen und die langfristigen Folgen von Rassismus und Kolonialismus (vgl. Volpp 2005). Es ist oft schwer zu unterscheiden, wann und an welchen Punkten es sich um kulturelle oder andere Differenzen handelt. Es ist jedoch notwendig, diese Differenzen zu verstehen und einordnen zu können, weil sie auch die Reaktionen auf häusliche Gewalt beeinflussen (vgl. Kanuha 1994) und sich in unterschiedlichen Bewältigungsstrategien ausdrücken (vgl. Bui, 2003; Abraham 2000b).

3.2.2.2 Stereotypisierungen und dominante Diskurse

Ein besonderer Schwerpunkt der Forschung in den USA zu ‚ethnischen Minderheiten/Migrantinnen und häusliche Gewalt' liegt in der kritischen Auseinandersetzung mit stereotypen Bildern und dominanten Diskursen, mit denen gewaltbetroffene Frauen, die Angehörige von Minderheiten sind, sowohl in der allgemeinen Öffentlichkeit als auch in der allgemeinen Literatur zu häuslicher Gewalt charakterisiert werden und konfrontiert sind (vgl. Allard 2005).

So wird kritisiert, dass viele weiße AmerikanerInnen der Meinung sind, dass insbesondere nicht-weiße Minoritäten häusliche Gewalt mehr akzeptieren würden als sie selbst und dass häusliche Gewalt sich hauptsächlich bei Minoritäten und in ethnischen Communities mit niedrigem sozialem Status abspiele (vgl. Dasgupta 1998:212f). Festzustellen sei, dass dann, wenn häusliche Gewalt in Minoritätengruppen stattfinde, ‚Kultur' oft als Erklärungsmuster bemüht werde. Fälle würden nicht auf der Ebene individueller Verhaltensweisen dargestellt, sondern stattdessen konstruiere man homogene Gruppen. Grundsätzlich wird demnach das Verhalten von Minoritätengruppen als mehr kulturell beeinflusst wahrgenommen als das Verhalten der dominanten Gruppe in einer Gesellschaft. Die mächtige Mehrheitsgruppe beschreibe sich selbst als eine, die keine ‚Kultur' habe, außer eventuell der ‚Kultur der Zivilisation'. Im Gegensatz dazu würden Minoritätengruppen, die ohne diese gesellschaftliche Macht ausgestattet seien, als ‚kulturell' wahrgenommen und zudem mit unterschiedlichen Attributen von Devianz ausgestattet, die soziale, ökonomische und politische Distanz aufrechterhalten (vgl. Rosaldo 1993). Die Assoziation zu ‚Kultur' entstehe immer dann, wenn häusliche Gewalt und die Ermordung von Frauen bei gesellschaftlich diskriminierten Minoritäten stattfindet, aber nicht, wenn es um Frauen gehe, die Angehörige der Mehrheitsgesellschaft sind. Dabei gehöre es beispielsweise zum Erscheinungsbild der amerikanischen Gesellschaft, dass Frauen durch

Erschießen ermordet würden und damit als Opfer einer waffenbesessenen ‚Kultur' bezeichnet werden könnten (vgl. Narayan 1997:81ff).

Es wird festgestellt, dass der Mainstream feministischer Veröffentlichungen genauso wie die Mehrheit der Gesellschaft zu einem „to blame the culture" der Opfer häuslicher Gewalt tendiere. Dies geschähe dann, wenn ‚Kultur' vor allem als eine negative Kraft charakterisiert würde, die die Funktion habe, häusliche Gewalt zu legitimieren (Sokoloff/ Dupont a.a.O:5f). Die Sympathien, die gewaltbetroffenen Women of Color in der Öffentlichkeit entgegengebracht oder abgesprochen werden, seien häufig Ausdruck von rassistischen Voranahmen.

Kanuha (1994) vermutet, dass verzerrte öffentliche Wahrnehmungen auch das Selbstbild der betroffenen Frauen beeinflussen. Medien tragen sehr stark zur Verbreitung solcher Stereotypen bei. Die damit verbundenen Zuschreibungen haben Einfluss auf die Selbstkonzepte und beeinflussen wiederum die Reaktion der Frauen auf häusliche Gewalt. Selbst Frauen, die nicht von häuslicher Gewalt betroffen sind und sich in einer stabilen Lebenssituation befinden, empfinden es als belastend, mit diesen Stereotypen umzugehen. Festzustellen sei, dass negative Stereotypen gravierende Folgen für Frauen haben können, weil sie sie in Gewaltsituationen immer wieder davon abhalten, Hilfe zu suchen und anzunehmen. Das belegen Erfahrungen mit schwarzen Frauen in den USA, die von der Justiz und der Polizei mit derartigen negativen Etikettierungen konfrontiert wurden. Stereotype bewirken auch, dass spezifische Verhaltensweisen von gewaltbetroffenen Frauen, die Angehörige von Minoritäten sind, in Frauenhäusern oder anderen Hilfseinrichtungen falsch interpretiert oder diagnostiziert werden (Gondolf/Fischer 1988) und betroffene Frauen mit stereotypen Erwartungshaltungen in Bezug auf ihr Verhalten konfrontiert werden (Allard 2005:5). Kanuha (1994) weist daraufhin, dass diese Erfahrungen dazu führen können, dass Migrantinnen und andere diskriminierte Gruppen es vermeiden, öffentliche Aufmerksamkeit auf sich, ihre Familien und in einem weiteren Sinne auf ihre ethnische Community zu lenken, weil sie Angst haben, dadurch zu weiterer Stigmatisierung und Stereotypisierung beizutragen. Minoritätenfrauen sähen daher teilweise die Gründe für ihre Misshandlung in erster Linie in der gesellschaftlichen Situation. Es gäbe häufig nicht das Bedürfnis, die Polizei zu holen, weil Minoritäten stärker unter dem Zugriff der Polizei zu leiden haben. Die Auswirkungen von institutionellem Rassismus und sozialer Deklassierung auf häusliche Gewalt wurden in der klassischen Gewaltforschung bisher jedoch so gut wie gar nicht untersucht (Sokoloff/Dupont 2005:5).

3.2.2.3 Anforderungen an das Hilfesystem

In den USA werden Hilfsangebote für misshandelte Frauen bereits seit langem auf ihre Effektivität und Qualität in Bezug auf unterschiedliche gesellschaftliche Gruppen untersucht. Insbesondere die Bedeutung dieser Angebote für Angehörige von Minoritäten, unterschiedlichen Migrantinnengruppen, ist Gegenstand vieler Studien. Zunächst einmal ist festzustellen, dass Minoritätenfrauen länger in Frauenhäusern bleiben müssen als Frauen der Mehrheitsgesellschaft, weil sie sich häufig erst mit schweren Misshandlungen an die Frauenhäuser wenden und der institutionelle Rassismus sie darin hindert, unabhängig zu werden (vgl. Crenshaw 1994:107ff). Von den Frauenhäusern wird angegeben, dass sie zu wenige Ressourcen für die aufwändigere Beratung haben oder dass ihnen mehrsprachiges Personal fehle. Crenshaw (ebd.) nennt Beispiele, in denen nicht-englisch-sprechenden Frauen von Frauenhäusern die Aufnahme mit dem Argument verweigert werde, dass sie im Frauenhaus zu sehr isoliert seien und aufgrund dessen sowieso bald wieder in die Gewaltbeziehung zurückgehen würden. Migrantinnen wurden auch in den USA häufig von Studien zu häuslicher Gewalt ausgeschlossen, weil sie die Sprache nicht können oder aufgrund anderer Barrieren, die zu überwinden gewesen wären. Kanuha (1994) weist darauf hin, dass feministische Hilfsorganisationen sensibel für die Allianzen sein müssen, die manche Minoritätenfrauen mit ihren Misshandlern gegen die „Mainstream"-Unterstützungsprogramme gegen häusliche Gewalt eingehen. Sie benennt, warum gewaltbetroffene Women of Color sich häufig nicht an Anti-Gewalt-Projekte wenden. Häufig bleibe der Fokus dieser Projekte auf die Gewalterfahrung begrenzt und die Lebenssituation des misshandelnden Partners und anderer wichtiger Bezugspersonen der Frau werde ausgeblendet. Die Bedeutung des Familienzusammenhalts in einer rassistischen und diskriminierenden Gesellschaft stehe im Gegensatz zu der Forderung der Anti-Gewalt-Bewegung „just leave him" und damit werde alles gut. Die soziale Positionierung und die Sensibilität der professionellen BeraterInnen scheint einen wichtigen Einfluss darauf zu haben, welche Optionen Frauen, die sowohl misshandelt und als auch ‚nicht-weiß' sind, für ihr weiteres Leben sehen.

Crenshaw weist auf die Konflikte für die Anti-Gewalt-Arbeit hin, die durch die gesellschaftliche Marginalisierung von gewaltbetroffenen Women of Color entstehen. Spezialisierte Beratungsstellen und Hilfsangebote seien notwendig. Jedoch müssen diese zusätzlich viele andere Probleme lösen, die nicht in direktem Zusammenhang mit der erlebten häuslichen Gewalt stehen. Beraterinnen, die beispielsweise gewaltbetroffene Migrantinnen beraten, verbringen viel Zeit damit, Ressourcen und Kontakte zu mobilisieren, um die betroffenen Frauen zum Beispiel bei der Arbeitssuche zu unterstützen. Der damit verbundene zusätzliche Arbeitsaufwand und die benötigten Ressourcen werden von öffentlichen Geldgebern in den USA nicht berücksichtigt. Für diese spezialisierten Frauenhäuser und Beratungsstellen entstehe zudem ein Rechtfertigungsdruck vor den Geldgebern, weil diese sich an inhaltlichen Standards orientieren würden, die für die Anti-Gewalt-Arbeit mit weißen Mittelschichtsfrauen entwickelt wurden. Standardisierte Hilfsangebote ignorieren die Tatsache, dass unterschiedliche Problemlagen und der damit verbundene Bedarf unterschiedliche Prioritätensetzungen erfordern und darum Ressourcen dementsprechend zu verteilen sind. Damit kann das vorhandene Unterstützungsangebot nicht allen gewaltbetroffenen Frauen gleichermassen gerecht werden. Die beschriebenen Aspekte erklären auch, warum Beraterinnen durch diese ineinandergreifenden Dynamiken in der Krisenintervention einen hohen Grad an Frustration und „Burnout“ erleben, wenn sie sich bemühen, die Bedürfnisse von gewaltbetroffenen Frauen, die Angehörige von Minoritätengruppen sind, zu berücksichtigen (Crenshaw 1994:98f).

Mitarbeiterinnen, die gewaltbetroffene Women of Color in den Frauenhäusern beraten, können sich nicht nur auf die Bearbeitung der Gewalterfahrung konzentrieren, sondern sind mit vielschichtigen und routinierten gesellschaftlichen Praxen zur Herstellung von Unterordnung konfrontiert, die das Leben dieser Frauen dominieren und sie darin beeinträchtigen, Alternativen zu der Misshandlungsbeziehung zu finden (Vgl. a.a.O.:96). Hier zeigen sich die Grenzen eines standardisierten Hilfesystems. Aufgrund dieser Erfahrungen von Ausschluss von gewaltbetroffenen Women of Color in Frauenhäusern wurden in den USA besondere Programme für gewaltbetroffene Frauen aus unterschiedlichen Minoritätengruppen beschlossen (Crenshaw 1994: -117). Gewaltbetroffene Migrantinnen zum Beispiel benötigen mehrsprachige interkulturelle Angebote, die strukturelle und kulturelle Barrieren berücksichtigen (vgl. z.B. Dasgupta 1999).

3.3 Aktueller Stand der theoretischen Diskussion

Der Ausgangspunkt der hier zusammenfassend vorgestellten Forschungsergebnisse und –diskussionen ist die Kritik des Ausschlusses von Minoritätengruppen und anderen gesellschaftlich marginalisierten Gruppen aus der Theoriebildung zu häuslicher Gewalt (vgl. Kanuha 1996).

Viele Women of Color, lesbische und bisexuelle Frauen und Transsexuelle teilen nicht (mehr) die Annahme, dass die Machtverhältnisse in den Geschlechterbeziehungen die Hauptursache von häuslicher Gewalt in intimen Partnerschaften sein sollen. Lesbische Wissenschaftlerinnen weisen in diesem Zusammenhang zum Beispiel daraufhin, dass in gewalttätigen lesbischen Beziehungen Opfer und Täterinnen beide Frauen sind (vgl. z.B. Eaton 1994). Es wird darauf hingewiesen, dass es auch weiterhin gute Gründe gibt, die Situation von heterosexuellen gewaltbetroffenen *Frauen* besonders zu fokussieren, weil die überwiegende Mehrheit der Fälle zu häuslicher Gewalt nach wie vor von Männern gegenüber ihren Partnerinnen stattfindet. Jedoch kann dabei nicht länger die Tatsache bagatellisiert werden, dass auch viele andere Menschen Opfer von Gewalt in ihren Familien werden. Es handelt sich dabei um Menschen mit Behinderungen, alte Menschen, Kinder, Jugendliche und Männer. Darum wird es notwendig sein, in Zukunft stärker die unterschiedlichen Formen häuslicher Gewalt auszudifferenzieren und miteinander zu vergleichen.

Bei häuslicher Gewalt gegen Frauen, um die es in dem hier diskutierten Forschungskontext geht, steht die Anerkennung und die theoretische und praktische Berücksichtigung der Heterogenität von gewaltbetroffenen Frauen im Vordergrund. Dabei wird auch die Heterogenität weißer gewaltbetroffener Frauen mit einbezogen, die ebenfalls unterschiedliche gesellschaftliche Positionierungen haben und deren Erfahrungen von Viktimisierung ebenfalls abhängig sind von ihrem sozioökonomischen Status, der Religion, der 0sexuellen Orientierung, der ethnischen Herkunft, eines Migrationsstatus usw. (vgl. Sokoloff/ Dupont 2005:9).

Es wird als ein weiteres wichtiges Forschungsergebnis der letzten Jahre angesehen, dass in vielen Studien herausgearbeitet wurde, welchen wichtigen Einfluss sozioökonomische Faktoren im Zusammenhang mit häuslicher Gewalt haben (vgl. z.B. Josephson 2005; Coker 2005), während es innerhalb der feministischen Bewegung die Tendenz gab, die Bedeutung von „class" bei häuslicher Gewalt als gering einzuschätzen. Deutlich wird, dass Ressourcen (Geld, soziale Netzwerke, Zugehörigkeit zu einer privilegierten Gruppe) wirkungsvoll vor häuslicher Gewalt schützen können (Sokoloff/ Dupont 2005:2).

Beth E. Richie (2000:1136) formuliert für die USA die Einschätzung, dass die zukünftige Legitimität und die Weiterexistenz der Anti-Gewalt-Bewegung gefährdet sei, wenn soziale Hierarchien, wie „race" und „class" weiterhin ausgeblendet werden. Dem entgegenwirken könne nur eine Fortentwicklung von simplen Konzepten wie ‚jede Frau' hin zu komplexen und kontextualisierten Analysen von Gewalt in Geschlechterverhältnissen. Diese wiederum sollten einfließen in ein besseres Verständnis von historischen und fortschreitenden Prozessen gesellschaftlicher Veränderungen für marginalisierte Frauen.

Sokoloff und Dupont (2005:10) weisen daraufhin, dass es sich dabei auch für die USA um relativ neue Forschungsperspektiven handele. Es fehle noch Forschung, die sich mit der Gleichzeitigkeit von sozialen Ungleichheitsstrukturen beschäftige, ohne die Bevorzugung einer Perspektive, wie bisher zum Beispiel Geschlecht in Bezug auf häusliche Gewalt. Aspekte wie Migration, Behinderung, sexuelle Orientierung seien dabei stärker zu berücksichtigen. Die Tatsache, dass dies bisher nicht geschähe, führe dazu, dass beispielsweise in der Forschung die Rolle von Kultur bei der Erklärung von häuslicher Gewalt in Minoritätengruppen überbetont, während gleichzeitig die Bedeutung von „class" bagatellisiert werde. WissenschaftlerInnen müssten diese grundlegenden Überlegungen berücksichtigen, wenn sie Interventionsstrategien gegen häusliche Gewalt diskutieren und entwickeln. Sie müssten sich darüber im Klaren sein, wie staatliche Interventionen sich negativ und positiv für marginalisierte misshandelte Frauen auswirken können. Veränderungsprozesse müssten auf unterschiedlichen Ebenen stattfinden. Ein guter Schutz für gewaltbetroffene Frauen hinge sowohl davon ab, dass es soziale Bewegungen gäbe, die sich für strukturelle Veränderungen und soziale Gerechtigkeit einsetzen, als auch dass kulturell und sozial kompetente Schutz- und Beratungsangebote für Individuen und soziale Gruppen eingerichtet werden (a.a.O:10).

Ein weiterer zentraler Punkt für zukünftige Forschung zu häuslicher Gewalt bezieht sich darauf, gewaltbetroffenen Frauen nicht die Handlungsmächtigkeit abzusprechen. Es gibt im Zusammenhang mit häuslicher Gewalt eine ausgeprägte Tendenz, Viktimisierung und Handlungsfähigkeit als zwei sich gegenseitig ausschließende Zustände wahrzunehmen (vgl. Mahoney 1994). Diese Tendenz ist besonders ausgeprägt, wenn es sich um die Situation gewaltbetroffener Women of Color handelt. Die Gleichzeitigkeit von Opferstatus und Handlungsfähigkeit wird darum als eine Herausforderung an neue Theorien zu häuslicher Gewalt betrachtet (Bograd 2005:33f). Gewaltbetroffene Frauen sind Zwängen unterworfen, aber sie haben trotzdem eine Wahl und sind handlungsfähig.

Allgemein wird festgestellt, dass ein Perspektivenwechsel in der Gewaltforschung nur möglich ist, wenn kritisch untersucht wird, wie über das Thema häusliche Gewalt in Wissenschaft und Praxis diskutiert wird. Sozialkonstruktivistische Ansätze sind darum von großer Bedeutung, weil hier herausgearbeitet werden kann, wie das Thema ‚häusliche Gewalt' und ‚misshandelte Frauen' konstruiert, gerahmt und präsentiert wird von unterschiedlichen Akteuren in unterschiedlichen Kontexten (vgl. Kanuha 1996:34). Allgemein ist die Frage nach den theoretischen Rahmungen und Professionalisierungsprozessen in der Anti-Gewalt-Arbeit als Teil eines politischen Kampfes einzuordnen, der sich darauf bezieht, wem das soziale Problem häusliche Gewalt ‚gehört'. Dabei stellt sich die Frage, welche Definition von häuslicher Gewalt dominiert und wie unterschiedliche gesellschaftliche Aktivitäten gegen Gewalt miteinander verbunden werden oder miteinander konkurrieren. Das hat Auswirkungen darauf, welche Interventionen sich durchsetzen, welche Prioritäten gesetzt werden und wie finanzielle und andere Ressourcen verteilt werden. Es geht dabei um Interessenkonflikte auf unterschiedlichen Ebenen, die auch zukünftig zu Spannungen führen werden (Eisikovits/Buchbinder 1996:186; Kanuha 1996).

3.4 Resümee

Der Einblick in diesen Teil der US-amerikanischen Gewaltforschung macht deutlich, dass es dort viele Anknüpfungspunkte für meine eigene Fragestellung gibt, die in dieser Differenziertheit und Vielschichtigkeit im deutschsprachigen Forschungsdiskurs nicht zu finden sind. In Deutschland dominiert die Diskussion um kulturelle Unterschiede und die Kulturalisierung von sozialen Unterschieden. Es zeigt sich, dass in den USA diese Auseinandersetzung ebenfalls viel Raum einnimmt. Jedoch wird die Kritik daran deutlicher formuliert und dies auch innerhalb der Gewaltforschung thematisiert und analysiert. Die Ausführungen zu den Lebensbedingungen und dem Hilfssystem in den USA knüpfen unmittelbar an die Situation von gewaltbetroffenen Migrantinnen in Deutschland an. Ich denke, dass die Reflektion internationaler Forschungsergebnisse für die deutsche feministische Gewaltforschung, aber auch für die öffentliche Diskussion zu häuslicher Gewalt wichtige (Forschungs-)Fragen aufwirft und Impulse initiieren kann.

4 Fazit: Differenzierende Perspektiven auf häusliche Gewalt

Die vorliegende Studie beschäftigt sich mit den Lebensgeschichten und biographischen Selbstpräsentationen von Migrantinnen, die in einem Frauenhaus in Deutschland Unterstützung gesucht haben. Frauenhäuser sind gesellschaftliche Institutionen, die sowohl von ihrem praktischen wie auch theoretischen Entstehungskontext mit einem feministischen Gewaltbegriff arbeiten. Die Forschung zu ‚Gewalt gegen Frauen' oder zu ‚häuslicher Gewalt' ist hier bis heute zu verorten. In der Einleitung wurde deutlich, dass die Situation von Migrantinnen in der feministischen Gewaltforschung keine theoretische Berücksichtigung fand. Dies ist insbesondere deswegen erklärungsbedürftig, da Migrantinnen zahlenmäßig eine große Gruppe der Frauenhausbewohnerinnen stellen.

Wenn man die Situation in Deutschland (vgl. Einleitung und Kap. 2) mit der Situation in den USA (vgl. Kap. 3) vergleicht, wird deutlich, wie stark die Wahrnehmung von häuslicher Gewalt und von Migration und auch die der gewaltbetroffenen Migrantinnen selbst (vgl. Kap. 2.2.2) durch allgemeine gesellschaftspolitisch relevante Diskurse beeinflusst ist. Von Bedeutung sind die jeweilige Einwanderungspolitik und die gesellschaftliche Position von Minderheiten in einer Gesellschaft. Dies wiederum hat, wie wir gesehen haben, Auswirkungen auf alle gesellschaftlich relevanten Bereiche.

Der jeweilige dominante Einwanderungsdiskurs strukturiert auch den dominanten Feminismusbegriff einer Gesellschaft und hat somit einen großen Einfluss auf die Entwicklung theoretischer Ansätze, auf sozialpolitische Weichenstellungen und praktische Interventionen gegen häusliche Gewalt. Dazu passt die allgemein formulierte Aussage von Carol Hagemann-White: „Sozialwissenschaftliche Forschung und Theoriebildung zu Gewalt im Geschlechterverhältnis ist von Grund auf im Politischen verstrickt" (2002:30). Das Thema ‚Migrantinnen und häusliche Gewalt' wird im Spannungsfeld unterschiedlicher dominanter Diskurse, insbesondere dem Einwanderungsdiskurs und dem Geschlechter-/Emanzipations-/Feminismusdiskurs verhandelt, die sich teilweise diametral entgegenstehen und unterschiedliche Interessen verfolgen, sich aber auch verbinden und gegenseitig stabilisieren.[75] Wenn wir uns also mit dem Thema ‚Migrantinnen im Frauenhaus' beschäftigen, bewegen wir uns zwangsläufig zwischen unterschiedlichen dominanten Diskursen. Diese erweisen sich zudem als konstitutiv für Selbst- und Fremd-

75 Die enge Verflechtung des Feminismus- bzw. Emanzipationsdiskurses und des Einwanderungsdiskurses in Deutschland zeigt zum Beispiel die diskursanalytische Untersuchung von Jäger (1996) und die Untersuchung von Attia (1995) zu antiislamischem Rassismus in interkulturellen Beziehungen.

bilder von Migrantinnen, wie in den Untersuchungen von Sedef Gümen (2000a) in der Forschungsgruppe um Herwartz-Emden (vgl. Kap. 2.2.) festgestellt wurde. Der feministische Gewaltdiskurs erweist sich als wenig ausdifferenziert, wenn es um die Rezeption von Forschungsergebnissen z.B. aus der Migrantinnenforschung geht, die darauf verweisen, dass Geschlechterkonstruktionen und Geschlechterverhältnisse gesellschaftlich und historisch zu kontextualisieren sind und darum nur im Plural und in der Differenz gedacht werden können. Vorstellungen von Partnerschaft, von Familie, von Emanzipation, von Modernität, von Gewalt und Unterdrückungsformen sind auch *innerhalb* eines gesellschaftlichen Kontextes nicht homogen, sondern genauer zu kontextualisieren. Daraus ergibt sich, dass die Analyse von häuslicher Gewalt einer Differenzierung bedarf.

Es stellt sich nun an dieser Stelle die Frage, wie die vorliegende Arbeit theoretisch und konzeptionell verortet werden kann.

Zunächst möchte ich auf theoretische Überlegungen und Ansätze eingehen, die in dieser Arbeit dem Begriff ‚dekonstruktive Feminismen' zugeordnet werden. Sie verbinden den Diskursbegriff von Foucault, seinen Subjektbegriff und die Machttheorie mit feministischen Theorien. Ich werde mich hier auf einige Aspekte der feministischen Rezeption dieser Ansätze von Foucault beziehen.

Desweiteren zeigt sich, dass die Diskussion um die Analyse der Kategorie Geschlecht zentral für mein Thema ist. Mich interessiert hier insbesondere, welche Weichenstellungen sich daraus für meine eigene empirische Studie ergeben. Darum beende ich das Kapitel mit einigen ausgewählten Forschungsperspektiven aus Deutschland und den USA zu häuslicher Gewalt. Ich beziehe mich auf das Konzept der Intersektionalität, um die Simultanität und die Interdependenzen von unterschiedlichen Differenz- und Machtkategorien abbilden zu können. Außerdem stelle ich mit einem integrativen Modell zur Kontextualisierung von häuslicher Gewalt den theoretischen Übergang zu meinem eigenen Forschungsansatz im Rahmen der Biographieforschung her. Die hier vorgenommenen theoretischen und konzeptionellen Festlegungen wurden erst nach der Auswertung des empirischen Materials getroffen und sind damit ein Ergebnis der Auseinandersetzung mit der Empirie.

4.1 Dekonstruktive Feminismen

Der Begriff ‚dekonstruktive Feminismen', den ich hier verwende, ist die Bezeichnung für unterschiedliche Theorieansätze, die jedoch einige Gemeinsamkeiten haben. Sie sind stark beeinflusst durch den feministischen Poststrukturalismus, der sich wiederum auf den Poststrukturalisten Michel Foucault bezieht. Foucault hat sich insbesondere mit dem Verhältnis von Diskurs und Macht beschäftigt und seine viel rezipierte Machtanalyse darauf begründet, sich hierbei jedoch nicht explizit auf Geschlechterverhältnisse bezogen.

Diskurse bestehen, Foucault zufolge, aus Aussagen, die in einem „veränderlichen System der Wiederholungen und Ähnlichkeit" verbunden sind. Diskurse sind in „komplexer Weise mit Institutionen verbunden und konstituieren sich als materielle Wirklichkeit". Sie transportieren Wissen durch die Zeit und sind Orte, an denen „Bedeutungen ausgehandelt" werden (vgl. Jäger 2004:336). Die Macht der Diskurse zeigt sich deutlich in ihren Ausschlussmechanismen. Aussagen werden durch sie als wahr oder falsch dargestellt und damit werden ihre Inhalte als sagbar oder auch als unsagbar qualifiziert. Themen, Perspektiven, aber auch Individuen und gesellschaftliche Gruppierungen werden von der Diskursproduktion ausgeschlossen (a.a.O.:337). Nach der Machtanalyse von Foucault bilden die Überschneidungen vielschichtiger Diskurse, die Hegemonie anstreben, den Ort, an dem sich das Subjekt konstituiert (Raab 1998:60f.). Diskurse bedingen „individuelles und gesellschaftliches Handeln", „soziale Praktiken" und „gesellschaftliche Entwicklungen" insgesamt (Jäger 2004:337). Sie sind also für die Handlungsoptionen von Individuen strukturierend und damit wirken sie subjektkonstituierend. „Ohne Subjekte gibt es keinen Diskurs, und ohne den Diskurs gäbe es keine Subjekte" (a.a.O.:338).

Der theoretische Ansatz von Foucault, sich über Diskurse mit Machtverhältnissen und der Konstituierung von Subjekten auseinanderzusetzen, wurde zunächst in den USA und dann auch in Europa von feministischen Sozialwissenschaftlerinnen und Philosophinnen adaptiert (Jäger 2004:340). Ausgangspunkt für die Rezeption der Machtanalyse von Foucault im Feminismus ist die Kritik aus der Perspektive marginalisierter Positionen, wie zum Beispiel Migrantinnen, am theoretischen Konzept der Kategorie Geschlecht und an einem universellen und einheitlichen Kollektivsubjekt ‚Frau' in der hegemonialen Theorie und Praxis des Feminismus. Die Kritik bezog sich zunächst ganz konkret darauf, dass andere Subjektpositionen, zum Beispiel als Angehörige einer diskriminierten Minderheit, hier nicht repräsentiert waren und damit die vielschichtigen Konstruktionsprozesse der Subjektwerdung auf ein einheitliches Modell reduziert werden. Aus der Machtanalyse von Foucault ergab sich die Zurückweisung der Annahme, dass dem feministischen Subjekt ‚Frau' eine kollektive Identität zugeordnet werden könne, die sich als ein durch alle gesellschaftlichen und kulturellen Unterschiede authentischer Kern von Weiblichkeit beschreiben lässt (vgl. Raab 1998:7). Dieses Kollektivsubjekt ‚Frau' ist eine Konstruktion aus den Anfängen der Frauenbewegung, die von der Existenz des Patriarchats ausgeht, eines zweigeschlechtlich strukturierten Systems.

„Ein System, dass sich über Zwang und Gewalt, aber auch durch geschlechtsspezifische Vergesellschaftungsprozesse in einer asymetrischen Zuteilung von gesellschaftlichen

Chancen und Möglichkeiten quer zur Klassenlage konkretisiert: Während Frauen als bloße Opfer bzw. behandelte passive Objekte mächtiger patriarchaler Unterdrückungsmechanismen erscheinen, gelten Männer als aktive Täter bzw. handelnde Subjekte. Dieses dualistische Opfer-Täter-Schema manifestiert sich in besonderer Deutlichkeit in den Sozialisationskonzepten der sich formierenden Frauenforschung" (Bührmann 1995:12).

Die grundlegende Kritik an diesen Dualismen lässt sich mit der Machtanalyse von Foucault folgendermaßen begründen: Foucault weist in seiner Machtanalyse die Vorstellung zurück, dass die Macht außerhalb des Subjekts wirksam wird. Machtverhältnisse gehen durch den Menschen hindurch (vgl. Raab 1998:35). Diese theoretischen Annahmen sind als eine Kritik an herkömmlichen Machtanalysen einzuordnen. Es kann demzufolge nicht davon ausgegangen werden, dass es zentrale Instanzen der Macht gibt. Der Kampf um Hegemonie, um Macht ist als ein dynamischer Prozess zu bewerten, um eine temporäre Überlegenheit, die sich gegen andere Kräfte permanent neu herstellen muss (vgl. a.a.O.:36). Foucault dezentralisiert Macht, indem er deutlich macht, dass plurale Gesellschaften sich durch vielschichtige und dynamische Machtverhältnisse kennzeichnen lassen. Es gibt keinen Ort, der außerhalb der Macht steht (Raab 1998:39f). Die Machtanalyse von Foucault zeigt die Grenzen universeller Machttheorien auf. Am Beispiel der Entwicklung gesellschaftlicher Machtstrukturen wird deutlich, dass jede Gesellschaft ihre spezifischen historisch und kulturell begründeten Machtverhältnisse aufweisen kann (vgl. a.a.O.:46).

Die Dualismen, die in den machttheoretischen Konzepten der Frauenbewegung von Anfang an bis in die Gegenwart verankert sind, werden auch in der westdeutschen Frauenforschung seit langem kritisiert. In den 80er Jahren wurde die Mittäterschaftsthese von Christina Thürmer-Rohr (1989) sehr kontrovers diskutiert, in dem das Handeln von Frauen in Machtverhältnissen stärker in den Blick kommen sollte:

„Die Handlungen von Frauen sind demnach nicht nur aufgezwungene und ihre Handlungsbegrenzungen nicht nur durch äußere Gewalt verhinderte Handlungen, sondern sind auch selbstgewählt, oft selbstgewollt, vor allem aber den patriarchalen Verhältnissen nützlich. Frauen *werden* nicht nur verletzt und missbraucht und *werden* nicht nur verstrickt in ein schädigendes System, sondern steigen auch eigentätig ein, gewinnen Privilegien, ernten fragwürdige Anerkennung. Sie profitieren von ihren Rollen, sofern sie sie erfüllen" (Thürmer-Rohr 2003:19, Hervorh. i. O.).

Jedoch wurde kritisiert, dass auch die Mittäterschaftsthese, obwohl sie sich als richtungsweisend erwies, in einem „Täter-Opfer-Dualismus" verfangen bleibt. Denn das „Bild der Frau als unterdrücktes Opfer wurde lediglich um die Dimension der Mittäterschaft ergänzt, um das Mit-Agieren mit einem männlichen Täter" (Bührmann 1995:16). Die Machtanalyse von Foucault bietet hingegen einen Ansatz, „Frauen als tätige Subjekte in den Geschlechterverhältnissen in den Blick zu nehmen und die damit verbundenen Machtwirkungen bzw. Machtstrukturen zu erforschen" (Bührmann 1995:16).

Die Frage nach der Täterinnenschaft von Frauen ist daran geknüpft und wurde auf unterschiedlichen Ebenen diskutiert. So gab es die Diskussion um die Rolle von Frauen im Nationalsozialismus. Die bisher ausgeblendete und verschwiegene Täterinnenrolle von Frauen im Nationalsozialismus wurde sichtbar (vgl. z.B. Koonz 1991; Ebbinghaus 1996). Weiterhin wurde durch das Buch von Martha Mamozai (1989) die Täterinnenrolle von weißen deutschen Frauen in der Kolonialzeit herausgearbeitet. Ausgelöst durch politische Auseinandersetzungen zwischen westdeutschen Frauen und Migrantinnen, afro-deutschen, jüdischen und im Exil lebenden Frauen in interkulturellen Frauenprojekten und auf Tagungen wurde das Thema Rassismus auch innerhalb der Frauenforschung sehr kontrovers diskutiert.[76] Birgit Rommelspacher (1995) hat Mitte der 90er Jahre das Konzept der Dominanzkultur entwickelt (vgl. Kapitel 2). Sie bezieht sich hier unter anderem auf Foucault und seine Machtanalyse und macht auf die Gleichzeitigkeit von unterschiedlichen Subjektpositionen aufmerksam. Frauen können sowohl aufgrund ihrer Geschlechtszugehörigkeit Dominanz bzw. Diskriminierung erfahren, als auch selbst Dominanz, zum Beispiel in Form von Diskriminierung gegenüber anderen Frauen bzw. Männern ausüben. Dies verdeutlicht sie unter anderem am Beispiel Rassismus.

Die entstandenen Theorieansätze sind innerhalb der feministischen Theoriebildung als eine Weiterentwicklung grundlegender Paradigmen des hegemonialen Feminismus zu bewerten.

Ein häufig formulierter Vorwurf an Foucault und an dekonstruktivistische Theorieansätze im Feminismus bezieht sich darauf, dass der für jede emanzipatorische Bewegung notwendige Subjektbegriff preisgegeben würde. Jedoch ist dem entgegenzusetzen, dass es nicht darum geht, das Subjekt zu verleugnen, sondern vielmehr die „*Souveränität* eines autonomen Subjekts im Diskurs“ zu verneinen (Jäger 2004:338, Hervorh. i. O.). Der ‚dekonstruktive Feminismus‘ kennt kein außerhalb aller gesellschaftlichen und historischen Unterschiede existierendes universales, homogenes (feministisches) Subjekt (Raab a.a.O.:8). Der Einfluss von Foucault ist für diese Position zentral.

Theoretische Konsequenzen, die sich aus der Rezeption der Foucaultschen Machtanalyse durch den dekonstruktiven Feminismus ergeben, beziehen sich darauf, dass der Ort der Unterdrückung nicht mehr eindeutig und auf Dauer zu rekonstruieren ist. Er kann sich verändern und neu konstituieren. Es kann nicht mehr von einer Dichotomie von Frauen als per se Unterdrückten und Männern als Unterdrückern ausgegangen werden. Geschlechterverhältnisse und patriarchale Strukturen sind nur im Plural zu denken, weil sie sich immer im „Geflecht verschiedener Machtdimensionen“ konstituieren

76 Vgl. hierzu Fußnote 25 in Kap. 2.

(Jäger 2004:340). Diese Erkenntnisse haben desillusionierende Wirkungen für Universalismen, dass Frauen als Opfer alle gleich sind (Lenz 1996:204). So werden die in den feministischen Theorien der Anfangszeit formulierten dualistischen Konstruktionen von Frau=Opfer und Mann=Täter als „traditionalistisch" und „machttheoretisch veraltet" kritisiert, weil die „hochkomplexen Machtstrukturen des Geschlechterverhältnisses durch die Subjekte hindurchgehen" und es hier „keine eindeutigen Terraingewinne oder befreite Territorien" geben kann (Kontos 1995:31).

Wichtige theoretische Verknüpfungspunkte zwischen Foucault und dekonstruktiven Feminismen ergeben sich daraus, dass beide theoretischen Perspektiven sich auf den Körper als Ort der Machtausübung konzentrieren, die Relevanz und den Zusammenhang von Diskurs, Subjekt und Macht betonen, es ablehnen, universelle „Wahrheiten" zu produzieren, und beide Perspektiven die Kontextgebundenheit ihrer Ergebnisse und Analysen betonen (vgl. Bührmann 1995:21).

Für die Geschlechterforschung ist bei diesen konzeptionellen Weiterentwicklungen bedeutsam, dass Unterdrückung und Marginalisierung auf konkrete Praktiken zurückgeführt werden können, die diese hervorbringen und nicht auf homogene Identitäten von Geschlechtern. Die Kritik an Unterdrückung entsteht vielmehr aus den unterschiedlichen sozialen, kulturellen und individuellen Positionierungen[77] (vgl. Jäger 2004:340).

4.2 Konzeptionelle Überlegungen für die Forschung zu häuslicher Gewalt

Das Thema ‚Gewalt gegen Frauen' oder ‚häusliche Gewalt' oder ‚Gewalt im Geschlechterverhältnis' ist von den Anfängen der Frauenbewegung an bis heute eines der Kernthemen der feministischen Theorie und Praxis. Hier manifestiert sich die konstatierte Unterdrückung von Frauen durch patriarchale Strukturen sehr unmittelbar und sichtbar. Dabei stellt sich grade am Thema ‚Gewalt gegen Frauen' die Frage, welcher Begriff von Macht und Herrschaft zugrunde gelegt wird und wie die Diskussionen um die Konstruktionsprozesse der Kategorie Geschlecht und das feministische Subjekt Frau in die Gewaltforschung zu integrieren sind.

Zur Diskussion steht, wie die theoretischen Entwicklungen der letzten Jahre verdeutlichen, die Frage, wie und wo die Macht sich konstituiert und wie sie sich in den Subjekten wiederfindet.

77 Vgl. hierzu das Konzept der Dominanzkultur von Birgit Rommelspacher (1995) und die Intersektionsanalyse Kap. 4.2.

An den machttheoretischen Überlegungen des feministischen Poststrukturalismus, die hier in Deutschland vor allem an den theoretischen Ausführungen Judith Butlers (1991) festgemacht werden, wird kritisiert, dass die Verantwortung für Gewalthandlungen nicht mehr klar definiert sei und damit die Gefahr bestünde, dass politischer Handlungsspielraum, der mühsam erkämpft wurde, verspielt werden könne. Diese Kritik ist nicht einfach nur zurückzuweisen, sondern muss genauer betrachtet werden. Es ist davon auszugehen, dass die dualistischen Thematisierungen der Machtstrukturen in Geschlechterverhältnissen, also zwischen Frauen und Männern, historisch durchaus wirkungsvolle Enttarnungen des herrschenden gesellschaftlichen Konsenses waren, der sich darauf bezog Gewalt gegen Frauen als eine Angelegenheit im privaten Raum wahrzunehmen und als ‚Familienstreitigkeiten' zu bagatellisieren. Gewalt gegen Frauen wurde skandalisiert, damit enttabuisiert und somit in der Öffentlichkeit überhaupt erst als ein eigenständiges Problem oder Thema wahrgenommen. Als strategisch-politische Strategie macht, wie dieses Beispiel zeigt, das Konstruieren von Dualismen und Essentialismen also in bestimmten Kontexten durchaus Sinn und ist als widerständige Praxis erfolgreich. Jedoch hat diese Form der Thematisierung der Gewalt neben den erwünschten Effekten auch andere Konsequenzen, auf die ich kurz allgemein und dann am Beispiel der Situation gewaltbetroffener Migrantinnen eingehen will.

Zunächst einmal ist festzustellen, dass die oben beschriebenen machttheoretischen Diskussionen der letzten 20 Jahre nur sehr zögerlich oder gar nicht in die feministische Gewaltforschung integriert werden. Eine kritische Auseinandersetzung mit den daraus resultierenden Fragen steht noch aus. Im Zusammenhang mit dem Sozialkonstruktionsansatz wird in neueren Veröffentlichungen von Gewaltforscherinnen wie Carol Hagemann-White (2002) und Margrit Brückner (2000) darauf hingewiesen, welche Probleme sich für die feministische Gewaltforschung durch einen Täter-Opfer-Dualismus ergeben und wie dadurch die soziale Konstruktion der Zweigeschlechtlichkeit immer wieder neu hervorgebracht wird.

Einen weitergehenden Ansatz, sich aus einer konstruktivistischen Perspektive an die Verknüpfung von ‚Gewalt und Geschlecht' anzunähern, habe ich in Deutschland in einer Aufsatzsammlung gefunden, die von Frauke Koher und Katharina Pühl (2003) unter dem Titel „Gewalt und Geschlecht – Konstruktionen, Positionen, Praxen" veröffentlicht wurde. Die Texte, die in dieser Veröffentlichung versammelt sind, beschäftigen sich, wie Katharina Pühl in der Einleitung ausführt, mit „Fragen nach der Konstruktion von Männlichkeit und Weiblichkeit im und durch Gewalthandeln und in Gewalterfahrungen sowie die Bedeutung diskursiver Räume von Gewaltverhältnissen" (Pühl 2003:9). Pühl weist auf die Begrenztheit der Analysen von häuslicher Gewalt durch die Annahme eines binären Geschlechterverhältnisses hin und diskutiert die Probleme, die daraus entstehen.

Die Datenlage verweise eindeutig darauf, dass häusliche Gewalt mehrheitlich von Männern gegenüber Frauen ausgeübt wird.[78] Jedoch seien Frauen auch gewalttätig und zwar insbesondere im privaten Raum.[79] Dies lässt sich noch erweitern durch Ergebnisse aus den Gender-Studies, die darauf aufmerksam machen, dass Gewalt zunehmend auch als eine „Ressource" von Mädchen und jungen Frauen genutzt wird (a.a.O.:8). Eine weitere Einschränkung der Gewaltanalyse in der feministischen Gewaltforschung ergäbe sich daraus, dass Gewalt in lesbischen Beziehungen in der feministischen Gewaltforschung oft nicht thematisiert und reflektiert werde (vgl. a.a.O.:10f).[80] Die Kategorie Geschlecht sei demnach nicht nur von analytischer Relevanz im Rahmen von Heterosexualität, sondern auch wenn es um Macht- und Gewaltverhältnisse zwischen heterosexuellen und homosexuellen Personen geht oder aber um Personen, die sich in dem zweigeschlechtlich strukturierten System nicht wieder finden können (a.a.O.:10).

Pühl macht an den oben genannten Beispielen auf die Widersprüchlichkeit und Mehrdeutigkeit der Thematisierung von Gewalt aufmerksam. Sie weist am Beispiel des Ausschlusses von Homosexuellen aus dem öffentlichen Diskurs zu ‚Gewalt und Geschlecht' darauf hin, dass zum Beispiel eine parteiliche Berichterstattung eine Überbetonung der Gewalt gegen Frauen in heterosexuellen Beziehungen vornehme, während sie Gewalt gegen Homosexuelle durch die fehlende Thematisierung bagatellisiere. „Die auf diese Weise vereindeutigende und Handlungs- zuweisende Be- und Verarbeitung struktureller Gewaltverhältnisse und sexualisierter sozialer Bezüge verdeckt dadurch den sozialen Ort und Zusammenhang von Gewalthandeln" (a.a.O.:13). Diese Kritik ist vom Ansatz in der Queer Theory[81] zu verorten, die als eine weitere dekonstruktive theoretische Perspektive die Position sexuell und geschlechtlich marginalisierter Gruppen und Themen repräsentiert, die im Mainstream-Feminismus ausgeschlossen werden.[82] Es zeigt sich an den aufgeführten Beispielen, dass diese Argumentationen auf die Situation von gewaltbetroffenen Migrantinnen übertragbar sind. Katharina Pühl geht auf die Frage des Ausschlusses von Migrantinnen nur indirekt ein, indem sie darauf hinweist, dass sich hier neue Forschungsfragen ergeben, die

78 Vgl. hierzu beispielhaft für den deutschen Raum die Ergebnisse der Prävalenzstudie des Bundesministeriums, Kap. 2.3.

79 Dies wird zwar nicht von ihr genauer ausgeführt, jedoch ist hier als wichtiges Beispiel die Gewalt gegen die eigenen Kinder im Kontext von häuslicher Gewalt zu erwähnen. Bei anderen Formen von Gewalt vgl. z.B. Kap. 2.1. zu Dominanzkultur (Rommelspacher 1995).

80 Vgl. hierzu auch die amerikanische Diskussion Kap. 3.

81 Vgl. z.B. Haschemi Yekani/ Michaelis (2005); Quaestio (2000); Castro Varela/ Gutiérrez Rodríguez (2000) setzen den Fokus auf lesbische Frauen im Exil und in der Migration.

82 Dabei ist zu betonen, dass es poststrukturalistischen und queeren Ansätzen nicht um eine Anleitung zum Einschluss aller Betroffenheiten geht, sondern um die Analyse der „produktiven Folgen und Effekte solcher Sichtweisen und diskursiven Anordnungen" (Pühl 2003:11).

den Zusammenhang von unterschiedlichen gewaltförmigen Machtstrukturen, „wie insbesondere die von Sexismus und Rassismus“ analysieren. Dabei gehe es nicht so sehr darum, Gewalt „als konstitutive Ressource von Männlichkeit“ zu betonen, sondern darum, das Verhältnis von Gewalt und Geschlecht in seiner wechselseitigen Bezogenheit mit „biographischen Optionen und gesellschaftlichen Geschlechterkonstruktionen“ zu analysieren (a.a.O.:9). Ich stelle diese Veröffentlichung an dieser Stelle so ausführlich vor, weil hier der theoretische Anschluss an die US-amerikanische Forschung (vgl. Kapitel 3) und an dekonstruktivistische Perspektiven für den deutschsprachigen Raum hergestellt wird. Wie ich in Kapitel 2 gezeigt habe, ist in den USA eine Auseinandersetzung mit diesen theoretischen Überlegungen bereits weiter verbreitet und dementsprechend stärker ausdifferenziert. Darum werde ich mich bei den konzeptionellen Überlegungen für meine Arbeit auf die US-amerikanische Forschung stützen.

4.2.1 Die Intersektionsanalyse und häusliche Gewalt

Wie bereits in Kapitel 3 beschrieben wurde, besteht eine grundlegende theoretische Annahme der Intersektionsanalyse darin, dass Geschlecht niemals allein, sondern immer simultan mit anderen Differenzkategorien wie soziale Klasse und Ethnizität erzeugt wird und dabei auch in den Hintergrund treten kann (vgl. Lutz 2005). Eine intersektionelle Perspektive auf häusliche Gewalt ist in Deutschland noch nicht systematisch vorgenommen worden. In Kapitel 3 wurde bereits deutlich, welche anderen Forschungsschwerpunkte und –richtungen als in Deutschland sich in den USA aus der theoretischen Auseinandersetzung mit ‚Intersektionalitäten‘ bei häuslicher Gewalt entwickelt haben. Das Konzept der Intersektionsanalyse lässt sich auf unterschiedlichen theoretischen Ebenen im Zusammenhang mit häuslicher Gewalt anwenden. Die Politikwissenschaftlerin Jyl Josephson (2005:85) unterscheidet vier grundlegende Analyseebenen, bei denen sie sich auf Crenshaw (1994) bezieht, die ich hier nur sinngemäß und verkürzt vorstelle:

Die erste Ebene bezieht sich auf die Analyse von Identitätskonstruktionen im Kontext von Machtstrukturen. Zugehörigkeitskonstruktionen und Unterdrückungserfahrungen können durch die Analyse der Konstruktionsprozesse in den Selbstkonzepten von gesellschaftlich marginalisierten Gruppen und Individuen nachvollzogen werden (a.a.O.:85f). Diese Ebene hat sich für die vorliegende Studie als zentral erwiesen. Ich verwende für diese Analyseebene im Rahmen der vorliegenden Arbeit, den Arbeitsbegriff *erfahrungsbezogene Intersektionalität.*

Eine weitere Ebene wurde durch Crenshaw (1994) mit dem Konzept der *strukturellen Intersektionalität*‘ [83] entwickelt. Hier wird deutlich, wie die

83 Engl: „structural intersectionality“.

gesellschaftliche Positionierung von gewaltbetroffenen Frauen, in Bezug auf ‚race' ‚Ethnizität, soziale Klasse, Geschlecht, Migrationsstatus, Familienbeziehungen, sich mit ihren Erfahrungen mit häuslicher Gewalt überschneidet und ihre Perspektiven und Optionen im Umgang und bei der Bewältigung der Gewalt dadurch dominiert werden (Josephson 2005:86). Die strukturelle Intersektionalität bezieht sich also beispielsweise auf aufenthaltsrechtliche Abhängigkeiten, strukturelle Benachteiligungen auf dem Arbeitsmarkt, institutionellen Rassismus usw..

Eine dritte Ebene ist die *politische Intersektionalität*' [84], bei der sich Josephson (a.a.O.:86f) ebenfalls auf Crenshaw (a.a.O.) bezieht. Diese Ebene erweist sich als sinnvoll, um zu analysieren, wie sich die vorherrschende Definition eines sozialen Problems, wie häusliche Gewalt, etablieren kann. Diese Ebene der politischen Intersektionalität korrespondiert wie die erste Analyseebene (s.o.) mit einem sozialkonstruktivistischen Ansatz, der von vielen GewaltforscherInnen, die sich in den USA mit häuslicher Gewalt bei gesellschaftlich marginalisierten Gruppen beschäftigen, eingenommen wird. Über das Konzept der politischen Intersektionalität kann systematisch reflektiert werden, welche Diskurse sich wie etablieren konnten und wer darüber wie marginalisiert wird. So formuliert Kanuha (1996) in den USA, dass es dadurch möglich ist zu verstehen, warum die Kategorie „race", aber auch die Situation lesbischer Frauen, aus der amerikanischen Theoriebildung zu häuslicher Gewalt ausgrenzt wurde. Bei der Art und Weise, wie über häusliche Gewalt gesprochen wird, handelt es sich um kollektive Repräsentationen sowohl zum Problem Gewalt gegen Frauen als auch der misshandelten Frau selbst. Diese kollektiven Repräsentationen schließen nur bestimmte Frauen ein, die Gewalt erlebt haben, andere bleiben ausgeschlossen. Die sozialkonstruktivistischen Perspektiven aus den USA zeigen, wie gerade am Beispiel des Ausschlusses von Gruppen von gewaltbetroffenen Frauen Grenzen theoretischer Paradigmen sichtbar wurden. Dies erweist sich als bedeutsam, wenn es um die Situation von gewaltbetroffenen Migrantinnen geht, bei denen sich unterschiedliche Diskurse überschneiden und verbinden. Dies hat zum einen Auswirkungen darauf, wie Wissenschaftsdiskurse rezipiert werden als auch darauf, welche Interpretationen und Bilder wirksam sind, wenn es wie in der vorliegenden Arbeit um Lebensgeschichten von gewaltbetroffenen Migrantinnen geht.

Josephson (a.a.O.:87) formuliert eine vierte Analyseebene, die sie jedoch als Teil der *politischen Intersektionalität* beschreibt. Wie oben deutlich wurde kann die ‚politische Intersektionalität' eine Möglichkeit sein zu analysieren, welche kritischen Entwicklungen es innerhalb politischer Bewegungen gibt. Jedoch ist sie auch ein Analyseinstrument, um politische Strategien zu entwickeln, die sich als effektiver erweisen als die kritisierten. Josephson

84 Engl.: „political intersectionality".

verdeutlicht das an der Wirksamkeit von Koalitionen zwischen unterschiedlichen Interessengruppen, zum Beispiel zwischen gewaltbetroffenen armen Frauen und Women of Color zur Durchsetzung von politischen Erfolgen. Sie weist daraufhin, dass diese Art von Koalitionen sich in der Vergangenheit für marginalisierte, gewaltbetroffene Frauen in den USA als erfolgsreich erwiesen hat, wenn es zum Beispiel darum ging, spezifische Hilfsangebote durchzusetzen.

4.2.2 Definitionen von häuslicher Gewalt

Wie wir in der theoretischen Auseinandersetzung im internationalen Vergleich gesehen haben, spielen allgemein im Zusammenhang mit häuslicher Gewalt sehr unterschiedliche Dimensionen eine Rolle.

In der Einleitung des Bandes von Koher/Pühl (2003) wird „Gewalt als soziales Verhältnis“ verstanden, „das durch diskursive, institutionelle, individuelle und kollektive Aspekte konstituiert, strukturiert und gestaltet wird“. Das Erkenntnisinteresse bezieht sich darauf, „Bedingungen und Möglichkeiten der sozialen Veränderbarkeit geschlechtsspezifischer Gewaltverhältnisse“ auszuloten. In diesem Zusammenhang wird sowohl die besondere Bedeutung der „Diskurse über Gewalt“, als auch die wichtige Rolle, die „Institutionen oder sozialstrukturelle Umfeldbedingungen von Gewalthandeln“ spielen, betont. Dabei handele es sich um konstituierende Aspekte für die Problemdefinitionen, für die Wahrnehmung und das Gewalthandeln selbst (a.a.O.:9f). Pühl stellt hier einen theoretischen Bezug zu Foucault und auch zu Judith Butler her, indem sie darüber die Möglichkeit sieht „einen offeneren Blick auf Entstehungs-, Einschreibungs- und Verteilungseffekte diskursiver Gewaltverhältnisse und ihren Anteil an der Konstitution von Subjektivitäten“ (Pühl 2003:12) zu bekommen.

Ich komme jedoch wieder auf den amerikanischen Raum zurück, um mich der Frage einer Definition von häuslicher Gewalt weiter anzunähern, die den hier angesprochenen Dimensionen entspricht. In einer von Sokoloff/Dupont (2005) zitierten Definition wird darauf hingewiesen, dass häusliche Gewalt nicht nur auf physische, emotionale, psychische und sexuelle Gewalt und Kontrolle gegen Frauen eingegrenzt werden kann. Sie kann zudem als voraussetzungsvolles und zielgerichtetes Handeln definiert werden, das durch familiale, institutionelle, soziale und kulturelle Praktiken unterstützt wird[85] (Jaaber 2001:2 zit. nach Sokoloff/Dupont 2005:1). Diese Definition wird nun erweitert und präzisiert:

Misshandlung von Frauen findet zwar in individuellen Lebensgeschichten statt und wird als ein persönliches Ereignis erfahren, ist jedoch gleichzei-

85 „a purposeful course of action buttressed by familial, institutional, social and cultural practices“ (Originalzitat a.a.O.).

tig ein kulturelles und soziales Produkt sich überschneidender Verbindungen zwischen Geschlecht, ‚race', sozialer Klasse und Sexualität[86] (Feltey 2001:365 zit. nach Sokoloff/Dupont 2005:1). Hier wird die Intentionalität des Gewalthandelns benannt, der Kontext, in dem die Gewalt stattfindet und die gesellschaftlichen Praktiken, die durch unterschiedliche Diskurse gestützt werden. ‚Häusliche Gewalt' wird aus einer intersektionellen Perspektive heraus definiert, die gesellschaftliche Ungleichheitsverhältnisse nicht nur auf die Kategorie Geschlecht reduziert. Gleichzeitig wird benannt, dass die Gewalt in individuellen Lebensgeschichten von Frauen stattfindet und somit ein persönliches biographisches Ereignis für jede einzelne Frau ist. Es werden hier die unterschiedlichen Dimensionen deutlich, die auf der individuellen und gesellschaftlichen Ebene von Relevanz sind, um das Thema häusliche Gewalt erfassen zu können. Ich möchte nun im folgenden Teil ein theoretisches Modell vorstellen, in dem diese Dimensionen integriert sind.

4.2.3 Kontextualisierung der Gewalterfahrung

Die amerikanische Psychologin, Autorin und langjährige Gewaltforscherin Mary Ann Dutton (1996) weist daraufhin, dass die Analyse des sozialen Kontextes, in dem Gewalterfahrungen gemacht werden, eine Herausforderung für die Zukunft der Arbeit mit gewaltbetroffenen Frauen ist. Sie führt dazu genauer aus, dass jede menschliche Erfahrung aus Erlebnissen und Umständen bestehe, die innerhalb und außerhalb des Individuums liegen. Diese Perspektive sei für die Sozialwissenschaften nicht neu, müsse nun aber auch vollständig in die Arbeit mit gewaltbetroffenen Frauen, sowohl in der Forschung, der Intervention, der Sozialpolitik als auch in der Forensik integriert werden. Sie sieht in umfassenden Kontextanalysen eine Möglichkeit, Erfahrungen von gewaltbetroffenen Frauen überhaupt erst einordnen und verstehen zu können. Dazu gehört die Einschätzung, ob es sich bei bestimmten Verhaltensweisen um Folgen der Traumatisierung handelt oder Widerstand gegen Unterdrückung und Gewalt (vgl. Dutton 1996:123).

Es wird darum von Dutton ein Modell zu häuslicher Gewalt vorgeschlagen, in dem es nicht darum gehen soll, eine weitere Theorie zu häuslicher Gewalt zu entwickeln, sondern vielmehr darum, vorhandenes Wissen aus den unterschiedlichen Disziplinen zu strukturieren und in einem analytischen Rahmen zu integrieren (a.a.O.:110f).

Dutton orientiert sich hierbei an einem sozialökologischen Ansatz[87], der bereits von unterschiedlichen AutorInnen in der Vergangenheit auf das Problem von Gewalt in intimen Beziehungen angewendet wurde (vgl. a.a.O:110).

---

86 „culturally produced out of intersecting relations of gender, race, social class and sexuality" (Orginalzitat a.a.O.).

87 Vgl. hierzu insbesondere Bronfenbrenner (z.B. 1981).

Dutton nutzt dieses Modell nun, um es in abgewandelter Form konkret auf die Ebene der Erfahrungen gewaltbetroffener Frauen anzuwenden. Dies geschieht auf der Ebene von fünf sich überschneidenden ‚Systemen', die die relevanten Kontexte der Gewalterfahrung darstellen:

> 1) the *individual battered woman,* her individual personal history, and the meaning she makes of it (i.e.;ontogenetic);
>
> 2) family, friendship, workplace, and other *personal networks* in which the battered woman interacts, the developmental history of each, and the meaning she makes of them (i.e.; microsystem);
>
> 3) the *linkages between the networks* or systems defining the battered woman's social environment, the history of those linkages, and the meaning she makes of them (i.e.; mesosystem);
>
> 4) the *larger community networks* in which the battered woman doesn't interact directly but which, nevertheless, influence her indirectly (i.e., exosystem), the developmental history of those networks, and the meaning she makes of them; and
>
> 5) the *society and cultural blueprint* defined by the cultural, ethnic group, and social class factors, the historical development of the blueprint, and the meaning she makes of it (i.e.; macrosystem)" (Dutton 1996:111f.; Hervorh. .i. O.).

Dutton formuliert hier ein Modell, das einen allgemeinen Rahmen für die Perspektiven gewaltbetroffener Frauen auf die erlebte Gewalt bietet und unterschiedliche Ebenen und Kontexte abbildet, die sich miteinander verbinden. Es wird nicht davon ausgegangen, dass ein bestimmtes Erlebnis oder der biographische Hintergrund die Bedeutung der Gewalterfahrung deterministisch festlegt. Vielmehr geht es um das Zusammenspiel unterschiedlicher Faktoren und die Relevanz, die dies für die einzelne Frau hat. Zentral bei allen aufgeführten Systemen bzw. Kontexten ist jedoch die Frage nach dem Bedeutungsgehalt, den die gewaltbetroffenen Frauen selbst diesem System oder Kontext beimessen und zuschreiben (a.a.O.:111f). Das ermöglicht eine Analyse des allgemeinen Einflusses sozialer und gesellschaftlicher Faktoren und seine einzigartige Wirkung, die es auf Individuen hat. Dutton hat dieses Modell noch viel weiter ausdifferenziert und unterschiedliche Analyseebenen herausgearbeitet, auf die ich hier jedoch nicht weiter eingehen werde.

Dieses Modell repräsentiert jedoch zunächst, auch in der hier verkürzt vorgestellten Form, einen übergeordneten Rahmen, der die Dimensionen abbildet, die für die Einordnung der Gewalterfahrung für die einzelne Frau von Relevanz sind.

Hier wird also formuliert, dass es, um wirklich etwas über die vorgefallene Gewalt aussagen zu können, wichtig ist, die konkreten Rahmenbedingungen zu recherchieren und vor allen Dingen, herauszufinden, was diese für die Frauen bedeuten. Es besteht in der Gewaltforschung ein Bedarf an mehrdimensionalen Modellen, die nicht nur individuelle Faktoren herausarbeiten, sondern insbesondere die Interaktionen dieser Faktoren untereinander. Dieses Vorgehen ermöglicht es auch, gesellschaftlich marginalisierte Frauen in die Forschung zu „häuslicher Gewalt" einzuschließen (a.a.O:118f). Dutton fasst die Anforderungen an die Zukunft der Anti-Gewalt-Arbeit folgendermaßen zusammen:

> „The next decade of work with battered women is compelled to address the real complexity and diversity of battered women's experience- across women who vary from each other according to race, ethnicity, social class, age, sexual preference, and physical ablebodiness. Social context analysis is one tool easily accessible for the task" (Dutton 1996:123).

Hier sehe ich nun den konkreten Übergang und Ansatzpunkt für einen biographietheoretischen Ansatz, worauf ich im folgenden Kapitel näher eingehen werde.

5 Biographietheoretische Forschungsperspektiven

Die vorliegende Arbeit ist eine biographietheoretische Studie. Sie beschäftigt sich mit Lebensgeschichten von Migrantinnen, die aufgrund einer Gewalterfahrung in einer nahen Beziehung in ein Frauenhaus gehen mussten. Zentral ist die subjektive Dimension der Gewalterfahrung im Kontext der Biographie.

Welchen Sinn hat es, sich mit einer biographischen Perspektive auseinanderzusetzen, wenn es um Migrantinnen und häusliche Gewalt geht? Was kann damit in Bezug auf die Auseinandersetzung mit der Gewalterfahrung sichtbar werden?

Ich werde zunächst allgemein auf das Konzept Biographie eingehen und im Anschluss einige Aspekte genauer diskutieren. Die hier vorgestellten Konzepte und Forschungsergebnisse stehen wie die konzeptionellen Überlegungen zu häuslicher Gewalt in Kapitel 4 in einem direkten Bezug zu den Ergebnissen der vorliegenden Studie.

5.1 Biographie als Konzept

Bei Biographien handelt es sich im Forschungskontext um Texte, um mündliche oder schriftliche Darstellungen von Lebensgeschichten. Dieser Text besteht in der vorliegenden Arbeit aus einem transkribierten biographisch-narrativen Interview.[88] Biographien werden insbesondere in der soziologischen Biographieforschung nicht mehr in erster Linie als Informationsquelle verwendet, sondern die Biographie wird vielmehr als eigenständige soziale Konstruktion zum Gegenstand von Forschung (Rosenthal 1995:12).

Bei einer biographietheoretischen Perspektive stehen die Relevanzsetzungen, Sichtweisen und die biographischen Konstruktionen der Interviewten selbst im Vordergrund und strukturieren den Forschungsprozess. Es werden keine vorher ausgewählten Lebensereignisse abgefragt, sondern es geht darum, in Erfahrung zu bringen,

> „welche Erlebnisse für die Befragten selbst biographisch relevant sind, wie sie diese Erlebnisse damals und heute deuten“ und wie sie ihr Leben in einem biographischen Konstrukt Sinn gebend verorten (Rosenthal 2001:267f).

88 Vgl. Kap. 6 zum methodischen Vorgehen.

Dabei bestimmt die gegenwärtige Lebenssituation, das heißt die Gegenwartsperspektive der ErzählerIn, den Blick auf die Vergangenheit (Fischer-Rosenthal 1996:154).

Die Fähigkeit zu erzählen, das heißt also auch eine Lebensgeschichte erzählen zu können, ist eine Kompetenz, die im sozialen und kulturellen Umfeld erlernt werden muss. Geschichten, die durch Familie und Gesellschaft vermittelt wurden, werden als „Geschichtenvorrat" bewahrt und sind damit für Lebensgeschichten verfügbar. Aus dieser allgemeinen „narrativen Kompetenz" wird mit zunehmenden Alter „biographische Kompetenz", das heißt, es entsteht die Fähigkeit, Erfahrungen zu reflektieren und als eine Lebensgeschichte anzuordnen (Lucius-Hoene/ Deppermann 2002:42).

Biographien bestehen aus Erzählungen, Beschreibungen, Argumentationen und Dokumenten, und diese verweisen wiederum auf soziale und diskursive Praxen. Bettina Völter (2003:40) verweist auf die Relevanz von Diskursen,

> „insofern als sich sowohl in ‚strukturierte Selbstbilder' (also Biographien) als auch in Interaktionen im Familienkontext Diskurse einschreiben können und dort handlungs- und orientierungswirksam sind."[89]

Diskurse aus unterschiedlichen Kontexten fließen somit als „gesellschaftshistorische Dimension" in Lebensgeschichten oder Familiengeschichten ein (a.a.O.:38f). In biographischen Texten werden normative Vorstellungen, Diskurse eines spezifischen sozialen und kulturellen Kontextes transportiert und beinhalten damit dementsprechend auch immer kritische oder zustimmende Positionierungen des Individuums (vgl. Lucius-Hoene/ Deppermann 2002:43). Das bedeutet für den Interpretationsprozess, dass die theoretische Generalisierung eines Einzelfalles nur dann möglich ist, wenn der jeweilige soziale und historische Kontext verstanden wurde. Dies erfordert soziologisches Kontextwissen und eine (selbst-) kritische Sicht auf eigene Vorannahmen zu sozialer Normalität und damit zur Erklärung sozialer Wirklichkeit.

Lebensgeschichten können als eine spezifische Aufeinanderfolge von Handlungen beschrieben werden, die aus den existierenden Handlungsoptionen gewählt wurden (vgl.Völter 2003:33). Handlungsoptionen im Leben eines Menschen verweisen jedoch auch auf das konkrete gesellschaftliche und soziale Umfeld, institutionelle Vorgaben und die damit verbundenen Handlungsspielräume (Lucius-Hoene/ Deppermann 2002:59). Handlungsoptionen sind also auch durch Strukturen sozialer Ungleichheit unterschiedlich verteilt.

---

89 Bettina Völter hat die Anschlussfähigkeit des Dikursbegriffs von Foucault an die Biographieforschung in ihrer familienbiographischen Studie (Völter 2002), die sie zur Bedeutung von Judentum und Kommunismus in jüdischen Familien in der DDR durchgeführt hat, herausgearbeitet (vgl. auch Schäfer/Völter 2005).

Allgemein zielt die Analyse von biographischen Interviews darauf ab, genau dieses Spannungsverhältnis herauszuarbeiten, das heißt konkret, die Strukturen von persönlichen und sozialen Prozessen von Handeln und Leiden sowie Ressourcen für Bewältigungsstrategien und Wandlungsprozesse sichtbar zu machen (vgl. Gültekin/ Inowlocki/ Lutz 2003).

Die individuelle Lebensgeschichte, die vor diesem Hintergrund entsteht, verweist damit gleichzeitig auf die jeweilige subjektive biographische Konstruktion und auf die Partizipation am gesellschaftlichen und sozialen Umfeld.

Der produzierte biographische Text wird durch die Interaktion im Interview hervorgebracht. Er spiegelt also auch das jeweilige bewusste oder auch unbewusste Präsentationsinteresse der ErzählerIn, das sich im Zusammenspiel mit der InterviewerIn weiter herausbildet. Es kann dabei um Selbstbilder gehen, die bewahrt werden sollen, um Familiengeheimnisse oder andere problematische Aspekte in einer Biographie, die verschwiegen werden. Die Bereiche, die verschwiegen, ausgeblendet oder verändert werden, können häufig als bedeutsamer eingeordnet werden als das, was offensiv dargestellt wird (Fischer-Rosenthal 1996:151).

Gabriele Rosenthal, an der ich mich in meinem methodischen Vorgehen in der hier vorliegenden Studie orientiere, verwendet für erzählte Lebensgeschichten den Begriff der „biographischen Selbstpräsentation“, weil er darauf hinweist, dass die erzählte Lebensgeschichte stark durch das jeweilige Präsentationsinteresse der ErzählerInnen mitstrukturiert ist (Rosenthal 1995:13).

Das Spannungsverhältnis, das zwischen der Präsentation der Lebensgeschichte im Interview und der erlebten Lebensgeschichte besteht, ist ein wesentlicher Untersuchungsgegenstand der Biographieforschung (vgl. Rosenthal 1995). Die Frage nach der ‚Wirklichkeit‘, die hinter der erzählten Lebensgeschichte stehen könnte, ist insbesondere dann, wenn man eine konstruktivistische Perspektive einnimmt, nicht in dieser Eindeutigkeit zu beantworten, weil wir uns dabei letztendlich immer nur auf Konstruktionen von Wirklichkeit, das heißt auf eine interpretierte Wirklichkeit beziehen können (Dausien 2004:319). Vielmehr geht es darum, am vorliegenden Material herauszuarbeiten, welche biographischen Konstruktionsprozesse in welchen Kontexten hervorgebracht wurden (vgl. a.a.O:321). Die erzählte und die erlebte Lebensgeschichte sind so eng miteinander verbunden, dass sie nur noch analytisch zu trennen sind (vgl. Rosenthal 1995), nicht aber im Erleben der ErzählerInnen, weil eben dies die Lebensgeschichte konstituiert (Lutz 2000a:205).

In der Biographieforschung wird die Herstellung von Wirklichkeit als ein Prozess verstanden, der mit dem biographischen Ansatz rekonstruierbar wird.

Biographische Konstruktionen verarbeiten soziale Wirklichkeit nicht nur reaktiv, sondern folgen einer eigenen Logik bei der Herstellung von Wirklichkeit. Diese besondere „Grammatik“ wird unter den Begriff „Biographizität“ (vgl. Alheit 1996) gefasst. So hat Gabriele Rosenthal mit einem gestalttheoretischen Ansatz herausarbeiten können, dass Lebensgeschichten nicht nur aus einer Anordnung von Erlebnissen bestehen, sondern eine konkrete „Gestalt“ haben (Rosenthal 1995).

Biographien können unter einer „Produktperspektive und einer Prozessperspektive“ untersucht werden. Die „Produktperspektive“ beschreibt das Ergebnis individueller und kollektiver Handlungen, auf die sich in der biographischen Konstruktion bezogen wird. Die „Prozessperspektive“ fokussiert den Konstruktionsprozess sozialer Wirklichkeit, der angelehnt an „doing gender“ oder „doing ethnicity“ auch als „doing biography“ bezeichnet werden kann (Dausien 2004:314).

5.1.1 Prozessperspektiven in der Biographieforschung

Um Prozessperspektiven besser konzeptionell zu erfassen, wird der Begriff der „biographischen Arbeit“ verwendet (vgl. Fischer-Rosenthal 1995). Darunter sind personale und soziale Veränderungs- und Anpassungsprozesse zu verstehen, die Menschen beim Durchleben von Lebensereignissen vollziehen. Diese verlaufen mehr oder weniger reflektiert und haben Auswirkungen auf die biographische Selbstpräsentation. Biographische Selbstbeschreibungen laufen als reflexive „biographische Arbeit“ im gelebten Leben mit.

In Anlehnung an das Konzept der „biographischen Arbeit“ hat Lena Inowlocki (1993:145) das Konzept der „Generationenarbeit“ entwickelt. Inowlocki hat herausgearbeitet, dass Familien, die migrieren oder flüchten, den Verlust sozialer Kontinuität kompensieren müssen. Unter diesen Bedingungen kann generationenübergreifend eine neue gemeinsame Handlungspraxis mit eigenen Erklärungs- und Legitimationsstrukturen entstehen. Diese gemeinsame Arbeit an einer neuen (Familien-) Biographie nennt Inowlocki „Generationenarbeit“. Es handelt sich dabei um ein Konzept zur Analyse von Kontinuität und Diskontinuität im intergenerationellen Austausch.

Rosenthal (1997) hat ihr Konzept zu Generationenbeziehungen ebenfalls auf der empirischen und theoretischen Erkenntnis begründet, dass diese sich im „interaktionellen Austausch“ mit anderen Generationen herausbilden.

Bettina Völter (2002:35) wiederum verwendet in ihrer Arbeit den Begriff der „(familien)biographischen Arbeit“, um das Augenmerk darauf zu lenken, dass auch Nicht-Selbsterlebtes, also beispielsweise die Erlebnisse der Großeltern oder Eltern, in die eigene Biographie integriert und bearbeitet werden müssen. Um die familiale Dimension in Biographien theoretisch umfassender definieren zu können, verwendet sie das Konzept des „intra- bzw. intergenerationellen Dialogs“. Sie stützt sich hier auf familientherapeutische Ansätze, die aufzeigen, wie die Kommunikationsstrukturen zwischen den Generationen innerhalb von Familien verlaufen, wie sich historische Ereignisse generationenübergreifend auf die Biographien und Beziehungsstrukturen auswirken und wie bedeutungsvoll und entlastend es für die Beteiligten sein kann, wenn darüber ein Dialog stattfindet.

> „Mit ‚Intra- und intergenerationeller Dialog' sind also sowohl Formen kommunikativen Austausches gemeint als auch mehr oder weniger unbewusste Formen der Vermittlung von Botschaften bzw. des Schweigens über bestimmte Anteile der Geschichte" (Völter 2002:37).

Der „intra- und intergenerationelle Dialog" entwickelt sich im Kontext gesellschaftlicher und familialer Diskurse und steht in direktem Zusammenhang mit dem Konzept „Biographie", weil ohne die Lebensgeschichten der beteiligten Individuen eine Rekonstruktion nicht möglich ist (Völter 2002:38). In meiner Arbeit beziehe ich mich in der Zusammenfassung der Ergebnisse, in Kapitel 8 auf den Begriff der „(familien)biographischen Arbeit", weil sich in den Falldarstellungen und in den Globalanalysen zeigt, dass Erfahrungen und Erlebnisse der Herkunftsfamilie und damit verbundene familiale Diskurse in die Auseinandersetzung mit der Gewalterfahrung im biographischen Kontext einfließen.

5.1.2 Resümee

Allgemein lässt sich feststellen, dass die Biographieforschung als ein eigenständiger Forschungsansatz international etabliert ist und sich mit allen gesellschaftlich und soziologisch relevanten Fragestellungen und Themen beschäftigt (Lutz 2000a:205). Der biographische Ansatz wird sowohl in der Geschlechterforschung (z.B. Dausien 1996 u.a.) als auch in der Migrationsforschung (z.B. Breckner 2005; Nienaber 1995) angewandt.

Die sozialkonstruktivistische Orientierung der Biographieforschung mit ihrer ausgeprägten Prozessperspektive erweist sich als anschlussfähig an eine empirische Geschlechterforschung, die sich allgemein mit der sozialen Konstruktion von Geschlecht und ihren Herstellungsprozessen, dem ‚doing gender', beschäftigt. Eine biographietheoretische Perspektive kann diese Konstruktionsprozesse im lebensgeschichtlichen Kontext verorten und die damit einhergehende „biographische Arbeit" aufzeigen und ist darum auch für dekonstruktivistische (feministische) Ansätze ertragreich (vgl. Dausien 2001:58).

Für eine kritische Migrationsforschung können sich biographische Ansätze ebenfalls als anschlussfähig und produktiv erweisen. Durch eine Prozessperspektive, die subjektive Erfahrungen und Verarbeitungsmuster von Individuen zentral setzt, können stereotype Diskurse, Zuschreibungen und stigmatisierende oder idealisierende statische Bilder von Kultur dekonstruiert werden (vgl. Kap. 3.1). Jedoch bedarf es hier ebenfalls einer kritischen Biographieforschung, die normative Konzepte über biographische Verläufe und

Prozesse auf ihre Anwendbarkeit überprüft. So weichen Migrationsbiographien von tradierten Vorstellungen von „Normalbiographien" oft erheblich ab, beschreiben aber mittlerweile ebenso „Normalität".

> „Die Vorstellung, dass die Zugehörigkeit zu einer Nation oder einer ethnischen Gruppe lebenslang die ‚Identität' bestimmen soll, ist von der Realität schlicht überholt worden. Migrationsbiographien können als Konstruktionen in Form von Geschichten bezeichnet werden, die Erfahrungen des Lebens in unterschiedlichen Kontexten oder Kulturen integrieren und zwar nicht nur defizitär im Sinnen eines häufig unterstellten Verlusts, sondern auch als Option ‚biographischer Normalisierung' der Migration zwischen verschiedenen Gesellschaften und Kulturen" (Breckner 1994:49).

Für meine empirische Studie sind die Arbeiten aus der Biographieforschung von besonderer Relevanz, die die Geschlechter- und Migrationsforschung miteinander verbinden und beide Perspektiven aufeinander beziehen (z.B. Apitzsch/ Jansen 2003; Gültekin 2003; Süzen 2003; Apitzsch 2000; Dausien u.a. 2000; Gutierrez Rodriguez 1999; Tahereh 1997; Gutiérrez Rodríguez 1996; Lutz 1991, 2000b). Ich möchte nun auf einige Themen genauer eingehen, die sich während des Auswertungsprozesses der vorliegenden Arbeit als wichtig erwiesen.

5.2 Narrative Konstruktionen von Differenz und Macht

Wenn wir dem Ansatz folgen, dass das subjektive Erleben von häuslicher Gewalt von unterschiedlichen Dimensionen und Machtverhältnissen bestimmt ist, bietet die Prozessperspektive in der Biographieforschung die Möglichkeit, diese genauer zu untersuchen.

Durch den Einfluss poststrukturalistischer Debatten wurde deutlich, dass jeder Mensch im Verhältnis zu Unterdrückungserfahrungen gleichzeitig verschiedene Subjektpositionen einnehmen kann und somit nicht von einem einheitlichen Identitätsbegriff ausgegangen werden kann (Lutz/Davis 2005).[90]

Ausgehend von der theoretischen Erkenntnis, dass sich Subjekte und Identitäten durch widersprüchliche und vielschichtige Diskurse und Konstruktionsprozesse konstituieren (vgl. Kap. 4) und damit Machtwirkungen verbunden sind, wird die Frage zentral, wie das in Biographien geschieht.

Zunächst einmal ist festzustellen, dass sich mündliches Erzählen als Methode besonders eignet, um Vergangenes zu rekonstruieren und um Konstruktionsprozesse von sozialer Identität aufzuzeigen.

Über Erzählungen wird soziale Zugehörigkeit hergestellt und zum Ausdruck gebracht. Dies geschieht durch Zuordnungen, Kategorisierungen, Ab-

90 Vgl. hierzu Kap. 4.

grenzungen. Da jeder Mensch verschiedene soziale Zugehörigkeiten hat, wie zum Beispiel ‚Frauen', ‚MigrantInnen', ‚KurdInnen', ‚Frauenhausbewohnerinnen', ‚Mütter' usw., stellt sich die Frage, in welcher Gesprächssituation welche Zuordnungen oder welche Positionierungen vorgenommen und damit als relevant angesehen werden.

> „Kategorisierung ist also immer perspektivisch, und sie ist einseitig, insofern sie die Komplexität der Definition von sozialen Identitäten und Beziehungen jeweils auf einen Aspekt reduziert" (Kallmeyer/ Keim zit. nach Czyzewsky u.a. 1995b:34).

Kategorien und ihre Thematisierungen sind ein Spiegel gesellschaftlicher Machtverhältnisse. Sozial kategorisierte Gruppen konkurrieren häufig um Ressourcen und Macht. Sie stehen in Differenz zueinander, sind „historisch spezifisch, kontingent und beweglich", weil sie mit sozialer Praxis verbunden sind (Gümen 2000a:330). Sie appellieren an kollektives Wissen, das diskursiv erzeugt wird. Auf typische oder als typisch angesehene Eigenschaften wird Bezug genommen. Das geschieht nicht nur durch ausdrückliche Zuordnungen, sondern wird auch durch den jeweiligen Kontext geleistet, in dem eine Aussage gemacht wird (Czyzewsky u.a. 1995b:46). Kategorien werden in interaktiven Situationen wie zum Beispiel einem Interview hergestellt und aktiviert, sind aber gleichzeitig auch gesellschaftlich und historisch tradiert (Gümen 2000a:331) und werden über Diskurse vermittelt.

Da biographische ErzählerInnen auch „HandlungsträgerInnen" sind, bietet mündliches Erzählen die Möglichkeit, das eigene Handeln oder das von anderen zu verarbeiten, zu deuten und zu bewerten. Das Reden über andere und die Abgrenzung von anderen kann zum Beispiel die Funktion haben, ein positives Selbstbild für sich selbst oder bei anderen zu erzeugen (Czyzewsky u.a. 1995a:7). Erzählen ist darum auch eine Form, sich mit negativen Kategorisierungen wie zum Beispiel Stereotypen, Zuschreibungen und diskriminierenden Diskursen auseinanderzusetzen. Stereotypen können so zurückgewiesen werden oder es kann sich damit gegen „erlittenes Unrecht durch diese kategorialen Zuordnungen" nachträglich zur Wehr gesetzt werden. Das ist ein wichtiger Grund, warum das Erzählen bei der Konstitution sozialer Identität eine so wichtige Rolle spielt. Diese Funktionen sind insbesondere bei der narrativen Bearbeitung von ethnischen, nationalen und kulturellen Selbst- und Fremdbildern zu finden (Czyzewsky u.a. 1995b:78).[91]

Unterschiede und gegenseitige Abgrenzungen der ethnischen bzw- kulturellen Markierungen werden im Alltag auf der subjektiven Ebene der Individuen erlebt und verarbeitet. Hier kommen verschiedene Formen der sozialen

---

91 Diese Aspekte sind für die Falldarstellungen der vorliegenden empirischen Studie von Bedeutung. Ein Beispiel ist die Falldarstellung von Mirja Johannsen, weil sich hier nachvollziehen lässt, wie Ethnizität und damit verbundene Kategorisierungen im Kontext und in Geschichten über ‚Andere' thematisiert werden.

Handhabung im Zusammenhang mit den bestehenden Lebensbedingungen zum Ausdruck.

„Zugehörigkeitsgefühle und Grenzziehungsprozesse zwischen Eigen- und Fremdgruppen sind für die Identifikations- und Differenzerfahrungen von Individuen wirksam“ (Gümen 2000a:326).

Anthias (2003:21) schlägt darum vor, „Erzählungen von Zugehörigkeit“ als Alternative zum Begriff der Identität zu wählen und darüber eine Vorstellung der „Positionalität“ eines Subjekts zu entwickeln.[92] Mit „Erzählungen über Zugehörigkeit“ sind hier

„die Behauptungen und Zuschreibungen, die Individuen über ihre Position in der sozialen Ordnung äußern, ihre Ansichten darüber, wohin und zu wem sie gehören und wozu sie nicht gehören“ gemeint. ‚Erzählungen über Zugehörigkeit‘ zeigen auf, wie wir uns selbst in Begriffen von sozialen Kategorien wie Geschlecht, Ethnizität, soziale Klasse verorten. Die Identitätskategorie ist damit nicht unwichtig geworden, sondern Ziel ist es, die Prozesshaftigkeit von Identitätskonstruktionen mit dem Fokus auf Positionierungen durch ‚Erzählungen von Zugehörigkeit‘ mehr in den Blick zu bekommen. Erzählungen können als eine Form sozialen Handelns betrachtet werden, als die aktive Beteiligung an der Konstruktion subjektiver Positionalität (a.a.O:22).

Gleichzeitig wird sowohl bei der Konstruktions- als auch bei der Handlungsperspektive deutlich, wie gesellschaftliche Diskurse hier wirksam werden und subjektkonstituierend sind. Kategorien können sozusagen als Produkt oder Wirkung von unterschiedlichen Diskursen betrachtet werden und die Biographieforschung kann diese diskursiven Machtwirkungen auf die Subjekte dekonstruieren (vgl. Schäfer/Völter 2005:164).

Bei der Analyse von Biographien geht es damit auch um die Rekonstruktion der Beziehung zwischen Individuum und Machtstruktur (vgl. Lutz/Davis 2005:233).

Ich möchte nun an zwei Konzepten, die im Rahmen der Biographieforschung entwickelt wurden, darstellen, wie sich gesellschaftliche Diskurse und die Interdependenzen von Differenz- und Machtkategorien in Biographien widerspiegeln können.

5.2.1 „Doppelperspektivität“ und „Intersektionalität“ als biographische Ressourcen

Neval Gültekin (2003) hat in ihrer biographietheoretischen Studie mit dem Titel „Bildung, Autonomie, Tradition und Migration“, die sie mit jungen Frauen aus der Türkei durchführte, das Konzept der „Doppelperspektivität

92 Das ist insofern kein neuer Gedanke, als das Konzept ‚Biographie’ als eine Alternative zu dem eher statischen und normativen Identitätskonzept eingeordnet wird (vgl. z.B. Fischer-Rosenthal 1995; Rosenthal 1999).

biographischer Prozesse in der Migration“ entwickelt und sieht darin die Grundlage für eine allgemeine Migrationstheorie (a.a.O.158).

Am Beispiel von biographischen Fallanalysen hat sie herausgearbeitet, wie biographische ErzählerInnen gleichzeitig sowohl die Außenperspektive auf ihr Leben, die sich über die dominanten Diskurse zu Migration herstellt, als auch die Innenperspektive, die sich erheblich von der Außenperspektive unterscheiden kann, in der Darstellung ihrer Lebensgeschichte präsentieren (a.a.O.165). Die dominanten gesellschaftlichen Diskurse, die Migration häufig in Begriffen wie Verlust und Defizit definieren, finden sich auch in den biographischen Konstruktionen wieder. Biographische ErzählerInnen sind als AkteurInnen mit diesen Diskursen konfrontiert und setzen sich mit diesen auch in Bezug zu ihrem eigenen Leben auseinander. Daran wird deutlich, wie durch die Art der Präsentation Widerstände gegen diese Zuschreibungen zu identifizieren sind. Das vorgestellte Konzept soll auf die Notwendigkeit verweisen, diese Diskurse in den biographischen Konstruktionen wahrzunehmen und die eigene Forschungsperspektive kritisch zu hinterfragen. Es soll die Möglichkeit eröffnen, Erleiden, aber auch Handlungsfähigkeit, Potentiale und Ressourcen in biographischen Erzählungen zu untersuchen, ohne einer Perspektive eine Priorität zu geben. (vgl. Gültekin/Inowlocki/Lutz 2003). Die hier nur kurz vorgestellte Theorie soll die „Mehrdimensionalität und Doppeldeutigkeit der Prozesse des Lebens in der Migration“ dokumentieren (Gültekin 2003:159) und aufzeigen, über welche Ressourcen die interviewten Frauen verfügen, mit diesen umzugehen (a.a.O.:216). Es handelt sich dabei um die empirische und theoretische Erkenntnis, dass sich innerhalb einer (Migrations-) Biographie unterschiedliche Perspektiven auf das eigene Leben herausarbeiten lassen. Es handelt sich um die individuelle Auseinandersetzung von Migrantinnen mit dominanten Perspektiven und Diskursen in der Präsentation ihrer Lebensgeschichten. Dies ist auch ein zentrales Thema meiner Auswertungsprozesse (vgl. z.B. Mirja Johannsen in Kapitel 7.1.).

In einem Aufsatz von Helma Lutz und Kathy Davis (2005), der sich mit „Intersektionalität als biographischer Ressource“ beschäftigt, geht es um die Analyse eines biographischen Interviews mit einer schwarzen südafrikanischen Anti-Apartheidsaktivistin. Es handelt sich bei der Interviewpartnerin um eine Frau, bei der sich vielfältige politische und soziale Zugehörigkeiten finden lassen. Sie hat sich über die Zugehörigkeit zur Anti-Apartheids-Bewegung an prominenter Stelle intensiv mit Rassismus und den damit verbundenen politischen Kämpfen auseinandergesetzt, aber sie hat ebenfalls ein Institut für Geschlechterforschung gegründet, um hier nur zwei herausragende Aspekte unter vielen anderen zu nennen. Im Interview präsentiert sie sich jedoch primär als Frau, die ihr Leben lang als Feministin gegen Sexismus gekämpft habe und löst damit Erstaunen bei der damaligen Interviewpartnerin aus. Daraus entsteht die Frage, wie diese Präsentation einzuordnen ist (a.a.O.:234f). Auf der Ebene der Analyse ist zunächst wichtig, warum eine bestimmte Kategorie besonders ausgebaut wird, hier die Kategorie „Feministin“, eine andere, die der „Antirassistin“, hingegen nicht. Es würde dabei zu kurz greifen, hier nur auf der Ebene der Präsentation zu bleiben und daraus Prioritäten der Interviewpartnerin abzuleiten (a.a.O:241). Helma Lutz und Kathy Davis kommen vielmehr zu dem Schluss, dass diese Schwerpunktsetzungen auf drei unterschiedlichen Ebenen des Konstruktionsprozesses von Identität zu analysieren sind, und zwar auf der interaktionellen und auf der intersektionellen Ebene und im Kontext von Machtverhältnissen (a.a.O:241ff). Sie wollen in ihrem Aufsatz aufzeigen, dass es sich bei Identitätskonstruktionen immer um intersektionelle Aktivitäten handelt. In der Prozessstruktur der lebensgeschichtlichen Erzählung wird deutlich, wie verschiedene Identitätsaspekte im Prozess biographischer Arbeit interagieren und wie die gegebenen Machtverhältnisse in dieser Selbstpräsentation eingebettet sind (a.a.O:234).

Intersektionalität ist dabei keineswegs nur für die Analyse der Selbstpräsentation der Biographin relevant, sondern auch als Außen- bzw. Rekonstruktionsperspektive für ForscherInnen oder andere. Es entsteht eine „Doppelperspektivität“, die sichtbar gemacht werden muss. Dabei sind die Annahmen der ForscherInnen als Fremdkonstruktionen zu reflektieren. Eine besondere Relevanz hat die Intersektionalität demnach beim Fremdverstehen. Wenn ForscherInnen genau zu wissen meinen, um wen es sich bei einer InterviewpartnerIn handelt, kann die Erzählerin da ganz andere Vorstellungen haben. Die damit verbundenen Konstruktionen sind doppelt zu untersuchen, auf der Ebene der Erzählenden als auch auf der der Analysierenden. Lutz und Davis kommen zu dem Schluss, dass Intersektionalität als eine Ressource zu interpretieren ist, und zwar sowohl für die biographische ErzählerIn im Sinne einer „Selbsttheorie“ als auch für die Forschung (a.a.O:245).

Die beiden Konzepte „Doppelperspektivität“ und „Intersektionalität“ beschreiben zum einen die Spezifik und den Stellenwert individueller Auseinandersetzung mit dominanten Diskursen in Biographien, die häufig nur über den jeweiligen Kontext wahrnehmbar und zu analysieren sind. Weiterhin wird deutlich, auf welche Art und Weise die Auseinandersetzung mit Differenz- und Machtstrukturen innerhalb der biographischen Konstruktionen stattfindet und welche Relevanz dies für den jeweiligen Forschungsansatz hat. Beide Konzepte sind eng mit den Überlegungen in meiner eigenen Arbeit verbunden. Es ist für meine Arbeit von besonderem Interesse, wie sich die Auseinandersetzung bzw. die Thematisierung der Gewalterfahrung bei den interviewten gewaltbetroffenen Migrantinnen voneinander unterscheidet und wie diese Unterschiede zu interpretieren sind (vgl. hierzu Kapitel 8). Das Erstaunen und die Irritation darüber, dass zum Beispiel von gewaltbetroffenen Frauen häusliche Gewalt nicht als ‚Gewalt im Geschlechterverhältnis‘

thematisiert wird, ist hier auch als dominante ‚Fremdkonstruktion' einzuordnen, wie die erlebte Gewalt wahrzunehmen ist.

5.3 Gewalterfahrung und Traumatisierung im biographischen Kontext

Bei Migrantinnen, die häusliche Gewalt erlebt haben, kann davon ausgegangen werden, dass sie möglicherweise vielfältige andere Formen von Gewalt und Unterdrückung auf unterschiedlichen Ebenen in ihrem Leben erfahren haben. Hervorzuheben ist, dass Frauen häusliche Gewalt sehr unterschiedlich erleben können und es trotzdem viele Gemeinsamkeiten im Erleben von häuslicher Gewalt bei Frauen gibt (vgl. Kapitel 3.3.).

Ohne genauer auf die Fachdiskussion zum Traumabegriff (vgl. z.B. Herman 1994) eingehen zu wollen, lässt sich festhalten, dass Gewalterfahrungen traumatisieren können, aber nicht müssen. Es können Symptome auftreten, die als posttraumatische Belastungssymptome einzuordnen sind. Eine Standardisierung der Einordnung von Symptomen kann durchaus wichtig sein, um Diagnosen vereinheitlichen zu können. Ein Nachteil ist jedoch darin zu sehen, dass der Kontext und die subjektive Bedeutung der Erfahrung nicht sichtbar werden (Hagemann-White/Helfferich 2002:261). Die subjektive Bedeutung, die vorhandenen Ressourcen und die daraus resultierenden Bewältigungsstrategien sind jedoch bedeutsam, um einschätzen zu können, welche Perspektiven auf die Gewalterfahrung im biographischen Kontext eingenommen werden.

Es wird davon ausgegangen, dass posttraumatische Belastungsstörungen in allen kulturellen Kontexten auftreten, sich allerdings in den Symptomen unterscheiden können (Bräutigam 2000:19f). Die Definition des Traumas wurde in der neueren Traumaforschung erweitert. Während in der Vergangenheit insbesondere das kindliche Trauma als besonders schwerwiegend in seinen Folgen betrachtet wurde und auch die teilweise traumatisierende Wirkung anderer einmaliger gravierender Lebensereignisse (wie z.B. Tod von Angehörigen, Erkrankungen, Geburt) festgestellt wurde, ist nun belegt, dass auch aufeinanderfolgende Ereignisse oder anhaltende belastende Situationen, wie zum Beispiel Krieg oder politische Verfolgung, traumatische Auswirkungen haben können (vgl. Bräutigam 2000:15).

Manchmal handelt es sich dabei um subtil wahrnehmbare, Formen der Interaktion zwischen Menschen, die traumatisierend wirken können. Wenn es sich dabei um Erfahrungen im familiären Kontext handelt, sind diese chronischen Muster häufig nur noch über Erinnerungen an Stimmungen und Atmosphäre und Umgangsformen in der Familie rekonstruierbar. In ihren Folgen können sie Entwicklungsprozesse stärker beeinflussen als klar abgrenzbare dramatische Vorfälle (vgl. Bräutigam 2000:33). Jedoch ist das Auftreten traumatischer Erfahrungen eben nicht nur auf das familiäre Umfeld zu beschränken. Hier ist zum Beispiel an Erfahrungen mit Rassismus (vgl. Mecheril 1997) und andere Erfahrungen mit Diskriminierung und Stigmatisierung zu denken. In den letzten Jahren wird auch dem Entstehungszusammenhang von Traumata in Verbindung mit Migration, Flucht und Krieg mehr fachliche Aufmerksamkeit entgegengebracht (Bräutigam 2000:9). Grundsätzlich lässt sich feststellen, dass kein Mensch, auch wenn er psychisch stabil ist, davor geschützt ist, durch Ereignisse oder Erfahrungen in seiner physischen oder psychischen Integrität verletzt oder auch traumatisiert zu werden. Jedoch sind die Reaktionen aufgrund der unterschiedlichen biographischen Vorerfahrungen kaum berechenbar und werden individuell unterschiedlich ausfallen (Bräutigam 2000:14).

Es handelt sich dabei um eine Dialektik von Innen- und Außenperspektive, die sich nicht auflösen lässt, sondern in ihrem Zusammenhang zu untersuchen ist.

Um traumatische Erfahrungen von Migrantinnen, die häusliche Gewalt erlebt haben, wahrnehmen und einordnen zu können, bedarf es einer Kontextualisierung. Zugrunde gelegt werden muss ein ganzheitlicher Traumabegriff, der den gesamten Lebenszusammenhang eines Menschen integrieren kann.

Bei Biographien von gewaltbetroffenen Migrantinnen, stellt sich die Frage, wie die belastenden oder traumatischen Erfahrungen in den biographischen Konstruktionen zum Ausdruck kommen? Wie lassen sich diese Erfahrungen in biographischen Interviews rekonstruieren? Welcher Zusammenhang lässt sich zwischen Wahrnehmung, Erinnerung und biographischer Konstruktion von belastenden Situationen herstellen und welche Bedeutung haben diese für Bewältigungsprozesse?

5.3.1 Erinnerung und biographische Konstruktion

Gabriele Rosenthal, die sich im Rahmen der Biographieforschung intensiv mit diesen grundsätzlichen theoretischen Fragen beschäftigt hat, betont ebenfalls den Stellenwert einer Kontextualisierung der Erfahrung. Sie weist daraufhin, dass die Form der Wahrnehmung nicht von der vermeintlichen Intensität der Erfahrung abhängt, sondern vielmehr davon, welche Bedeutung das Wahrzunehmende aus einer lebensgeschichtlichen Perspektive heraus für den Wahrnehmenden hat (Rosenthal 1995:48).

‚Um mich an etwas zu erinnern oder um etwas aus der Erinnerung Auftauchendes überhaupt wahrzunehmen, bedarf es einer Zuwendung, die aus meiner gegenwärtigen Situation mit meinem gegenwärtigen Relevanzsystem und Interesse entsprang. Ich benötige einen Erinnerungsrahmen oder, anders formuliert, eine Kontextualisierung der Erinnerung‘ (Rosenthal 1995:85).

In mehreren Untersuchungen wurde festgestellt, dass man sich am besten an Situationen erinnern kann, die mit dem gegenwärtigen emotionalen Erleben übereinstimmen (a.a.O:74).

Das heißt jedoch nicht, dass es sich dabei um Situationen handeln muss, die von außen betrachtet vergleichbar sind, zum Beispiel, dass die Gewalterfahrung, die ich aktuell durch meinen Ehemann erlebe, mit der Gewaltbeziehung zu einem früheren Partner in Verbindung gebracht werden muss. Vielmehr werden Erfahrungen, die ich jetzt mache, möglicherweise mit ganz anderen Erlebnissen verknüpft und assoziiert (a.a.O:75), die für mich in ihrem Sinn- oder Bedeutungsgehalt vergleichbar sind.

Es zeigt sich weiterhin, dass dann, wenn bestimmte Situationen immer wieder erlebt werden, sich die Erinnerungen zu einem Gesamtbild verdichten und eine Erinnerung an eine einzelne Situation erschwert wird (a.a.O:79). Dies kann auch Frauen betreffen, die über einen längeren Zeitraum in ihrem Alltag häuslicher Gewalt ausgesetzt waren.[93] Es kann sich so verhalten, dass Erinnerungen an Situationen, in denen es zu „Handlungsblockierungen" kommt, eher abrufbar sind als routinisierte Abläufe. Bei sich wiederholenden traumatischen Situationen, z.B. Bombenangriffen, wird dann auch meistens die erste Situation, in der es zu einer plötzlichen Veränderung kam, erinnert (ebd.).

Der Erzählprozess selbst ist ein Bestandteil des Erinnerungsprozesses. Er verweist auf Brüche und kann Erinnerungen hervorrufen, die bisher nicht zugänglich waren. Er kann dazu motivieren, nach weiteren Erinnerungen zu suchen und diese zu rekonstruieren (a.a.O:88). Dieser Prozess kann auch durch die sogenannten „Zugzwänge des Erzählens" (Schütze 1976) bei der Durchführung biographisch-narrativer Interviews unterstützt werden. Es ist dadurch möglich, dass in Erzählungen Erinnerungen oder Schilderungen von Handlungen auftauchen, die dem bewussten oder unbewussten Präsentationsinteresse der biographischen ErzählerIn im Interview entgegenstehen. Rosenthal kommentiert dies folgendermaßen:

> „Lassen wir uns auf einen Erinnerungsprozess ein, können wir eben mit unserer Vergangenheit nicht machen was wir wollen, wir können keine Geschichten erfinden" (Rosenthal 1995:93).

Dies heißt jedoch nicht, dass die präsentierte Erzählung wiederum mit der Erinnerung übereinstimmen muss. Es wird durchaus nicht alles erzählt, was erinnert wird. Es werden Erlebnisse und Erfahrungen in der Erzählung ausgelassen (a.a.O.:90f). Außerdem setzt sich die Erzählung auch aus Teilen zusammen, die nicht unmittelbar zur Erinnerung an das Erlebnis gehören. Es

93 In der Falldarstellung von Nihad Amin, die von ihrem Ehemann über einen längeren Zeitraum schwer misshandelt wurde, entsteht der Eindruck eines kontinuierlichen ‚Zustands', in dem die Gewalt stattfindet, dessen Anfang und Ende nicht mehr genau oder nur sehr ungenau zu erfassen ist.

werden also zusätzliche Aspekte eingefügt. Es kann sich dabei um Argumentationen handeln, die als Legitimations- oder Plausibilitätsnachweise angeführt werden. Aber es kann sich auch um Fremderzählungen handeln, die sich auf Erzählungen von anderen und deren Perspektive beziehen oder um „Hintergrundskonstruktionen", die einen konkreten Rahmen für eine Erzählung vorgeben (a.a.O.:90f). Festzuhalten ist, dass die Gegenwartsperspektive die Erinnerungen und damit den Blick auf die Vergangenheit rekonstruiert. Erinnerungen verändern sich und sind keinesfalls statisch. Aber sie sind auch nicht beliebig, sondern stehen immer im Zusammenhang mit Anteilen, die Teil des Erlebnisses waren. Nicht das Erlebnis verändert sich, sondern seine Interpretation (a.a.O.:95).

5.3.2 Belastende Erfahrungen und biographische Konstruktion

Biographische Selbstpräsentationen orientieren sich stärker an Erlebnissen, die bewältigt und eingeordnet werden müssen, und nicht an den alltäglichen Vorgängen und Routinen. Bei besonders belastenden Erfahrungen ist es jedoch häufig so, dass der Erzählprozess selbst blockiert ist (Rosenthal 1995:119f).

Um eine Lebensgeschichte präsentieren zu können, müssen bestimmte lebensgeschichtliche Voraussetzungen gegeben sein (a.a.O.:99). Rosenthal stellt fest, dass man bei Erwachsenen in der Regel davon ausgehen kann, dass der Gestaltprozess während des Erzählens keiner weiteren Anstrengungen und Konstruktionsleistungen bedarf.

> „Blickt der Autobiograph jedoch auf ein extrem fragmentiertes, zerrissenes und verwirrendes Leben zurück, wurde er durch Lebensereignisse nachhaltig traumatisiert, so sind einige Anstrengung und Konstruktionsleistung vonnöten, damit sich ihm die erlebte Lebensgeschichte insgesamt – und nicht nur einzelne Lebensphasen – als gestaltet darbieten kann" (Rosenthal 1995:120).

Das führt auch dazu, dass Situationen, die im Erleben als Extremsituationen einzuordnen sind, sich als nicht-erzählbar erweisen (a.a.O.:120; vgl. Loch 2002). Die Schwierigkeit, über belastende, traumatische oder schmerzliche Erfahrungen zu sprechen, führt häufig dazu, dass der Erzählfluss von argumentativen Sequenzen über den Hintergrund der Erfahrung unterbrochen wird. Ein Interview, das sich in dieser Form „puzzleförmig" zusammensetzt, kann auf vergangene oder gegenwärtige Probleme im Leben der ErzählerIn verweisen (Gültekin/ Inowlocki/ Lutz 2003:2).

Es gibt jedoch auch andere Hintergründe dafür, dass lebensgeschichtliches Erzählen zum Problem wird. Am Beispiel von Patienten in der Psychiatrie zeigt Gerhard Riemann (1987), wie ihnen die eigene Biographie gerade dadurch fremd werden kann, dass Experten die Definitionsgewalt über ihre Lebensgeschichte übernehmen. Das „Fremdwerden der eigenen Biographie" kann dazu führen, dass der „narrative“ Bezug zur eigenen Lebensgeschichte durch die institutionelle Fremdbestimmung vorübergehend oder auf Dauer verloren geht.

Jedoch können auch soziale Stigmatisierungserfahrungen zur Folge haben, dass Menschen nicht erzählen können, weil sie befürchten, dass ihre eigene Lebensgeschichte nicht bestimmten normativen Vorstellungen und Erwartungen entspricht. Dabei kann es sich um eine allgemeine Einschätzung darüber handeln, wie das eigene Leben in den Augen anderer gesehen werden könnte. Es kann sich aber auch auf die konkrete Interaktion im Interview auswirken, wenn InterviewpartnerInnen soziale Ablehnung wahrnehmen (Rosenthal 1995:114). Inbesondere dann, wenn es eine große Diskrepanz zwischen dem bewussten oder unbewussten Präsentationsinteresse und den Erlebnissen in der eigenen Lebensgeschichte gibt, wird dies zum Konflikt in der Erzählsituation. ErzählerInnen unternehmen teilweise große Anstrengungen, Erzählungen zu unterdrücken und diese durch Argumentationen aufzufüllen oder durch Auslassungen zu vermeiden (a.a.O.:120).

5.3.3 Narrative Konstruktionen als Bewältigungsstrategien

Wenn Erlebnisse nicht erzählbar sind, kann das zur Folge haben, dass die Betroffenen im Erlebten verhaftet bleiben und sich nicht von ihm distanzieren können. Die Fähigkeit zur Unterscheidung zwischen Vergangenheit und Gegenwart kann dadurch beeinträchtig sein (Rosenthal 1995:172).

Das Nicht-erzählen-können von belastenden Erfahrungen in der eigenen Lebensgeschichte kann auch negative Auswirkungen für das Leben nachfolgender Generationen haben, wie Mehrgenerationenstudien (Rosenthal 1997) und familientherapeutische Ansätze (vgl. z.B. Imber-Black 1995) belegen.

Es kann davon ausgegangen werden, dass biographische Selbstpräsentationen mit den Erzählungen biographischer Erlebnisse sowie theoretischen Kommentaren über den eigenen Lebensweg zur Herstellung von Konsistenz oder Kontinuität dienen. Das dient der Selbstvergewisserung und kann der Heilung von problematischem Erleben dienen (Rosenthal 1995:133). Es handelt sich also bei der Herstellung von Kontinuität um eine wichtige Bewältigungsstrategie im Umgang mit traumatischen Erfahrungen (Rosenthal z.B. 1995, 1999, 2005).

Deswegen hat der biographische Ansatz zum Beispiel auch in der Sozialarbeit eine wichtige Bedeutung, weil davon ausgegangen werden kann, dass das Erzählen der Lebensgeschichte einen Lernprozess initieren kann, der zu einer Entlastung in schwierigen Lebenslagen führen kann (vgl. Rosenthal 1995:102). Nach Rosenthal (2005) kann das

> „Erleben einer (...) traumatischen Durchbrechung gelebter Kontinuitäten und die mit Traumatisierungen einhergehende Erschütterung der Gewissheit der Zugehörigkeit zur

Menschheit" zum Versuch führen „dies durch ein Gefühl der Zugehörigkeit zu einem Kollektiv oder einer Wir-Gruppe und durch die Wiederherstellung von Kontinuitäten zu ‚heilen'. Der kontrastive Vergleich mit anderen Biographien von verfolgten und traumatisierten Menschen (...) zeigt, dass das Bemühen, Kontinuitäten herzustellen, sowohl im beruflichen, familialen oder sprachlichen Bereich oder in dem einer nationalen, ethnischen oder religiösen Zugehörigkeitsdefinition erfolgen kann" (a.a.O.:60).

Dies ist plausibel, wenn man berücksichtigt, dass Herman (1993) das ‚Herausfallen aus der Normalität' und das ‚Gefühl der Nichtzugehörigkeit' als zentrale Elemente des Traumas herausgearbeitet hat. Also ist es denkbar, dass die Suche nach Normalität und Zugehörigkeit Strategien sind, mit traumatischen Erfahrungen umzugehen.

Erzählen kann eine Form der Bewältigung von Erfahrungen und Ereignissen leisten. Das Erzählen- von Erlebnissen kann mehrere positive Effekte haben. So kann es eine kathartische Wirkung haben, wenn durch das Erzählen die emotionale Belastung partiell an empathische Zuhörende abgegeben werden kann. Außerdem kann die traumatische Erfahrung, die häufig von Betroffenen als außerhalb der Realität befindlich wahrgenommen wird, durch die sprachliche Artikulierung realer und fassbarer werden (Rosenthal 1995:174; Lucius-Hoene/Deppermann 2002:74).

Biographische Konstruktionen können die traumatischen und belastenden Inhalte in eine Form bringen, so dass sie wieder Sinn, Kontinuität und eine Zukunft vermitteln. Diese Bewältigungsleistungen finden auf unterschiedlichen Ebenen statt und sind darüber textanalytisch zugänglich zu machen. Jedoch ist gleichzeitig zu bedenken, dass Menschen, die traumatisierende oder sehr belastende Erfahrungen erlebt haben, sich in einem Spannungsfeld widersprechender Bedürfnisse befinden können. Einerseits besteht das Bedürfnis über die Erlebnisse zu sprechen, und andererseits kann das Sprechen darüber mit einem „Erzählwiderstand belegt" sein (vgl. Loch 2002:235).

Der „rote Faden" des eigenen Lebens kann durch die Aufforderung zur linearen Darstellung wieder gefunden werden. Die Erfahrungen können wieder in ein Verhältnis gebracht werden, indem die Erfahrungen aus einer anderen Perspektive betrachtet und in einer weniger traumatischen Version der Wirklichkeit transformiert werden. Die Einbettung in gesellschaftspolitische Perspektiven ermöglicht es, eine „überindividuelle" Sichtweise und eine heilsame Distanz zu den emotional belastenden Erfahrungen einzunehmen und die eigene Geschichte in kollektiven Strukturen zu verorten (vgl. Lucius-Hoene/Deppermann 2002:74).

Biographisches Erzählen ist also eine Form der Bewältigung und Bearbeitung von belastenden und traumatischen Ereignissen. Durch den Prozess des Erzählens können Erinnerungen an die aktuelle Lebenssituation angepasst werden und damit konstruktiv für das eigene Selbstkonzept wirken. Dies hat auch eine wichtige soziale Funktion. Durch das Erzählen werden soziale Beziehungen stabilisiert und die eigene Geschichte mit dem sozialen und kulturellen Kontext verbunden (Lucius-Hoene/ Deppermann 2002:30). Monika Büttner (1997) hat in einer biographietheoretischen Studie Bewältigungsstrategien von vier ehemaligen Frauenhausbewohnerinnen (keine Migrantinnen) herausgearbeitet. Sie stellt dort fest, dass es zur Krisenbewältigung „kognitiver Umdeutungsprozesse des Geschehenen und einer Neubewertung des Vergangenen" bedarf (Büttner 1997:272). Bei diesen Prozessen der „Umdeutung und Bilanzierung" der Erlebnisse beziehen sich die Frauen auf Erinnerungen aus Lebensphasen vor der Gewalterfahrung. In diesem Zusammenhang werden auch familiäre Beziehungen und andere soziale Beziehungen neubewertet und mit neuen Bedeutungen ausgestattet (a.a.O.:273).

6 Eigener Forschungsansatz – der empirische Zugang

Nach der Reflektion des Forschungsgegenstandes aus biographietheoretischer Perspektive sollen nun die methodologischen Grundlagen der vorliegenden Untersuchung und das konkrete methodische Vorgehen dargestellt werden.

6.1 Methodologische Grundlagen der Untersuchung

Die vorliegende biographietheoretische Studie, ist vom Forschungsansatz in der qualitativen bzw. der interpretativen Sozialforschung zu verorten.

Nach Christa Hoffmann-Riem (1980:343) lassen sich das „Prinzip der Offenheit“ und das „Prinzip der Kommunikation“ als zwei grundlegende Prinzipien des Datengewinns in der interpretativen Sozialforschung formulieren, die das „Wechselspiel zwischen Theorie und Empirie“ bestimmen.

> „Das Prinzip der Offenheit besagt, dass die theoretische Strukturierung des Forschungsgegenstandes zurückgestellt wird, bis sich die Strukturierung des Forschungsgegenstandes durch die Forschungssubjekte herausgebildet hat“ (Hoffmann-Riem 1980:343).

Sozialforschung soll nicht nur zur Hypothesenüberprüfung, sondern auch zur Hypothesenentwicklung beitragen. Dies soll einem Vorgehen in der Sozialforschung entgegensteuern, in dem Hypothesenbildung in erster Linie im Rückgriff auf existierende theoretische Konzepte und nicht aus der Analyse der erhobenen Daten entsteht. Interpretative Sozialforschung setzt hier an, um

> „die immer schon bestehenden Hintergrundserwartungen des Forschers zu thematisieren und sie nicht unkontrolliert als Interpretationsrahmen für empirische Erscheinungen fungieren zu lassen“ (a.a.O:345).

In der vorliegenden empirischen Arbeit handelt es sich bei der theoretischen und der empirischen Analyse nicht um getrennte Phasen. Die Theoriebildung wird als ein Prozess verstanden und dieses Vorgehen orientiert sich an der „Grounded Theory“ von Glaser und Strauss (1967). Ich komme darauf im Zusammenhang mit der Bildung des theoretischen Samples noch zurück.

Das „Prinzip der Kommunikation“ bezieht sich auf die grundlegende Erkenntnis, dass es sich bei dem Prozess der Datengewinnung, um einen kommunikativen Vorgang zwischen ForscherIn und ‚Forschungssubjekt‘ handelt. Dies ist ein grundlegendes Prinzip interpretativer Sozialforschung, weil es den *Konstitutionscharakter* der Datengewinnung im Forschungsprozess betont. Es geht darum, etwas über Konstruktionen gesellschaftlicher Wirklichkeit zu erfahren und dazu werden methodische Instrumentarien benötigt, die das „kommunikative Regelsystem“ der Befragten berücksichtigen (vgl. Hoffmann-Riem 1980:346f).

Im Rahmen der Biographieforschung ist das narrative Interview nach Fritz Schütze (1983) eine häufig gewählte Methode der Datengewinnung, weil sie den methodologischen Anforderungen am konsequentesten nachkommt. Diese Methode der Datengewinnung wurde auch in dieser Studie angewandt. Mit dem narrativen Interview soll erreicht werden, dass das Interview nicht einfach in einem vorstrukturierten Frage- und Antwort-Schema abläuft, sondern durch eine formulierte Eingangsfrage eine selbststrukturierte Erzählung der eigenen Lebensgeschichte bei den InterviewpartnerInnen hervorgebracht und aufrechterhalten werden kann.

Das Interview teilt sich im Vorgehen in drei Teile. Nach einer offen formulierten erzählgenerierenden Eingangsfrage nach der Lebensgeschichte wird der InterviewpartnerIn Raum und Zeit zur Erinnerung und Darstellung der biographischen Erzählung gegeben. Diese auf die Eingangsfrage folgende Haupterzählung bildet das Kernstück des Interviews. Es folgen in einem zweiten Teil des Interviews erzählinterne Fragen, die sich an der Chronologie und dem Aufbau der „Haupterzählung“ orientieren. In einem dritten Teil können dann weitere erzählexterne Nachfragen gestellt werden (vgl. Rosenthal 1995:121).

6.1.1 Qualitative Forschung im interkulturellen Kontext

Ausgehend von allgemeinen methodologischen Überlegungen zu qualitativer Forschung im interkulturellen Kontext hat Michael Bommes (1994) die vielfach praktizierte Festschreibung von „Ethnizität“ und „Kultur“ in der bundesdeutschen Migrationsforschung mit qualitativen Methoden an Beispielen aus den Bereichen Frauen- und Migrationsforschung dargestellt. Ein Standard, der demzufolge für den Forschungsprozesses formuliert werden kann, ist das Prinzip der *Kontextualisierung* der erhobenen Daten und ihrer Interpretationen. Sowohl der Frauenforschung als auch der Migrationsforschung gegenüber wird eine Tendenz kritisiert, die zur Dekontextualisierung neigt und nicht die kulturellen und sozialen Unterschiede reflektiert (Lenz 1996:208).

Michael Bommes weist darauf hin, dass im interkulturellen Forschungskontext in offenen Verfahren das Verständnis von Fragen, Begriffen und Problemen erst erschlossen werden muss. Die Beforschten müssen die Gelegenheit bekommen, ihre Vorstellungen und Interpretationen zur Geltung zu bringen. Die sozialen Erzeugungsbedingungen sind systematisch einzubeziehen. Bommes verweist hier beispielsweise auf Verfahren wie die Biographieforschung und die strukturale Hermeneutik, die vorsehen, dass der Text nicht ohne den Entstehungskontext analysiert und interpretiert werden kann. Es kann erst dann von sozialwissenschaftlichen Daten gesprochen werden, wenn das Problem des Verstehens methodologisch begründet und in der Durchführung methodisch nachvollziehbar und plausibel auf einen theoretischen Rahmen bezogen werden kann (a.a.O.:207f).

Eine weitere grundlegende Anforderung an ForscherInnen, die Angehörige der Mehrheitsgesellschaft sind, ist es, eine multiperspektivische Haltung im Forschungsprozess einzunehmen. Ilse Lenz spricht in diesem Zusammenhang von einer „kontrastiven Selbstreflexion“. Sie beschreibt dies folgendermaßen:

> „Bei der Untersuchung, der Nachzeichnung und der vergleichenden begrifflichen Erfassung der anderen Gesellschaft ist ein Hinterfragen und eine Reflexion des eigenen zugrundeliegenden Selbstverständnisses unerlässlich. Die eigenen sozialen Strukturen, ihre Veränderungen und vor allem die möglichen Optionen gewinnen andere Umrisse, sie treten schärfer hervor im reflektierten Kontrast; und das Verstehen des Fernen setzt Verständnis für die eigene Geschichte und Identität frei“ (Lenz 1995:25).

Ich greife diese methodologischen Diskussionen hier auf, weil ich denke, dass sie im Auswertungsprozess der vorliegenden Arbeit zentral sind. Zusammenfassend lässt sich feststellen, dass die hier gewählte Forschungsmethode in vielen Punkten den formulierten Kriterien für Forschung im interkulturellen Bereich nachkommt.

Im Folgenden soll der dieser Studie zugrunde liegende Forschungsprozess dargestellt und nachvollziehbar gemacht werden.

6.2 Darstellung des Forschungsprozesses

In meiner Rolle als Interviewerin gab es spezifische forschungsethische und –praktische Aspekte vor und während der Erhebungsphase zu reflektieren und zu klären.

6.2.1 Forschungskontext Frauenhaus

Hintergrund für die Durchführung des Forschungsvorhabens waren, wie ich in der Einleitung bereits ausgeführt habe, meine Erfahrungen als Sozialarbeiterin in einem Frauenhaus, in dem die meisten Bewohnerinnen Migrantinnen waren. Das Untersuchungsfeld war mir dadurch gut bekannt. In der Beratungsarbeit spielten ‚Lebensgeschichten‘ immer eine zentrale Rolle. Zur Klärung aufenthaltsrechtlicher Probleme war es oft eine Voraussetzung, Lebensgeschichten gemeinsam mit Bewohnerinnen zu rekonstruieren, um RechtsanwältInnen argumentativ zuzuarbeiten oder als zuständige Frauenhausmitarbeiterin die Interessen von Bewohnerinnen, beispielsweise vor der Härtefallkommission oder gegenüber anderen Institutionen zu vertreten. Dabei handelte es sich häufig um die Situation vor der Migration, die genauen Umstände der Migration und die Bedingungen, unter denen die Frauen in Deutschland gelebt hatten. Es ging also um eine Kontextualisierung der Gewaltsituation und darum, das Spezifische und Einzigartige dieser Lebensgeschichte sichtbar zu machen. Allerdings war dies gleichzeitig eine sehr funktionale und selektive Fokussierung auf bestimmte Themen und Bereiche.

Erschwerend für den Forschungsprozess waren Probleme, die explizit mit dem Untersuchungsfeld Frauenhaus verbunden sind. Zunächst ist festzuhalten, dass der Frauenhausaufenthalt für betroffene Frauen eine Krisensituation ist. Die Frauen leben im Frauenhaus in einem Ausnahmezustand, unabhängig davon, wie lange sie sich bereits dort aufhalten. Das bedeutet, dass Verbindlichkeiten nur eingeschränkt möglich sind, insbesondere dann, wenn man die Frauen nicht persönlich kennt. Die Frauen bekommen zum Beispiel plötzlich einen Job oder eine Wohnung, gehen in eine andere Stadt, bekommen einen Aufenthaltsstatus oder müssen wegen Regelverletzungen aus dem Frauenhaus ausziehen. Es gibt also sehr viele Gründe, warum es plötzlich nicht mehr möglich ist, ein Interview durchzuführen. Dazu kommt, dass oft 2-3 Termine für die Durchführung des Interviews notwendig sind.

Zentral war im Forschungsprozess die Frage nach dem Umgang mit Anonymität. Für die Bewohnerinnen eines Frauenhauses ist die Anonymität aufgrund der Gefährdungssituation ein besonders wichtiges Thema. Viele der Frauen, mit denen ich Interviews durchführen wollte, hatten zudem einen ungeklärten Aufenthaltsstatus und waren darum besonders vorsichtig in der Weitergabe von Informationen. Die meisten der angesprochenen Frauen wollten das Interview jedoch trotz aller grundsätzlichen Bedenken gerne durchführen.

Die Interviewsituation haben viele Frauen im Nachhinein als positiv und entlastend bewertet, wie sie mir und anderen mitteilten. Sie hatten dadurch die Gelegenheit, in einem zeitlich nicht begrenzten Rahmen und ohne die Vorgaben eines Beratungszusammenhangs die eigene Lebenssituation zu reflektieren.

Mein Zugang zu den Frauen stellte sich über das Frauenhaus als institutionellen Ort her und dies ist auch bei der Auswertung der Interviews zu berücksichtigen ist. Als Interviewerin gehöre ich in den Kontext Frauenhaus. Zudem bin ich auch Angehörige der Mehrheitsgesellschaft und damit in einer weiteren Differenzposition, die in jedem Fall strukturell Dominanz repräsentiert. Diese Perspektive ist von Bedeutung, weil sie auf die Interaktion und den Verlauf des Interviews Einfluss hat.[94] In den Interviews geht es um das

94 Besonders deutlich wurde die Bedeutung dieses Verhältnisses bei dem Interview mit Mirja Johannsen (Kap. 7.1.). Hier ist diese Ebene insbesondere bei den Eingangserzählungen zu berücksichtigen, wo die Gewalterfahrung sehr eindeutig in einen ethnisierenden Kontext

bisherige Leben und an diesem Punkt spielt es eine Rolle, welche Erfahrungen von Diskriminierung es mit dieser Gesellschaft gibt und wie die Interviewerin in diesem Kontext einzuordnen ist.

Verstärkt wird die Differenz im Forschungsprozess zwischen Forscherin und Interviewpartnerin dadurch, dass die Interviews in Deutsch, der Sprache der Mehrheitsgesellschaft, durchgeführt werden. Die interviewten Frauen können sich bei einem emotional belastenden Thema nicht in ihrer Muttersprache artikulieren. Das ist ein grundsätzliches Problem. Ich habe mich aus unterschiedlichen Gründen trotz dieser grundsätzlichen Bedenken entschieden, die Interviews auf Deutsch durchzuführen. Zunächst einmal hätte ich alle Interviews mit einer Dolmetscherin durchführen müssen und hätte dann zwar inhaltliche Aussagen gehabt, jedoch hätte ich mit diesem Material keine Textanalysen durchführen können.[95] Die Interviews hätten auch von einer muttersprachlichen Interviewerin durchgeführt und anschließend transkribiert und übersetzt werden können. Dann wäre eine Textanalyse möglich gewesen. Dies wäre jedoch sehr aufwändig geworden und ich hätte mich aus forschungspragmatischen Gründen auf wenige Sprachen beschränken müssen. Die Interviewpartnerinnen mussten sich für die Interviews in der Lage fühlen, ihre Gedanken, Gefühle und Erinnerungen auf Deutsch auszudrücken. Hier spiegelt sich auch die Realität des Forschungskontextes Frauenhaus wider. So wichtig und notwendig es ist, dass Beratung in der Muttersprache stattfinden kann, ist Deutsch die Alltagssprache im Frauenhaus: Viele Frauen erwerben im Frauenhaus sehr schnell sprachliche Kompetenzen in Deutsch, weil sie mit anderen Bewohnerinnen und Mitarbeiterinnen kommunizieren wollen und müssen. Diese Kommunikation und die Differenziertheit im sprachlichen Ausdruck, ohne Kenntnisse formaler grammatikalischer Strukturen, gelingen vielen Frauen sehr schnell. Die Interviewsituation ist eine kommunikative Situation und gegenseitiges Verstehen ist ein intersubjektiver Prozess, der sich nicht nur dadurch auszeichnet, dass begriffliche Kategorien

---

gestellt wird, das heißt, dass die Ebene der Diskriminierung hier zentral ist. Jedoch zeigt sich sowohl bei Mirja Johannsen als auch bei anderen Interviewpartnerinnen, dass sich dieses Verhältnis zwischen Interviewpartnerin und Interviewerin besonders deutlich in der Eingangserzählung herausbildet, aber im weiteren Verlauf des Interviews relativiert bzw. nicht mehr so eindeutig wahrnehmbar ist.

95 Ich habe diese Variante bei einem Interview gewählt (vgl. Ayla Deligöz in der Anlage Gesamtsample). Frau Deligöz wollte das Interview unbedingt durchführen, benötigte jedoch eine Übersetzung. Wir führten es daraufhin mit einer Dolmetscherin durch. Das Interview dauert durch die unmittelbare Übersetzung doppelt solange wie ein Interview ohne Übersetzung. Eine Studentin übersetzte das Interview anschließend schriftlich zusammenfassend von Türkisch auf Deutsch. Die Studentin teilte mir jedoch mit, dass die Dolmetscherin an vielen Stellen die Aussagen der Interviewpartnerin durch eigene Interpretationen ergänzt hatte und wichtige Aussagen der Interviewpartnerin dadurch verzerrt wurden. Dies ließ sich also durch die Kontrollübersetzung noch korrigieren, weist aber auf allgemeine Probleme des Dolmetschens hin, die sich nicht nur im wissenschaftlichen Bereich als problematisch erweisen.

übereinstimmen. Um die Bedeutung von Aussagen einordnen und interpretieren zu können, muss der sprachliche und situative Kontext herangezogen werden (vgl. hier Frischherz 1997:230ff)[96]. Insbesondere im Prozess der Auswertung nach Rosenthal (1995) sehe ich das sequentielle Vorgehen und die Betrachtung des Interviews in seiner Gesamtstruktur und Gestalt als ein methodisches Vorgehen, durch das sprachliche Äußerungen in einem größeren Zusammenhang stehen und damit der sprachliche und situative Kontext berücksichtigt werden kann.

Für die Interaktion im Interview stellte es sich als zentral heraus, dass die Haltung der Interviewerin aufmerksam, konzentriert und empathisch ist. Von Vorteil war es, dass es bei den meisten Interviews mindestens zwei Termine gab und im Verlauf des Interviews durch eine gelungene Kommunikation die Bereitschaft entstehen konnte, beim nächsten Termin über schwierigere Erfahrungen und Gefühlslagen zu sprechen. Durch die Wahl des biographisch-narrativen Interviews als Erhebungsmethode war die Abgrenzung zur Beratungssituation gegeben. Die Frauen hatten durch die offen formulierte Eingangsfrage im Gegensatz zur Beratungssituation, in der es oft darum geht ‚Fakten' abzuklären, viel Raum ihre Perspektive zu präsentieren.

Trotz aller Schwierigkeiten war ich insgesamt positiv überrascht, wie verbindlich die Frauen die Interviews wahrgenommen haben, wenn sie sich erst einmal dafür entschieden hatten.

6.2.2 Erhebungs- und Auswertungsphase

Im Zeitraum von 1999-2004 wurden insgesamt 15 Interviews mit Migrantinnen durchgeführt, die aufgrund psychischer und/oder physischer Gewalterfahrungen in ein Frauenhaus gegangen waren. Kriterien für die Auswahl der Interviewpartnerinnen waren der Migrationshintergrund und der Aufenthalt im Frauenhaus und nicht das Ausmaß und der Kontext der Gewalterfahrung. Innerhalb des Samples sind sowohl Frauen, die Gewalt in einer Beziehung mit einem Partner aus dem eigenen Herkunftskontext erlebt haben, als auch Frauen, die Gewalt in der Beziehung mit einem Partner deutscher oder anderer Herkunft erlebt haben. Diese Konstellationen wurden bei den Fallrekonstruktionen herausgearbeitet, bestimmten jedoch nicht die Zusammensetzung des Samples oder die Auswahl der Einzelfälle. Die Interviews dauerten in der Regel ca. 3-6 Stunden und es gab meistens mindestens zwei Termine. 14

96 Bruno Frischherz hat eine diskursanalytische Studie zum Zweitspracherwerb türkischer und kurdischer Asylbewerber in der Deutschschweiz durchgeführt und ist hier folgenden Fragen nachgegangen:
- welche Fähigkeiten besitzen Asylbewerber, um am Aufbau und an der Steuerung eines Gesprächs mitzuwirken?
- welche Techniken wenden Asylbewerber an, um Probleme im Gespräch zu lösen, die sich aus den eingeschränkten Sprachkenntnissen ergeben? (a.a.O.:13).

Frauen haben eine eigene Migrationserfahrung. Bei einer Frau haben die Eltern einen Migrationshintergrund. Die Frauen des Samples sind zwischen 21 und 50 Jahre alt und haben unterschiedliche Herkunftskontexte.[97] Die Auswahl der Interviewpartnerinnen erfolgte nicht nach Zugehörigkeitskriterien wie Nationalität, ethnische Zugehörigkeit, Religion, Migrationsstatus usw. Für mich war es entscheidender, ein möglichst breites Spektrum an Erfahrungen aus dem Kontext Frauenhaus abbilden zu können.

Ausgangspunkt für die Studie war die Frage danach, wie sich Migrantinnen, die aufgrund einer Gewalterfahrung in einem Frauenhaus waren, mit der erlebten Gewalt im biographischen Kontext auseinandersetzen.

Zu Beginn meines Forschungsvorhabens arbeitete ich bereits nicht mehr im Frauenhaus. Ich wurde jedoch von Kolleginnen aus Frauenhäusern unterstützt, indem ich Kontakte zu Bewohnerinnen vermittelt bekam. Ich konnte auch auf eigene Kontakte zurückgreifen und dadurch Interviewpartnerinnen über ehemalige Bewohnerinnen vermittelt bekommen. Eine Möglichkeit, Interviews mit mir persönlich bekannten Bewohnerinnen durchzuführen, ergab sich dadurch, dass ich Forschungspraktika von Studentinnen am Institut für Soziologie der Freien Universität Berlin im Rahmen meiner Studie betreute. Die Studentinnen konnten nach einer Interviewerinnenschulung im Rahmen dieser Veranstaltung insgesamt fünf Interviews mit mir bekannten Bewohnerinnen durchführen, die nun Teil meines Gesamtsamples sind.

Mit Frauen, die aktuell im Frauenhaus wohnten, konnten die Interviews, wenn die Frauen einverstanden waren, im Frauenhaus durchgeführt werden. Wenn die Frauen bereits aus dem Frauenhaus ausgezogen waren, fand das Interview in der Wohnung oder in den Räumen eines MigrantInnenprojekts statt.

Das Interview begann mit der folgenden offenen Eingangsfrage:

„Ich interessiere mich für das Leben von Migrantinnen, die in einem Frauenhaus waren. Dabei interessiert mich aber nicht nur die Zeit im Frauenhaus, sondern das ganze Leben. Ich möchte Sie/dich[98] bitten, dass Sie/du mir Ihre/deine Lebensgeschichte erzählen/erzählst. Also wie Ihr/dein Leben von Anfang an bis heute verlaufen ist und wie sich alles bis zum heutigen Tag entwickelt hat. Sie/du können/kannst sich/dir Zeit lassen und ganz in Ruhe alles erzählen, was Ihnen/dir einfällt. Ich werde Sie/dich nicht unterbrechen, sondern mir einige Notizen machen und erst hinterher nachfragen".

Die Interviews wurden auf Tonband aufgenommen. Im Anschluss an das Interview wurden zudem anhand eines Fragebogens „biographische Daten" nachgefragt (Geburtsjahr, Herkunftskontext, Beruf der Eltern, Geschwister,

97 Ein Überblick über das Sample mit einigen zentralen biographischen Angaben der Interviewpartnerinnen befindet sich im Anhang.

98 Im Frauenhaus ist es seit den Zeiten der Frauenhausbewegung immer noch üblich geblieben, dass sich Mitarbeiterinnen und Bewohnerinnen duzen. In den Interviews haben sich Interviewerin und Interviewpartnerin nur dann geduzt, wenn das vorher so besprochen wurde.

Schulbildung, Ausbildung, Beruf, Zeitpunkt der Migration, Heirat, Geburt eigener Kinder, zeitlicher Rahmen im Frauenhaus, Aufenthaltsstatus), um die Erzählungen im Interview nicht durch Detailfragen zu unterbrechen. Diese strukturierten Nachfragen erwiesen sich als sehr wertvoll bei der Auswertung, weil im Gespräch über die Daten noch viele wichtige Informationen mitgeteilt wurden und sich daraus häufig weitere Gespräche ergaben.
Bei allen Interviews wurden nach dem Interview Memos zum Interviewablauf und Kontextbeschreibungen durchgeführt, um wichtige Einzelheiten oder den Gesamteindruck zum Interview festzuhalten.

6.2.2.1 Theoretisches Sample und Auswahl der zu rekonstruierenden Einzelfälle

Die Kriterien zur Bildung eines theoretischen Samples und zur Auswahl der zu rekonstruierenden Einzelfälle orientieren sich an der „grounded theory" (Glaser/Strauss 1967). Der Prozess der Datenerhebung wird durch den parallel ablaufenden Prozess der Theorieentwicklung kontrolliert (Strauss 1994:70). Die Auswahl und Anzahl der zu untersuchenden Fälle erfolgt systematisch, ist also nicht etwa dem Zufall überlassen. Dabei ist nicht die Größe des Samples entscheidend und auch nicht die Erfassung und Beschreibung aller vorliegenden Daten und Informationen. Es werden gezielt einzelne Fälle ausgewählt, die für die Theoriegenerierung relevant sind. Diese zu rekonstruierenden Einzelfälle werden auf der Grundlage von „maximalen" und minimalen" Vergleichen ausgesucht (Glaser/Strauss 1967:55ff).

Die Kriterien zur Bildung eines theoretischen Samples unterscheiden sich damit grundlegend von denen zur Bildung eines statistischen Samples. Methodologische Grundlage der Theoriegenerierung bei Glaser/Strauss (1967) ist die komparative Analyse auf der Grundlage von „minimalen" bzw. „maximalen" Vergleichen. Ein minimaler Vergleich ist dann gegeben, wenn zunächst nur wenige Abweichungen zwischen den zu vergleichenden Fällen zu erkennen sind. Ein minimaler Vergleich kann dann das Spezifische des Einzelfalles besonders deutlich herausarbeiten. Bei einem maximalen Vergleich wiederum geht es darum, nicht die Ähnlichkeit, sondern den Unterschied zum Ausgangspunkt des Vergleichs zu machen. Im Rahmen der Auswertung der Interviews werden Hypothesen gebildet, die sich sowohl am Fall als in bereits entwickelten theoretischen Kontexten bestätigen oder widerlegen lassen. Die theoretische und die empirische Analyse werden hier nicht als getrennte Verfahren verstanden, sondern sie bedingen sich gegenseitig. So hat sich das theoretische Sample dieser Studie auch zu bestimmten Phasen der Untersuchung auf der Basis unterschiedlicher Kriterien entwickelt. In der Anfangsphase der Arbeit wurde davon ausgegangen, dass ein unsicherer aufenthaltsrechtlicher Status der Frauen von entscheidender Bedeutung bei der Auseinandersetzung mit der Gewalterfahrung ist. Dieser Fokus ist zwar von großer Relevanz, jedoch für meine Fragestellung nur ein Aspekt unter anderen. Dies wurde deutlich, als auch Frauen mit gesichertem Aufenthaltsstatus interviewt wurden und sich der Fokus der Auswertung dadurch relativierte. Ebenso war es in der anfänglichen Fragestellung um den Stellenwert von „Ethnizität" und „Geschlecht" im Zusammenhang mit der Gewalterfahrung gegangen. Diese Perspektive erwies sich ebenfalls als zu eingegrenzt und musste erweitert werden, zum Beispiel auf den Stellenwert von Beziehungsdynamiken in der Herkunftsfamilie.

Die Auswahl des ersten Interviews (vgl. Kapitel 7.1: Mirja Johannsen) geschah noch relativ willkürlich, während sich die Auswahl des zweiten Interviews (vgl. Kapitel 7.2: Nihad Amin) an den oben beschriebenen Kriterien des maximalen Vergleichs orientierte. Mit den angefertigten Memos, Kontextbeschreibungen und biographischen Daten wurde hier ein Interview ausgesucht, das eine deutlich unterscheidbare andere Ebene der Thematisierung bzw. Auseinandersetzung mit der Gewalterfahrung aufweisen konnte.

Die Globalanalysen der Interviews des vorliegenden Samples wurden nach Abschluss der zweiten Fallrekonstruktion durchgeführt. Für die Globalanalysen der einzelnen Interviews wurde das für die Falldarstellungen beschriebene methodische Vorgehen in einer verdichteten Form durchgeführt. Durch diese Arbeitsschritte konnte eine erste Kategorisierung der Interviews vorgenommen werden. Die Globalanalysen bildeten die Grundlage für die Auswahl eines dritten Interviews, das einer ausführlichen Fallrekonstruktion unterzogen werden sollte. Diese Wahl wurde zu einem Zeitpunkt im Forschungsprozess getroffen, als durch die zwei bereits rekonstruierten Biographien eine Ebene des Vergleichs und der Einordnung innerhalb des Samples möglich geworden war. Ziel dieses Vorgehens ist es, eine sogenannte „Sättigung der Theorie" zu erreichen. Dies ist erreicht, wenn weitere Analysen keine neuen Ergebnisse bringen (vgl. Strauss 1994:49). Die rekonstruierten Einzelfälle sollen also das vorliegende Sample im Hinblick auf die Fragestellung des Forschungsvorhabens repräsentieren und das theoretische Spektrum des Samples abbilden.

Die Auswahl der Einzelfälle folgte, wie oben deutlich wurde, ähnlichen Prinzipien wie bei der Bildung des theoretischen Samples.

In der vorliegenden Studie wurde zunächst das biographische Interview von Mirja Johannsen für die Bearbeitung als hermeneutische Fallrekonstruktion nach Rosenthal ausgewählt.

Mirja Johannsen setzte sich mit der Gewalterfahrung im Kontext ethnisierender Selbst- und Fremdzuschreibungen auseinander. Das Interview konnte nicht mit einem Nachfrageteil abgeschlossen werden und dadurch blieben bestimmte Fragen, die sich aus dem Interview ergaben, ungeklärt.[99]

99 Genaueres ist am Anfang der Falldarstellung nachzulesen (vgl. Kap. 7.1).

Jedoch lagen mir zwei in sich abgeschlossene stundenlange Selbstpräsentationen vor, die sich zur Auswertung anboten. Diese beiden „Haupterzählungen“ waren Teile eines Ganzen, repräsentierten jedoch zwei Perspektiven auf das eigene Leben und waren darum auch aus methodologischen Gründen für meine Arbeit interessant.[100]

Der zweite Einzelfall, das biographische Interview mit Nihad Amin, wurde als maximaler Vergleich ausgewählt, weil Frau Amin sich mit der Gewalterfahrung im Kontext ihrer Herkunftsfamilie auseinandergesetzt hat. Gesellschaftspolitische Zuschreibungen wurden bei ihr konsequent nicht im Zusammenhang mit der eigenen Biographie thematisiert.

Nach der Durchführung der Globalanalysen wurde deutlich, dass sich die Auseinandersetzung mit der Gewalterfahrung in vielen der biographischen Selbstpräsentationen des Samples entweder auf der Ebene gesellschaftlicher oder aber familiärer Positionierung wieder finden lässt. Der dritte Einzelfall wurde daraufhin ausgewählt, weil er in dieses Muster zunächst nicht hineinpasste und damit als maximaler Vergleich zu beiden rekonstruierten Fällen eingeordnet werden konnte. In der Präsentation wurde eine biographische Verortung der Gewalterfahrung konsequent vermieden.

6.2.2.2 Die Analyse der Einzelfälle

Der Auswertungsprozess erfolgt als biographische Fallrekonstruktion (Rosenthal 1995; Fischer-Rosenthal/ Rosenthal 1997b). Diese Methodik basiert auf der objektiven bzw. strukturalen Hermeneutik (Oevermann u.a. 1979), der Erzähl- und Textanalyse von Fritz Schütze (1976; 1983) und auf Arbeiten zur biographischen Erzählanalyse von Fischer (1978), die sich auf Aron Gurwitsch beziehen. Da das methodische Vorgehen und die einzelnen Analyseschritte der hermeneutischen Fallrekonstruktionen nach Rosenthal mehrfach ausführlich dargestellt wurden (vgl. z.B. Rosenthal 1995; Fischer-Rosenthal 1996; Fischer-Rosenthal/Rosenthal 1997) und viele empirische Studien sich an dieser Vorgehensweise orientiert haben (z.B. Breckner 2005; Köttig 2004; Völter 2003; Süzen 2003; Miethe 1999) stelle ich die konkrete Analyse nur zusammenfassend dar.

Die Datenausgangsbasis ist ein transkribiertes biographisch-narratives Interview. Die vollständige Transkription der Interviews wurde bei den als Falldarstellungen auszuwertenden Interviews nach den Transkriptionsregelen von Rosenthal (1995:239)[101] durchgeführt. Es folgen verschiedene Arbeitsschritte weitgehend unabhängig voneinander, um Strukturaussagen über den auszuwertenden Fall aus variierenden Perspektiven zu gewinnen (Fischer-Rosenthal 1996:156). Bei der Analyse erzählter Lebensgeschichten, die als

---

100 Vgl. hierzu das Konzept der Doppelperspektivität (Gültekin 2003), das in Kap. 4 dieser Arbeit genauer vorgestellt wird.

101 Die angewendeten Transkriptionsregeln sind im Anhang aufgeführt.

biographische Fallrekonstruktionen bezeichnet werden, sind zwei Ebenen zu unterscheiden: Die Rekonstruktion der erlebten und die der erzählten Lebensgeschichte.

„Um die sequentielle Gestalt einer lebensgeschichtlichen Erzählung und ihr Wechselverhältnis mit der erlebten Lebensgeschichte erfassen zu können, um die einzelnen Sequenzen sowohl in ihrer latenten wie auch in ihrer manifesten Bedeutung im Kontext der *erzählten*, aber auch der *erlebten* Lebensgeschichte verstehen zu können, wird sowohl die sequentielle Gestalt der erzählten wie erlebten Lebensgeschichte rekonstruiert" (Fischer-Rosenthal/Rosenthal 1997:420, Hervorh. i. O.).

Die Auswertungsschritte der zu rekonstruierenden Einzelfälle sind nach dieser Methode der Auswertung in folgender Reihenfolge vorzunehmen:

1. Analyse der biographischen Daten
2. Text- und thematische Feldanalyse (sequentielle Analyse der Textsegmente des Interviews)
3. Rekonstruktion der Fallgeschichte
4. Feinanalyse einzelner Textstellen
5. Kontrastierung der erzählten mit der erlebten Lebensgeschichte
6. Typenbildung (vgl. Fischer-Rosenthal/Rosenthal 1997:421)

Grundlage des Auswertungsprozesses, der sich auf die objektive Hermeneutik stützt, ist das Prinzip der Sequentialität und der Kontextfreiheit. Sequentialität bezieht sich hier darauf, dass die Interpretation einzig allein dem Ablauf folgt, den der Text vorgibt (Wernet 2000:27). Unter dem Prinzip der Kontextfreiheit ist nicht etwa zu verstehen, dass der Kontext irrelevant für die Analyse ist.

„Es bedeutet vielmehr, dass die Einbeziehung des Kontextes erst dann eine gehaltvolle und strukturerschließende, methodisch kontrollierte Operation darstellt, wenn *zuvor* eine kontextunabhängige Bedeutungsexplikation vorgenommen wurde" (Wernet 2000:22 Hervorh. i. O.).

Das Prinzip der methodischen Kontextfreiheit läßt sich grundsätzlich besser herstellen, wenn der Interpretationsprozess in einer Forschungsgruppe durchgeführt wird. Je weniger die InterpretInnen über das auszuwertende Interview wissen, umso größer ist die Möglichkeit, das vorliegende Material mit gedankenexperimentell entworfenen Kontexten zu konfrontieren und daran möglichst Lesarten, d.h. Hypothesen, zu entwickeln, die unterschiedliche Perspektiven auf den zu analysierenden Aspekt einnehmen. Diese werden dann wieder in den Kontext des Interviews eingebunden. Auf dieser methodologischen Grundlage basieren die im Folgenden dargestellten Analyseschritte:

Zu 1. Analyse der biographischen Daten

Im ersten Analyseschritt werden die biographischen Daten in ihrem chronologischem Ablauf interpretiert. Dazu werden aus dem vorliegenden Transkript des Interviews alle relevanten Daten recherchiert, die unabhängig von den Selbstdeutungen der InterviewpartnerIn überprüfbar sind. Mit einbezogen werden alle vorhandenen Informationen durch Fragebögen oder aus vorliegenden Dokumenten usw. Datum für Datum wird nun ohne Berücksichtigung des Interviewtextes und unabhängig von den nachfolgenden Daten sequentiell interpretiert. Familienbiographische Daten wurden, soweit vorhanden, nach Möglichkeit miteinbezogen. Diese Herangehensweise erfordert Hintergrundkenntnisse über die jeweilige Gesellschaft im historischen und politischen Kontext. Gleichzeitig muss die Quelle dieser Kenntnisse ebenfalls mit reflektiert werden. In meiner Studie hat sich dieser Teil der Analyse als besonders aufwändig erwiesen, da alle untersuchten biographischen Erzählerinnen sehr unterschiedliche gesellschaftliche Herkunftskontexte hatten, die ich als Hauptinterpretin jedoch nicht mit ihnen teile.

Zu 2. Sequentielle Text- und thematische Feldanalyse

Bei diesem Auswertungsschritt ist die Selbstpräsentation und ihre sequentielle Gestalt der Gegenstand der Analyse. Grundlage ist das gesamte transkribierte Interview. Zunächst ist jedoch der Teil des Interviews zentral, der als Eingangspräsentation oder Haupterzählung bezeichnet wird und auf die Eingangsfrage folgt. Dieser Teil des Interviews wird jeweils nach unterschiedlichen Textsorten (Erzählung, Beschreibung, Bericht, Argumentation), nach einem Sprecherwechsel zwischen InterviewerIn und ErzählerIn und nach einem Themenwechsel sequenziert. Es wird nacheinander Sequenz für Sequenz analysiert. Gegenstand der Analyse ist die Gestalt des vorliegenden Textes und das damit verbundene bewusste oder unbewusste Präsentationsinteresse in der Gegenwartsperspektive der biographischen ErzählerIn.

Die diesem Auswertungsschritt zugrunde liegenden Fragen lauten:

1. Weshalb wird dieses Thema an dieser Stelle eingeführt?
2. Weshalb wird dieses Thema in dieser Textsorte präsentiert?
3. Weshalb wird dieses Thema in dieser Ausführlichkeit bzw. Kürze dargestellt?
4. Was sind die möglichen thematischen Felder, in die sich dieses Thema einfügt?

5. Welche Themen (Lebensbereiche oder Lebensphasen) werden angesprochen und welche nicht? (Fischer-Rosenthal/Rosenthal 1997:153)

Bei der Differenzierung zwischen verschiedenen Textsorten liegen theoretische Grundannahmen darüber zugrunde, welche Funktionen einzelne Textsorten in der Präsentation einnehmen (vgl. Kallmeyer/Schütze 1977). Nach Schütze (1984) kann bei Erzählungen davon ausgegangen werden, dass diese Darstellungsform im Interview am nächsten an der Handlungsebene der damaligen Situation orientiert ist, während eine Argumentation eher als Meinung, Eigentheorie oder Legitimationsinteresse zu interpretieren ist.

Bei den Interviewpartnerinnen meines Samples, die das Interview nicht in ihrer Muttersprache führen konnten, musste es zunächst als eine Lesart berücksichtigt werden, dass eine bestimmte sprachliche Formulierung nicht das bedeutet, was zunächst darunter umgangssprachlich bei deutschen MuttersprachlerInnen verstanden wird. Jedoch ließ sich dies bei der Berücksichtigung des gesamten Interviews meistens auflösen, da Hypothesen immer am gesamten Interviewmaterial überprüft werden müssen, bevor sie aufrechterhalten werden können.

Es wird methodologisch davon ausgegangen, dass die Struktur oder Gestalt der erzählten Lebensgeschichte sich in thematischen Feldern abbilden lässt, die durch die thematische Feldanalyse herausgearbeitet werden kann (vgl. Rosenthal 1995:49ff). Es wird unabhängig von den Deutungen der InterviewerInnen sichtbar, welche Themen nicht präsentiert werden, obwohl sie kopräsent sind, und es ist möglich zu analysieren, wie die InterviewpartnerInnen Erlebnisse nur in bestimmte thematische Felder einordnen und andere Rahmungen vermeiden (a.a.O.:219).

Zu 3. Rekonstruktion der Fallgeschichte

Bei diesem Auswertungsschritt werden alle biographischen Erlebnisse, die im Interview thematisiert werden, auch aus den Nachfrageteilen, in den chronologischen Ablauf der biographischen Daten aufgenommen und mit den Erzählungen und Deutungen der biographischen ErzählerIn kontrastiert (Fischer-Rosenthal/Rosenthal 1997b:154). Hier sollen die Strukturhypothesen aus den biographischen Daten am Text überprüft werden.

Zu 4. Sequentielle Feinanalyse

Das Verfahren der Feinanalyse orientiert sich am Vorgehen in der objektiven Hermeneutik (Oevermann 1979) und dient hier der Überprüfung der im Verlauf des bisherigen Forschungsprozesses entwickelten Hypothesen und der

Aufdeckung von bisher ungeklärten Aspekten der zu rekonstruierenden Fallstruktur. Es werden Textstellen aus unklar gebliebenen Interviewpassagen ausgewählt, in kleinste Sinneinheiten unterteilt und sequentiell analysiert. Das können auch nur einzelne Wörter oder nonverbale Äußerungen oder Interaktionen (z.B. Lachen, Hüsteln) sein.

Die Interpretationen einzelner Textstellen fanden in unterschiedlichen Forschungsgruppen statt, die in der Regel keinerlei Kenntnisse über den zu interpretierenden Fall hatten. In der Interpretation wurde der nicht-muttersprachliche Hintergrund der Interviewpartnerinnen bei der Bewertung eines Ergebnisses berücksichtigt. Da es sich bei den Feinanalysen bei dem Vorgehen nach Rosenthal nur um einen Analyseschritt unter vielen anderen handelt und die Fallstruktur an allen Auswertungsschritten nachvollziehbar sein muss, ist es aus meiner Sicht möglich, diesen Analyseschritt auch am Material von nicht-muttersprachlichen InterviewpartnerInnen durchzuführen. Es gibt die Möglichkeit, beliebig viele Textstellen zu interpretieren und damit eine weitere Form der Kontrolle der Ergebnisse herzustellen. Von Vorteil hat sich auch die Beteiligung nicht-muttersprachlicher InterpretInnen in den Forschungsgruppen erwiesen.

Zu 5. Kontrastierung der erlebten mit der erzählten Lebensgeschichte

In diesem Schritt werden die unterschiedlichen Ebenen der Analyse systematisch miteinander in Beziehung gesetzt.

> „Durch die Kontrastierung erhalten wir Aufschluß über die Mechanismen des Vorstelligwerdens und der Auswahl von Erlebnissen aus dem Gedächtnis und über deren jeweilige Darbietung, über die Unterschiede zwischen Vergangenheits- und Gegenwartsperspektive und über die damit verbundene Differenz in der Temporalität von erzählter und erlebter Lebensgeschichte" (Fischer-Rosenthal/Rosenthal 1997:155).

Das Verhältnis von Erleben und Erzählen wird in Form einer Strukturhypothese auf der Fallebene generalisiert. Diese generalisierte Fallstrukturhypothese stellt dar, wie der zu analysierende Fall „in einer allgemein zu beschreibenden Handlungs-, Erlebens- und Deutungslogik strukturiert ist" (Breckner 2005:191). Die rekonstruierte Fallstruktur ist in der Regel nicht identisch mit den präsentierten Selbstdeutungen der biographischen ErzählerInnen.

Zu 6. Generalisierung und Typenbildung

Grundlage für eine Generalisierung ist der systematische Vergleich der Fallrekonstruktionen mit den ausgearbeiteten Globalanalysen innerhalb des Gesamtsamples.

„Die rekonstruktive Analyse entwickelt Generalisierungen nicht entlang der Frage von Häufigkeit eines Phänomens, sondern ausschließlich aufgrund von Strukturgeneralisierungen. Die Grundthese ist dabei, dass ein Fall sowohl Allgemeines als auch Besonderes enthält. Es lassen sich am Fall sowohl gesellschaftliche Regeln und Bedingungen als auch die fallspezifischen Auswahlmechanismen, wie diese am Fall zur Anwendung kommen, konstruieren“ (Miethe 1999:71f).

Bei der Typenbildung handelt es sich um einen Strukturierungsvorgang, der eine über die rekonstruierte Fallstruktur des Einzelfalles hinausgehend weitere Abstrahierung und damit Theoriegenerierung in Bezug auf die empirische Fragestellung vornimmt.

„Während die Fallstruktur die Logik eines Falles herausarbeitet (...), faßt der Typus diese Gesetzmäßigkeit in so abstrakter Form, dass er verschiedene Fälle erfassen kann, die trotz unterschiedlicher Ausprägungen einer gemeinsamen Logik folgen“ (Wohlrab-Sahr 1994:274).

Die Frage nach der Anzahl der Fälle, die letztendlich einem Typus zuzuordnen sind, ist für die Aussagekraft des Ergebnisses nicht relevant (Rosenthal 1995:211).

Fischer-Rosenthal/ Rosenthal (1997b:156) sprechen davon, dass es sich bei den Typen um „konstruktivistische Realtypen“ handle und bei dem Ergebnis der Typenbildung um ein „symbolisches Konstrukt“. Hier wird die Gebundenheit des Ergebnisses an den jeweiligen Forschungskontext und die Existenz unterschiedlicher Interpretationsmöglichkeiten von „sozialer Realität“ betont.

Im vorliegenden Sample wurde die Ebene der Thematisierung der Gewalterfahrung als fallübergreifendes Unterscheidungskriterium zugrunde gelegt. Damit wurden die Thematisierung und die damit verbundene biographische Kontextualisierung der Gewalterfahrung zum Untersuchungsgegenstand. In der vorliegenden Studie wurde die Typologie auf der Ebene der manifesten Aussagen in den Interviews vorgenommen. Mit diesem Fokus ist eine Ebene des Vergleichs zwischen allen Interviews im Sample möglich, durch die spezifische Bewältigungsformen im Umgang mit der Gewalterfahrung herausgearbeitet werden können. Auf dieser Grundlage konnte anhand der drei Fallrekonstruktionen und den Globalanalysen eine Typologie entwickelt werden (vgl. Kapitel 8.).

7 Die Rekonstruktion von Lebensgeschichten in Einzelfalldarstellungen

In diesem Kapitel werden drei biographische Fallrekonstruktionen vorgestellt. Aufgrund des Umfangs der einzelnen Analyseschritte werden diese ergebnisorientiert, das heißt in Form von Falldarstellungen, präsentiert, um die Lesbarkeit und die Nachvollziehbarkeit nicht in der Fülle der Interpretationen unmöglich zu machen. Ich habe jedoch teilweise in den Falldarstellungen eine prozessorientierte Darstellungsform gewählt und diese mit ausführlichen Interviewpassagen ausgestattet. Zum einen sollen dadurch der ‚Originalton' in den Interviews mehr in den Vordergrund gestellt werden, zum anderen werden dadurch viele Aspekte herausgearbeitet, die allgemein für einen tiefergehenden Zugang in das Thema häusliche Gewalt von Interesse sind. Das vorliegende Material verschafft hier einen guten Einblick. Es handelt sich dabei jedoch nur um *eine* Ebene des gesamten Auswertungsprozesses. Die vorgenommenen Interpretationen und daraus abgeleiteten Hypothesen sind die Ergebnisse eines aufwändigen Interpretations- und Analyseprozesses (vgl. Kapitel 6) und beziehen sich nicht nur auf die jeweilige Interviewpassage, die vorgestellt wurde. Alle in Kapitel 6 vorgestellten Auswertungsschritte wurden in den Rekonstruktionsprozessen vorgenommen.[102] Interpretationen und Analyseergebnisse sind im Austausch und in der Interaktion mit vielen Personen und Gruppen entstanden, die im Verlauf des Forschungsprozesses beteiligt waren. Die vorgenommen Analyseschritte werden hier nur exemplarisch vorgestellt. Eine weitere wichtige Informationsquelle waren Hintergrundinformationen über die soziale und politische Situation in der Herkunfts- und Aufnahmegesellschaft, die Migrationsbedingungen und andere relevante Themen, die für die Lebensgeschichten der Interviewpartnerinnen von Relevanz waren. Hier wurde möglichst auf viele unterschiedliche Quellen zurückgegriffen, die in den Auswertungsprozess mit eingeflossen sind, aber nicht alle in den Falldarstellungen aufgeführt werden konnten.

102 Eine detaillierte Darstellung des Interpretations- und Analyseprozesses wird zum Beispiel in der Studie von Breckner (2005:193ff) exemplarisch an einem Einzelfall, einer rumänisch-deutschen Migrationsbiographie, ausführlich vorgestellt.

7.1 Mirja Johannsen (Rumänien/Deutschland): „mein Gott ich kann nich verstehen mein Leben (1) aber (2) trotzdem, trotzdem ich mach weiter“

7.1.1 Der Interviewkontext und die Datengrundlage

Mirja Johannsen[103] ist in Rumänien geboren und Angehörige der Roma. Sie ist 1990 als Asylbewerberin allein mit zwei Kindern das erste Mal nach Deutschland migriert. Zum Zeitpunkt des Interviews lebte sie mit ihren drei Kindern und einer unbefristeten Aufenthaltserlaubnis in einem Frauenhaus in einer Großstadt in Deutschland.

Der Kontakt wurde über die zuständige Sozialarbeiterin im Frauenhaus hergestellt. Mirja Johannsen lebte bereits sechs Monate im Frauenhaus und war zum Zeitpunkt des Interviews dabei, in eine Zufluchtswohnung zu ziehen. Bevor sie sich zu dem Interview einverstanden erklärte, gab es ein Vorgespräch mit anderen an einem Interview interessierten Frauen. In diesem Gespräch befragte mich Mirja Johannsen besonders ausführlich und detailliert nach der weiteren Verwendung der Daten. Wichtig war ihr die Zusicherung zur Anonymisierung. Nach Klärung der Fragen entschied sie sich das Interview durchzuführen. Jedoch habe ich erfahren, dass sie sich am Tag des Interviewtermins bei der sie beratenden Sozialarbeiterin erkundigte, ob sie mir wirklich vertrauen könne. Nachdem die Sozialarbeiterin dies bestätigte, war sie endgültig zu dem Interview bereit. Das Interview fand 2000 an zwei Terminen innerhalb einer Woche direkt im Frauenhaus statt und dauerte insgesamt ca. 6 Stunden. Bereits beim ersten Termin erzählte Frau Johannsen sehr ausführlich und detailgenau. Sie begann ihre Lebensgeschichte mit der Migration nach Deutschland. Sie benötigte keine Unterstützung, um ihre Lebensgeschichte zu präsentieren. Der Erzählfluss vermittelte mir gleichzeitig den Eindruck von Selbstbezogenheit und Offenheit. Sie wirkte unsicher und vorsichtig und gleichzeitig zur Distanzierung fähig. Im Laufe des Interviews zeigte Frau Johannsen Humor und wurde zunehmend kommunikativer, obwohl sich meine Rolle als Interviewerin auf empathische, fast ausschließlich nonverbale Äußerungen beschränkte. Im Laufe des Interviews wurde sie emotional immer stärker involviert. Zum Ende des Interviews fragte ich sie, ob sie bereit wäre, mir bei einem weiteren Termin noch über ihr Leben in Rumänien zu erzählen. Sie sagte mir daraufhin, dass das auch sehr „traurig“ sei und sagte mir zu. Der zweite Interviewtermin fand direkt zwei Tage vor ihrem Umzug vom Frauenhaus in die Zufluchtswohnung statt. Sie wirkte

103 Alle Namen und Orte sind anonymisiert.

sehr beschäftigt durch den anstehenden Umzug und die Freude, aus dem Frauenhaus auszuziehen. Ich begann das Interview mit der Frage nach dem Teil ihrer Lebensgeschichte, über den sie letztes Mal nicht gesprochen hatte, ihr Leben in Rumänien vor der Migration. Wie schon beim ersten Termin fiel mir auf, dass sie sich von Störungen, wie z.B. dem Wechseln der Kassette, nicht irritieren ließ, sondern den roten Faden der Präsentation ihrer Lebensgeschichte problemlos immer wieder aufnahm. Die Atmosphäre bei diesem zweiten Interview war wesentlich entspannter. Sie begann ihre Lebensgeschichte nun mit ihrem Leben in Rumänien und erzählte aus dieser Perspektive ihre ganze Lebensgeschichte noch einmal chronologisch und zusammenhängend. Ein weiterer Termin, einige Wochen später, der als Nachfragetermin konzipiert war, wurde von der Tochter von Mirja Johannsen telefonisch mit der Begründung abgesagt, dass ihre Mutter sich durch ein therapeutisches Gespräch am Tag zuvor in einer akuten Krise befände und sich nicht in der Lage fühle, weiter über ihr Leben zu sprechen. Ich habe sie jedoch einige Tage später noch mal selbst angerufen, um zu erfahren, wie es ihr geht und ob sie eventuell zu einem späteren Zeitpunkt zu einem Interview bereit wäre. Sie war am Telefon sehr offen und sagte, dass es ihr sehr Leid täte, dass sie das Interview nicht beenden könne. Seitdem sie das Gespräch mit der Therapeutin gehabt hätte, mache sie sich Sorgen, wenn sie soviel über ihre Geschichte erzähle. Sie hätte bei diesem Gespräch viel geweint und erzählt. Die Therapeutin würde einen Bericht für die Kostenübernahme der Therapie bei der Krankenkasse schreiben und sie würde befürchten, dass dort etwas über die kriminellen Aktivitäten des Ehemannes stehen und das für sie gefährlich werden könne. Nachdem ich ihr sagte, dass die Therapeutin und die Krankenkasse eine Schweigepflicht hätten, wirkte sie beruhigt. Wir sprachen dann noch über das Sorgerechtsverfahren um ihre Tochter. Sie habe den Ehemann das erste Mal im Gericht wieder gesehen und er habe dafür gesorgt, dass das Verfahren vertagt worden sei. Sie habe bereits Schlafstörungen und Haarausfall aus Angst die Tochter zu verlieren. Wir verblieben so, dass ich mich einige Monate später noch mal melden würde, um zu hören, ob es ihr besser gehe. Sie war jedoch sehr erleichtert, als ich ihr bestätigte, dass das Interview auch ohne Nachfrageteil für mich zu nutzen sei. Trotz ihres grundsätzlichen Angebots zu einem späteren Zeitpunkt, später das Interview eventuell fortzusetzen, kam es zu keinem weiteren Treffen oder Kontakt. Sie war nochmals in eine andere Wohnung umgezogen und ich konnte die Adresse nicht mehr ausfindig machen.

7.1.2 Präsentation der Lebensgeschichte[104]

Das Interview besteht aus zwei getrennten narrativen Teilen und die Struktur des Interviews weist eine Spezifik auf: Mirja Johannsen präsentiert auf die offene Nachfrage nach ihrer Lebensgeschichte bei den beiden Interviewterminen zwei eigenständige Haupterzählungen[105], die unterschiedliche Perspektiven in der Sicht auf das ganze präsentierte Leben einnehmen. Da diese beiden Perspektiven von zentraler Bedeutung für die Falldarstellung sind, werde ich darauf genauer eingehen.

Bei dem ersten Interviewtermin beginnt Mirja Johannsen ihre Lebensgeschichte nach der Eingangsfrage[106] thematisch mit ihrer Migration nach Deutschland als Asylbewerberin mit ihren Kindern. Sie beginnt folgendermaßen:

„Hmh, tja, ((seufzend)) ich bin nach, nach A-Stadt gekommen oder nach Deutschland gekommen seit 1990 ((räuspern)) mit meinen zwei Kindern, ((laut einatmend)) als Asylbewerber bin ich das erste Mal gekommen (3) ((ausatmen)) zwei Jahre, ungefähr drei Jahre war ich Asylbewerber (2) danach habe ich, meinen Mann ((brüchige Stimme)) kennen gelernt, einen deutschen Mann, habe ich, 1994, geheiratet (2) [107] " (I 2/4-10)[108]

Der Ehemann wird hier also am Anfang der Präsentation über seine Nationalität „deutscher Mann" eingeführt. Mirja Johannsen spricht auf die Nachfrage nach ihrer Lebensgeschichte also nicht über die Zeit vor der Migration und über Themen wie Familie, Kindheit, Jugend, Mutterschaft oder über den Zeitraum von drei Jahren, den sie vor der Heirat als Asylbewerberin in Deutschland verbrachte.

---

104 Teile der nun folgenden Falldarstellung wurden bereits in einem thematisch anders gelagerten Kontext veröffentlicht (vgl. Lehmann 2004).

105 Die Haupterzählung, in den Falldarstellungen auch Eingangserzählung genannt, ist der Teil im Interview, der nach der narrativen Eingangsfrage präsentiert wird. In dem Interview mit Mirja Johannsen wurde die Lebensgeschichte in zwei geschlossenen narrativen Teilen präsentiert. Es gab, wie schon erwähnt, keinen Nachfrageteil.

106 Siehe genaue Formulierung der Fragestellung in Kap. 6.

107 Fehlende Worte wurden in den Interviewzitaten der Falldarstellungen teilweise, wenn es eindeutig war und der Sinn der Aussage nicht verfälscht wurde, zum besseren Verständnis in eckigen Klammern ergänzt. Fehlende Artikel, Endungen und eine Wortfindungssuche eindeutig aus sprachlichen Gründen wurden ebenfalls zur besseren Lesbarkeit korrigiert bzw. ausgelassen. Alle anderen sprachlichen Ausdrucksformen wurden jedoch beibehalten.

108 Es handelt sich hier um die Zeilennummerierung im Interview. Die römische Zahlen vorweg beziehen sich auf den ersten, zweiten bzw. noch weitere Interviewtermine. Bei den anderen Angaben handelt es sich bei der Zahl vor dem Schrägstrich um die Seitenzahl und bei der Zahl dahinter um die Zeilennummer im Transkript. Die Interviews wurden in Anlehnung an Rosenthal (1995:239) transkribiert. (Vgl. die Transkriptionszeichen im Anhang dieser Arbeit). Namen und Wohnorte wurden anonymisiert.

In der nächsten Sequenz wird von Mirja Johannsen anschließend dargestellt, wie sie von der Ausländerbehörde aufgefordert wird, „freiwillig" Deutschland zu verlassen, um in Rumänien ein Visum zu beantragen.[109]

„tja und die Ausländerbehörde hat gesagt, ((ausatmend)): ‚bist Du verheiratet', aber, ich muss **freiwillig** zurückgehen, [nach] Rumänien, und eine Woche später ich bekomme Aufenthalt für mich und für meine Kinder, und dann ist [das] kein Problem,/I:hmh/ ich bin nach Rumänien zurück, (1) gewesen und dann hat es gedauert, ungefähr **ein Jahr**, ich konnte nicht zurückkommen nach Berlin,/I:ahmh/ weil, weiß nicht habe ich meinen Mann angerufen [er] hat gesagt: ‚tja, ich weiß nicht, ich mache alles aber, kriegst Du nicht' die, Botschaft,Deutsche Botschaft von Bukarest hat gesagt: ‚Tja (2) dein Mann macht nichts' und ich wusste nicht was soll ich machen in dieser Zeit, ((Räuspern)) ich konnte nicht zur Arbeit gehen meine Kinder konnten nicht zur Schule gehen, weil, ähm, alle Behörde haben gesagt ich bin verheiratet mit einem deutschen, Mann und ich muss, nach Deutschland gehen (...) da habe ich, ((einatmen)) zweimal ((ausatmen)), äh, illegal, ((etwas lachend)) /da habe ich versucht/ illegal nach Deutschland zu kommen hat nicht geklappt ich war mit den Kindern dabei habe ich geschafft bis, Polen, da hat es nicht geklappt weiter und dann das dritte Mal, in April, bin ich illegal gekommen ohne meine Kinder,((tiefes Ausatmen))" (I 2/14 – 3/1).

Hier setzt ihre erste Erzählung ein, die von der geglückten dramatischen Flucht ohne ihre Kinder nach Deutschland handelt. Die Flucht steht thematisch im Kontext von einem deutschen Ehemann, der sie im Stich lässt, und deutschen Behörden, die ihr das Recht verwehren, legal wieder einzureisen.

„es war schrecklich,/I:hmh/ über die Grenze zu Fuß, /I:hmh/ es waren noch ein paar Leute, sechs Leute ungefähr waren es, insgesamt, die anderen hat die Polizei erwischt /I:hmh/ ich bin umgefallen in eine /((sucht nach Begriff))/- weiß nicht, ein **Feld** oder so was, /I:hmh/ dann bin ich da geblieben so, ein zwei Stunden ganz schmutzig und nass und- ((einatmen)) dann auf einmal ich habe gesagt: Na ja, aber dieser Hubschrauber war oben und die Polizei, diese Fahrt- und, /I:hmh / war schrecklich=auf einmal habe ich gesagt: **nein**, ich muss aufstehen, ich muss, sagen, die Wahrheit: ich bin verheiratet entweder, scheiden lassen oder ich kann, weiterhin in Deutschland bleiben /I: Hmh. /Dann bin ich aufgestanden\((brüchige Stimme)), bin ich auf der Straße geblieben, ich habe gedacht, entweder ich kann weitergehen oder die Polizei kommt und, nimmt mich dann=ist die Polizei gekommen, habe ich gesagt: „Ich bin illegal gekommen, tja, ich möchte, zur Polizei gehen." (I 3/1- 18).

Mirja Johannsen macht hier deutlich, welchen hohen persönlichen Preis sie dafür zahlen muss, weil sie ihr Recht durchsetzen möchte. Sie liegt bei der Flucht im wahrsten Sinne des Wortes „im Dreck" und wird in dieser Situation verhaftet, in Handschellen gelegt und entwürdigend von der deutschen Polizei behandelt. Im Kontrast zu dieser Entwürdigung in Konfrontation mit dem deutschen Staat ist sie moralisch im Recht und will die „Wahrheit" sa-

---

109 Diese Praxis der Ausländerbehörde ist durchaus verbreitet. Mirja Johannsen war unter anderen aufenthaltsrechtlichen Voraussetzungen nach Deutschland eingereist und sollte nun in Rumänien auf der Grundlage ihres neuen aufenthaltsrechtlichen Status' als Ehefrau eines deutschen Mannes ein Visum beantragen. Die amtliche Formulierung „freiwillige Ausreise" hat hier mit der Realität nichts zu tun.

gen und verweist damit auf ihre Integrität. Sie ist mit einem deutschen Mann verheiratet und hat darum das Recht, in Deutschland zu sein. Sie führt die Erfahrungen bei ihrer Verhaftung und die Zeit danach weiter aus. Die Ehe wird bis hier nur funktional und im Zusammenhang mit den aufenthaltsrechtlichen Problemen durch die zuständigen Behörden thematisiert.

Dies ist der Einstieg in eine ca. 28 Seiten lange Präsentation der Probleme mit dem Ehemann, die Beschreibung von seinen kriminellen Aktivitäten und der Probleme mit den deutschen Behörden, die ihr keine Unterstützung geben.

Sie macht während dieser Ausführungen an einer Stelle eine Bemerkung, aus der deutlich wird, dass ihr die gesetzliche Voraussetzung aus dem Ausländergesetz, drei Jahre Ehebestandszeit bis zum eigenständigen Aufenthaltsstatus, damals bekannt war.[110]

> „und dann- alle Jahre, ich habe **nie** mit jemandem geredet,/I:Hmh/ über meine, /I:Hmh/ öhm, Geschichte oder, so was= ich habe gesagt na ja ich muss, so ertragen was er macht und=drei Jahre später ist es- nicht so schlimm: und kann- ((tiefes Ausatmen))" (I 9/20-24).

In dieser spontan geäußerten Bemerkung, die sie gleich wieder abbricht und nach der sie das Thema wechselt und die Erzählung fortsetzt, zeigt sich ihre Entscheidung, diese Überlegungen nicht preiszugeben. Ihr Präsentationsinteresse an dieser Stelle ist es, eventuell der deutschen Interviewerin[111] gegenüber, diese Perspektive auf die Ehe zumindest im Kontext der Interviewsituation zu diesem Zeitpunkt zu vermeiden. Es ist möglich, dass sie den Ehemann aus einem moralischen Legitimationsbedarf heraus (der deutschen Interviewerin gegenüber) ausdrücklich nicht als Opfer ihrer aufenthaltsrechtlichen Motivation für diese Ehe präsentieren möchte. Möglicherweise befürchtet sie, dass stigmatisierende gesellschaftliche Diskurse zum Asylmissbrauch und zu ‚Ausländern', die sich unberechtigterweise in Deutschland aufhalten, hier in der Interviewsituation und in der Beurteilung ihrer Situation wirksam werden könnten. Es kommt in ihrer Darstellung nach der Geburt der gemeinsamen Tochter Elisa, die nach vier Jahren Ehe geboren wurde, zu einer Eskalation in der Beziehungsdynamik, die sich dann an der Frage nach der Erteilung des Sorgerechts weiter zuspitzt. Mirja Johannsen berichtet, wie ihr Mann sie erpresst und unter Druck setzt, indem er sie gegenüber dem Jugendamt und dem Familiengericht als „Zigeunerin" und „Rumänin" kategorisiert, die ihr Kind vernachlässigt und nach Rumänien entführen will. Sie beschreibt, dass sie aus Angst vor seiner Macht als Deutscher beschließt ins

---

110 Der §19 AuslG (Ausländergesetz) in seiner damaligen Fassung setzte voraus, dass eine Ehe auf deutschem Boden mit einem deutschen Partner in der Regel mindestens drei Jahre bestanden haben muss, damit bei einer Trennung derjenige Partner, der das Aufenthaltsrecht über die Ehe erhalten hat, einen Anspruch auf einen eigenständigen Aufenthaltsstatus unabhängig vom Ehepartner geltend machen kann. Im Zuwanderungsgesetz § 32 wurde die Ehebestandszeit auf 2 Jahre festgesetzt (vgl. Kap. 2).

111 Vgl. dazu auch Kap. 5.

Frauenhaus zu gehen. Der Frauenhausaufenthalt wird hier zum Kulminationspunkt in der Krise. Mirja Johannsen beschreibt die psychischen und physischen Symptome der Krise, in der sie sich seitdem befindet, und die erste Erzählung der Lebensgeschichte endet hier.

Es gibt bei Mirja Johannsen hier möglicherweise ein Interesse, der deutschen Interviewerin gegenüber im Kontext Frauenhaus andere Aspekte der Beziehung, die die Flucht in das Frauenhaus notwendig machten, zu verbergen. Dass die beschriebene Ehe zunächst keine Liebesheirat, sondern ein beiderseitig getroffenes Arrangement war, um ihre drohende Abschiebung zu verhindern, wie wir erst bei der zweiten Version der Lebensgeschichte erfahren, präsentiert sie in dieser ersten Erzählung nicht.

Ihre emotionale Verstrickung in der Beziehung zu dem deutschen Mann wird an vielen Stellen deutlich, bleibt aber in der lückenhaften Präsentation unverständlich und widersprüchlich. Die Erfahrungen und die Probleme mit dem deutschen Ehemann werden in einen direkten Zusammenhang mit seiner Nationalität gebracht.

Bei dem zweiten Interviewtermin wurde Mirja Johannsen von der Interviewerin nach ihrer Lebensgeschichte von Anfang an, also nach ihrem ganzen Leben, „was ja länger war“, gefragt. Sie verortet nun ihre Lebensgeschichte in ihrer Herkunftsfamilie in Rumänien. In dieser zweiten Haupterzählung, die ca. 4 Stunden lang ist, berichtet sie über ihr Leben in Rumänien im Kontext der Beziehung zum Vater und zu ihrem ersten Ehemann. Detaillierte und ausführliche Erzählungen präsentiert sie erst im Zusammenhang mit der Flucht und der Migration nach Deutschland.

Die zweite Erzählung entwickelt sich in ihrem Verlauf zu der „Geschichte hinter der Geschichte“. Sie beginnt mit den Themen Herkunftsfamilie und Kindheit bis zur Migration. Anschließend werden alle Themen der ersten Erzählung, beispielsweise das im ersten Teil bereits eingeführte Thema ‚Ehemann‘, im Kontext der gesamten Lebensgeschichte noch einmal aus einer anderen Perspektive aufgegriffen und durch lange detailreiche Erzählungen neu präsentiert.

Die Beziehung zum deutschen Ehemann ist auch in der zweiten Erzählung das dominante Thema. Im Gegensatz zur ersten Erzählung steht hier jedoch die Beziehungsdynamik im Zentrum der Darstellung. Mirja Johannsen beschreibt detailliert, wie sie den Mann kennen lernt und wie sich ihre ambivalente emotionale Bindung an ihn entwickelt hat.

7.1.2.1 Resümee

Mirja Johannsen präsentiert auf die Nachfrage nach ihrer Lebensgeschichte zwei Erzählungen, die sich thematisch überschneiden, aber unterschiedliche Perspektiven auf das ganze präsentierte Leben einnehmen. Die Migration unterteilt die Lebensgeschichte in der Darstellung nach Vergangenheit und

Gegenwart. Bemerkenswert an der Art der Präsentation ist, dass im ersten Teil des Interviews die Beziehung zum ersten Mann aus einer Perspektive ethnischer Zugehörigkeiten dargestellt wird. Im zweiten Teil des Interviews wiederum stehen die Genese und die emotionale Qualität der Beziehung im Vordergrund. Eigene emotionale Ambivalenzen werden hier thematisiert.

Mirja Johannsen präsentiert ihre Lebensgeschichten jedoch trotz dieser Unterschiede in einem übergeordneten thematischen Feld:

‚Mein Leben als Abgrenzung von Unmoral und Ungerechtigkeit und als Suche nach Autonomie. ‘

Ich werde in den folgenden Kapiteln diesen Aspekten nachgehen, indem ich die Lebensgeschichte rekonstruiere und relevante gesellschaftspolitische Rahmenbedingungen mit einbeziehe. Abschließend sollen die verschiedenen Ebenen kontrastiert und diskutiert werden.

7.1.3 Der Herkunftskontext: das Leben in Rumänien bis zur Migration

Mirja Johannsen wird 1961 in Rumänien als drittes Kind einer Romafamilie geboren. und gehört damit einer der größten Minderheiten Rumäniens[112] an. Der Anteil der Roma an der Bevölkerung in Rumänien kann mangels exakter statistischer Daten und soziologischer Untersuchungen kaum demografisch lokalisiert werden.[113] Viele Roma bekennen sich aufgrund ihrer sozialen Marginalisierung offiziell eher zur Mehrheitsgesellschaft, und allgemein wird der prozentuale Anteil der Roma an der Gesamtbevölkerung auf ungefähr dreimal so hoch wie offiziell ausgewiesen geschätzt (Mihok 1999:79). Festzustellen bleibt, dass es sich bei den Roma in der rumänischen Gesellschaft keinesfalls um eine homogene Gruppe handelt.

Zum Familienhintergrund von Mirja Johannsen gibt es nur wenige Angaben. Zunächst einmal ist darauf hinzuweisen, dass die Eltern während des Zweiten Weltkrieges geboren sind. Erwähnenswert ist dieser Aspekt im Zusammenhang mit dem besonderen Verhältnis zwischen Rumänien und Deutschland während des Nationalsozialismus und der späteren Migration Mirja Johannsens nach Deutschland. Roswitha Breckner (1999:134ff.) weist auf die historisch relevanten Beziehungen zwischen Deutschland und Rumänien hin. Die rumänische Regierung kollaborierte mit den deutschen Nationalsozialisten und übernahm die rassistischen Ideologisierungen insbesondere gegen Juden, Sinti und Roma. Es wird davon ausgegangen, dass zwischen

112 Die Auswertung der Volkszählung von 1992 ergab, dass die Ungarn die größte Minderheit sind. Die Roma sind nach dieser Zählung die zweitgrößte Minderheit (vgl. Mihok 1999).

113 Bei der offiziellen Volkszählung von 1992 wurden 409.723 Roma gezählt. Jedoch werden hier lediglich die streng traditionell lebenden Roma erfasst (Mihok 1999:79).

1941-1942 ungefähr 90.000 Roma aus Bukarest und Umgebung nach Transnistrien in Todeslager umgesiedelt bzw. verschleppt wurden, wobei jeder dritte umgekommen sein soll. Außerdem fanden Deportationen, z.B. nach Auschwitz, statt. Die Ermordung und Vertreibung der Roma wurde von rumänischen Behörden mit deutscher Hilfe durchgeführt (Reemtsma 1996:123). Teile der rumäniendeutschen Minderheit unterstützte die Politik der Nationalsozialisten. Nach dem Krieg wurde die rumäniendeutsche Minderheit insgesamt in Rumänien zu den Repräsentanten „der Deutschen" und damit der „Nazis", denen in der staatlichen Ideologie die rumänische Schuld am Zweiten Weltkrieg und an den begangenen Verbrechen kollektiv zugeschrieben wurde. Gleichzeitig wurden Deutschland und die Deutschen mit technischem Fortschritt und „modernem Leben" als Vorbilder assoziert. Breckner (1999:136) stellt fest, dass Rumänien mit Deutschland „durch die Bestialisierung der Vernichtungspraxis im Holocaust" in enger ‚Schuldverstrickung' verbunden" ist.[114] Diese Informationen sind für diese rumänisch-deutsche Migrationsbiographie relevant, weil nationale, kulturelle und ethnische Selbst- und Fremdbilder fest in den „tradierten Kommunikationshaushalten einer Gesellschaft" verankert sind, oft über Jahrhunderte hinweg. (Czyzewsky u.a.1995b.:34). Es ist zu vermuten, dass diese Bilder von Deutschen und Deutschland auch für Mirja Johannsen von Bedeutung gewesen sind, als sie nach Deutschland migrierte.

Beide Eltern von Mirja Johannsen waren Fabrikarbeiter. Es kann bei dieser Angabe vermutet werden, dass die Eltern zu der großen Gruppe der Roma gehören, die in den 50er und 60er Jahren in den Industrialisierungsprozess als Hilfsarbeiter einbezogen wurden. Typisch waren hier physisch schwere und gesundheitsschädigende Tätigkeiten, die schlecht bezahlt und ohne Aufstiegsmöglichkeiten blieben.

Die Situation der Roma in Rumänien ist in der Nachkriegsära unter Ceausescu dadurch gekennzeichnet, dass ihnen jegliche positive Anerkennung oder Rechte als Minderheit verwehrt und sie wirtschaftlich und sozial an den Rand gedrängt wurden (vgl. Reemtsma 1996:158). Die Minderheitenfrage wurde 1953 vom Generalsekretär der rumänischen Regierung als gelöst deklariert. Von diesem Zeitpunkt an galt jede Infragestellung der rumänischen Nationalitätenpolitik als „chauvinistisch" (Mihok 1999:75). Lebens- und Verhaltensweisen, die von der Mehrheitsgesellschaft abwichen, wurden als soziales Problem eingeordnet. Die Roma wurden Anfang der 70er Jahre systematisch über staatlich festgelegte Definitionen von sozial auffälligem Verhalten marginalisiert und kriminalisiert. Nichtsesshaftigkeit und Arbeitslosigkeit wurden hier besonders diskreditiert.[115]

114 Sie bezieht sich hier auf die Ermordung der rumänischen Juden und benennt nicht explizit die Situation der Roma in Rumänien.

115 Vgl. hierzu das Dekret Nr. 153 der rumänischen Regierung unter Ceausescu von 1970. Dieses Dekret sah vor, „soziale Parasiten", wie sie hier bezeichnet wurden, willkürlich ver-

Mirja Johannsen beginnt das zweite Interview mit folgender Zusammenfassung ihrer Kindheit:

„Hmh:- was soll ich sagen äh, (1) wir sind, äh: (1) **Zigeuner**familie, wir sind **drei** Geschwister: ein Bruder und eine Schwester habe ich noch und äh(2) tja, meine Mama (2) hat Arbeit gehabt damals, meine Papa auch: aber, ((tiefes Ausatmen)) seit (1) ich bin ich so, sechs sieben Jahre alt dann hat angefangen, äh, mit meinem Papa: er war so Alkoholiker (1) ,und' hat meine Mamma **immer** geschlagen und (1) ach, er war so ganz, ganz ganz, **schlecht:** (tonvolles Seufzen) (...)heutzutage er macht so was [noch], heutzutage, aber, äh, meine Eltern waren beide zur Arbeit gewesen, hatten [ein] Haus, wir haben nicht so groß aber- so, äh, normales (1) Leben sozusagen, normale Wohnung ((tiefes geräuschvolles Ausatmen))" (II 1/25-2/4).

Die Erzählerin präsentiert sich hier als Teil einer „Zigeunerfamilie" und verknüpft diese Information dann unmittelbar mit den Themen ,Normalität', das heißt hier: ,Arbeit und Wohnung', ,Alkoholismus des Vaters' und ,Gewalt'. Anzumerken ist, dass die Themen Arbeit und Wohnung im Interview mit Frau Johannsen in der Perspektive auf ihr Leben eine zentrale Rolle spielen. Das kann darauf hindeuten, dass sie sich damit von den gesellschaftlichen Stigmatisierungen von Nichtsesshaftigkeit und Arbeitslosigkeit gegenüber den Roma in ihrem Lebenskonzept abgrenzt. Mirja Johannsen gibt an, dass ihr Vater, seitdem sie ungefähr sechs oder sieben Jahre alt war, Alkoholiker ist, die Mutter misshandelte und Mobiliar zerstörte. Zu diesem Zeitpunkt kam Mirja Johannsen auch zur Schule, und es kann vermutet werden, dass das gewalttätige Verhalten des Vaters und der Alkoholismus den sozialen Status und die ,Normalität' der Familie real und besonders im Erleben des Kindes bedrohte. Die ,Schlechtigkeit' des Vaters wird im Kontext der Misshandlungen an der Mutter und dem Alkoholismus verdeutlicht. Die Mutter wird als das Opfer des Vaters in der Phase ihrer Kindheit bis in die Gegenwart präsentiert. Sie setzt die Beschreibung ihrer Kindheit folgendermaßen fort:

„hab ich, zehn Klassen gelernt, nachher (3) hab ich äh, in einer Fabrik gearbeitet, äh (2) so, zwei drei Jahre (2) nach zehnte Klasse (3) dann: ((brüchige Stimme)) hab ich meinen Mann kennengelernt, aber es war so, ein bisschen (2) was soll ich sagen, nur weil, ich wollte damals, ich wollte **nicht** heiraten, aber mein Papa wie gesagt er war so Alkoholiker und immer hat nur so **schlecht** geredet und, jeden Tag getrunken und meine Mamma geschlagen, den Fernsehen er hat weggeschmissen, es war so katastrophal und dann eine Nacht hab ich den Bus verpasst, ich war mit meinem (2) damaligen Mann, und dann, hab ich Angst gehabt, zu Hause zu kommen, es war so um 11 Uhr nachts und dann bin ich mit meinem Mann geblieben (1) und später ein paar Monate später haben wir geheiratet, weil,

---

haften und über Jahre im Gefängnis festhalten zu können, wenn sie nicht feste Arbeitsverhältnisse und einen festen Wohnsitz nachweisen konnten. Von diesem Erlass waren überwiegend Roma betroffen. Dieser Erlass war ein wichtiges politisches Instrument, mit dem gegen sozial unerwünschtes Verhalten der Roma vorgegangen werden konnte. Dieser Erlass existiert bis heute, nur der Begriff „Sozialer Parasitismus" wurde verändert (Mihok/ Müller 1994:90).

tja hm (2) meine Pappa war so (2) **eklig,** er hat so schlecht geredet und, na gut dann hab ich geheiratet, hab ich Meny gekriegt und Vicky[116] ((Ausatmen))" (II 2/4-18).

Mirja Johannsen besuchte also die Schule bis zur zehnten Klasse, machte dann einen Abschluss, fing anschließend an, als Fabrikarbeiterin zu arbeiten. Die Ergebnisse einer Untersuchung von 1993 des Instituts für Soziologie an der Universität in Bukarest machen klar, dass ein Schulbesuch und ein Abschluss für viele Roma im sozialistischen Rumänien, anders als man annehmen könnte, keinesfalls selbstverständlich waren.[117] Der Vater und ihre schlechte Beziehung zu ihm dominieren die Erzählsequenzen über ihre Kindheit. Mirja Johannsen berichtet, dass ihr Vater die Mutter geschlagen hat. Eine eigene Betroffenheit oder eventuelle eigene Opfererfahrungen werden hier in der Kindheit nur über die Präsentation des Vaters mit Emotionen wie moralischer Ablehnung, Verachtung und Ekel sichtbar. Allerdings präsentiert sie ihre Heirat als direkte Folge der schlechten Beziehung zum Vater.

Nach der Heirat lebt sie, gemeinsam mit dem Ehemann, die erste Zeit in ihrem Elternhaus. Die Geburt von zwei Töchtern in kurzen Abständen, schwere körperliche Arbeit auf einer Baustelle[118], ihre unglückliche Ehe und einige selbst durchgeführte Schwangerschaftsabbrüche[119] mit häufigen Erkrankungen in Folge markieren in ihrer Darstellung diese Lebensphase.

---

116 Sie spricht hier von ihren beiden Töchtern. Die Namen sind anonymisiert.

117 Es wurden folgende Ergebnisse über die Situation der Roma im Bildungs- und Ausbildungsbereich veröffentlicht:
51,3% aller 10jährigen Kinder besuchen regelmäßig die Schule, 15,5% gelegentlich, 18,9% haben nie eine Schule besucht und 14,2% haben sie inzwischen verlassen. 35,5% aller Frauen können nicht lesen, 23,9% nur mit Schwierigkeiten. 18,7% aller Männer können nicht lesen, 25,6% nur mit Schwierigkeiten. 86,8% der Frauen und 58% der Männer verfügen weder über eine traditionelle noch eine moderne Ausbildung. Über 50% sind arbeitslos, davon erhalten nur 3% eine Arbeitslosenunterstützung. Die Defakto-Arbeitslosigkeit liegt höher. Die Ergebnisse der hier zitierten Studie beziehen sich zwar auf die Bildungs-, Ausbildungs- und Arbeitsmarktsituation zu Anfang der 90er Jahre in Rumänien, sie sind jedoch auch als ein Ergebnis der ausgrenzenden Bildungspolitik Ceausescus gegenüber den Roma zu lesen (Mihok/ Müller 1994:83). Trond Gilberg stellte bei seinen Untersuchungen zu ethnischen Minderheiten in Rumänien im Sozialismus 1974 fest, dass das Niveau der Schulbildung bei den Roma wesentlich niedriger war als bei allen anderen Nationalitäten. Sie erreichten demnach höchstens den Grundschulabschluss (vier Klassen) und waren auf der mittleren und höheren Schulebene praktisch nicht vertreten (Gilberg zit. nach Mihok 1990:193).

118 Durch die Arbeit auf der Baustelle gab es die Möglichkeit, eine eigene Wohnung zu erhalten.

119 In diesem Zusammenhang ist auf die seit 1966 für den Ostblock einzigartige praktizierte geburtenfördernde Bevölkerungspolitik Ceausescus mit ihren repressiven Folgen im Leben von Frauen hinzuweisen. Illegale Schwangerschaftsabbrüche wurden strafrechtlich verfolgt, der Import von Verhütungsmitteln eingestellt und Informationen über Sexualität und Familienplanung untersagt. Rumänien nahm in Bezug auf Frauensterblichkeit nach illegalen septischen Schwangerschaften den ersten Platz in Europa ein (Bumbulut/ Larondelle 2000:9ff.).

„er [mein Mann] war (nur) von Arbeit gekommen, hat Zeitung gelesen hat gar nichts gemacht, und ich mußte, äh schwer arbeiten mit den Kindern und mit allem und, außerdem, ((seufzt)) wann ich wollte nicht ins Bett mit meinem Mann, dann hat er sofort schlecht geredet und hat gesagt ‚jaa, du bist Hure', äh (2) schlimm, ja, äh (1) ich konnte, äh, keine, Pille nehmen, kein Kondom, gar nichts, er er wollte nich hat gesagt nee er macht es nicht mit Kondomen weil er will nicht ähh, Kopfschmerzen haben oder so was weil ich habe gesagt ‚na so zumindestens mußt du ein bisschen aufpassen, sowas' tja (2) war nicht die Rede davon, dann habe ich so- ich war so, zwischen vier- fünfmal, schwanger geworden, damals mit unserem, äh fff, Präsident war [es] **ganz** schlimm, wenn eine Frau hat eine Abtreibung gemacht, die war im Krankenhaus zum Beispiel, und sie, sie konnte sterben im Krankenhaus mit Polizei dabei mit, äh äh (1) Arzt, aber der hat gar nichts gemacht (1) und da hab ich, so, vier fünf mal eine Abtreibung gemacht es war **ganz** schlimm für mich, ich war alleine zuhause, zum Beispiel, äh, im Krankenhaus machen das war ganz, ach ganz, es war verboten oder, dass jemand [anderes] äh äh das macht da, hab ich kein Geld gehabt dann hab ich es alleine versucht Abtreibung zu machen und es war so schlimm, ich war, so oft krank und, ich habe äh äh, ich brauchte damals Hilfe und da hab ich gesagt zu meinem Mann ‚ja bleibst du hier weil, wer weiß was kann passieren weil kuck mal, es ist **so** schlimm' er hat gesagt „neenee wieso soll ich in den Knast gehen, und dann hat angefangen unser Streit, weißt du ich habe gesagt ‚ja ich möchte nicht mit dir ins Bett, weil, wenn du nicht ein bisschen aufpassen willst oder zumindestens Kondome oder **etwas** nehmen, dann was [soll] ich machen, ich habe noch zwei Kinder, ' ja dann hat er, angefangen, so schlecht zu reden und äh äh, Geld, äh, hat er nicht so (1) ((seufzt)) nach Hause gebracht und es war oft so" (II 2/29-3/25).

Mirja Johannsen beschreibt hier eine extreme psychische und körperliche Belastungssituation, in der sie damals gelebt hatte. Die Kriminalisierung von Abtreibungen durch die damalige Bevölkerungspolitik und die Verantwortungslosigkeit des Ehemannes verknüpfen sich hier miteinander. Mirja Johannsen muss ihre Probleme mit ungewollten Schwangerschaften alleine lösen. Sie kann sich aufgrund der ökonomischen Situation keine fremde Hilfe holen und riskiert mit einem Abbruch ihr Leben und auf jeden Fall ihre Gesundheit. Einige Jahre später geht sie eine außereheliche Liebesbeziehung ein und versucht sich von ihrem Mann zu trennen. Der Ehemann akzeptiert die Trennung nicht und holt sich Unterstützung durch ihre Herkunftsfamilie. Mirja Johannsen beschreibt, wie ihr Mann den Vater auf seine Seite brachte, indem er ihn besucht, ihm Alkohol kauft und wie sie geschlagen und von ihrer Herkunftsfamilie unter Druck gesetzt wird. Emotional aufgewühlt beschreibt sie, wie sie durch eine Koalition von Ehemann und Herkunftsfamilie, insbesondere dem Vater, letztendlich zum Abbruch dieser Liebesbeziehung gezwungen wurde. Im Zusammenhang mit dem letzten Trennungsversuch erzählt Mirja Johannsen, dass ihre Arbeit vom Vater gekündigt wird und sie für 4 Monate in ihr Elternhaus geholt wird. Sie beschreibt das Bündnis zwischen Vater und Ehemann:

„alles was ich mit meinen Mann geredet habe, dann, einen Tag später er war bei, bei meinen Eltern, bei meinem Vater sozusagen, hat gesagt ‚kuck, so hat sie gesagt so hat sie gemeint sie will nicht mit mir schlafen' /I: Mhm/ ((seufzt))" (II 5/2-5).

Ihre sexuelle Verweigerung und alle Konflikte in der Ehe werden demnach zwischen Ehemann und Vater verhandelt und ihr Verhalten wird durch den Vater sanktioniert. In einer Situation will er sie zwingen, ein Papier zu unterschreiben, mit dem sie zustimmt, dass sie ihre Kinder dem Ehemann überlässt. Sie entscheidet sich daraufhin gegen die Trennung vom Mann und lebt zunächst mit folgender Begründung weiter mit ihm:

„Es war so wie, zum Beispiel bei uns, wie kannst du- n-nur eine schlechte Mutter kann, ihre Kinder, [zurück]lassen und, weggehen für, für einen Mann oder so, ja? Und da hab ich gesagt ‚gut, kann ich leben weiter mit ihm'/ I:mit deinem Mann? /Mit, ja mit meinem Mann (2) ich war, äh (1) wieder, zur Arbeit, wieder auf der Baustelle, er hat gar nichts gemacht zu Hause, ich habe eine Wohnung gekriegt ich habe Möbel, gekauft (2) ‚**alles**' (4) es war ein Jahr, bevor ich, nach, nach Deutschland gekommen [bin] (2) /((traurig, resigniert)) ((seufzt schwer))" (II 6/6-6/15).

Bei der Entscheidung wird hier nicht die Beziehungsebene zu ihren Kindern thematisiert, sondern die Zuschreibung oder das moralische Urteil, dass eine Mutter, die ihre Kinder für einen anderen Mann verlässt, eine „schlechte" Mutter sei, die moralisch zu verurteilen ist. In der Präsentation akzeptiert sie diese Bewertung, vermutlich weil sie diesem Bild nicht entsprechen will und sie entscheidet sich gegen die Trennung. Der moralische Wert „eine gute Mutter zu sein" hat demnach eine große Bedeutung für Mirja Johannsen. Sie beendet die emotionale Beschreibung dieses Konfliktes mit der resignativen Aussage, dass sie ihr Leben wieder aufgenommen habe, wieder zur Arbeit gegangen sei, eine eigene Wohnung und Möbel bekommen habe, und „alles" hatte, ein Jahr bevor sie nach Deutschland ging. Der Begriff „alles" präsentiert in diesem Kontext den Inbegriff des materiellen Wohlstands, der ihr jedoch hier emotional nichts bedeutet und sie untermalt diese Feststellung im Interview nonverbal mit dem Ausdruck von Traurigkeit und Resignation. Was sie nicht hatte und was ihr bei diesem „alles" fehlte, formuliert sie im Interview nur durch den Kontext.

Mutterschaft und Familie symbolisiert hier in diesem bisher dargestellten Kontext die Zugehörigkeit zu einer Zwangsgemeinschaft, der sie sich nicht entziehen kann, sondern an die sie mit Gewalt, aber auch moralisch, gebunden ist.

Kontrastiert wird diese Darstellung mit der sich anschließenden, freudig erzählten, heimlichen Planung und Durchführung der Migration nach Deutschland. Über eine Bekannte, die regelmäßig für kurze Zeit nach Deutschland reist, um dort einzukaufen, wird sie eingeladen, eine Woche mit nach Deutschland zu fahren. Sie lernt dort eine Frau kennen, die einen Asylantrag stellt, und beobachtet sie genau, vermutlich, weil sie dort anfängt, ihre eigene Migration nach Deutschland zu planen. Anschließend leitet sie ihre Ausreise mit ihren Töchtern, ohne Wissen der Familie, in die Wege.

Es folgt eine ausführliche Erzählung zu ihrer Fluchtmigration nach Deutschland, in der sie schildert, wie sie ihr Zuhause verlässt:

„Da hab ich die ganze, äh Wohnung dagelassen mit Möbeln und alles, ich habe gesagt alles was ich für meinen Mann geschrieben habe, war nur so ein kleiner Zettel mit, ‚ich gehe weg, ich lasse dich in Ruhe, weil sowieso ich bin, eine Hure und ich bin schlecht und außerdem, Meny (1) ist [sowieso] nicht gut, und, äh nervt ihn immer und (1) sowieso er mag Meny nicht', und das hab ich in ein Buch reingesteckt, und ich hab so viel Angst gehabt" (II 7/11-18).

Sie greift hier ihren eigenen Konflikt mit den Zuschreibungen an sie als „Hure" auf, indem sie einerseits die Zuschreibung ironisierend auf sich nimmt. Außerdem erwähnt sie in dieser Passage die Ablehnung der einen Tochter durch den Vater. Sie betont damit gleichzeitig, dass sie bei der Flucht nach Deutschland nur das Wohl der Kinder im Sinn hat, die nicht gut von ihm behandelt werden. Über die Kinder legitimiert sie damit moralisch ihre Handlung wegzugehen.

7.1.3.1 Exkurs: Migration von Rumänien nach Deutschland nach 1989

Nach den politischen Wenden von 1989/90 gab es Anfang 1990 eine erste starke Migrationswelle von Rumänien nach Deutschland.[120] Rumänien war zu diesem Zeitpunkt das Land mit der schlechtesten wirtschaftlichen Lage und labilsten innenpolitischen Situation in Europa. Es gab Versorgungsmängel in allen Bereichen und in der Grundversorgung der Bevölkerung. Die allgemeine Aussichtslosigkeit, verbunden mit besonderen Gefahren für Oppositionelle und Angehörige ethnischer Minderheiten, insbesondere für die ungarische Minderheit und die Roma, führte dazu, dass Tausende von Rumänen nach Österreich, in die Bundesrepublik Deutschland und Frankreich migrierten.

In Deutschland wurden nach 1989 Negativbilder vom „Osten" nicht mehr im Kontext des Kalten Krieges als Systemkonflikt, sondern zunehmend in nationalen und ethnischen Kategorien thematisiert. Die Bilder, die hier aktiviert wurden und werden, verweisen auf ihre historischen Tradierungen, und es wird deutlich, dass nach dem Fall des „Eisernen Vorhangs" diese historischen Zeiträume und Bedeutungszusammenhänge wieder in den Vordergrund gerückt sind (Breckner 1999:134). Roswitha Breckner zeigt am Beispiel einer rumänisch-deutschen Migrationsbiografie auf, wie MigrantInnen rumänischer Herkunft nach 1989 mit einem veränderten Bild ihrer Nationalität konfrontiert wurden. Im Vordergrund stand nicht mehr ihre Flucht aus einem als unmenschlich geltenden System (Kommunismus bzw. Sozialismus), sondern Typisierungen als „Ausländer" und „Zigeuner Europas" und die Frage, ob sie Europäer seien oder aber Repräsentanten des Balkans mit

120 1990:35.345 Asylbewerber aus Rumänien; 1991:40.504; 1992:103.787; 01.01.-30.05.1993:56.928; Allgemein wurde bei der Zahl der Asylbewerber davon ausgegangen, dass davon ca. 60% Angehörige der Roma waren (Mihok/ Müller 1994).

den assoziierten negativen Stereotypen, wie „barbarisch“ und „unzivilisiert“ (ebd.).

In Deutschland erhielten im Zusammenhang mit den vergleichsweise hohen Flüchtlingszahlen und der deutschen Vereinigungskrise Themen wie Ausländer und Asyl in den Jahren nach dem Ende der Teilung Europas besonders viel Bedeutung. Den Roma aus Osteuropa wurde hier eine ganz spezifische Aufmerksamkeit entgegengebracht. Die migrierten Roma trafen auf eine über Jahrhunderte überlieferte Wahrnehmungsstruktur (Reemtsma 1996:164). Am Beispiel der Lokalpresse in Westdeutschland konnte die Fortschreibung eines tradierten „Zigeunerbildes“ durch eine neorassistische Berichterstattung schon in den 80er Jahren belegt werden (Bohn u.a. zit. nach Reemtsma 1996:164f.). Nach den politischen Wenden in Deutschland häufte sich diese neo-rassistische Berichterstattung, wie Kathrin Reemtsma (1996:164ff.) an zahlreichen Beispielen darstellt. Eine Negativberichterstattung über „Zigeuner“ wurde durch lokale, regionale und überregionale Berichte über alle Deutschen in Ost und West verbreitet und der Mythos „Zigeuner“ wurde im vereinigten Deutschland wiederbelebt (a.a.O.:167). In einer im Auftrag des American Jewish Committee von Emnid durchgeführten und 1994 veröffentlichten Untersuchung über damalige Einstellungen gegenüber Juden und anderen Minoritäten in der Bundesrepublik wurden folgende Ergebnisse festgestellt: Sinti und Roma galten zu den am geringsten geschätzten Bevölkerungsgruppen. So lehnten 68% der Befragten „Zigeuner“ als Nachbarn ab, und 40% schätzten ihr Verhalten als provokativ ein (zit. nach Reemtsma 1996:173). Die Stigmatisierung der Roma bot sich nach Ansicht von Kathrin Reemtsma zu innenpolitischen Zwecken an, weil sie gesellschaftliche Stabilisierungswirkungen hat.

„Die Betonung der angeblichen kulturellen Rückständigkeit der Sinti und Roma mit ihren negativ definierten wirtschaftlichen (Nischenwirtschaft, Bettelei) und sozialen (Großfamilie) Aspekten lässt den epochalen technologischen Wandel zur Informations- und Multimediagesellschaft mit seinen sozialen und arbeitsmarktpolitischen Begleiterscheinungen als uneingeschränkt positiv, fortschrittlich und notwendig erscheinen. Dahinter steht implizit die Drohung derjenigen, die aus der Ordnung herausfallen“ (Reemtsma 1996:171f.).

Selbst bei den Befürwortern des Grundrechts auf Asyl wurden mit diesem Diskurs Zweifel und Ängste geweckt. Es kam zur Verfassungsänderung und einem Rückführungsvertrag mit Rumänien. Weitere Rückführungsverträge mit anderen Ländern konnten anschließend mit wenig politischem Widerstand durchgesetzt werden.

Mirja Johannsen ist Angehörige der Roma in Rumänien. Durch die Migration nach Deutschland sind für sie diese gesellschaftspolitischen Kontexte von Relevanz und sie befand sich damit in der Situation, Angehörige einer im Herkunfts- und Aufnahmekontext diskriminierten Minderheit zu sein. Wie sich diese Perspektive und die relevanten gesellschaftlichen Diskurse in der Lebensgeschichte wieder finden, wird weiterzuverfolgen sein.

7.1.4 Das Leben in Deutschland

Ohne Wissen ihrer Familie und des Ehemannes migrierte Mirja Johannsen also im Sommer 1990 allein mit ihren zwei Töchtern nach A-Stadt. Sie berichtet, dass sie den letzten Tag vor einer weiteren Verschärfung der Einreisebedingungen nach Deutschland nutzte, um ohne Visum auszureisen und einen Asylantrag zu stellen.[121]

Nach ihrer Ankunft in A-Stadt stellt Mirja Johannsen einen Asylantrag und wird zunächst in einem Wohnheim untergebracht. Sie wird nach mehreren Zwischenstationen nach Süddeutschland umverteilt.

> „wir sind nach (2) nach B-Stadt[122] gekommen, (3) das war ein, ein, **Heim**, mit mehreren rumänischen Leuten, es waren so viele rumänische Leute, und in dieser Nacht, **niemand** hat gesagt ‚kannst du bei mir schlafen in meinem Zimmer‘ weil, vom Büro war niemand da, nur, ein Tag später /I: Ja/ (2) und wir war so bis um eins bis um zwei Uhr, in Flur gewesen, ohne Essen ohne etwas und die rumänischen Leute waren gekommen haben gesagt ‚ja, bist du auch rumänisch? aach hast du zwei Kinder ach von wo bist du gekommen?‘ nur so, um um zwei Uhr nachts ist ein Albaner gekommen, der hat gesagt, ‚hier, sind meine Schlüssel geh du in mein Zimmer ich geh in die Disko, du kannst mit deinen Kindern schlafen (2) du kannst essen was im Kühlschrank ist nur an meine Papiere gehst du nicht ran’, hab ich gesagt ‚mein Gott, kuck mal, es gibt so viele rumänische Leute (1) und **niemand** hat gesagt, kannst du bei uns, auf Fußboden schlafen’ (2)“ (II 11/23-12/4).

In dieser Passage thematisiert sie sich einerseits als zugehörig zu den Rumänen, weil sie als solche angesprochen und eingeordnet wird, andererseits beschreibt sie die Rumänen als egoistisch und nimmt eine distanzierte Rolle zu den ‚Rumänen‘ ein. Es sind so viele rumänische Leute um sie herum, die sie zwar als „rumänisch“ wahrnehmen, ihr aber nicht helfen. Letztendlich ist es ein Albaner, der ihr und den Kindern eine Schlafstelle anbietet.

In dem Wohnheim, in dem sie dann mit ihren Kindern lebt, fängt sie sofort an als Zimmermädchen, in einer Wäscherei und als Putzfrau zu arbeiten, zeitweise mit einem Stundenlohn von 1,70 DM. 1991 bekommt sie als Ausnahmeregelung eine Arbeitserlaubnis und beginnt, in einem katholischen Krankenhaus zu arbeiten, zieht mit ihren Kindern in das dortige Schwesternwohnheim um. Sie legt Geld zurück, macht einen Führerschein, kauft ein Auto, nimmt Kontakt zu ihrer Familie in Rumänien auf. Ihre Zeit als Asyl-

---

121 Österreich hatte am 15.03.90 die Grenzen für rumänische Staatsbürger durch Visumspflicht und Nachweis von westlichen Devisen fast völlig geschlossen. Der Migrationsweg hatte sich darum geändert und ging nach Berlin über die DDR. Hier konnte ohne Visumspflicht und sonstige Formalien eingereist werden. Eine freie Einreise in die DDR war jedoch nur bis 19.05.90 möglich. Danach waren für rumänische Bürger polizeilich genehmigte Einladungen oder eine Touristenbuchung Voraussetzung. Anfang August 1990 gab es eine weitere Verschärfung der Einreisebestimmung: Rumänen und Bulgaren durften nur noch nur mit gültigem Visum oder einer Touristenbuchung einreisen. Alternativ konnte an der Grenze ein Asylantrag gestellt werden (Mihok/ Müller 1994: 72).

122 Anonymisierte Kleinstadt in Süddeutschland.

bewerberin beschreibt sie durch viele Beleggeschichten, in denen sie die Menschen, mit denen sie Kontakt hat, charakterisiert. Sie beschreibt ihre Erfahrungen mit der deutschen Wohnheimchefin, die ihr einige Male persönlich geholfen hat, indem sie ihr Jobs vermittelt hat. Gleichzeitig aber lässt sie Mirja Johannsen ein altes Fahrrad, welches diese auf der Straße gefunden hat, für ihren eigenen Sohn durch den Hausmeister wegnehmen.

„dann hab ich gedacht **mein** Gott, wie kann eine Deutsche so machen?, weil sie hat Geld sie iss Deutsche sie iss reich, sie iss nich so arm wie (2) wie ich zum Beispiel," (II 15/30-15/32).

Mirja Johannsen präsentiert sie als deutsche reiche Frau, die sogar einer Frau, die nichts hat, ohne moralische Bedenken das letzte wegnähme. Dann gibt es die Geschichte von einer Rumänin im Wohnheim, einer Lehrerin, die nicht bereit gewesen sei, für 1,70 DM die Stunde zu arbeiten wie Mirja Johannsen das tut. Diese Rumänin habe dann die Nachricht bekommen, dass sie abgeschoben werden sollte und hatte keine Ersparnisse für einen Rechtsanwalt. Frau Johannsen habe ihr daraufhin mit ihrem mühsam angesparten Geld ausgeholfen und trotzdem keine Anerkennung oder Dankbarkeit von ihr dafür bekommen. Als bedauerlich und unwürdig beschreibt sie das Verhalten einer Nonne, die im Krankenhaus arbeitete, wo Mirja Johannsen später eine richtige Arbeitsstelle bekam. Diese Nonne habe ihr im Gegensatz zu den deutschen Kolleginnen nicht mal die Essensreste gegönnt. Mirja habe sich hier diskriminiert und gedemütigt gefühlt. Sie konstatiert, dass diese Nonne nicht die moralische Integrität habe, die sie durch ihren Status als Nonne vorgibt. Kontrastiv präsentiert sie sich an dieser Stelle selbst als eine Frau, die moralisch integer sei, die etwas leiste in ihrem Leben, die sich nichts zu schulden kommen lässt und der trotzdem die Anerkennung verweigert werde.

„Ja ((holt tief Luft)) wie gesagt- ich rauche nicht ich trinke nicht, weil wenn ich jemanden sehe mit Akohol dann, ist es schlecht für mich weil ich an meinen Vater denke und was, mit meiner Mutter war und ich kann nicht (1) /I: Mhm/ ich rauche nicht und ich trinke nicht ich, ich, spare bißchen Geld ja? ((seufzt tief)) (2) und ich habe für meine Kinder äh, ein bißchen (Gold) gekauft, ja und die anderen rumänischen Leute waren so neidisch, gewesen (1) und haben so **schlecht** geredet über mich" (17/17-24).

Hier formuliert sie diese moralische Integrität noch einmal in direktem Bezug zu ihrer Herkunftsfamilie. Sie positioniert sich hier als Mutter, die für ihre Kinder vorsorgt und die etwas erreicht im Leben. Aber diese Leistungen würden aus Neid nicht anerkannt werden.

Die Flucht und die Migration nach Deutschland und ihre Zeit als Asylbewerberin allein mit ihren zwei Kindern präsentiert Mirja Johannsen bis hierhin insgesamt als eine aktive, selbstbestimmte Phase und als Abgrenzung zur unerträglichen Situation mit der Familie in Rumänien. Gleichzeitig erwähnt sie auch ihre Angst vor Abschiebung, wenn sie nachts aufwacht und weint. In diesem Zusammenhang thematisiert sie ihre Herkunftsfamilie in

Rumänien. Sie schickt Kleidung und Geld an ihre Familie und formuliert ihre Sehnsucht:

„weil, es war trotzdem es war meine Familie, nicht mein Mann, sondern meine, Eltern mein Bruder meine Schwester (1) ich habe gesagt ‚na gut, die **waren** so schlecht mit mir aber, trotzdem sind [sie] meine (2) äh, Familie', hab ich geweint so oft ich habe, ich habe Sehnsucht gehabt nach meinen, Eltern nach meinem Bruder nach-, aber ((holt tief Luft)) tja, ich wollte nich zurück weil ich habe gewusst wenn ich zurückgehe, ich muss wieder mit meinem Mann bleiben, weil meine Familie will nich verstehen und will nich glauben dass er schlecht iss weil er war so, so so, was soll ich sagen, mit mir war er **schlecht**, hat schlecht geredet, hat schlecht gemacht, und wenn, wenn wir bei meine Eltern waren, er war **so fein so gut** (2) ja und deswegen ich habe gesagt ‚nee, ich möchte nie zurück' (4)" (II 14/12-24).

Hier unterscheidet sie also zwischen dem Verhalten des Ehemannes, mit dem sie nicht viel verbindet, und ihrer Herkunftsfamilie, zu der die Bindung stark ist und über ihre persönlichen Erfahrungen hinausgeht. Die Tatsache, dass sich ihre Familie auf die Seite des Ehemannes stellt, gegen sie als Tochter, wird hier jedoch als besonders kränkend beschrieben. Sie formuliert hier, dass sie in Deutschland bleiben muss, weil sie sonst von ihrer Familie zur Ehe gezwungen werden würde.

1992 erhält sie die Ablehnung ihres Asylantrages und wird zur Ausreise aufgefordert.[123]

Mirja Johannsen hatte mit der Ablehnung ihres Asylantrages und der drohenden Abschiebung gerechnet und zumindest finanziell vorgesorgt. Die angedrohte Abschiebung von 1992 wird die Grundlage ihrer Entscheidung, über eine Heirat den Aufenthalt zu sichern. Sie lernt kurz darauf über eine Freundin einen deutschen Mann aus A-Stadt kennen, der als Saisonarbeiter

123 Interessant ist im Zusammenhang mit dem Datum der Ablehnung des Asylantrages die parallel verlaufende bundesdeutsche Diskussion zum Umgang mit AsylbewerberInnen aus Rumänien. Am 01.11.92 trat ein Rücknahmeabkommen über die Flüchtlinge zwischen Deutschland und Rumänien in Kraft. Die Tendenz dieses Abkommens lässt sich aus der Pressemitteilung vom Bundesministerium des Inneren vom 24.09.92 zum Rückübernahmeabkommen mit Rumänien durch den damaligen Innenminister Seiters erkennen: „Nach Jugoslawien ist Rumänien zweites Hauptherkunftsland für Asylanten bei gleichzeitiger Anerkennungsquote von nahezu 0%. Gerade bei den Rumänen ist damit der Asylmissbrauch offenkundig. Über 60% der Asylanten aus Rumänien sind Roma und Sinti" (Mihok/ Müller 1994:73). Anfang Mai 1993 stellt der Verfassungsgerichtshof Mannheim über die rumänischen Roma fest, dass sie „keinen generellen Anspruch auf Asyl haben, denn sie müssen in ihrem Heimatland nicht mit ethnisch begründeter staatlicher Verfolgung rechnen" (Mihok/ Müller 1994:73). Hierzu ist anzumerken, dass an verschiedenen Stellen übereinstimmend festgestellt wird, dass sich die Situation der Roma in Rumänien seit 1990 auf verschiedenen Ebenen eklatant verschlechtert hat. Die sozio-ökonomische Situation eines Großteils der Roma-Bevölkerung kann als „katastrophal" bezeichnet werden und Menschenrechtsverletzungen gegen die Roma in Form von Pogromen und fehlendem staatlichem Schutz haben eine neue Qualität angenommen. Ganz abgesehen davon, werden die Minderheitenrechte auch staatlicherseits entweder nur unzulänglich geschützt oder sogar eindeutig missachtet (vgl. Reemtsma 1996:158ff.; Mihok 1999:168ff.).

in Süddeutschland arbeitet. Er sagt ihr zu sie zu heiraten, um ihr zu helfen ohne weitere Bedingungen dafür stellen zu wollen. Er lehnte das Geld, das sie dafür gespart hatte, ab und sagte ihr zu, keine sexuellen Forderungen an sie zu richten. Die Abschiebung wurde aufgrund dessen aufgeschoben, damit Mirja die notwendigen Papiere aus Rumänien für die anstehende Heirat besorgen konnte. Der zukünftige Ehemann hielt jedoch die getroffenen Vereinbarungen nicht ein. Er forderte von Mirja, dass sie mit ihm schläft. Mirja erwähnt, dass sie aufgrund dessen mit Bedauern die sexuelle Beziehung zu ihrem damaligen Freund[124] beendet habe, weil sie aus moralischen Gründen nicht mit zwei Männern gleichzeitig eine sexuelle Beziehung wollte.

Mit Hilfe des Bruders werden zunächst die Formalitäten für die Scheidung in Rumänien vollzogen. Der deutsche Mann ist währenddessen über Monate in A-Stadt und es gibt von beiden Seiten in dieser Zeit keinen Kontakt. Der Kontakt muss dann nach fast einem Jahr von Mirja wieder hergestellt werden, als die gewährte Frist durch die zuständige Ausländerbehörde zur Klärung der Formalitäten für eine Heirat abläuft. Die Kontaktaufnahme mit dem zukünftigen Ehemannes erweist sich als schwierig. Er erklärt sich zwar nach wie vor bereit sie zu heiraten, meldet sich aber nicht und hält sich nicht an Vereinbarungen. Mirja fährt daraufhin allein nach A-Stadt zu Besuch, um sich ein Bild davon zu machen, wie er lebt. Es stellt sich heraus, dass er keine eigene Wohnung hat und nur einen „Trabbi" fährt, obwohl er vorher immer den Eindruck zu erwecken versuchte, dass er finanziell gut dasteht. Mirja überführt ihn bei diesem Besuch als Aufschneider und präsentiert aber durchaus eine Sympathie für diese Seite an ihm. Die Beschreibung dieser Situation von Mirja Johannsen hinterlässt den Eindruck, dass sie diese Situation als eine Entlastung und Enttäuschung erlebt hat. Die Entlastung kann darauf beruhen, dass sie den Unterschied zwischen sich und dem „deutschen Mann" gar nicht mehr als so groß erlebt. Die Enttäuschung könnte sich darauf beziehen, dass sie sich den „Kapitalisten" gewünscht hat, weil damit für sie ein materieller Aufstieg verbunden gewesen wäre. Aber emotional kann sie durchaus mehr Sympathie und Nähe für den „Möchtegernkapitalisten" empfinden, weil sie seine Wünsche nachvollziehen kann. Er erfährt durch die Enttarnung als lächerlicher Aufschneider einen Machtverlust, und sie kann damit emotional ihre Abhängigkeit von ihm relativieren. Jedoch bleibt auch eine Abneigung gegen ihn bestehen, die gekoppelt ist an die sexuellen Erwartungen, die er an sie richtet. Als endlich alle Formalitäten geregelt sind und der Termin für die Hochzeit feststeht, formuliert Mirja jedoch eine Veränderung in der Beziehung zu ihm:

„und wir waren zum Standesamt gewesen (2) die Tante von da hat gesagt ‚jaaa, die Papiere sind schon, fertig, Sie können heute (1) heiraten' (3) ich, konnte das nich glauben (2) auf der einen Seite ich war so glücklich, gewesen, weil ich konnte heiraten und ich, ich, ich

124 Über diesen Freund wird im Interview von Mirja Johannsen kaum etwas mitgeteilt.

muss nich zurückgehen, aber auf der anderen Seite war es so, weil ich habe gesagt, ‚Mensch ich empfinde nichts für diesen Mann‘ /I: Ja/ (3) und dann er hat gesagt, ‚ja, Mirja, wir können heiraten aber ich möchte das auch deine Kinder dabei sind‘ (4) und das hat mir so (2) heutzutage, hat mir so bisschen (1) was soll ich sagen, ich hab für für, Jürgen125 etwas empfunden, etwas Gefühle gehabt weil, er war nich schlecht mit meinen Kindern (1) /I: Mhm/ er war immer so, auf dieser Seite au- er war zusammen mit den Kinder er war, immer, für meine Kinder (1) es war, äh, dagegen [das Gegenteil], was hat mein Mann, mein (2) /I:Ja, also der erste Mann? /Der erste Mann, ja (1) und er hat gesagt ‚tjaa, wir müssen auch deine Kinder äh, nehmen‘ (2)“ (II 42/26 – 43/9).

Sie formuliert hier klar ihr Gefühl, dass sie nichts für ihn bis zur Hochzeit empfindet. Durch die Bemerkung von ihm, dass er möchte, dass ihre Kinder dabei sein sollen, kann er sie emotional für sich gewinnen. Dadurch, dass er also Interesse an ihren Kindern formuliert, verändern sich plötzlich ihre Gefühle ihm gegenüber. Kurz vor der bevorstehenden Hochzeit und dem Umzug nach A-Stadt, so berichtet sie, erfüllt sie sich einen persönlichen Traum:

„ich habe, ein Hochzeitskleid gekauft, weil, es war mein- was soll ich sagen, es war ein Traum (1) ein weißes Kleid zu haben (2) ich habe gesagt ‚ich möchte nicht dass, Jürgen dieses Kleid kauft, ich kann das mit meinem Geld, kaufen‘ /I: Hm/ dann hab ich das gekauft I((lacht))E:((belustigt)) Ich war mit meinem Freund, in München dort hab ich mein Kleid gekauft (2) ja?, haben wir Meny und Vicky (2) geholt (3) und (2) es war März, es war, 10. März (5) in, in A-Stadt war kein Schnee, aber in Bayern hat es angefangen, zu (2) zu schnei-en /I: Mhm/ (2) ((seufzt)) hab ich die Kinder genommen hab ich mein Hochzeitskleid genommen, dann wir sind weg, wir sind weg ungefähr, 200- nee 100 Kilometer weit (1) von (2) von zu Hause (3) in meiner Wohnung war mein Freund geblieben, der hat gesagt, ‚ja Schatz ich will auch sehen deinen-, [Mann] aber ich habe nie mehr Kontakt mit meinem- ich war mit meine Freund nie wieder, im Bett, mit meinem Freund, er hat gesagt ‚ich möchte auch sehen was für ein Auto hat dein (2) äh, Mann“ (II 43/30 – 44/15).

Mirja geht mit ihrem damaligen Freund los, mit dem sie parallel eine Beziehung hat, und kauft ein weißes Hochzeitskleid von ihrem eigenen Geld. Der Freund hat Anteil an der Erfüllung ihrer Träume, aber er ist nicht derjenige, mit dem sie sie verwirklichen kann. Das Ehearrangement, um den Aufenthalt zu sichern, wird also zunehmend von anderen Symbolen und damit verbundenen Wünschen und Sehnsüchten überlagert. Es findet eine langsame Umdeutung der Situation statt.

Im März 1994 wird nach vielen Widrigkeiten geheiratet. Mirja wird jedoch im April von der Ausländerbehörde aufgefordert nach Rumänien auszureisen, um in Rumänien ein Visum für Deutschland zu beantragen. Im April 1994 reist Mirja mit ihren Kindern aus Deutschland aus. In Rumänien wird die Erteilung eines Visums jedoch abgelehnt, weil sich der deutsche Ehemann nach Angaben der deutschen Botschaft nicht kümmert.

Mirja lebt in dieser Zeit in Rumänien mit ihren Kindern zuerst bei ihren Eltern. Der Vater trinkt und schlägt die Mutter wieder und sie zieht darum zu dem Bruder, der in großer Armut lebt und seine eigene Familie und Mirja

125 Anonymisierter Name des Ehemannes.

und ihre Kinder kaum ernähren kann. Die Visaerteilung wird ein Jahr lang immer abgelehnt und Mirja macht 1995 zwei gescheiterte illegale Einreiseversuche nach Deutschland mit den Kindern. Beim dritten Versuch ohne die Kinder schafft sie es, wird in Deutschland jedoch festgenommen und inhaftiert[126], weil sie wegen eines Autounfalls noch 600 DM Schulden hatte. Eine Anwältin im Gefängnis nimmt für sie Kontakt zum Ehemann auf. Der Ehemann holt sie nach 1 ½ Monaten ab und nimmt die sexuelle Beziehung wieder zu ihr auf. Mirja wird in Deutschland geduldet, kann aber keine Aufenthaltserlaubnis beantragen und ist faktisch aus Sicht der Ausländerbehörde illegal.[127] Sie hat wechselnde Unterkünfte, vermittelt durch den Ehemann, und ist dort mehrere Male sexuellen Belästigungen ausgesetzt.

Bei der Freundin des Ehemannes, die er ihr als seine „Sekretärin" vorstellt, kann sie sich polizeilich anmelden. Sie reist zum zweiten Mal nach Rumänien aus, um ein Visum zu beantragen und kehrt nach einer Woche zurück. Mirja findet bald darauf Arbeit und eine eigene Wohnung und holt ihre Kinder nach Deutschland. Der Ehemann wohnt mit einer anderen Frau zusammen. 1997 wird Mirja jedoch schwanger von ihrem Ehemann und entscheidet sich dafür das Kind zu bekommen. Sie bekommt das Kind zu einem Zeitpunkt, wo sie ein hohes Maß an Unabhängigkeit erreicht hatte. Sie hat eine eigene Wohnung[128], hat Arbeit, verdient eigenes Geld und trifft sich nur gelegentlich mit dem Ehemann, um mit ihm zu schlafen, wie sie offen berichtet, oder ins Restaurant zu gehen. Nach ihrer Darstellung verweigert sie dann für einige Monate den Sex mit ihm, weil sie sich die Spirale ziehen lassen musste und er nicht bereit war zu verhüten. Nach Liebesbekundungen seinerseits und seinem formulierten Wunsch nach einem Kind, lässt sie sich darauf ein und wird schwanger. Sie beschreibt, wie es zu der Schwangerschaft kam:

„er hat gesagt ‚ja Mirja (1) ich möchte mit dir schlafen' ich habe gesagt ‚nee, mit Kondom' er sagt ‚**neeein**, ich möchte kein Kondom' ich habe gesagt ‚ja aber, ich möchte kein Kind', ‚doch doch doch, ich möchte mit dir ein Kind' ich habe gesagt ‚nee', da haben wir so ein bisschen äh, hin und her äh, gestritten, und dann auf einmal ich habe gesagt ((seufzt)), vielleicht, es ist so vielleicht er liebt mich vielleicht, und er geht nich mit anderen [Frauen] /I: Mhm/ (1) und, wieso nicht, ich bin auch eine Frau ich muss auch mit meinem Mann schlafen wie lange soll ich bleiben so er ist mein Mann' /I: Mhm/ (1) und da hab ich gesagt ‚naja vielleicht bin ich nicht schwanger, ' ja, dann war, dann war es ein Fehler, weil, ich war schwanger" (II 76/6 – 16).

---

126 Vgl. Eingangserzählung.

127 Die Illegalität bezieht sich darauf, dass sie sich zwar mit Wissen der Ausländerbehörde in Berlin aufhält und geduldet wird, jedoch daraus keinen Anspruch auf Erteilung eines Aufenthaltes geltend machen kann, obwohl sie mit einem Deutschen verheiratet ist. Dazu benötigt sie zuerst eine polizeiliche Anmeldung und dann ein Visum, das sie sich in Rumänien ausstellen lassen muss.

128 Mirja Johannsen hat mit ihrem Ehemann während der ganzen Ehe nicht zusammengelebt.

Mirja Johannsen entscheidet sich in dieser Situation für ihre Sehnsüchte nach einer Liebesbeziehung. Sie versucht daran zu glauben, dass der Ehemann wirklich keine anderen Beziehungen zu Frauen habe, wie er immer behauptete, obwohl alles, was sie wahrnimmt, dagegen spricht. Sie entscheidet sich also in der Situation dafür, ihre Wahrnehmung zu verdrängen. Als sie dem Ehemann von der Schwangerschaft berichtet, will er sie zu einer Abtreibung überreden. Aus Enttäuschung bricht sie den Kontakt zu ihm ab. Ihren eigenen Entscheidungsprozess für das Kind schildert sie so:

„in dieser Zeit ich war zur Arbeit, ich habe nur nachts gearbeitet, /I: Mhm/ (2) ffffffff, ich war ein paar Wochen wie verrückt ich habe gesagt ‚mein Gott was soll ich machen, soll ich abtreiben oder soll ich nicht abtreiben?‘ (1) In Rumänien ich habe so alleine gemacht so (2) viel (3) und trotzdem, ich habe, meine Kinder groß- -gezogen, aber hier in Deutschland (1) hast du alles, au- auch wenn du **alleine** bist (2) dann kannst du dein Kind allein, großziehen (2) dann ich war so und so hab ich mit den Kindern geredet, ich war zur Arbeit ich habe gesagt ‚soll ich, es wegmachen?‘ (2) Das ist (2) ich habe Angst, vor Gott gehabt, ich habe gesagt, wenn ich abtreibe, zum Beispiel damals ich konnte sagen (2) mein Gott ich treibe ab weil, ich habe kein, Essen für mein Kind, oder keine Kleidung aber **jetzt** (2) wenn es gibt so viel (1) wieso soll ich töten dieses Kind? Da hab ich gesagt ‚nein (2) ich treibe nicht ab‘ (1) und dann (1) ich habe **nie:** (1) öh Kontakt mit meinem Mann [gehabt] , ich glaube in drei Monaten, ich wollte nicht anrufen ich wollte gar nix sagen (1) ich habe gesagt ‚scheißegal was er sagt, scheißegal was, nein, **ich** mache (1) diese Kind, **ich**, bezahle für diese Kind, **ich**, mache, ich bin, verantwortlich für diese Kind (1)‘ “(II 77/05-23).

Hier wird sichtbar, wie sie sich mit unterschiedlichen moralischen Fragen auseinandersetzen muss. Eine Abtreibung ist demnach für sie nicht legitim, weil es ihr so gut in Deutschland geht. Sie spricht von „Gott“, der sie dafür bestrafen könnte, dass sie ein Kind in dieser privilegierten Situation abtreibt. In Rumänien gab es für sie die Möglichkeit Abtreibungen moralisch zu legitimieren, weil sie so arm war. Diese Sicht zeigt die moralische Grundlage ihres Handelns. Die Verwirklichung eigener Ziele und Wünsche ist daran gebunden.

Nach dem Kontaktabbruch kommt es zu einem Treffen mit dem Ehemann. Mirja Johannsen beschreibt, wie er seine Position gegen das Kind ändert und die Beziehung von seiner Seite in der Phase der Schwangerschaft intensiver als je zuvor wird. Sie ist durch sein plötzliches Engagement emotional hin- und hergerissen:

„Und dann er war von diesem Tag an **jeden** Tag vorbeigekommen hat gekuckt hat gekauft hat (2) äh, alles gemacht (2) so lange ich war schwanger /I: Mhm/ (2) ich habe gesagt ‚nein Jürgen, wieso kommst du jetzt vorbei wieso machst du das? Ich, es ist **nicht** deine **Pflicht**, das ist nur **meine**, ich sage dir nicht dass du **musst** etwas machen für das Kind‘, ‚jaa wieso nicht, du bist meine Frau‘ immer wenn er wollte er hat gesagt ‚ich bin seine Frau‘, wenn er wollte nicht etwas ‚ach!‘ (2) /Mhm/ Gut, gut es war nicht so schlimm, ja?, ich habe gesagt ‚na gut (2) aber (1) ich habe so in meinem Kopf gedacht ‚hach, was soll ich machen weil es iss so schwierig‘ (2) weil ich hatte kein Vertrauen (2) ich kann nicht glauben dass er hat nichts zu tun mit anderen Frauen, aber auf der anderen Seite, ich kann auch nicht dieses

Kind wegmachen /I: Mhm/ (2) und da hab ich gesagt ‚mein Gott ich kann nicht verstehen mein Leben (1) aber (2) trotzdem, trotzdem ich mach weiter' (1)" (II 78/08-24).

Hier thematisiert sie das Vertrauensdefizit auf ihrer Seite. Er engagiert sich und verunsichert sie damit, weil sie ihm nach den vielen Enttäuschungen nicht mehr glauben will. Sie versteht „ihr Leben" selbst nicht mehr und entschliesst sich weiterzumachen. Vermutlich greift sie hier auf eine bewährte Strategie zurück, ihren Lebensweg zu gehen, ihre Ziele zu verfolgen unabhängig von den äußeren Bedingungen. Sie kann ihn nicht aus ihrem Leben verbannen. Es ist zu vermuten, dass aufenthaltsrechtliche Folgen für diese Ambivalenz mitverantwortlich sind. Sie ist zu diesem Zeitpunkt noch nicht 3 Jahre mit ihm in Deutschland verheiratet und hat damit noch keinen Anspruch auf einen eigenständigen Aufenthalt. Jedoch wird deutlich, dass sich für Mirja Johannsen die pragmatische und die emotionale Ebene untrennbar miteinander verknüpft haben.

Im Januar 1998 wird die Tochter geboren. Sie kommentiert die Geburt der Tochter mit den Worten:

„'98, habe ich sie, ähm, **gekriegt**, und- und dann fängt so: Schwierigkeiten- hat angefangen meine meine, meine Probleme sozusagen nach, nach Elisas Geburt." (I 5/25-27).

Die Äußerung, dass hier die Probleme angefangen haben, lässt darauf schließen, dass durch die emotionale Verstrickung die Probleme eine andere Dimension bekommen haben. Denn auch schon vor der Geburt der Tochter und in der Präsentation, die vorangeht, gab es objektiv gravierende Probleme für Mirja Johannsen zu bewältigen.

Mirja nimmt Erziehungsurlaub, lebt von Sozialhilfe. Der Ehemann ist in kriminelle Aktivitäten verwickelt und Mirja wird involviert, weil er ein Konto auf den Namen der Tochter für einen Scheckbetrug nutzt und dieser Vorgang bei der Bank auffliegt.

1999 reist sie mit ihm nach Sri Lanka. Er nimmt ihr dort die Pässe ab, kassiert, wieder zurück in A-Stadt, die gesamte Sozialhilfe und gibt ihr davon kein Geld ab. Mirja sucht eine Frauenberatungsstelle auf, damit die Zahlungen des Sozialamtes zukünftig an ihn eingestellt werden. Detailliert berichtet sie von ihren Erfahrungen mit ignoranten SozialamtsmitarbeiterInnen, die dem deutschen Ehemann den Vertrauensvorschuss geben und ihm erst nach mehrmaliger Aufforderung das Geld für Mirja und die Kinder nicht mehr auszahlen. Mirja beantragt die Scheidung und das Sorgerecht für die gemeinsame Tochter. Er fordert ebenfalls das Sorgerecht und sie stimmt dem gemeinsamen Sorgerecht zu, nachdem er ihr gegenüber seine Liebe beteuert und ihr zusichert, dass es keine anderen Frauen gäbe und sagt, dass er sich ein weiteres Kind von ihr wünschen würde. Es folgt eine weitere Reise im Juni 1999 in die Dominikanische Republik. Auf dieser Reise begleiten ihn mehrere seiner „Mitarbeiterinnen", mit denen er hier offen sexuelle Beziehungen lebt. Insgesamt wird aus der Perspektive von Mirja hier ein Milieu von Millionären, geheimnisvollen Geldübergaben und Luxus beschrieben. Mehrere Vorfälle und Eskalationen führen zu einem endgültigen Bruch in der Beziehung. Eine Frau, mit der der Ehemann seit langem ein Verhältnis hat, konfrontiert Mirja mit ihrer Sichtweise zu der Beziehung:

„'**ach Mirja**, soll ich dir sagen, er hat gesagt, er hat mit dir geheiratet nur für die Papiere, /I:Hmh/ er lebt nicht mit dir du bist dumm er muss machen alles für dich, er muss die Wohnung für dich bezahlen, er muss für, dich, äh, überall, äh, äh, hingehen, du bist dumm, du machst gar nichts **außerdem** Elisa ist nicht sein Kind', ich habe gesagt **wie bitte**? und das hat **so** weh getan, **nur** dieses Wort, das er steht nicht auf **sein** Kind, /I:Hmh/da habe ich gesagt, ,nein, das **stimmt** nicht, er **wollte**- jahrelang er hat gesagt, er will ein Kind mit mir haben. ' " (I 15/3-11).

An dieser Stelle wird deutlich, dass sie insbesondere durch die Geburt des Kindes etwas anderes in der Beziehung zu ihm gesehen hat, als die Verfestigung ihres Aufenthaltes. Sie hatte die Hoffnung, dass sie durch das gemeinsame Kind eine emotionalere Verbindung miteinander haben könnten. Mirja Johannsen hat ihre Beziehung zu ihm an mehreren Stellen damit begründet, dass er ihre Kinder unterstützt oder anerkannt hat. Über die präsentierte Zuwendung von ihm zu ihren Kindern kann sie ihn akzeptieren. Deswegen trifft sie dieser Verrat besonders.

Sie kehren von der Reise zurück und sie wendet sich an das Jugendamt, um das alleinige Sorgerecht für die Tochter zu beantragen. Mirja berichtet, wie er sie unter Druck setzt und erpresst:

„Aber nach diesem äh Urlaub, nach diesem Urlaub er hat gesagt:,ich zeige dir was ich kann ich bin Deutscher ich lüge so viel und alle glauben was ich sage, nur das hat er gesagt, er hat gesagt: ,ja ich schicke ein paar Ausländer zu [dir nach] Hause' die ganze Zeit er hat so gesagt für mich Und auch an diesem Tag hat er gesagt' ich schicke ein paar Ausländer zu [dir nach] Hause und die klopfen bei Deinen Nachbarn und fragen äh ob Mirja da wohnt und und alle bezeichnet Dich als Nutte und Du fliegst sowieso nach Hause (2) und ich kriege **Elisa**" (I 18/17-24).

Hier wird die Eskalation in der Beziehungsdynamik erkennbar. Der Machtkonflikt bricht an der Sorgerechtsfrage offen aus. Der Ehemann agiert seinen Machtanspruch als Deutscher aus, indem er ihr droht. Er will ihr klarmachen, dass ihr nicht geglaubt werden wird, weil sie nicht deutsch sei. Er versucht sie darüber zu treffen, dass er ihre sexuelle Moral über ihre ethnische Zugehörigkeit stigmatisiert. Er bezieht sich auf Bilder, die im gesellschaftlichen Diskurs sehr wirkungsvoll sind.

Unter Tränen berichtet sie, wie er am Wochenende, mit einem Beschluss über die Erteilung des Aufenthaltsbestimmungsrechts über die gemeinsame Tochter, mit der Polizei vor der Tür steht und die Tochter mitnimmt, obwohl sie zu dem Zeitpunkt noch gestillt wurde. Er bezeichnet Mirja als „Zigeunerin" und „Rumänin", die ihr Kind vernachlässigen würde und das Kind nach Rumänien entführen wolle. Sie kann erst nach einigen Tagen, unter großen Schwierigkeiten, ihre Tochter mit einem weiteren Beschluss zurückholen.

Die zuständige Richterin begründet ihren Entschluss für die Mutter nur damit, dass sie noch stillt. Anderenfalls wäre die Tochter bis zur endgültigen Klärung des Sorgerechts beim Vater geblieben. Danach entschließt sich Mirja, mit den beiden jüngeren Töchtern ins Frauenhaus zu gehen:

„Weil ich Angst gehabt habe, weil ich gedacht habe: mein Gott er ist Deutscher **so**, was hat er gesagt, er ist Deutscher, er lügt und alle Leute glauben das, er **hat es geschafft** und habe ich gedacht: gut lieber in ein Frauenhaus [gehen] bis wann entscheidet was kann machen /Hmh/ dann bin ich hierher gekommen, er hat zwei drei Anträge geschrieben, das, ich bin Zigeuner: ((ausatmend)) er hat Angst: um Elisa weil ich mich nicht um sie kümmere; er ist besser er ist gut; er ist- /((ironisch)) ja dann bin ich hier [im Frauenhaus], ((Luft einziehend)) (2)“ (I 23/1-9).

Sie sieht seine reale Macht, die er als Deutscher hat. Ihre Erfahrungen mit Behörden haben ihr gezeigt, dass er sich durchsetzen kann und dass ihm erstmal immer geglaubt wird. Sie als ‚Zigeunerin‘ hat keine Chance dagegen anzukommen. Diese Realität konstatierend, sieht sie nur die Möglichkeit ins Frauenhaus zu gehen. Seitdem gab es mehrere Anträge des Ehemannes beim Familiengericht auf Erteilung des Sorgerechts. Die Kripo hat während des Aufenthaltes im Frauenhaus Kontakt zu ihr aufgenommen, um sie zu einer Anzeige gegen ihren Ehemann wegen seiner illegalen Geschäfte zu überreden. Sie hat sich gegen eine Aussage entschieden, weil ihr kein polizeilicher Schutz zugesagt werden konnte.[129] Das Sorgerechtsverfahren ist zum Zeitpunkt des Interviews noch nicht entschieden.

Mirja Johannsen beschreibt wie sie im Frauenhaus von Erinnerungen an die Flucht nach Deutschland und ihrer Angst vor der Polizei eingeholt wird.

„ich kriege Angst, wenn ich einen **Hubschrauber** höre (2) ich, kriege, Angst, weil ich bin illegal gekommen (...) damals, und der Hubschrauber war oben, hat uns, äh, äh, äh, geguckt, gesucht, da habe ich Angst, oder, wenn jemand ist in, im Zimmer und will mit mir reden, so auf einmal, ‚**Mirja**‘, dann, dann kriege ich Kopfschmerzen, kriege ich Angst, kriege ich - weiß nicht. Und deswegen ich war so ein bisschen empfindlich sozusagen, habe ich immer gesagt: ‚bitte nicht so-, hat nicht **geklappt** und dann jetzt Anfang Januar, es war mir so schlecht (1) meine Nase hat geblutet, **ach** der Kopf war- ich habe gedacht, ich gehe in die Psychiatrie, auch so meine Schwierigkeiten weil er hat - mein Mann - hat so viele Briefe geschrieben an die Polizei, an überall.“ (I 32/10-23).

Alles verbindet sich in ihrer Wahrnehmung: die Flucht, die Erfahrungen mit der Polizei, mit dem Ehemann, der nicht aufhört sie zu verfolgen. Dazu kommen Konflikte mit Bewohnerinnen, die sie teilweise als sehr rücksichtslos empfindet. Es zeigt sich, dass im Frauenhaus diese Erfahrungen kumulativ zum Ausbruch kommen und sich in einer Krise manifestieren. Unterschiedliche belastende und traumatisierende Erfahrungen können nicht mehr zurückgedrängt werden.

---

129 Eine Mitarbeiterin des Frauenhauses hat sie zum LKA begleitet und bestätigt, dass gegen den Ehemann intensiv und schon seit einiger Zeit ermittelt wurde und es ein großes Interesse gab, Mirja zur Aussage zu überreden.

Mirja Johannsen versucht, über den Auszug in eine Zufluchtswohnung für sich und ihre Kinder eine ruhigere Situation zu schaffen.

7.1.5 Zusammenfassung

Im gesamten Interview spiegelt sich die innere Zerrissenheit von Frau Johannsen zum Zeitpunkt des Interviews wider. Deutlich wird dies durch die Zweiteilung der Lebensgeschichte im Interview. Der erste Teil der Lebensgeschichte spiegelt den Wunsch nach Distanzierung als Reaktion auf die Krise wieder und ist Ausdruck der Gegenwartsperspektive. Der zweite Teil der Lebensgeschichte verdeutlicht als „Geschichte hinter der Geschichte" die Genese und die Ambivalenzen der Lebensgeschichte.

7.1.5.1 Ethnisierung als Machtstruktur und Ressource

Die Beziehung zum zweiten Mann ist sowohl in der ersten als auch in der zweiten Hauptrrzählung das dominante Thema. Im Gegensatz zur ersten Erzählung steht jedoch bei der zweiten Haupterzählung die Beziehungseben im Zentrum der Darstellung. Mirja Johannsen beschreibt detailliert, wie sie den Mann kennen lernt und wie sich ihre ambivalente emotionale Bindung an ihn entwickelt hat. In der Gesamtdarstellung der Lebensgeschichte ist die Präsentation des Ehemannes sehr dicht mit den Emotionen von Mirja Johannsen verknüpft. Er macht ihr Angst und kann sie gleichzeitig oder gerade deshalb an sich binden. Sie geht die Ehe mit ihm aus aufenthaltsrechtlichen Gründen ein. Ehe symbolisiert für Mirja Johannsen aber auch Wünsche nach Zugehörigkeit und Romantik.[130] Das wird im gesamten Interview deutlich. Diese Symbolik wird immer mehr von ihr in der Realität der Beziehung gesucht und behindert sie zunehmend in ihrer Handlungsfähigkeit. Sie schafft es jedoch, zwischen Wunsch und Realität auszubalancieren, solange keine weiteren Abhängigkeiten als der formale Ehestatus entstehen. Sie sorgt dafür durch die eigene Wohnung, ökonomische Unabhängigkeit und getrennte Lebensmittelpunkte. Der Ehemann mit seinem überlegenen Status als Deutscher, mit seinen Verbindungen zu kriminellen Milieus und seinem Auftreten als finanzkräftiger Patriarch ist für sie anziehend und bedrohlich zugleich. Als der Mann jedoch die latenten und unterdrückten Wünsche nach Zugehörigkeit, die bei Mirja Johannsen mit ‚Familie' assoziiert werden, durch die Formulierung seines Wunsches nach einem gemeinsamen Kind aktiviert, gerät ihre gefundene Balance aus dem Gleichgewicht. Sie kann ihre latente emotionale Verstrickung nicht mehr kontrollieren und das gefundene System zur Ausbalancierung bricht zusammen. Durch das Kind wird sie emotional verwundbarer. Der Ehemann wird immer mehr als omnipotent und gefährlich

130 Vgl. Beispiel Hochzeitskleid

erlebt und ist dies in der Realität auch, weil er seine gewonnene emotionale Macht gezielt als ‚Deutscher' gegen sie einsetzen kann. Mirja Johannsen wird von ihm auf ihre ethnische Zugehörigkeit und auf ihren formalen Status als ‚Ausländerin' reduziert, und er nutzt seine Position, um sie zu erpressen und sie mit dem Entzug des Sorgerechts und Abschiebung zu bedrohen.

Während Mirja Johannsen sich während des gesamten Interviews nur an einer Stelle in der Präsentation als ‚Zigeunerin' positioniert, erwähnt sie diese Zugehörigkeit mehrfach im Kontext der Diskriminierung durch den Ehemann. Ihren Weg ins Frauenhaus sieht sie als Scheitern aufgrund ihrer ethnischen Zugehörigkeit zum Kollektiv der ‚ZigeunerInnen', die gegen einen Deutschen keine Aussicht haben, sich durchzusetzen.[131] Durch diese Eskalation in der Beziehungsdynamik (Sorgerechtskonflikt und Ethnisierung) werden vermutlich Erinnerungen an Rumänien und damit verbundene Ohnmachtserfahrungen reaktiviert.

In der Darstellung des Ehemannes als ‚Deutscher' transportiert sich in der Gesamtsicht auf das Interview der Eindruck, dass Frau Johannsen sich und ihre Gefühle in der akuten emotionalen Krise bewusst in diesen Kontext ethnischer und nationaler Zugehörigkeiten stellen will, um Kontrolle über ihr Leben wiederzuerlangen. Eventuell verfügt Mirja Johannsen als Angehörige der Roma über die Erfahrung, Diskriminierungen nicht nur individuell als Verletzung einzuordnen, sondern strukturell wahrzunehmen.[132] Es gibt hier demnach eine Kontinuität und eine Ressource mit Diskriminierung umzugehen. Die emotionale Verstrickung und die Abhängigkeit in der Beziehung wiegen hier wahrscheinlich besonders schwer, weil es sich für Mirja Johannsen um gescheiterte Normalisierungsstrategien handelt. Die Ethnisierung der Beziehung, die sie selbst im ersten Teil des Interviews vornimmt, kann als eine Reaktion auf die Ethnisierung der Beziehung auf den verschiedenen Ebenen, die sie selbst erlebt hat, interpretiert werden. Ethnisierung kommt hier als ein Aspekt der Viktimisierung zum Tragen, kann aber gleichzeitig von Mirja Johannsen als eine Ressource in der psychischen Bewältigung von Machtmissbrauch und in der manifesten Krise genutzt werden.

131 Erwähnenswert ist in diesem Zusammenhang auch noch die Information, dass sich Frau Johannsen im Frauenhaus gegenüber Bewohnerinnen und Mitarbeiterinnen in den ersten Monaten nicht als Roma zu erkennen gibt, obwohl es mehrere andere Romafrauen im Haus gibt und es nicht häufig vorkommt, dass die Zugehörigkeit zu einer Minderheit im Frauenhaus verschwiegen wird. Bei Frau Johannsen war es jedoch insgesamt so, dass sie erst nach einigen Monaten ihre Geschichte vollständig gegenüber der beratenden Sozialarbeiterin präsentiert hat, weil sie viele Ängste hatte, dass Informationen gegen sie verwendet werden könnten.

132 Es könnte sich hier ihre Erfahrung bestätigen, dass die dominante Mehrheit, ob in Rumänien oder Deutschland, ihre Macht letztendlich immer missbrauchen wird.

7.1.5.2 Migration als Abgrenzung vom Herkunftskontext

Es wird deutlich, dass die Migration von Rumänien nach Deutschland im Leben von Mirja Johannsen ein biographischer Wendepunkt ist, der sich in der Zweiteilung der erzählten Lebensgeschichte widerspiegelt. Das heißt, dass sie ihre Erfahrungen zum Zeitpunkt des Interviews noch nicht in eine konsistente Lebensgeschichte integrieren kann. Ihr Leben ist zweigeteilt, und das spiegelt sich auch in der Narration wider. Die Migration nach Deutschland wird zum Symbol für Aufbruch, für Autonomie und für Abgrenzung von der Herkunft. Das Leben als Asylbewerberin wird als aktive, selbstbestimmte Phase beschrieben. Es findet hier eine intensive Neuorientierung und Identitätssuche und die Überprüfung eigener Selbst- und Fremdbilder durch Vergleichsprozesse statt. Mirja Johannsen nimmt durch viele Beleggeschichten symbolische Abgrenzungen von anderen vor und konstruiert darüber ihr Selbstbild wie ‚die fleißige Arbeiterin' und ‚die anständige Frau'. Alle ihre Bemühungen ändern jedoch nichts an der Tatsache, dass ihr die Anerkennung verweigert wird und die Negativzuschreibungen, die mit der ‚Zigeunerin' konnotiert sind, sie wieder einholen.

Der Stellenwert von Arbeit und Leistung in ihrem Leben deutet auf eine Identifikation mit den Werten der Mehrheitsgesellschaft hin und ist sowohl in Deutschland als auch in Rumänien mit Anerkennung und Akzeptanz verbunden. Während der Suche nach ‚Normalität', bei Mirja Johannsen unter anderem repräsentiert durch die exponierte Bedeutung von Arbeit und Wohnung, thematisiert sie Werte der rumänischen und deutschen Mehrheitsgesellschaft. Sie definiert sich stark über diese symbolträchtigen Werte[133] und

133 Vgl. das Dekret Nr. 153 dargestellt in der Fußnote 7 dieses Beitrags.

133 Über diesen Freund wird im Interview von Mirja Johannsen kaum etwas mitgeteilt.

133 Anonymisierter Name des Ehemannes.

133 Vgl. Eingangserzählung.

133 Die Illegalität bezieht sich darauf, dass sie sich zwar mit Wissen der Ausländerbehörde in Berlin aufhält und geduldet wird, jedoch daraus keinen Anspruch auf Erteilung eines Aufenthaltes geltend machen kann, obwohl sie mit einem Deutschen verheiratet ist. Dazu benötigt sie zuerst eine polizeiliche Anmeldung und dann ein Visum, das sie sich in Rumänien ausstellen lassen muss.

133 Mirja Johannsen hat mit ihrem Ehemann während der ganzen Ehe nicht zusammengelebt.

133 Eine Mitarbeiterin des Frauenhauses hat sie zum LKA begleitet und bestätigt, dass gegen den Ehemann intensiv und schon seit einiger Zeit ermittelt wurde und es ein großes Interesse gab, Mirja zur Aussage zu überreden.

133 Vgl. Beispiel: ochzeitskleid

133 Erwähnenswert ist in diesem Zusammenhang auch noch die Information, dass sich Frau Johannsen im Frauenhaus gegenüber Bewohnerinnen und Mitarbeiterinnen in den ersten Monaten nicht als Roma zu erkennen gibt, obwohl es mehrere andere Romafrauen im Haus gibt und es nicht häufig vorkommt, dass die Zugehörigkeit zu einer Minderheit im Frauenhaus verschwiegen wird. Bei Frau Johannsen war es jedoch insgesamt so, dass sie erst nach einigen Monaten ihre Geschichte vollständig gegenüber der beratenden Sozialarbeiterin

grenzt sich mit Hilfe dieser Konstruktionen deutlich von Bildern über die Roma als Minderheit in Rumänien und in Deutschland ab. Damit ist die Abgrenzung von ihrer Herkunft, aber auch von der Aufnahmegesellschaft, kopräsent. Ihre Herkunft als Angehörige der Roma (‚Zigeunerin', ‚Zigeunerfamilie') thematisiert sie im Kontext der rassistischen Bedrohung durch den deutschen Ehemann und im zweiten Teil des Interviews nur im Zusammenhang mit Familie als Zwangsgemeinschaft, aus der man sich nicht wirklich lösen kann. Der Vater wird hier im Kontext von Gewalt und Grenzüberschreitung präsentiert.

Mirja Johannsens Selbstbild konstruiert sich aus der Abgrenzung von anderen. Ihr Streben nach moralischer Integrität und Überlegenheit ist gleichzeitig Überlebensstrategie und Selbstverleugnung. Dies steht eventuell im Zusammenhang damit, dass sie in ihrem Leben nicht die Erfahrung macht, Verantwortung mit anderen teilen zu können. Der Alkoholismus des Vaters, seine Gewalttätigkeit der Mutter gegenüber und ihre eigenen Opfererfahrungen in der Kindheit, die sie nur indirekt formuliert, können eine wesentliche Ursache für diesen Verantwortungsdruck sein.

Es lässt sich die fallspezifische Hypothese aufstellen, dass Mirja Johannsen in der Verknüpfung der familiären Gewalterfahrungen mit der Zugehörigkeit zu einer diskriminierten Minderheit eine Ethnisierung ihrer familiären Probleme als psychische Bewältigungsstrategie vornimmt. Über die Auseinandersetzung mit den ‚schlechten Männern' in ihrem Leben wird diese Grundstruktur wiederholt. Die ‚schlechten Männer' dominieren das eigene Leben. Die Anstrengung sich zu lösen wird jedoch nicht aufgegeben. Der deutsche Ehemann und die Geburt einer gemeinsamen Tochter werden zum ambivalenten Symbol für die Sehnsucht nach Verantwortungsabgabe, aber auch nach abgewehrten Wünschen von Zugehörigkeit. Die anfängliche Motivation für dieses Arrangement, der Aufenthalt in Deutschland, wird zunehmend von Sehnsüchten und Wünschen überlagert. Erst als sich die Aggression des Ehemannes direkt gegen Mirja Johannsen richtet und sie den Eindruck gewinnt, dass ihre Kinder gefährdet werden könnten, konfrontiert sie sich mit der Realität. Diese Konfrontation stürzt sie jedoch in eine existenzielle Krise, die mit der Flucht in das Frauenhaus ihren Höhepunkt erreicht.

Die krisenhafte Zuspitzung des Beziehungsarrangements mit dem Ehemann ist zu aktuell, um zum Zeitpunkt des Interviews in die gesamte Lebensgeschichte integriert werden zu können. Das wird durch viele Perspektivenwechsel in den beiden Teilen des Interviews deutlich. Der Frauenhausaufenthalt wird hier für Mirja Johannsen zu einem Kulminationspunkt in der

präsentiert hat, weil sie viele Ängste hatte, dass Informationen gegen sie verwendet werden könnten.

133 Es könnte sich hier ihre Erfahrung bestätigen, dass die dominante Mehrheit, ob in Rumänien oder Deutschland, ihre Macht letztendlich immer missbrauchen wird.

133 Vgl. das Dekret Nr. 153 dargestellt in der Fußnote 7 dieses Beitrags.

Krise und zur Gegenwartsschwelle, von der ausgehend sich das Interview strukturiert.

7.1.6 Fazit

Mirja Johannsen versucht, durch Abgrenzung von unterdrückenden Strukturen und Menschen und durch ihre Hauptressourcen (Leistungsfähigkeit und Belastbarkeit) Zuschreibungen von „Ethnizität" und „Geschlecht" individuell und aktiv zu überwinden. Auf der Handlungsebene ist sie mit ihrer Strategie erfolgreich, weil sie Grenzen, die von außen betrachtet unüberwindbar erscheinen, überwindet. Emotional bewegt sie sich jedoch ambivalent im Dualismus und in der Symbolik dieser Zuschreibungen. Die faktische Abhängigkeit durch das bestehende Ausländergesetz verbindet sich in der Beziehung zu dem deutschen Ehemann mit Hoffnungen und Wünschen nach Zugehörigkeit. Das Frauenhaus symbolisiert in ihrer Lebensgeschichte das Scheitern ihrer Handlungsstrategien und den anschließenden emotionalen Kontrollverlust als Krise. Offen bleibt zum Zeitpunkt des Interviews die Frage nach der Relevanz der Krise für das weitere Leben.

Am Beispiel von Mirja Johannsen lässt sich exemplarisch darstellen, wie die Migration die Funktion haben kann, aus gewalttätigen Beziehungen im Herkunftskontext zu flüchten, und wie dann im Aufnahmeland strukturelle Zwänge, z. B. eine Heirat um eine Abschiebung zu verhindern, einen Umdeutungsprozess durch den Wunsch nach Zugehörigkeit und Liebe auslösen und dann als emotional bedeutsame Erfahrung in die Biographie integriert werden. Für Mirja Johannsen ist die Erfahrung von psychischer Gewalt durch den Ehemann an ihre Zugehörigkeit zu einer diskriminierten Minderheit gekoppelt. Die Beziehung entstand als Ergebnis aufenthaltsrechtlicher Strukturen in Deutschland. Relevant ist in dieser Fallstudie die Perspektive von Mirja Johannsen als Angehörige einer Minderheit im Herkunftsland, die tradierte Erfahrungen mit Diskriminierung hat. Diese Erfahrung kann im Kontext der Migration und der Unterdrückungserfahrungen mit dem deutschen Ehemann einerseits als Reviktimisierung und andererseits als Ressource wirksam werden. Die Verarbeitung der erlebten Gewalt auf der Ebene gesellschaftlicher Unterdrückungs- und Ausgrenzungserfahrungen ist hier als eine Bewältigungsstrategie im Umgang mit der erlebten Gewalt einzuordnen.

7.2 Nihad Amin (Irak/Deutschland): „…und ich habe gemerkt mein Mann ist wie meine Mutter“

7.2.1 Der Interviewkontext

Frau Nihad Amin[134] ist 1972 in einer Kleinstadt in Irakisch-Kurdistan[135] geboren und dort in einer kurdischen Familie aufgewachsen. Sie lebte zum Zeitpunkt des Interviews in der Zufluchtswohnung eines Frauenhauses in einer deutschen Großstadt. Frau Amin hatte 1995 einen Mann in Irakisch-Kurdistan geheiratet, der 20 Jahre älter ist, bereits seit 18 Jahren in Deutschland lebte, die deutsche Staatsangehörigkeit hat, aber auch irakisch-kurdischer Herkunft ist. Er hatte sich auf einem Besuch in Irakisch-Kurdistan 1994 mit ihr verlobt. Nach der Hochzeit war sie mit ihm gemeinsam 1995 nach Deutschland gekommen. Sie haben mittlerweile zwei Söhne, die 1996 und 1997 geboren sind. Frau Amin wurde seit ca. 1998 von ihrem Ehemann misshandelt und vergewaltigt. Mit Hilfe des Jugendamtes ging sie 2001 in ein Frauenhaus mit angeschlossenen Zufluchtswohnungen. Dort lebt sie in einer eigenen Wohnung. In der direkten Nachbarschaft leben andere gewaltbetroffene Frauen in Zufluchtswohnungen. Frau Amin erhält in dem Frauenhaus Unterstützung in Form von Beratung, Betreuung der Kinder und Sprach- und Orientierungskursen. In dem Frauenhaus gibt es konzeptionell ein besonderes Angebot für gewaltbetroffene Migrantinnen und ihre Kinder. Bevor ich auf das Interview eingehe, gebe ich in Form eines kurzen Exkurses vorab einige grundlegende Informationen zu der Herkunftsregion von Frau Amin.

7.2.1.1 Exkurs: Irakisch-Kurdistan

Irakisch-Kurdistan, der nördliche Teil des Iraks, gehört geographisch betrachtet zu der Region Kurdistan.[136] Kurdistan umfasst Teile der Türkei, des Irans, des Iraks und Syriens (Ammann 2001:64). Obwohl es sich dabei nicht um einen eigenständigen Nationalstaat handelt und über den Begriff und die

134 Der Vorname wurde von der Erzählerin selbst als Pseudonym gewählt. Die Wahl des Nachnamens ist zufällig. Orte und prägnante Details der Lebensgeschichte wurden teilweise anonymisiert, um die Erzählerin, die immer noch bedroht ist, nicht zu gefährden.

135 Siehe unten Kap. 7.2.1.1. Exkurs: Irakisch-Kurdistan.

136 Ich verwende den Begriff Irakisch-Kurdistan, weil dieser in der Literatur verbreitet ist und beschreibt, um welche Region es sich handelt. Jedoch finde ich die Kritik von Strohmeier/Yalçın-Heckmann (2000:16) an diesen Begriffskonstrukten nachvollziehbar, weil sie darauf hinweisen, dass damit impliziert werde, dass es den jeweiligen Nationalstaat, in diesem Fall den Irak, gar nicht gäbe.

geographische Lage Kurdistans keine einheitliche Definition existiert, wird die Existenz dieser Region und der KurdInnen jedoch international in der Öffentlichkeit, im Wissenschaftsbereich und in der Politik anerkannt (a.a.O:63). Die Bevölkerung von Kurdistan ist jedoch genauso heterogen wie in anderen Regionen und es lassen sich keine einheitlichen Kriterien für eine ethnische Zugehörigkeit finden (a.a.O:64). Die Situation der kurdischen Bevölkerung ist historisch bestimmt von der Politik des jeweiligen Nationalstaats.[137] Im Irak leben ca. 4 Millionen Kurden, das sind etwa 18 % der Gesamtbevölkerung des Iraks (a.a.O:88). Seit dem Sturz der Monarchie 1958 im Irak gab es in Irakisch-Kurdistan ständig Aufstände gegen die jeweiligen Regierungen. Unter der Baath-Partei, die 1968, unterstützt vom Militär, die alleinige Macht erlangte, kam es 1970 zu einer Verfassungsänderung, die die KurdInnen als Minderheit im Staat anerkannte und Kurdisch als zweite Amtssprache in Irakisch-Kurdistan festlegte. Seit 1974 ist für die KurdInnen eine kulturelle und administrative Autonomie gesetzlich festgeschrieben. Eine weitergehende politische Partizipation und eine Festlegung der Grenzen des Autonomiegebietes wurden jedoch von der Zentralregierung in Bagdad aus Gründen des Machterhalts verhindert (vgl. Zülch 1991:60f). Zuvor gemachte Zusagen wurden nicht eingehalten, die politischen Fraktionierungen waren undurchschaubar und veränderten sich ständig.

Die KurdInnen im Irak waren seit der Regierungsübernahme Saddam Husseins politischen Verfolgungen ausgesetzt, die jedoch abhängig waren von den jeweiligen politischen Konstellationen oder Interessen. In Irakisch-Kurdistan lebten die Kurden im Vergleich zu den Nachbarstaaten in einer besonders extremen Situation. Sie konnten sich einerseits bestimmte Rechte erkämpfen, wurden als Minderheit anerkannt und hatten eine legale politische Vertretung. Andererseits waren sie im Irak einer politischen Repression ausgesetzt, die bis zur Massenvernichtung der Kurden als Minderheit führte (Strohmeier/ Yalçın-Heckmann 2000:121f). Während des Ersten Golfkrieges zwischen Iran und Irak 1980-1988 wurde massiv gegen die Kurden in Irakisch-Kurdistan vorgegangen, mit der Begründung, dass ein Teil der Kurden den Iran unterstützen würde. Bagdad vernichtete ganze Dörfer. Menschen wurden massenweise verhaftet, verschleppt, gefoltert und exekutiert. Der Giftgasangriff gegen die Stadt Halabja von 1988 ist zum gewalttätigen Höhepunkt und Symbol dieser Repression geworden. 5000 Menschen, überwiegend Zivilisten, wurden getötet. Die „Operation Anfal“[138] wurde jedoch in anderen Teilen des Nordiraks fortgesetzt. Es wird von 150000-200000 Toten ausgegangen, darunter viele Frauen und Kinder. 1,5 Millionen Menschen

137 Die Unterdrückung der kurdischen Bevölkerung im türkischen Teil Kurdistans ist in Deutschland besonders gut bekannt unter anderem durch die Diskussionen um die PKK-Zugehörigkeit von kurdischen AsylbewerberInnen und die Diskusssion um das Demokratieverständnis der Türkei im Zusammenhang mit dem angestrebten EU-Beitritt.

138 Übersetzt: „Beute“, der Titel der Sure 8 im Koran.

ungefähr waren von Umsiedlungsaktionen betroffen. Human Rights Watch stufte die „Anfal-Kampagnen" als Genozid ein (Strohmeier/ Yalçın-Heckmann 2000:133).

Ein weiteres Kapitel der Repression und Verfolgung der Kurden im Irak beginnt im Zusammenhang mit dem Golfkrieg, im Anschluss an den durch die USA und Großbritannien implizit unterstützten Aufstand der Kurden 1991 gegen die Zentralregierung in Bagdad. Die Kurden wurden von den Truppen Saddam Husseins zurückgeschlagen und es folgten Bombardierungen und eine Massenflucht von ca. 500000 Menschen in die Bergregion der Türkei. Es wurde daraufhin eine Flugverbotszone im kurdischen Norden für irakische Flugzeuge eingerichtet, die sich dann als UN-Sicherheitszone etablieren konnte (vgl. a.a.O.: 2000:134ff). Diese neue Situation der faktischen Unabhängigkeit führte zu einer Entspannung für die Bevölkerung, brachte aber schnell neue Probleme mit sich, die bis heute auch nach der Absetzung der Baath-Partei nicht geklärt sind. Historisch bedingte Konflikte und Rivalitäten zwischen den unterschiedlichen kurdischen Parteien sind hier eine Ursache, aber auch die ungeklärten Machtverhältnisse in der Nachkriegsordnung des Iraks.

Für die Situation der Frauen in Irakisch-Kurdistan lässt sich feststellen, dass sich bereits 1919 eine kurdische Frauenorganisation etablieren konnte. In den 1930er Jahren entstand im Irak eine Frauenbewegung, in der sich Frauen zu politischen Fragen der Region organisierten und gleichzeitig für eine Veränderung ihrer rechtlichen und sozialen Situation eintraten (Fischer-Tahir 2000:161). Es entstanden unterschiedliche politische Gruppierungen, die sich für Frauen einsetzten und die teilweise auch im Untergrund agieren mussten, wie z.B. die Frauenliga, in der auch viele Kommunistinnen organisiert waren und die viel zur Entwicklung der irakischen und der irakisch-kurdischen Frauenbewegung beigetragen hat (Fischer-Tahir 2000:164). Bis heute gab und gibt es jedoch unterschiedliche kurdisch-irakische Frauenorganisationen.[139] Die Baath-Partei war von Anfang an darauf ausgerichtet, Frauen für ihre nationalen Ziele zu mobilisieren. Darum wurde Mädchen eine bessere Schulbildung ermöglicht und Frauen bekamen Arbeitsplätze in der Industrie und Verwaltung, oder im Erziehungs- und Bildungswesen geboten (Fischer-Tahir 2000:157). So enstanden Alphabetisierungsprogramme und –kampagnen. 1976 wurde die allgemeine Grundschulpflicht für Mädchen eingeführt. Dabei stand jedoch nicht die gesellschaftliche Partizipation und Emanzipation im Vordergrund, sondern die Integration von Frauen in das System (Fischer-Tahir 2000:157f). Das Bildungsniveau und die Berufstätigkeit von Frauen nahmen jedoch zu. So waren zum Beispiel 1980 46% aller Lehrerinnen weiblich. Für die berufstätigen Frauen wurden Kindergärten eingerichtet (Fischer-Tahir 2000:159).

139 Für einen Überblick über die kurdisch-irakischen Frauenorganisationen vgl.Fischer-Tahir 2000.

Die Baath- Partei zwang 1975 berufstätige Frauen, sich in der 1969 gegründeten ‚Generalunion der Frauen' zu organisieren. Die weiteren beruflichen Perspektiven und der Erhalt des Arbeitsplatzes wurden davon abhängig gemacht. Die Regierung versprach sich davon eine effektivere Kontrolle und Überwachung der Gesellschaft, und zudem wurde versucht, Frauen für Spitzeldienste gegen männliche Familienangehörige einzusetzen (Fischer-Tahir 2000:160).

Insgesamt gibt es bis heute wenig fundierte Forschungsliteratur zur Situation von kurdischen Frauen (Mojab 1997:1). So existiert zwar eine umfangreiche Forschungsliteratur im Bereich der Kurdologie, jedoch mit wenig Aufmerksamkeit auf Geschlechterarrangements (a.a.O.:4). Von irakisch-kurdischen Wissenschaftlerinnen wird darauf hingewiesen, dass Gewalt gegen Frauen in den 90er Jahren sehr zugenommen hat. Gewalt gegen Frauen findet sowohl im öffentlichen als auch im privaten Bereich statt und ist weit verbreitet. Dabei handelt es sich neben der physischen Gewalt um psychische Gewalt, wie zum Beispiel ständige Kritik und Demütigungen und die Androhung von Gewalt (Rashid 2000:4).

Die Zunahme der Gewalt wird in einen Zusammenhang zu den ökonomischen, politischen und sozialen Verhältnissen in der irakisch-kurdischen Gesellschaft gebracht (vgl. Rashid 2002). Die Zerstörung der sozialen Strukturen der kurdischen Gesellschaft durch die politische Unterdrückung und die Kriege der letzten 40 Jahre und der Einfluss von politisch-islamischen Gruppen sind verantwortlich dafür, dass „Ehrenmorde" sehr zugenommen haben (Rashid 2002; Mojab/Hassanpour 2002). In Irakisch-Kurdistan setzen sich aufgrund dessen seit den 90er Jahren unterschiedliche bestehende und neu entstandene Frauenorganisationen und Gruppierungen dafür ein, gewaltbetroffene und bedrohte Frauen zu schützen, zu unterstützen und politischen Einfluss zu nehmen.

Nihad Amin, deren Biographieanalyse ich hier vorstelle, ist in diesem Teil des Iraks geboren, aufgewachsen und hat bis 1995 dort gelebt. Auf detaillierte Ortsangaben verzichte ich aus Anonymisierungsgründen. Ich werde in der Falldarstellung auf den politischen und gesellschaftlichen Kontext eingehen, soweit es für die Analyse der Biographie nach meinem Wissen und Kenntnisstand von Relevanz ist. Ich bin mir darüber im Klaren, dass es zusätzlich viele Aspekte des politisch-gesellschaftlichen Hintergrundes gibt, die für die Analyse dieser Biographie herangezogen werden könnten. Mir geht es jedoch darum, diese Perspektive nicht in den Vordergrund zu stellen. Zum einen liegt es nicht in den Möglichkeiten dieser Arbeit, die umfangreich vorhandene Forschungsliteratur[140] zu Kurdistan zu sichten und auszuwerten und dann ins Verhältnis zu dieser Biographie zu setzen. Zum anderen habe

140 So gibt es eine eigene Forschungsrichtung, die „Kurdologie" (vgl. beispielsweise die Reihe „Kurdologie" herausgegeben von Borck, Carsten/ Savelsberg, Eva/ Siamend/ Hajo für die Gesellschaft zur Förderung der Kurdologie).

ich mich entschlossen, in der Darstellung dicht am Interview zu bleiben, um nicht ungeprüft Quellen zu zitieren und damit möglicherweise unbeabsichtigt kulturalistische Sichtweisen zu etablieren. Zitiert habe ich häufiger die Dissertation von Birgit Ammann (2000), die den Forschungsstand aufgearbeitet hat und viele Detailinformationen zu den Familienstrukturen und Alltagsfragen angibt, die ich in anderer Form in der mir verfügbaren Literatur nicht gefunden habe, die aber für die Einordnung bestimmter Informationen notwendig waren. Ich habe Ammann jedoch nur dann zitiert, wenn ich weitere Belege für ihre Angaben in anderen Quellen bestätigt gefunden habe. So habe ich mich in Gesprächen mit Personen, die in Irakisch-Kurdistan gelebt haben, über bestimmte Hypothesen, die im Auswertungsprozess enstanden, rückversichert und ich habe umfangreiches Material im Internet von Frauenorganisationen und politischen Aktivistinnen in Irakisch-Kurdistan gefunden. In den vorliegenden Artikeln, Aufrufen und Statements wird insbesondere auf die Lebenssituation von Frauen im Kontext der irakisch-kurdischen Gesellschaft eingegangen. Dies geschieht im Zusammenhang mit den Kämpfen gegen häusliche Gewalt, Ehrenmorden und Unterdrückung von Frauen.[141] Dabei geht es darum, die Öffentlichkeit zu mobilisieren und zur Solidarisierung und Unterstützung aufzurufen.

7.2.2 Die Datengrundlage

Der Kontakt zu Nihad Amin wurde über Mitarbeiterinnen eines Frauenhauses hergestellt. Die Mitarbeiterinnen des Frauenhauses informierten sie über meine Arbeit, die sich mit der Situation und den Lebensgeschichten von Migrantinnen im Frauenhaus beschäftigt.[142] Es gab drei Interviewtermine, von denen die ersten beiden Ende 2001 stattfanden. Das erste Interview dauerte ungefähr 2 Stunden. Das zweite Interview fand eine Woche später statt und dauerte weitere zweieinhalb Stunden. Der dritte und letzte Termin dauerte drei Stunden und fand erst Anfang 2004 statt, weil im Prozess der Auswertung des Falles weitere Fragen entstanden waren, die ein weiteres Interview

141 Dabei handelt es sich zum Beispiel um zahlreiche Beiträge und Informationen, die im Netzwerk (KWAHK), dem „Kurdish Women Action Against Honour Killing", unter www.kwahk.org/index.asp im Internet veröffentlicht wurden. In diesem Netzwerk sind kurdische und nicht-kurdische AktivistInnen, RechtsanwältInnen und WissenschaftlerInnen organisiert. Auf der Homepage werden die Ziele von KWAHK folgendermaßen formuliert: "KWAHK aims to raise national and international awareness about the issue of violence against women in the Kurdish communities, in particular honour killing, both in Kurdistan and in the Diaspora".

142 Das gesamte Interview mit Nihad Amin wurde von einer Studentin im Rahmen eines Forschungspraktikums im Fachbereich Soziologie durchgeführt. Die Studentin, die das Interview durchführte, hat die Kontaktaufnahme und die Durchführung selbständig übernommen, wurde jedoch durch mich bei der Vorbereitung und Nachbereitung begleitet. Siehe Methodenteil Kap. 6.

sinnvoll machten. Es ging hier vor allem darum, mehr über die Herkunftsfamilien der Eltern zu erfahren, um bestimmte Hypothesen überprüfen zu können. Das letzte Interview ermöglichte es zusätzlich zum reinen Informationsgewinn, den Prozess nach der Trennung und während des Frauenhausaufenthaltes zu rekonstruieren. Durch die Zeitspanne von zwei Jahren, die zwischen dem ersten und letzten Interview liegt, lassen sich auch die Zeit im Frauenhaus und die damit einhergehenden Prozesse nachvollziehen.

Alle Treffen für die Interviews fanden in der Zufluchtswohnung der Befragten statt. Nihad Amin lebte dort mit ihren beiden Söhnen bereits seit vier Monaten zum Zeitpunkt des ersten Interviews. Frau Amin zeigte sich bei der Durchführung der Interviews sehr interessiert und kooperativ. Die Atmosphäre während des Interviews wurde von der Interviewerin als entspannt und freundlich von beiden Seiten beschrieben.

7.2.3 Die Präsentation der Lebensgeschichte in der Eingangserzählung

Wie präsentiert sich Nihad Amin nun in der Eingangserzählung? Zunächst lässt sich vermuten, dass der Legitimationsbedarf der Erzählerin in diesem biographischen Interview sehr stark ausgeprägt ist. Das wird daran deutlich, dass es in dem recht umfangreichen Interviewmaterial von ca. siebeneinhalb Stunden sehr viele argumentative und evaluierende Sequenzen gibt.

Das Interview beginnt mit der offenen narrativen Nachfrage zu der gesamten Lebensgeschichte und dem Verweis auf das Forschungsinteresse ‚Migrantinnen im Frauenhaus'.

Nihad Amin beginnt die selbststrukturierte Haupterzählung nach der Eingangsfrage mit der folgenden kurzen Eingangsevaluation.

> „Ja äh: in meine Kindheit hab ich eine sehr schöne Kindheit [gehabt] bis mein Vater, starb ich war 15, äh ich war in der neunten Klasse, danach es hat alles sich geändert" (I 1/10-1/12).

Der Tod des Vaters wird hier als ein Wendepunkt in Nihad Amins Lebensgeschichte markiert. Interessant ist die Platzierung der Information, dass Nihad Amin zum Zeitpunkt des Todes in der 9. Klasse war. Es wird hier durch die Darstellung eine Verknüpfung zwischen einer schönen Kindheit, Tod des Vaters und Schule hergestellt. Es stellt sich die Frage, mit welchem Teil ihres Lebens die Erzählerin ihre Lebensgeschichte fortsetzt. Beschreibt sie nun die positiven Kindheitserfahrungen mit dem Vater oder wird sie darüber sprechen, was sich alles änderte, und mit dem Lebensabschnitt nach dem Tode des Vaters fortfahren?

> „meine Mutter, war nicht so, äh, gebildet sie war vom Dorf sie konnte gar nichts sie hat nicht verstanden was ist äh Lernen, und sie hat immer gesagt mir, wir müssen alle aufhören [zu lernen] ich hab viele Geschwister und ähm, ich hab immer weitergemacht ich hatte

immer Lust zum Lernen und sie hat gesagt immer dass dass dass äh, das ist nicht so wichtig ‚Heiraten ist wichtiger als äh Lernen, und äh du wirst sowieso gar nicht äh wenn du Lehrerin wärst oder egal was da kriegst du nicht so viel Lohn, äh das äh nutzt überhaupt nichts äh Heiraten ist [der] beste Weg für Frauen‘ und ähm (1) äh bin ich äh, ich wollte mein Abitur fertig machen sie hat gesagt nein ich ich möcht- ich muss jetzt heiraten, das ist nicht so wichtig, da hab ich äh, viele Probleme mit meinen Geschwistern und meiner Mutter [gehabt] besonders äh, ich hab sie niemals verstanden ich mag sie überhaupt nicht, und ähm (1) manchmal wenn ich nachdenke ich ich hasse meine Mutter wegen, diesem, über dieses Gefühl dass ähm, Lernen, bis jetzt ich möchte lernen aber ich hab diese Chance nicht (4) ja und ähm, hab ich meine Abitur fertig gemacht und sie hat gesagt ich darf nicht studieren ich darf nicht ins, College (1)“ (I 1/12-23).

In der zweiten Sequenz der Haupterzählung wechselt sie also thematisch zur Mutter, die sie als nicht gebildet einführt, die vom Dorf kam und „gar nichts“ konnte. Hier wird der Mutter in der Darstellung jede Fähigkeit und Kompetenz abgesprochen. Gleichzeitig wird sie als dominant beschrieben, weil sie sich offen gegen Bildung ausspricht und die Heirat als den „besten Weg“ für Frauen favorisiert. Es folgt eine Evaluation, in der Nihad Amin zusammenfasst, dass sie viele Probleme mit ihren Geschwistern hatte. Aber die besonderen Probleme liegen für sie bei der Mutter. Sie selbst könne ihre Mutter nicht verstehen und „hasst“ sie dafür, dass sie ihr die Chance zu lernen genommen habe. Sie beschreibt nun genauer, wie es dazu kam, dass sie nach dem Abitur nicht studieren durfte. Das Präsentationsinteresse liegt in den folgenden Sequenzen bei den negativen Veränderungen nach dem Tod des Vaters. Am Thema ‚Lernen‘, das schon in der ersten Sequenz mit der Angabe des Todeszeitpunktes des Vaters „9. Klasse“ eingeführt wurde, stellt sie damit die beiden Teile ihrer Lebensgeschichte, verkörpert durch Vater und Mutter, bewertend und polarisierend gegenüber. Der Tod des Vaters wird hier in der Darstellung rückblickend betrachtet zum Wendepunkt mit negativer Konsequenz für das Leben von Nihad Amin. Die Mutter wird durch die Erwähnung ihrer ablehnenden Haltung gegenüber Bildung und ihrer Favorisierung einer Heirat für diesen Wendepunkt von ihrer Tochter verantwortlich gemacht. Heirat und Bildung werden hier als Gegensätze formuliert und dieser Dualismus wird durch das Elternpaar symbolisch repräsentiert.

Nihad Amin setzt ihre Lebensgeschichte fort, indem sie mitteilt, dass sie ihren jetzigen Mann aus „Wut“ geheiratet habe, weil ihre Mutter die weitere Ablehnung von Heiratskandidaten nicht akzeptieren wollte und, dass der Mann aus Europa kam und ihr versprochen hatte, dass sie in Deutschland nach der Heirat lernen dürfe. Sie macht deutlich, dass die Heirat keine Liebesheirat gewesen sei und die Mutter sie zur Wahl eines Ehemannes gedrängt habe. Dabei bleibt sie jedoch ihrem eigentlich formulierten Ziel ‚Lernen‘ verbunden. Anschließend beschreibt sie ihre enttäuschenden Erfahrungen in der Anfangszeit der Ehe und macht damit klar, wie unzulänglich und falsch die Entscheidungen sind, in die die Mutter sie hineingedrängt habe. Sie deutet an, dass der Ehemann selbst von Anfang an kein Interesse an ihr hatte und wechselt dann thematisch wieder zu ihrem Wunsch zu lernen über. Der Ehemann habe sie eine Weile hingehalten und ihren Wunsch zu lernen dann abgelehnt.

„und da hat [es] angefangen so mm, nicht (…) ähm, dass ich studieren möchte und so nein weil, er war so, er hatte 'n Komplex er will dass ich nur Frau bleibe zu Hause wie meine Mutter er war genau wie meine Mutter, und da hab ich gemerkt mein Mann iss genau wie meine Mutter“ (I 3/11-16).

Nihad Amin deutet hier an, dass es bei diesem Vergleich zwischen Mutter und Mann nicht nur um das Thema ‚Lernen‘ geht. ‚Lernen‘ könnte hier eher als ein Symbol für eine bestimmte Dimension von Selbstverwirklichung interpretiert werden, die ihr nicht gewährt werden sollte. Die Wahl des Wortes „Komplex“ deutet daraufhin, dass die Weigerung des Ehemannes, sie lernen zu lassen, von ihr möglicherweise in einer psychologischen Dimension interpretiert wird.

Sie beschreibt hier, dass sie auf ein traditionelles Bild vom ‚Frau-Sein‘ reduziert werden soll, und zwar seitens ihres Mannes und ihrer Mutter. Dies führt zu der Hypothese, dass es in dem Konflikt um das ‚Lernen‘ um eine Definition von ‚Frau-Sein‘ und Geschlechterrollen geht. Es legt die Vermutung nahe, dass es sich um eine starke Abgrenzungsproblematik, um einen Machtkampf zwischen Tochter und Mutter handelt, der hier latent wirkt und sich bis in die Ehe fortsetzt. Außerdem wird hier auf die Anbahnung der Konfrontation im Geschlechterverhältnis zwischen Nihad und dem Ehemann hingewiesen. Nachdem sie eine Verknüpfung zwischen Mutter und Ehemann hergestellt hat, wechselt sie nun mit der evaluierenden Feststellung, dass da etwas angefangen hat, zu dem Thema über, was der Ehemann ihr angetan hat.

Sie argumentiert und beschreibt ausführlich die Eskalation der Beziehungsdynamik sowie die Misshandlungen und Vergewaltigungen durch den Ehemann. Sie präsentiert die Beziehung zwischen sich und dem Mann im weiteren Verlauf der Eingangserzählung als massiven Werte- und Machtkonflikt im Geschlechterverhältnis, in dem sie letztendlich zum Opfer des gewalttätigen und immer grenzenloser werdenden Machtanspruchs des Mannes wird.

Sie berichtet, wie die beiden Söhne Zeugen der alltäglichen Misshandlungen und Vergewaltigungen werden. In der Darstellung dominieren das Erleben von Ohnmacht und Gefühle des Ausgeliefertseins die Erzählungen. Sie erzählt dann jedoch eine Situation, in der der ältere Sohn die Unterlegenheit der Mutter im Verhältnis zum Vater für sich nutzt. In einer längeren emotionalen Abschlussevaluation beendet sie die selbststrukturierte Haupterzählung:

„das hat so wehgetan dann hab ich gesagt ‚nein wenn- ich hab nur diese Kinder ich, ich hab meine Mutter gehasst ich will nicht dass mein, mein Sohn mich hasst, das möchte ich nicht ich bin so unglücklich mmm, ähm, wegen meiner Mutter dass sie, nicht so wie eine Mutter für mich war, ich will nicht dass mein Sohn, das Gleiche macht und äh, nachher hat [er] keine Person dass er, vielleicht in Zukunft mit, äh, mit, man redet gerne mit [einer] Mutter wenn man Probleme hat wenn man Sorgen hat, man muss mit [einer] Mutter reden, äh aber wenn er das nicht macht das ist für mich nochmal so, [eine] Qual bis [zum] Ende meines Lebens das, das möchte ich nicht ich hab gesagt ‚nein das das geht nicht so weiter' und er hat mich so angekuckt mit, mit Hass, in diesem Blick kann ich nie vergessen, er hat mich angekuckt und so (1) nicht wie, ähm, wie ein Sohn seine Mutter anguckt und, er wollte mich schlagen und, ich weiß es nicht das das war schrecklich ich hab, nachher zwei Wochen nicht äh, nicht durchgehalten dass er mein Sohn ist (…) er behandelt mich so aber wenn er, sieben oder acht wird was was soll er mit mir machen er kommt zu mir und er sagt ‚ja, ich muss jetzt dich schlagen oder du musst raus von dieser Wohnung' oder ich weiß es nicht ich kann nicht mit meinem Sohn leben ohne, dass er Respekt vor mir hat und dass wir Freunde, ja, diese Beziehung hab ich nicht zu meinen Kindern, hab ich nicht zu, meinem Mann, hab ich zu meiner Familie nicht so, äh, gute Beziehung, das hat mich fertiggemacht ich wollte, ich wollte nicht dass mein, mein Sohn das gleiche durchmacht, ja und diese Aggressivität von (1) das äh, das wollte ich auch nicht dass er so aggressiv wird dass äh, ihm was passiert und äh (2) (…) ich weiß es nicht das (1) das, das tut so weh dass ich meinen Sohn so sehe genau wie meinen Mann ((schneutzt sich)), ich, ich bin weg von meinem Mann und da hat- hab ich mich total gefreut dass ich endlich, was äh, gemacht hab für meine Kinder, mir iss, **mir** (1) ich bin mir egal nur ich, ich möchte für meine Kinder da- da sein, und ähm, dass, die nicht nochmal so, zwei- die werden zwei Männer, genau wie mein Mann" (I 11/24-12/23).

Hier bricht sie in Tränen aus. Nach einer längeren Pause kommentiert Frau Amin ihre Erzählung abschließend mit den Worten: „Ja warten mal abwarten was, mit meinem Sohn wird" (I 12/30).

In diesem Resümee zieht sie Bilanz und fasst zusammen. Nihad Amin thematisiert über die Beziehung zu ihren Kindern die Beziehung zur eigenen Mutter. Sie stellt hier in den Mittelpunkt, dass sie niemanden außer ihren Kindern hat und formuliert die Befürchtung, den emotionalen Zugang zu ihren Kindern zu verlieren. Sie will demnach nicht, dass der Sohn das Gleiche durchmacht wie sie, dass er genauso einsam und beziehungslos ist wie sie – hier spricht sie aus der Perspektive als Mutter, die sie wiederum mit ihren Erfahrungen mit der eigenen Mutter verknüpft.

Wenn wir davon ausgehen, dass hier über die Beziehung zu ihrem Sohn die Beziehung zur eigenen Mutter thematisiert wird, können wir auf der Ebene der erlebten Lebensgeschichte vermuten, dass sie sich selbst als Kind auch so machtvoll in ihrem Hass gegenüber der Mutter erlebt hat. Erkennt sie in der Aggression des Sohnes möglicherweise ihren eigenen Hass auf die Mutter wieder und fürchtet sich davor? Hat sie Angst davor, selbst zu einer ‚bösen Mutter' und damit ‚schuldig' zu werden? Sie hat sich, wie sie oben darstellt, eine gute Mutter gewünscht und hat demnach ein klares Bild davon, wie eine Mutter sein soll. Äußert sie hier ihre Befürchtung, dass sie diesem Bild nicht entspricht? Macht ihr das Angst, weil damit ihr Selbstbild, das sich in extremer Abgrenzung zur eigenen Mutter konstruiert, in Frage gestellt ist? Durch den Sohn wird möglicherweise an dem Bild gerüttelt, das sie sich von ihrer Mutter macht. Bei dem Blick auf die gesamte Haupterzählung entsteht der Eindruck der Darstellung eines ‚Staffellaufs der Schuld'. Die Schuld wird hier immer weitergereicht. Nihad Amin beschreibt, wie sie, als sie heiratet und von ihrer Mutter fortgeht, feststellt, dass der Ehemann genau wie die Mutter ist. Der ältere Sohn, mit fünf Jahren, wird an mehreren Stellen im Interview von ihr mit dem Ehemann gleichgesetzt. Und selbst bei dem jüngsten Sohn formuliert sie die Befürchtung, dass er als Mann wie der Vater werden könnte. Als sich ihr Sohn gegen sie wendet, präsentiert sie das als so unerträglich, dass sie verunsichert wirkt, ob sie an dieser Stelle ungebrochen die ‚Staffel der Schuld' an den Sohn weiterreichen kann.

Das Fazit, das sie zieht, und das Weinen an dieser Stelle sind ein Hinweis auf die Krise, in der sie sich befindet. Sie muss nicht nur mit den Gewalterfahrungen fertig werden, sondern sie steht vor einem Trümmerhaufen von Beziehungen. In der Beziehung zu ihrem Sohn spürt sie ansatzweise, dass sie die Schuld und Verantwortung für ihr Leben nicht nur von sich weisen kann. Sie schwankt hier zwischen der Selbstwahrnehmung als Opfer und der Verantwortung in ihrer Rolle als ‚guter' Mutter.

7.2.3.1 Resümee

Das einzige thematische Feld der selbststrukturierten Haupterzählung könnte die Überschrift ‚Wie ich von anderen daran gehindert wurde, ein selbstbestimmtes Leben zu führen' erhalten. Der Aufbau der selbststrukturierten Eingangserzählung ist die Präsentation eines Lebens, das aus zwei Teilen besteht. Der erste Teil und damit die erste Sequenz des Interviews wird positiv durch die Person des Vaters symbolisiert. Der Tod des Vaters beendet die „sehr schöne Kindheit" der Erzählerin. Der Vater steht für Hoffnung und die Option auf ein selbstbestimmteres Leben als Mädchen und Frau. Dieser als positiv eingeführte Teil der Lebensgeschichte bleibt an dieser Stelle und im weiteren Verlauf der Eingangserzählung unerzählt. Er dient der Erzählerin als imaginierte oder reale Interpretationsfolie und Orientierung für die Strukturierung der folgenden Erzählung.

Der zweite Teil der Eingangserzählung wird negativ durch die Mutter, den Ehemann und in der schwierigen Beziehung zu den eigenen Söhnen repräsentiert und bestimmt die gesamte weitere Darstellung. Die Schuld der Mutter ist in der gesamten Eingangserzählung präsent oder kopräsent. Das Verbot der Mutter, den gewünschten Bildungsweg einzuschlagen, steht im Mittelpunkt und wird in der Darstellung verantwortlich dafür gemacht, dass der gewalttätige Ehepartner gewählt wurde. Im Verhältnis von Nihad Amin zu den Söhnen, die in dieser Ehe zur Welt kommen, schwankt sie in der Darstellung der Eingangserzählung zwischen der Perspektive als Opfer und verantwortungsvoller Mutter. Die Schuld für den Verlauf des eigenen Lebens wird jedoch insgesamt betrachtet immer an konkrete Personen delegiert, und es dominiert in der Darstellung die Opferperspektive der Erzählerin.

Es stellt sich die Frage, warum die Erzählerin mit keinem Wort mehr wie im ersten Satz auf ihren Vater oder die ‚schöne Kindheit' eingeht, die ja immerhin einen Abschnitt von 15 Jahren ihres Lebens umfasste. Die Abwertung der Mutter in der Präsentation ist gleichzeitig so stark und ausführlich präsentiert, dass sich die Frage stellt, wofür diese Abwertung in der Lebensgeschichte oder in der Darstellung steht? Zentral in der Darstellung ist die Loyalität[143] zum Vater, repräsentiert durch die unerzählte schöne Kindheit, und die Illoyalität gegenüber der Mutter, die damit begründet wird, dass diese Nihad an der Erreichung ihres Lebensziels Bildung hindert.

Diese Darstellung verweist auf die Bedeutung der Herkunftsfamilie und des Herkunftskontextes in der Lebensgeschichte von Nihad Amin. Darum ist dieser Teil der Lebensgeschichte der relevante Zugang, um die Bedeutung des beschriebenen Präsentationsinteresses zu rekonstruieren.

7.2.4 Familienbiographische Rekonstruktionen

In den folgenden Kapiteln soll die Lebensgeschichte von Nihad Amin im Kontext der Familiengeschichte und dem Herkunftskontext dargestellt werden.

7.2.4.1 Familienaufträge und Geschlechterkonstruktionen in der Herkunftsfamilie[144]

Nihad Amins Mutter war ungefähr 13 Jahre und ihr Vater 20 Jahre alt, als die beiden 1964 heirateten. Über die Mutter haben wir die Information, dass sie vom Dorf aus einer wohlhabenden Bauernfamilie kam und Analphabetin war. Die Familie des Vaters lebte in einer Kleinstadt.[145] Der Großvater väterlicherseits war Islamwissenschaftler und die Großmutter Islamlehrerin. Nihads Vater war Lehrer und wollte eine Lehrerin heiraten, die er vermutlich auf dem College kennengelernt hatte. Sein Vater aber suchte ihm eine Frau vom Dorf aus,

143 Eine Ebene, die hier besonders relevant ist, bezieht sich darauf, wie Menschen durch „alte" Loyalitätsbindungen mit ihren Herkunftsfamilien verbunden sind „und wie das bleibende Bedürfnis nach Autonomie des Individuums mit diesen Loyalitätsbindungen zu verknüpfen ist" (Boszormenyi -Nagi/ Spark 1992:13).

144 Die Rekonstruktion von Teilen der Familiengeschichte basiert auf Informationen und Angaben, die ich durch Nihad Amin in den Nachfrageteilen erhalten habe. Es handelt sich hierbei um eine Komposition aus fremderzählten Geschichten, Eigentheorien und –deutungen und eigenem Erleben. Sie sind darum auch als ein biographisches Konstrukt der Familiengeschichte aus der Perspektive der Erzählerin einzuordnen.

145 Genauere Angaben zum Ort sind aus Anonymisierungsgründen nicht möglich.

„weil mein Opa hat immer gesagt ,iss so schwierig, [mit] einer gebildeten Frau, mit der Ehe zurecht-, zu kommen iss so schwierig, für meinen Sohn möchte ich eine Frau die gar nichts weiß' " (III 20/10-13).

Der Sohn akzeptierte diese Entscheidung seines Vaters.

Im Verlauf des Interviews wird deutlich, dass es dem Großvater bei der Verheiratung seines Sohnes sehr wahrscheinlich um die Sicherung von Nachkommenschaft, das heißt um die Geburt von Söhnen gegangen war. Das folgende Zitat beschreibt dies:

„mein Vater war allein, und mein Großvater war auch, allei- so allein, mmm, ein Junge in der Familie mein, mein Großvater war nur ein, Kind, so ein Einzelkind für sein- seine Familie, und äh, mein Vater war auch (1) äh mein Vater hat drei, Schwestern und er war so auch allein, so, ein Junge allein in der Familie" (II 59/26-31).

Besonders aufschlussreich in dieser Interviewpassage ist, dass selbst Nihad Amin hier ihren Vater und den Großvater als „Einzelkinder" bezeichnet, weil sie die einzigen Jungen unter Schwestern waren. Der Großvater könnte sich also von der Heirat seines Sohnes versprochen haben, dass mehrere Söhne geboren werden, damit sich sein Schicksal und das seines Sohnes in der nächsten Generation nicht wiederholt, das heißt als Junge allein unter Schwestern zu sein. Der Familienauftrag könnte also demnach für die neu entstandene Familie gelautet haben, viele Söhne zu gebären.

Das Motiv des Großvaters, seinen Sohn mit einer Frau zu verheiraten, die „gar nichts weiß", kann unterschiedlich interpretiert werden. Es ist möglich, dass die Ehe der Großeltern nicht den Erwartungen des Großvaters entsprach. Vielleicht hat aus seiner Sicht das Wissen seiner Frau das Zusammenleben erschwert. Für den Vater von Nihad Amin bedeutete das, dass ihm nicht zugestanden wurde, eine Frau zu heiraten, die er sich selbst ausgesucht hatte. Das alleine wäre nicht ungewöhnlich gewesen, da arrangierte Ehen bis heute im Irak üblich sind.[146] Aber die Verfügung des eigenen Vaters über sein Leben war noch weitreichender. Er sollte eine deutlich jüngere Frau heiraten, die zum Zeitpunkt der Heirat mit 13 Jahren noch ein Kind war.[147]

Ein weiteres Kriterium für die Auswahl der zukünftigen Ehefrau war es, dass sie nicht gebildet sein sollte. Der Vater von Nihad Amin hatte zu diesem Zeitpunkt jedoch bereits, wie sein eigener Vater, eine Frau kennengelernt, die in seinem Alter war, studiert hatte und den gleichen Beruf ausübte. Außerdem war er selbst in einem Elternhaus aufgewachsen, wo Männer und Frauen, Mutter und Schwestern, eine Ausbildung hatten. Dass er sich gegen den

146 Vgl. Rashid 2002:3; Ammann a.a.O:109.

147 Ammann (a.a.O:110) weist darauf hin, dass das Heiratsalter besonders von Mädchen in ländlichen Regionen häufig bei unter 16 Jahren liegt. Die „urbane Mittelschicht", zu der diese Familie zuzurechnen ist, legt jedoch durchaus Wert darauf, dass Mädchen einen beruflichen Abschluss haben, bevor sie heiraten. Rashid (2002:3) stellt fest, dass bei arrangierten Ehen in Irakisch-Kurdistan häufig der Altersunterschied besonders hoch ist.

Wunsch seines Vaters nicht zur Wehr setzen konnte, zeigt, wie stark und bindend die Position seines Vaters in seinem Leben gewesen sein muss.

Für die Mutter von Nihad bedeutete diese Heirat zunächst einen Statusgewinn, weil sie in eine Familie einheiratete, die einer höheren Gesellschaftsschicht angehörte. Die neugegründete Familie lebte dann in der Familie des Ehemannes.[148] Im Haushalt lebten zu diesem Zeitpunkt noch alle drei Schwestern des Ehemannes. An die Mutter von Nihad wurden als Frau demnach mit dieser Heirat konkrete Erwartungen verknüpft, die im Gegensatz zu dem stehen, was die Frauen der neuen Familie selbst repräsentierten. Mutter und Schwestern des Ehemannes legten Wert auf Bildung, und sie wurde dort als die ‚Unwissende' eingeführt, die gleichzeitig die Fähigkeit mitbringen sollte, die Nachkommenschaft der Familie zu sichern.

Die Ehe begann mit zwei Verlusten. Zwei Söhne, die in den zwei Jahren nach der Eheschliessung zur Welt kamen, starben bereits als Säugling und Kleinkind. Die genaue Todesursache weiß Nihad Amin nicht. Wenn es auch über diese Zeit keine genaueren Angaben gibt, lässt sich mutmaßen, welche Bedeutung dieser Tod der Kinder für die Familie und besonders für die Mutter gehabt haben könnte. Es sind ihre ersten Kinder, die sie zur Welt bringt und es sind Söhne. Nach drei Jahren Ehe 1967 und nach dem Tod der beiden Söhne wird dann die erste Tochter geboren. Ein Jahr darauf kommt das zweite Kind, eine weitere Tochter zur Welt. Die Familiendaten verweisen auf einen Konflikt. Mit dem Tod der Söhne und der Geburt von zwei Töchtern ist der Familienauftrag, mehrere Söhne zu gebären, nicht erfüllt. In der folgenden Textstelle wird auch die Rolle der Schwiegermutter im Umgang mit der Schwiegertochter sichtbarer:

„meine Oma hat sich entschlossen dass- und mein Opa für meinen Vater noch eine Frau (1) also dass er noch mal heiraten muss, und mein Vater hat gesagt ‚nein es geht nich' und dann haben sie noch mal diese Lehrerin angesprochen und äh, mein Vater hat gesagt ‚okay wenn dieses Mal (1) wenn ich muss', aber wirklich mein Vater hat alles gemacht was seine Eltern gesagt haben iss bei uns überall so, /I: Mhm/ wir machen was die Eltern sagen, und die äh, die hat äh, hat er gesagt ‚okay wenn dieses Mal dann muss es ein bisschen eine intelligente Frau, sein' und so und die haben diese Lehrerin, ich glaube sie haben um ihren Hand angehalten und meine Mutter hat gesagt (1) ‚ich werde jedes Jahr ein Kind bekommen wollen, wenn ihr das nicht macht', und meine Mutter hat jedes Jahr ein Kind bekommen, jedes Jahr, ich glaube nur einmal sind zwei Jahre (1) dazwischen, und jedes Jahr hat meine Mutter ein Kind und meine Oma hat gesagt ‚wenn das dritte Kind auch ein Mädchen iss dann bedeutet [das] du kriegst nur Mädchen, dann wird er noch mal heiraten" und zum Glück, hat sie einen Jungen, bekommen," (III 27/18-28/07).

Die Schwiegermutter war also keine Unterstützung für Nihads Mutter, sondern hat den Druck auf die Schwiegertochter noch erhöht. Sie unterstützte also in Nihads Darstellung auf den ersten Blick den Großvater in seinem Bestreben, Söhne als Enkel zu bekommen. Auf der anderen Seite müssen wir

148 Vgl. Ammann a.a.O.:210, die darauf hinweist, dass das in Irakisch-Kurdistan üblich ist.

uns ihre Rolle in der gesamten Familienkonstellation noch einmal verdeutlichen. Sie hatte einen Ehemann, der sich ihr gegenüber illoyal verhalten hatte. Er wertete sie zumindest indirekt ab, weil er sich für seinen Sohn eine ungebildete Frau wünschte, die mehr Söhne gebären sollte, als es in seiner Ehe möglich gewesen war. Er stellte damit eine Verbindung zwischen ihrer Bildung und ihrer Gebärfähigkeit her. Das verdeutlicht auch das Konfliktpotential zwischen Schwiegertochter und Schwiegermutter. Zwei polarisierte Konstruktionen von Frau-Sein und Mutterschaft wurden von der Seite des Großvaters in eine Konkurrenz gebracht, um seinen Wunsch nach Nachkommenschaft zu erfüllen. Wenn also die Schwiegermutter sich dafür eingesetzt hatte, dass der Sohn die Lehrerin als zweite Frau letztendlich doch heiraten kann, ist deutlich, dass sie dadurch gleichzeitig hätte wieder aufgewertet werden können. Der Sohn hätte dann letztendlich doch eine Frau mit Bildung geheiratet, um den Familienauftrag zu erfüllen und damit auf das Konstrukt von Frau-Sein zurückgegriffen, das seine Mutter repräsentierte. Diese Perspektiven verdeutlichen das Dilemma, in dem sich vermutlich die Mutter von Nihad befand, aber auch das Konfliktpotential auf der Beziehungsebene der Frauen untereinander innerhalb der Familie.

Es wurde jedoch dann, wie bereits erwähnt, 1970 ein Sohn geboren. Nihad Amin, die zu diesem Zeitpunkt noch nicht geboren war, weiß zu berichten, dass es ein großes Fest gab und die ganze Familie zur Beschneidung des Sohnes nach Damaskus fuhren, weil sie kein Vertrauen in die Ärzte im Irak hatten und befürchteten, dass auch dieser Sohn sterben könnte. Nach der Geburt des Sohnes wurde von Nihads Vater nicht mehr verlangt, dass er eine weitere Frau heiratet.

Wenn auch der Druck auf die Mutter, Söhne zu gebären, nun etwas verringert war und der konkrete Plan, eine zweite Frau zu suchen, fallengelassen wurden, war damit der langfristige Familienauftrag wahrscheinlich noch nicht erfüllt. 1971 wurde eine dritte weitere Tochter geboren. Und danach wird als nächste Tochter Nihad geboren.

7.2.4.2 Die Kindheit von Nihad Amin – Loyalität und Illoyalität als Familienthemen

Nihad Amin wird 1972 als vierte Tochter und fünftes lebendes Kind der Familie geboren. Zum Zeitpunkt der Geburt von Nihad war der Familienauftrag nach wie vor nicht erfüllt. Zwei Jahre später, 1974, wurde bereits die nächste Tochter geboren, und die Mutter brachte bis 1983 im Abstand von 1-2 Jahren insgesamt 12 Kinder, 3 Söhne und 9 Töchter, zur Welt.

Die Beziehung zur Mutter spielt in Nihads weiterem Leben, wie wir bei der Selbstdarstellung im Interview gesehen haben, eine exponierte Rolle. Darum ist es sinnvoll, sich zunächst die Situation, in die Nihad hineingeboren wurde, noch einmal zu vergegenwärtigen. Bei der Geburt Nihads ist ihre

Mutter Anfang zwanzig und hat bereits sieben Geburten[149] hinter sich. Es ist davon auszugehen, dass die Anzahl der Geburten und die damit verbundenen körperlichen Strapazen, die vielen Kinder, die zu versorgen waren, der Tod von zwei Kindern, und der familiäre und gesellschaftliche Druck, Söhne zu gebären, den körperlichen und psychischen Zustand einer so jungen Frau stark beansprucht und überfordert haben musste. Dazu kam die Situation in der Familie des Ehemannes, über die wir bis jetzt nur wissen, dass sie dort unter Druck gesetzt wird, eine bestimmte Funktion für die Familie zu erfüllen. Sie stand in einer faktischen Konkurrenzsituation zur Schwiegermutter, den Familienauftrag zu erfüllen.

Als Nihad geboren wurde, hatte die Mutter bereits zwei weitere Kleinkinder sowie zwei größere Kinder zu versorgen. Die Geburt einer weiteren Tochter könnte demnach nicht unbedingt ein Anlass zu großer Freude gewesen sein, sondern möglicherweise eine weitere Last auf dem Weg, Söhne zur Welt zu bringen. Diese Interpretation passt auch zu der folgenden Darstellung von Nihad Amin retrospektiv über das Verhältnis der Mutter zu ihren Kindern:

„weil wir waren so viel deswegen sie konnte nicht uns allen Liebe schenken, sie sie mag nur meinen, äh älteren Bruder und meine ältere Schwester, und die alle anderen sind, ihr egal, und meine kleinere äh, Schwester, mag sie auch (2) ja und alle anderen sind, für sie ganz egal" (II 60/6-10).

Die Mutter hatte also nach Nihad Amins Empfinden ihre Liebe nicht „gerecht" auf alle verteilt. Bei einem genaueren Blick auf die Position von Nihad Amin in der Geschwisterkonstellation wird deutlich, dass sie in eine Situation geboren wurde, die sie in der Familienkonstellation auf einen unbedeutenden Platz verweist.

Grundsätzlich ist es in der irakisch-kurdischen Gesellschaft nicht ungewöhnlich, zwölf Kinder zur Welt zu bringen.[150] Es kann hier nicht von einer exklusiven Beziehung zwischen Mutter und Tochter ausgegangen werden, wie das in einer Kleinfamilienstruktur eher zu erwarten wäre. In kollektivistischen Familiensystemen spielt die erweiterte Familie eine große Rolle und damit sind andere Bezugspersonen auch sehr präsent für die Entwicklung der Kinder. Dies entlastet die direkte Mutter-Kind-Beziehung auf verschiedenen Ebenen. Im Interview mit Nihad wird deutlich, dass diese gesellschaftliche Normalität bei ihr aber nicht dazu führt, dass sie keine individuellen und besonderen Erwartungen an die Mutter hat. Sie erlebt die Haltung der Mutter ihr gegenüber als gleichgültig und ab einem nicht klar zu rekonstruierendem Zeitpunkt als ablehnend, und diese Erfahrung bestimmt ihr weiteres Leben maßgeblich, wie wir noch genauer sehen werden.

149 Zur Erinnerung: zwei Söhne sind bereits gestorben.

150 Vgl. Ammann a.a.O:110.

Den ersten Teil ihrer Kindheit lebt Nihad also gemeinsam in einem Haus mit ihrer Kernfamilie und der Herkunftsfamilie des Vaters.

Bei der Herkunftsfamilie der Mutter handelt es sich um eine reiche Bauernfamilie. Die Kinder waren bei Festen dort zu Besuch und haben abwechselnd dort ihre Ferien verbracht. Aus der Gesamtdarstellung lässt sich schließen, dass die Kinder bei der Familie der Mutter gut aufgenommen wurden und willkommen waren. Es scheint ein Ort gewesen zu sein, wo alle Geschwister gern hinwollten. In der folgenden Darstellung liegt jedoch gleichzeitig eine Distanzierung:

> „die wissen gar nichts was äh in Welt abläuft sie haben nur ihre Tiere und ihr Dorf und äh, alles andere verstehen sie gar nicht, äh, und ähm, wir sind immer im Sommer oder in Opferfest oder in Zuckerfest hingegangen, äh, und die haben uns **so**, gemocht also, sie fanden uns zum Beispiel wenn einer von Europa jetzt nach Irak, kommt dann, die äh, behandeln sie [die],[ein]bisschen anders ob sie was Besonderes sind und so, und wenn, wir da waren die haben auch, gedacht vielleicht wir sind außerirdisch oder wir sind was Besonderes die haben so viel Respekt [gehabt] und äh so gut uns behandelt" (III 3/24-4/19).

Die Familie wird also von Nihad Amin genauso wie die Mutter dargestellt, als unwissend. Sie verstehen nichts von dem, was in der Welt außerhalb des Dorfes[151] geschieht. Die Familie der Mutter hat die Familie der Tochter als etwas Besonderes behandelt. Die Formulierung „wie Außerirdische" und der Vergleich mit den Leuten aus Europa legen nahe, dass Nihad das Verhalten der Familie nicht nur als Freundlichkeit und Respekt wahrgenommen hat, sondern auch als Geste der Unterlegenheit. Hier klingt möglicherweise eine Abwertung durch, die mit dem Status der Mutter als ‚Nicht-Wissende' zusammenhängen könnte. In dieser ambivalenten Beschreibung deuten sich die Loyalitätskonflikte für die Kinder zwischen den Herkunftsfamilien der Eltern an.

Versuchen wir zunächst weiter zu erfassen, was für eine Atmosphäre diese Zeit der Kindheit geprägt haben könnte. Der Konflikt zwischen den Familien der Eltern und die Reduzierung der Mutter durch ihren Ehemann auf eine Rolle als ‚Traditionsbewahrerin' spiegelt sich in leichter Form in einer anekdotenhaften kurzen Beschreibung, wider:

> „manchmal zu Hause wenn wir über ein Thema geredet haben oder irgendwas wir sitzen da oder wenn im Fernsehen was kommt, dann, hat mein Vater gelacht und hat er gesagt dass, seine Familie auch so ist oder, sie machen [das] auch so, wenn meine Mutter manchmal (2) sich als moderne Frau benommen hat oder was Neues gelernt hat oder irgendwas gehört hat und dann hat sie [das] auch so'n bisschen gemacht, mein, Pappa hat sich bisschen lustig gemacht, manchmal, und das fand sie gar nicht gut und sie iss immer ein bisschen sauer geworden wenn, wenn mein Pappa sich über (1) ihre Verhältnisse lustig gemacht hat, was sie- was also bei ihrem Vater [war] und so (2) ist" (III 5/10-19).

---

151 Das ‚Dorf' und das ländliche Leben symbolisieren in der kurdischen Gesellschaft, insbesondere bei MigrantInnen, auch eine idealisierte Authentizität, Tradition und einen Ursprung kurdischer Lebensformen (vgl. Ammann a.a.O:102ff).

Hier wird eine Situation wiedergegeben, die indirekt die Abwertung der Herkunft der Mutter beschreibt. Die Familie des Vaters wird im Gegenzug aufgewertet. „Modern-sein", was auch immer hier damit genau assoziiert wird, wird der Mutter durch ihren Ehemann nicht zugestanden. Das könnte auf die Reduzierung der Mutter auf ihre Rolle als ‚nicht-wissende' Frau verweisen, für die sie durch die Familie des Ehemannes einerseits ausgesucht wurde, die gleichzeitig aber auch zum Anlass genommen werden könnte, sie abzuwerten. Ihr Ärger darüber wird aus der Sicht von Nihad registriert, aber nicht ernstgenommen. Es wirkt wie eine Situation, die sich in dieser und anderer Form sehr häufig als Ritual der Familienkommunikation abgespielt haben könnte.

In einer anderen Passage im Interview werden die gravierenden Probleme in der Beziehung zwischen den Eltern deutlich, an denen die Herkunftsfamilien unmittelbar beteiligt waren.

Nihad Amin muss zu dieser Zeit ungefähr sieben Jahre alt gewesen sein und die Familie lebte noch im Haus der Eltern des Vaters, als der Bruder der Mutter zu Besuch kam. Er wurde nicht gastfreundlich von der Familie seiner Schwester empfangen, weil es kurz vorher einen Streit zwischen Mutter und Großmutter gegeben hatte, in den auch der Vater von Nihad involviert war:

„und das ist so eine große Beleidigung, und nachher ((räuspert sich)) mein (1) Onkel hat zu meiner Mutter gesagt ‚du sollst deine Koffer packen und du kommst mit, (1) du darfst nicht in so einer Familie leben, du passt nicht da[hin]', sie hat nein gesagt und meine Großmutter hat gesagt ‚mach das, geh!' Und meine Mutter ist mitgegangen," (III 39/24-40/03).

Diese Passage ist aufschlussreich, weil sie deutlich macht, wie verhärtet die Konfliktlinien zu diesem Zeitpunkt waren. Die Eltern von Nihad sind zu diesem Zeitpunkt bereits 15 Jahre verheiratet gewesen und lebten genauso lange unter einem Dach mit den Eltern des Vaters. Die Tatsache, dass die Mutter zu ihrer Familie zurückgegangen ist, lässt sich als Ausdruck einer ernsthaften Krise interpretieren.[152] Das geschah jedoch hier nicht auf Initiative der Frau selbst, sondern in diesem Fall ist es der Bruder, der sie dazu aufforderte, während sie bleiben wollte. Aus der hier beschriebenen Reaktion des Bruders der Mutter lässt sich vermuten, dass die Herkunftsfamilie von Nihads Mutter schon länger der Meinung gewesen sein könnte, dass ihre Tochter in der Familie des Ehemannes nicht gut behandelt wird. Die Weigerung der Familie, dem Bruder die grundlegende Form des Respekts als Gast und Verwandtem entgegenzubringen, ist nun offenbar der konkrete Anlass, eine Grenze zu setzen. Dieser Konflikt führt jedoch nicht dazu, dass der Vater und die Großmutter beschwichtigend reagieren, sondern die Großmut-

152 In solchen Situationen ist es im Irak durchaus üblich für Frauen in ihre Herkunftsfamilie zurückzugehen. Scheidungen werden häufig nicht auf dem gerichtlichen Weg, sondern durch eine räumliche Trennung vollzogen. (Ammann a.a.O.:211).

ter fordert die Mutter auf zu gehen. Es handelt sich also eigentlich um einen Rausschmiss. Die Situation, als die Mutter weggeht wird von Nihad Amin beschrieben:

„wir haben alle zugeguckt, wirklich (3) und äh, mein Opa hat sich **gar** nicht eingemischt der war, der war, Außenseiter der war in seinem Labor[153] aber er hat [es] mitbekommen, wir haben ihn gerufen wir haben gesagt ihm, ‚komm meine Mutter geht weg', aber meine Schwester (1) ähhh sie hat geweint, meine Mutter hat meine Schwester mitgenommen, ja die Kleine hat sie mitgenommen, und mein Bruder hat auch gesagt ‚geh nicht' aber danach meine, meine Großmutter ist gegangen und hat ihn sofort abgeholt, also, zurückgeholt und dann war (1) alles okay," (III 42/06-42/13).

Ob das „Zugucken" von Nihad Amin als Ausdruck von emotionaler Unbeteiligtheit, Ablehnung der Mutter, Loyalität zur Familie des Vaters oder als Schock zu interpretieren ist, wird hier nicht klar. Die Kinder rufen den Großvater, aber der Großvater, der sich für diese Heirat eingesetzt hat, wird nun als „Außenseiter" beschrieben, der nicht handelt. Hier entsteht das Bild, dass die Großmutter, zumindest in dieser Situation, die dominante Person in dem gemeinsamen Haushalt ist. Aus der Textstelle lässt sich jedoch ansatzweise das Erschrecken der Kinder darüber heraushören, dass die Mutter weggeht. Einer der Brüder möchte die Mutter gerne zurückhalten, aber er darf im Gegensatz zu seiner kleinen Schwester nicht bei ihr bleiben.

In der Zeit, in der die Mutter weg war, wurden die Kinder von den Tanten und der Großmutter versorgt. Die folgende Beschreibung von Nihad geht auf die Situation ein, als die Mutter fort war:

„(2) Das war normal meine Tanten waren da, und meine (2) meine ja meine Großmutter, sie haben auch, also wir haben immer, meine Mutter hat äh nicht alles, für Kinder gemacht die haben auch immer mitgeholfen meine Tanten und so, alle waren zusammen und ähm (1) meine Mutter hat fast immer gekocht aber, so wir haben nie mit meiner Mutter richtig gesessen oder gesprochen oder wenn wir Probleme hatten und so wir haben uns, nicht getraut, es ihr zu sagen oder wir haben mei- mit meinem Vater immer so viel gemacht und unternommen meine Mutter war immer in Küche oder irgendwo hat sie sauber gemacht und so, und war eigentlich äh (2) okay, we- wenn sie da ist oder nicht da ist war, nicht so'n großer Problem, weil meine Tanten waren da (2) und meine Großmutter hat dafür gesorgt dass ((räuspert sich)) wir (2) äh, uns wohlfühlen, dass sie, vielleicht (2) meinen, Vater überzeugen kann dass ohne sie geht auch, ohne meine Mutter geht's auch, weil meine Großmutter wollte dass sie, nicht zurückkommt und dass sie da bleibt bei ihre Familie (4)" (III 41/8-21).

Hier wird zunächst noch einmal deutlich, welches Bild Nihad Amin aus der Gegenwartsperspektive heraus von der Rolle der Mutter in der Familie und ihrer Beziehung zur Mutter vermittelt. Ob die Mutter weggegangen ist oder nicht, hatte demnach für Nihad keine Rolle gespielt. Sie habe andere Be-

153 Nihad Amin erwähnt an anderer Stelle, dass der Großvater Islamwissenschaftler und Schlangenbeschwörer war und ein Labor hatte. Um was für ein Labor es sich genau gehandelt hat, ist nicht bekannt.

zugspersonen gehabt, also die Familie des Vaters. In der Retrospektive normalisiert und rationalisiert sie die Situation. Das kann zum einen darauf hindeuten, dass sie sich schon als Kind gegen die Mutter ‚entschieden' hatte. Dies wiederum macht den Einfluss der anderen Bezugspersonen auf sie als Kind deutlich. Möglicherweise wurde innerhalb der Familiendynamik von den Kindern erwartet, dass sie loyal mit der Familie des Vaters waren. Unklar bleibt die Passage, in der sie erwähnt, dass sie sich als Kinder nicht „getraut" hätten, der Mutter Bescheid zu sagen, wenn sie Probleme gehabt haben. Hier wird fehlendes Vertrauen zur Mutter angesprochen. Die Mutter war nicht da, wenn es Probleme gab, das lässt sich auch heraushören. Sie war immer mit anderen Dingen beschäftigt. Nihad als handelndes und fühlendes Kind taucht in dieser argumentierenden und beschreibenden Darstellung nicht auf. Es entsteht mehr ein Eindruck, als ob hier von Nihad Amin Familiengeschichte konstruiert wird, die mehr über die familiären Diskurse mitteilt als über das eigene Erleben. Dies zeigt sich auch in der Fortsetzung der Erzählung darüber, was geschah, als die Mutter wieder zurückkam:

„vielleicht sind äh, drei Monate äh vergangen und mein Vater hat sie nicht abgeholt hat gar nichts gemacht, und dann äh, ihr Vater ist- der Vater von meiner Mutter ist zu uns gekommen und hat [zu meinem Vater] gesagt (1) ‚es geht nicht und so, was, was möchtest du jetzt machen?' Aber meine Großmutter hat meinen Vater nicht gelassen und dann hat (2) mein Onkel meine Mutter nach Hause gebracht, aber mein Vater ist nicht hingegangen, und dann haben sie miteinander geredet, mein Vater hat klare Regeln gestellt hat gesagt äh, ‚wir sind so und so, akzeptierst du oder akzeptierst du nicht (...) mein Vater, dann äh hat gesagt ‚du musst meine Mutter akzeptieren und wenn wir Besuch haben oder irgendwas' sie haben so über einen Besuch glaube ich sich gestritten und so (1) und äh, ‚du musst äh, das iss deine Aufgaben dass du jeden Tag kochst und dass du, meine Mutter bedienst und weiß ich nicht und Kinder erziehst und, alles andere geht dich nichts an', und meine Mutter hat geweint und hat gesagt ‚das ist doch keine Ehe und äh, ähm, das ist nicht schön wenn sie [die Schwiegermutter] immer wieder egal was ich mache sie mischt sich ein und so, sie mi- mischt sich ein und sagt sie das ist falsch, das ist falsch, ich kann nicht mehr, ich mach alles richtig aber was sie macht ist nicht normal', meine Großmutter hat gesagt ‚ich werde mich nicht einmischen und mach, mach was du willst, wir sehen, ob du alles richtig machst', das war vielleicht einziges Mal dass (2) dass ich- (1) wir haben das mitbekommen aber, vielleicht hatten sie Streit aber wir haben [das] nie gesehen mein Vater vielleicht hat dafür gesorgt dass die Kinder nichts mitbekommen (3)" (III 40/03-41/05).

Die Tatsache, dass keine Anstalten unternommen wurden, die Mutter zurückzuholen, wird für die Mutter und aber auch für ihre Herkunftsfamilie eine sehr große Kränkung und Demütigung gewesen sein. Die Familie der Mutter unternimmt Versuche zu vermitteln und einzulenken, ohne Erfolg. Jedoch erwähnt Nihad, dass die Großmutter den Vater „nicht gelassen" habe. Das kann darauf hindeuten, dass er einlenken wollte, aber der Wunsch seiner Mutter bindender für ihn war. Die Mutter von Nihad kehrt also in einer Position als Unterlegene in den Haushalt der Schwiegereltern zurück und bekommt von ihrem Ehemann klare Anweisungen, wie sie sich in Zukunft zu verhalten habe. Die Mutter formuliert in der Erzählung ganz deutlich ihre

Unzufriedenheit und andere Erwartungen an eine Ehe, und sie vertritt die Position, dass der Umgang mit ihr nicht akzeptabel, nicht „normal“ sei.

Dieser familiäre Konflikt und Machtkampf wird von Nihad Amin sehr detailliert beschrieben, möglicherweise, weil er sehr grundsätzlich war und Auswirkungen auf das Leben aller Familienmitglieder hatte.

In diesem Zeitraum bekommt der Vater eine Beförderung zum Schulleiter und macht ein großes Fest. Nihad beschreibt, dass ihre Mutter nicht mitfeierte, weil sie noch „sauer“ war. Es entsteht der Eindruck, dass die emotionale Verfassung der Mutter unbedeutend war oder sein sollte. In der Darstellung von Nihad hatte niemand die Mutter in den 3 Monaten, die sie in ihrer Herkunftsfamilie war, vermisst. Der Vater hatte sich anscheinend in seinem Leben eingerichtet und konnte sich über die Situation in seiner Ehe hinwegsetzen. Er hatte viele Kontakte und sogar die Beziehung zu der Lehrerin, die er eigentlich heiraten wollte, konnte er in sein Leben gesellschaftlich akzeptiert integrieren. Sie war auch verheiratet und die Paare haben sich gegenseitig eingeladen. Sie war außerdem die Lehrerin seiner Kinder.

Für Nihad wird die Perspektive und das Leben des Vaters weitaus attraktiver gewesen sein. Wie wird sie sich als Siebenjährige erklären, warum sich niemand für die seelische Verfassung der Mutter interessiert? Die Realität der Mutter ist nicht die Realität der Familie. Gefühle der Mutter werden nicht geteilt. Nihad sieht die Geschichte ihrer Mutter weitgehend aus der Perspektive der Herkunftsfamilie des Vaters, und hier wird die in der Eingangserzählung präsentierte Illoyalität gegenüber der Mutter plausibler.

Was wissen wir weiter von Nihad aus dieser Zeit?

Die Eltern von Nihad und die Kinder ziehen aus dem gemeinsamen Haus mit den Großeltern in ein eigenes Haus um. Der Vater macht mit seinen Kindern spannende Ausflüge, sie nehmen Essen und ihre Puppen mit und der Vater hat Spielideen, die den Kindern gefallen. Sie dürfen sich schmutzig machen und danach im Fluss baden. Diese Beschreibungen klingen nach schönen Kindheitserlebnissen. Die Mutter wird nicht miteinbezogen und ist die Spielverderberin, die sich zum Beispiel ärgert, dass die Kleidung verschmutzt ist. Nihad beschreibt hier Gemeinsamkeiten mit dem Vater, die vor der Mutter geheimgehalten werden müssen. Die positiven Erlebnisse wurden also in Abgrenzung und in Opposition zur Mutter gemacht, und der Verbündete der Kinder und der Mächtige ist der Vater. Nihad Amin beschreibt einen Vater, der das Leben nach den Bedürfnissen seiner Kinder ausrichtet. Im Gegensatz dazu wird ein Bild von der marginalisierten Rolle der Mutter konstruiert, die versucht, ihre Autorität und Ansprüche geltend zu machen.

Die folgende Textstelle macht deutlich, dass der Machtkampf zwischen Großmutter und Mutter sich auch mit der räumlichen Distanz fortsetzt:

„wir haben gesehen sie wenn sie [die Großmutter] kam meine Mutter hat so'n Gesicht gemacht, oder, sie hat äh ungerne gekocht äh, und sie hat nicht äh, da gesessen sie hat sich immer, mit irgendwas beschäftigt, und sie hat immer gesagt wir dürfen nicht hin weil sie ist krank (1) sie hat bemerkt bevor wir wissen dass- bevor dass wir wussten dass sie (1) an Tuberkulose erkrankt war meine Mutter hat bemerkt dass sie, dass sie eine Kranke iss oder sie sieht so blass aus und so, sie hat gesagt ‚ihr dürft nicht mehr hin' und einmal hatte meine Mutter gesagt, ähm „warum, gibst du dein Glas meinen Kindern? Es geht nicht du hast davon getrunken, und du bist eine alte Frau, es geht nicht dass die Kinder von deinem Glas trinken' und sie fand das schrecklich die **ganze** Stadt wusste dass meine Mutter [das] so gesagt hat zu meiner Großmutter, das war unverschämt für meine Großmutter, aber für meine Mutter iss normal und, viele Leute haben es verstanden aber andere auch haben gesagt ‚es geht nicht das ist respektlos' und so und seitdem dass meine Mutter so gesagt hat sie [die Großmutter] hat [das] immer wieder mit Absicht gemacht sie hat uns Honig gegeben sie hat [den Honig] erstmal in ihren Mund gemacht und dann in unseren Mund, und da war meine Mutter und mein Pappa da und meine Mutter, kochte, aber sie konnte nichts sagen weil mein, Vater war da, und meine, meine Großmutter hat mit Absicht gemacht," (III 23/24-24/15).

Die Großmutter ist an Tuberkulose erkrankt und in diesem Zitat wird deutlich, dass die Mutter nicht mehr wie das Opfer der Familie wirkt, sondern dass sie nun um die Autorität über ihre Kinder kämpft. Sie wird hier sogar von Nihad als ‚wissend' in Bezug auf die Krankheit der Großmutter dargestellt. Die Großmutter wiederum rächt sich für diesen Affront durch die Schwiegertochter auf eine Art und Weise, die den Grad der Feindschaft zwischen den beiden Frauen sehr deutlich macht. Die Kinder erleben, dass sie von der Großmutter dafür benutzt werden, die Mutter zu provozieren. Nihad bemerkt die Absicht im Handeln der Großmutter.

An dieser Stelle im Interview entsteht der Eindruck, dass sich Nihad mit der Situation der Mutter identifiziert, ohne dies konkret zu benennen. Erwähnenswert ist der Verweis auf das gesellschaftliche Umfeld, wo darüber geurteilt wird, wie das Verhalten der Mutter gegenüber ihrer Schwiegermutter zu bewerten ist. Die Mutter hat sich offen gegen die Großmutter zur Wehr gesetzt, und das ist gegen die Regeln des Respekts gegenüber Älteren und insbesondere gegen die eigene Schwiegermutter. Jedoch bekommt sie durchaus Verständnis für ihr abgrenzendes Verhalten entgegengebracht, und das nimmt Nihad auch zur Kenntnis.

Irgendwann in dieser Zeit starb der Großvater und die Großmutter blieb allein zurück. Sie war immer noch krank und die Kinder durften die Großmutter aufgrund der Ansteckungsgefahr nicht mehr besuchen.

Verfolgen wir jetzt einen anderen Strang in der Familiengeschichte von Nihad.

7.2.4.3 Die politische Aktivität des Vaters im Kontext der Familiengeschichte

Während der Ehekrise 1979 fand die Beförderung des Vaters zum Schulleiter statt. Nihad war ungefähr 7 Jahre alt. In den ganzen Jahren, in denen der Vater als Lehrer und Schulleiter an der örtlichen Schule tätig war und auch zeitweise seine eigenen Kinder unterrichtete, war er als Kommunist politisch aktiv. Die Geschichte des Kommunismus im Irak spiegelt die sozialen und politischen Veränderungen der irakischen Gesellschaft wider.[154] 1978 kam es zu einem Bruch der Baath-Partei mit den moskautreuen Kommunisten im Irak (Sluglett/Sluglett 1991:197f), so dass politische Aktivitäten nur noch konspirativ durchgeführt werden konnten. Die Verfolgungen von Kurden und unterschiedlichen oppositionellen Gruppierungen nahmen zu dieser Zeit sehr stark zu.[155] 1980 begann der Erste Golfkrieg zwischen Iran und Irak, der bis 1988 andauerte. Erst seit 1980 gründeten sich im Irak islamisch-politische Organisationen, die mit den ansässigen politischen Organisationen zusammenarbeiteten. Diese Form des politischen Islams spielte bis dahin im Irak keine Rolle (Sheikhmous 1999:59f zit. nach Ammann a.a.o:257).

Ein Grund dafür, dass Religiösität in kurdischen Regionen bis heute eine vergleichsweise geringe Rolle spielt, liegt darin, dass viele politisch organisierte KurdInnen marxistisch-leninistisch orientiert waren (Ammann a.a.O:275).[156] Wir können davon ausgehen, dass die politische Tätigkeit des Vaters von Nihad Amin innerhalb des Iraks so verdeckt ablief, dass die Behörden Anfang der 80er Jahre nicht genau über seine Tätigkeit informiert waren oder ihm diese nicht nachweisen konnten.

In den 80er Jahren wurden unter dem Regime von Saddam Hussein in der kurdischen Region des Nordiraks über 100.000 Menschen ermordet. Die politische Aktivität des Vaters wurde in dieser Zeit gefährlicher, weil die Verfolgungssituation sich in den 80er Jahren, wie oben beschrieben, verschärft hatte. Auch die Familie war unmittelbar davon betroffen. Die Kinder wurden über die Schule dazu aufgefordert, Mitglied bei altersspezifischen Organisationen der Regierung zu werden. Die älteste Schwester von Nihad war als Einzige in die politischen Aktivitäten des Vaters eingeweiht und beteiligte sich selbst.

Hier wird das besondere Verhältnis des Vaters zu seiner ältesten Tochter deutlich. Nihad war hier ungefähr 12 Jahre alt und die Frage nach der eigenen Zugehörigkeit zu den Parteiorganisationen war eine erste persönliche Konfrontation mit der politischen Verfolgung des Vaters. Nihad konnte jedoch nicht einordnen, was genau geschah und es wurde darüber aus Gefährdungsgründen mit den Kindern nicht kommuniziert.

„ich wusste nichts ähm bis ich dreizehn äh, war und äh, er hat nicht gewusst dass äh ich so, im Kopf be- behalte oder- er hat mit seinen Freunden Spenden gesammelt, Spenden so genommen und er hat [mir] eine gegeben die er, irgendwo hinschickte, und da haben die geredet über, über Kommunisten und über, ähm, diese aktiven Leute in in dieser, äh, Organisation da hab ich gewusst mein mein Vater iss so politisch aktiv aber das hab ich nie erzählt nachher hab ich meine, ältere Schwester gefragt äh mein Vater hat soundso erzählt sie hat gesagt ‚ja das iss ein Partei, und die wollen das und das und die haben diese Ziele‘,

154 Vgl. hierzu Batatu, Hanna 1978.

155 Vgl. Sluglett/Sluglett 1991:197ff.

156 Mehr zum Verhältnis von Marxismus und Religion im Irak in Batatu a.a.O.:694ff.

ja aber sie hat immer gesagt ich, soll [das] niemandem erzählen wenn die mich umbringen ich soll nichts erzählen“ (II 31/06-17).

Möglicherweise ist die Bemerkung, dass der Vater nicht dachte, dass Nihad etwas im Kopf behält, so zu interpretieren, dass Nihad viel mehr wusste, als er ahnte, jedoch so tun musste, als ob sie nichts wusste. Es wird deutlich, dass sie sehr damit beschäftigt war, sich ein Bild davon zu machen, was der Vater tat. Sie beschreibt beispielsweise an anderer Stelle, wie sie geheime Unterlagen und Kassettenaufnahmen des Vaters im Garten ausgräbt, um dann wieder alles einzugraben. Das zeigt ihre Involviertheit in die konspirative Realität des Vaters.

Es ist also anzunehmen, dass sie mit ihrer Angst allein blieb und die Versuche, etwas in Erfahrung zu bringen, eine Möglichkeit für sie waren, nicht nur zuzuschauen, sondern selbst zu agieren und beteiligt zu sein. Sie spricht die älteste Schwester an, weil sie vermutlich weiß, dass diese als einzige der Geschwister informiert ist. Im Kontext des Gespräches mit der Schwester ist klar, dass es ständig die Angst gegeben haben muss, dass jemand etwas verraten könnte. Selbst von Nihad wird hier erwartet, dass sie nichts verrät, auch wenn sie selbst umgebracht werden würde. Hier wird also unbedingte Loyalität mit dem Vater bis in den Tod verlangt.

Wenn wir versuchen uns zu verdeutlichen, wie sich diese Erfahrungen auf Nihad ausgewirkt haben, sehen wir zunächst die Situation eines Kindes, das Spannung und Gefahr spürt, ohne diese Gefahr jedoch einschätzen zu können. Die äußere politische Repression führt zu einem Zustand, der als „Schweigepakt“ bezeichnet werden kann.[157] Dieser Schweigepakt bezieht sich sowohl auf das soziale Umfeld als auch auf die innerfamiliäre Situation. Auf die innerfamiliäre Situation bezogen, dient der Schweigepakt dazu, die Realität zu verleugnen und den Versuch, eine Normalität leben zu können. Kinder machen hier die Erfahrung, dass über Probleme nicht kommuniziert wird. Sie versuchen darum ebenfalls zu verbergen, wenn es ihnen schlecht geht. Gefühle von Einsamkeit sind häufig die Folge.[158] Sie können sich das Verhalten von Bezugspersonen nicht erklären, weil in zentralen Lebensbereichen ein Tabu herrscht. Diese Tabuisierungen durch den Schweigepakt sind oft ein wesentlicher Faktor, wenn es um die transgenerationelle Weitergabe von Traumata geht.[159]

Eine weitere Belastung besteht für Nihad Amin in dieser Situation darin, dass sie keine vertrauensvolle Beziehung zu ihrer Mutter hat, denn stabile

157 Es handelt sich um einen zentralen Begriff in der Arbeit mit traumatisierten Familien (Danieli 1980 zit. nach Walter u.a. 2000:557).

158 Walter u.a.: a.a.O:557.

159 Vgl. ausführlich zu den Auswirkungen politischer Verfolgung auf Kinder und auf Familien beispielsweise Bräutigam (2000), Walter u.a.(2000), Kizilhan (2000).

innerfamiliäre Beziehungen sind von großer Bedeutung bei der Bewältigung von außerfamiliären Belastungssituationen.[160]

Der politische Druck auf den Vaters wird immer massiver. Der Vater wird zu Verhören abgeholt, bei denen er gefoltert wird. Ein normales Leben wird immer weniger möglich. Die Willkür verstärkt die Angst und Anspannung bei dem Vater, aber auch bei der ganzen Familie. Der Vater wird in Gegenwart der Kinder verhaftet:

„als mein Vater äh, festgenommen wurde, wir haben alle geweint wir haben alle gesagt äh ((hustet)) ‚ihr dürft ihn nich mitnehmen' und so, und äh, meine Mutter hat gesagt ‚der wird sofort kommen der wird nicht da bleiben' als er, zwei Tage zwei Nächte da geblieben ist, wir sind alle hingegangen ins Polizeirevier, der war nicht da aber wir waren beschäftigt dass wir ihn holen, äh, aber der erste Tag war, war furchtbar, alle Leute haben über uns geredet alle haben gesagt ‚die sind Außenseiter diese Familie', ähm (1) und die Leute hatten Angst mit uns, Kontakt (2) zu haben (...) und nach zwei Tagen der [Vater] iss wieder gekommen (1) aber der hat uns nie erklärt, nachher warum (1) er festgenommen wurde und so, mein Bruder hat gefragt, der hat gesagt äh (2) ‚frag mich nicht (1) ich möchte nicht dass jemand mich fragt es war einfach so und fertig', /I: Mhm/ (1) der war so, vielleicht sauer oder er konnte, nicht- er wollte nicht lügen oder ich weiß es nicht der hat nichts gesagt (2)" (III 50/14- 51/02).

Hier verknüpft sich also der drohende Verlust des Vaters auch insofern mit dem Schicksal der gesamten Familie, dass die politische Verfolgung zu gesellschaftlicher Ausgrenzung führt. Wenn man vorher noch vermuten konnte, dass die fehlende Kommunikation innerhalb der Familie mit dem äußeren Zwang zur Geheimhaltung zusammenhängt, wird hier aber auch ein weiteres Problem angesprochen. Der Bruder bricht hier den „Schweigepakt", aber er erhält keine Antwort vom Vater über die Gründe für seine Inhaftierung. Der Vater lehnt es ab, mit seinen Kindern zu sprechen. Es bleibt das Bild eines Vaters, der konspirativ politisch aktiv ist und die ganze Familie in eine bedrohliche Situation bringt, aber seinen Kindern keine Erklärung geben will oder kann. Ein wichtiges Motiv für dieses Schweigen ist sicherlich der Wunsch, die Kinder und andere zu schützen. Jedoch wird deutlich, dass die Kinder von den Folgen der politischen Verfolgung zunehmend betroffen sind und das Schweigen des Vaters sie mit ihren Gedanken und Gefühlen allein lässt. Die Position des Vaters wird aus der Perspektive von Nihad Amin hier ambivalent beschrieben. Die mutige, aktive und loyale Seite des Vaters dominiert das Bild, das er verkörpern will. Die andere Seite des Vaters, seine Erfahrungen mit Demütigung, der Angst, der Gefährdung der physischen und psychischen Integrität findet keinen Ausdruck, ist nicht kommunizierbar. Diese beiden Aspekte finden sich auch in der folgenden Textstelle wieder:

„das hat auch ein bisschen so gesp- spiegelt auch unser Leben dass er war so, ähm, diskret er hat nicht viel erzählt er hat nur mit uns äh, so gespielt und was unternommen oder ähm, so spielerisch hat- er war so, ähm, er wollte nur Spaß mit uns haben, vielleicht er wusste

160 Fischer/Riedesser 1998:255 zit. nach Bräutigam 2000:24.

dass er, von diese Quälerei dass er ähm, stirbt, bevor dass wir alle erwachsen werden und so, ja (2)" (II 50/28-34).

Nihad spricht hier an, dass es hinter der Fassade des aktiven Vaters, der mit seinen Kindern „nur Spaß" haben wollte, etwas gab, was quälend war. Dies lässt auch vermuten, dass es den Kindern wichtig gewesen sein wird, dem Vater eine Freude zu machen, indem man seinen Bedürfnissen nach Spaß und ‚heiler Welt' nachkommt.

Die Erfahrung, dass eine wichtige Bezugsperson zum Opfer von Gewalt wird und allgemein das Zusammenleben mit einer traumatisierten Person, kann zu einer sekundären Traumatisierung der Angehörigen, insbesondere von Kindern, führen. Das entsteht durch Beobachtungen und Erzählungen und kann auch dann auftreten, wenn über die traumatisierenden Erfahrungen nicht gesprochen wird, weil Kinder dies erspüren können.[161] Es kann davon ausgegangen werden, dass diese Erfahrungen für Nihad Amin zumindest indirekt traumatisierend waren.

Solche indirekten Traumatisierungen haben für die betroffenen Kinder oft zur Folge, dass sie ihren Stress nicht artikulieren können, weil das, was sie belastet, diffus, nicht greifbar und damit auch nicht formulierbar ist. Kinder entwickeln dann häufig Schuldgefühle, weil sie sich nicht berechtigt fühlen, eigene Bedürfnisse zu haben und ihre ohnehin stark belasteten Angehörigen dadurch zusätzlich zu belasten.[162]

Die Loyalität zum Vater wird durch diese Erfahrungen noch verstärkt. Nihad identifiziert sich in Abgrenzung zur Mutter mit der Perspektive der Herkunftsfamilie des Vaters. Es stellt sich die Frage, wie sich die unterschiedlichen Konstruktionen von Frau-Sein in der Herkunftsfamilie auf Nihads Selbstkonzept als Mädchen und Frau ausgewirkt haben?

Sie erlebt die besondere Beziehung ihrer älteren Schwester als politische Gefährtin und Geheimnisträgerin zum Vater, die für sie selbst unerreichbar ist. Ihre älteste Schwester ist wie die Schwestern des Vaters politisch aktiv und beginnt ein Studium. Alle drei Schwestern des Vaters waren Kommunistinnen und beruflich engagiert. Die Verbindung des Vaters zu seinen Schwestern beschreibt Nihad Amin als sehr positiv, als „offen", und dass viel gemeinsam unternommen wurde. Es gibt die gemeinsame politische Orientierung der erwachsenen Geschwister, die sie im Erwachsenenleben miteinan-

161 Vgl. Bräutigam a.a.0:25.

162 Butollo 1997 zit. nach Bräutigam a.a.O: 26. Es werden drei zentrale Probleme, die im Zusammenhang mit der sekundären Traumatisierung auftauchen,beschrieben: 1. Das Kind benötigt viel Energie die eigenen Eltern zu entlasten und überfordert sich damit. 2. Die Eltern sind von ihrer eigenen Symptomatik vereinnahmt und können ihrer Rolle als Eltern nur noch unzureichend gerecht werden. 3. Kinder bearbeiten die Traumatisierung der Bezugspersonen stellvertretend, indem sie Symptome entwickeln, die sonst die Eltern entwickelt hätten und sie damit entlasten. Außerdem fordern sie beispielsweise durch regelwidriges Verhalten Eltern dazu auf, in ihre Rolle als Eltern zurückzukehren und Verantwortung zu übernehmen (Bräutigam a.a.O:26).

der verbindet. Das ist interessant, zumal die Großeltern von Nihad keine Beziehung zum Kommunismus hatten:

„Meine Großmutter nicht nein, meine Großmutter und meine Opa wollten damit gar nichts zu tun haben, mein Opa war (1) so religiös und meine Großmutter auch“ (III 28/19-20).

Es lässt sich hier darüber diskutieren, in welchem Verhältnis die politische Aktivität der Kinder als KommunistInnen im Verhältnis zur Religiösität der Eltern steht.[163] Denkbar ist es als Abgrenzung gegen die Eltern oder als Abgrenzung zur Religion. Eventuell findet sich hier eine Form der Opposition des Vaters gegen seine Familie wieder, die die persönlichen Einschränkungen durch Familienaufträge und Loyalitätsverpflichtungen kompensiert.

Besonders politisch aktiv ist die jüngste Schwester des Vaters, die Anfang der 80er Jahre nach London gegangen war, um dort als Krankenschwester zu arbeiten und sich politisch zu betätigen. Mit dieser Schwester kommt es zu einem brisanten familiären Eklat, der sich zudem mit der Verfolgungsgeschichte des Vaters verbindet. Die Schwester verliebt sich in London und ihr Bruder, der Vater von Nihad, erfährt durch andere Leute von der Beziehung.

„das ist doch bei uns verboten und viele Leute wussten davon und am Ende hat mein Vater davon, äh erfahren und äh, meine mein, Pappa war sehr sauer und hat gesagt ‚entweder, müssen wir dich umbringen oder ihr sollt sofort kommen und du musst heiraten‘, und sie ist hingegangen und hat gesagt ‚mein Bruder, hat davon erfahren und wir müssen heiraten‘ also, oder gibts nichts, und dann äh, sie haben geheiratet so“ (III 29/17-23).

Die Drohung, die Schwester umbringen zu müssen, wird hier als Option ohne Alternative dargestellt, wenn das Paar nicht bereit sei zu heiraten. Ob es sich hier bei der Drohung um eine ultimative Disziplinierungsmaßnahme handelt, die letztendlich aber nicht umgesetzt werden würde, lässt sich an dieser Stelle nicht beurteilen. Die Tatsache, dass die Morddrohung hier so selbstverständlich angekündigt wird, macht jedoch deutlich, dass dieser Begriff der Familienehre hier eine konkrete Funktion einnimmt und nicht nur als Relikt vergangener Generationen im kulturellen Wissensbestand der irakisch/kurdischen Gesellschaft verankert ist. Der politische Hintergrund des Vaters als Kommunist steht dem ideologisch anscheinend nicht entgegen.

Die Schwester und ihr Freund reisen mit Nihads Vater daraufhin in den Iran, weil sie aus politischen Gründen nicht in den Irak einreisen dürfen, heiraten dort und das Paar kehrt nach einem Jahr wieder nach London zurück. Die Situation ist insgesamt sowohl für die Schwester als auch für Ni-

163 Batatu (1973:694ff) weist auf das Selbstverständnis des Kommunismus als „fundamental antireligiös“ hin und beschreibt gleichzeitig wie sich die Kommunisten im Irak darum bemühten, sich nicht zu sehr bei dem Thema Religion zu engagieren, weil es sonst politisch hätte gegen sie verwendet werden können. Ideologisch war Religiösität im Irak durchaus mit dem Kommunismus vereinbar, weil sie sozusagen als zu lösender ‚Nebenwiderspruch‘ behandelt wurde.

hads Vater aufgrund ihres gemeinsamen politischen Engagements sehr gefährlich. Dies führt jedoch, wie wir gesehen haben, nicht dazu, dass gesellschaftliche Tabus und Regeln ihre Bedeutung verlieren.

Auch an einer anderen Stelle wird deutlich wie sich Geschlechterarrangements und politische Aktivität und Verfolgung miteinander verbinden.

Der Vater erhält aufgrund der Bedrohungssituation eine Einladung in die Sowjetunion, und es gibt die Überlegung, mit der ganzen Familie auszureisen und ins Exil zu gehen. Der Vater entscheidet sich nach der Darstellung von Nihad jedoch dagegen und sie führt genauer dazu aus, dass er sich aufgrund der sexuellen Freizügigkeit in Russland Sorgen um seine Töchter gemacht habe.

Hier entsteht, wie in der Situation mit der Schwester des Vaters, der Eindruck, dass eine lebensgefährdende Bedrohung eher in Kauf genommen wird als von bestimmten moralischen Vorstellungen, die religiös oder traditionell begründet sind, abzurücken.

Wie der Vater seine moralischen Vorstellungen und seine politischen Überzeugungen verbindet und seinen Kindern gegenüber lebt, wird von Nihad Amin so beschrieben, dass er immer den Anspruch formuliert habe, alle Geschwister gleich zu behandeln. Damit sind die Geschlechterrollen und das Alter der Kinder in der Geschwisterkonstellation gemeint. Sie erwähnt, dass er ein „bisschen religiös" war, aber seine Kinder nie zu etwas gezwungen habe. Der Vater erscheint hier grundsätzlich als liberaler Mensch, der seinen Kindern, Töchtern und Söhnen gleichermaßen eine Wahl in ihrem Leben lassen will. Die Grenzen der Gleichheit für sie als Mädchen und Frau macht sie jedoch ebenso deutlich:

> „er möchte dass Frauen lernen und ihre Meinung haben, aber nicht in dem, Sinne dass äh (1) was Sexualität betrifft das nicht, das, trennt er davon ab also alles andere hat er, er möchte das gerne, dass Frauen auch alles machen, äh, arbeiten gehen alles mithelfen alles Mögliche, aber (2) was äh, dass die einen Freund haben oder Sex vor, der Ehe oder so das hat er auch nicht- davon hat er davon gar nichts gehalten" (III 38/3-8).

Er vertritt mit dieser Argumentation den gesellschaftlichen Konsens, dass die sexuelle Moral der Mädchen und Frauen besonders geschützt werden muss. Hier passt er sich nicht nur an die allgemeinen Normen der kurdisch-irakischen Gesellschaft an, sondern er kann sich auch nicht vorstellen, ein Leben in einer anderen Gesellschaft zu führen, wo diese Regeln nicht von großer Relevanz sind.

7.2.4.4 Krankheit und Tod des Vaters - Machtvakuum und Machtkämpfe

Es kommt immer wieder zu Verhaftungen und Folterungen des Vaters, und er wird vom Schulleiter erst zum Lehrer, dann zum Angestellten und dann zum Schaffner degradiert. Die Amtsenthebung und die Degradierung zum Schaffner ist eine große Demütigung, die für die ganze Familie gravierende soziale Folgen hat, neben dem ökonomischen Abstieg. Irgendwann in dieser Zeit erkrankt der Vater an Krebs. Nihad stellt im Interview einen Zusammenhang zwischen seiner politischen Verfolgung und seiner Krankheit her.

Nihad ist in der 9. Klasse, und die Krankheit des Vaters wirkt sich zunächst für die Kinder so aus, dass er ihnen keine Unterstützung mehr bei den schulischen Anforderungen geben kann. Es geht ihm körperlich sehr schlecht und er schämt sich für seinen Zustand vor seinen Kindern. Alle weinen viel und befinden sich in einer Krise. Nihad berichtet, wie er seine Kinder abwechselnd zu sich kommen lässt, sie anschaut und umarmt. Seine Gefühle und Gedanken schreibt er in einem Tagebuch nieder. Anscheinend setzt er sich hier auch mit seinen Beziehungen auseinander. Die Familie fühlt sich jedoch von ihm verlassen und die Mutter formuliert dies, indem sie ihm vorwirft, dass er seine Familie allein lassen wolle. Seine Familie bemüht sich, ihn noch am Leben teilhaben zu lassen, jedoch will er sich nicht in der Öffentlichkeit zeigen.

Die politische Verfolgung und die Krankheit des Vaters bedeutet für die Familie eine Verschiebung der Machtverhältnisse. Der Vater ist nicht mehr präsent und die Mutter bekommt dadurch eine andere Rolle. Sie hat die Verantwortung für den kranken Ehemann, muss ihn versorgen, pflegen und mit seinen depressiven Stimmungen umgehen. Sie ist verantwortlich für 12 Kinder und für den Haushalt. Es findet hier in einem langen Prozess eine faktische Schwächung des idealisierten Vaters statt. Dies führt zu Veränderungen in der Beziehungsdynamik der Familie. Welche Auswirkungen das hat, wird an folgendem Beispiel deutlich:

Während eines Krankenhausaufenthaltes des Vaters lebt die kranke Großmutter vorübergehend im Haus von Nihads Familie. Sie war krank, jedoch nicht mehr ansteckend, konnte nicht mehr laufen und sich nicht alleine versorgen. Darum lebte sie abwechselnd für einen Monat bei jedem ihrer Kinder. Nihad berichtet von einer Situation, in der die Anspannung in der Familie in Gewalttätigkeit übergeht.

„wenn wir dranne waren [die Großmutter zu nehmen] meine Mutter war immer wieder **so** traurig mein, Vater war, im Krankenhaus und die- meine, meine Großmutter war zu Hause, meine Mutter hat sie in ein (1) Zimmer [gebracht] (1) sie konnte ja nicht laufen sie hat gesagt ‚du bleibst hier', sie hat für sie nur ein- es war ein leeren Zimmer, eine Matratze da, hingelegt, und äh sie sollte sich hinsetzen und eine (2) eine Decke hat sie gegeben (1) und sie hat so spät ihr Essen gegeben und so, und dann ähm, eine Freundin von meine Schwester ist gekommen sie hat gesagt äh, äh ‚oh guck mal deine arme Großmutter, was macht sie da?' und so und meine Großmutter hat- äh, wir waren alle da wir wollten äh Mittag essen sie [meine Mutter] hat gesagt ‚euer Vater ist krank weil eure Großmutter ist krank, er hat sich angesteckt', und sie hat total geschimpft dass äh meine, meine Großmutter ist schuld, daran dass mein Vater, so krank ist, und wir waren alle so traurig wir waren alle so, wütend und wir wollten echt dass meine Großmutter weggeht, wir haben auch alle so, weiß ich nicht so'n bisschen Hassgefühle gegen sie, am Ende gehabt, und meine (1) Schwester hat sie mit, Weintrauben geschmissen, geschmissen auf sie das hat meine Schwester gemacht und mein Bruder hat gesagt ‚du musst sofort aufhören' und sie hat weiter gemacht und weiter gemacht meine, kleine Schwester weil sie liebte meinen Vater so sehr, und sie hat gesagt ,du bist schuld daran du bist schuld daran', und sie [meine Großmutter] hat gesagt ,**nein** nein ich bin- ich hab es nicht gemacht wirklich' und so, sie war so arm aber was hat meine Schwester gemacht meine Schwester hat sie mit ihre-, meine Mutter hat zugesehen, alle andere haben auch zugesehen und meine Schwester iss hingegangen und hat ihre Haare gezogen sie konnte sich nicht wehren, sie, saß da und sie hat nur geweint," (III 25/7-26/5).

Die Beschuldigung der Mutter, dass die Großmutter den Vater angesteckt haben soll, zeigt wie irrational die Mutter agiert. Die Familie muss seit Jahren in einem Ausnahmezustand leben. Es entsteht ein Bedürfnis jemanden verantwortlich machen zu können.[164] Es ist nicht mehr der politische Gegner, der verantwortlich gemacht werden kann, sondern es ist eine Krankheit, die den Vater zusammenbrechen lässt. Die aktuell als Ungerechtigkeit des Schicksals erlebte Situation wird in einen Zusammenhang mit der Ungerechtigkeit der Vergangenheit gestellt, für die Nihads Mutter ihre Schwiegermutter verantwortlich macht. Nihad beschreibt hier die Situation des „Zusehens" der Familie bei der Ausgrenzung einer schwachen Person. Niemand greift ein außer dem Bruder. Diese Situation ähnelt in der Darstellung der Situation, als die Großmutter die Mutter des Hauses verwies und alle zuschauten und wieder nur der Bruder eingegriff. Die Machtverhältnisse haben sich zugunsten der Mutter verschoben.

Als der Vater kurz darauf, 1987, zuhause an seiner Krebserkrankung stirbt, kommt es zu einer weiteren Eskalation zwischen Mutter und Großmutter. Nihad Amin schildert, wie ihre Mutter die Großmutter geschlagen habe und sie beschuldigte, verantwortlich für den Tod des Sohnes zu sein. Die Großmutter stirbt kurze Zeit später. Nihad Amin stellt einen Zusammenhang zwischen dem Tod der Großmutter kurze Zeit später und den Beschuldigungen der Mutter her. Wenn wir auch nicht genau wissen, ob dieser Zusammenhang besteht, ist festzustellen, dass Nihad Amin es vermutlich so erlebt hat. Die Mutter war aus ihrer Sicht froh, dass die Großmutter gestorben ist. Das Thema Gewalt ist hier wieder sehr präsent. Wie wird dieser Hass der Mutter auf Nihad gewirkt haben? Hat sie als Kind oder Jugendliche möglicherweise auch Angst, dass sie selbst vom Hass der Mutter getroffen wird, weil sie auf der Seite der Familie des Vaters stand? Es ist anzunehmen, dass Nihad Amin solche Gedanken und Befürchtungen hat.

Zum Zeitpunkt des Todes des Vaters ist Nihad 15 Jahre alt ist und geht in die 9. Klasse.

---

164 Der Familientherapeut Stierlin (1989:186) weist daraufhin, dass durch mehrere Studien belegt wurde, dass innerhalb von Familiensystemen unter starkem Stress (z.B. Krankheit und Tod eines Familienmitglieds) eine „diktatorische Struktur" entstehen kann. Das führe dann möglicherweise zu einer „Familientyrannis", die jedoch nur vorübergehend anhalte, weil meistens andere Familienmitglieder dagegen rebellieren und es dadurch häufig zu Chaos und Auseinanderbrechen der Familie kommen kann.

Der Vater legt in einem Tagebuch fest, dass seine älteste Tochter nach seinem Tod eine wichtige Rolle in der Hierarchie der Familie einnehmen soll. Diese Entscheidung ist bemerkenswert, weil der älteste Bruder zu diesem Zeitpunkt bereits 16 Jahre alt war und es für die irakische und kurdische Gesellschaft naheliegend gewesen wäre, dass er eher diese Rolle hätte einnehmen sollen. Nihad Amin begründet die Entschidung des Vaters damit, dass der Bruder nicht so „intelligent" wie die Schwester gewesen sei. Ihre älteste Schwester beschreibt sie dagegen so:

> „ meine Schwester die war, äh im ersten Jahr im College und äh sie ist sehr gut in der Schule gewesen und, sie iss so wie ein weiser Mensch sie weiß alles sie, benimmt sich so, wie ein Mann und so sie iss so stark sie hat so eine starke Persönlichkeit und so (...)und äh mein Vater hat so viel Zeit mit meiner älteren Schwester verbracht, sie- er hat immer so alleine, Gespräche mit ihr geführt" (III 55/9-18).

Die älteste Tochter hat zu diesem Zeitpunkt schon auf dem College ein Studium als Lehrerin angefangen.[165] Das Bild, das Nihad von ihrer Schwester zeichnet, ist interpretationsbedürftig. Die Schwester ist weise und sie ist „wie ein Mann", hat eine durchsetzungsfähige Persönlichkeit. Ist das das Bild, das der Vater von der Schwester hatte? Die Entscheidung des Vaters enthält mehrere Botschaften an seine Familie: Durch Bildung gibt es als Mädchen und Frau die Option, traditionell definierte Geschlechterrollen überwinden zu können. Die Schwester kann die traditionelle Welt der Frauen, die Lebenswelt ihrer Mutter hinter sich lassen und bekommt vom Vater Macht verliehen. Sie profitiert hier und kann an der Seite der Mutter über die Geschicke in der Familie bestimmen. Feststeht, dass der Vater die Möglichkeit wahrnimmt, über seinen Tod hinaus die Hierarchien in der Familie nach seinen Vorstellungen zu gestalten. Wie geht es nun weiter für die Familie und für Nihad Amin?

Eine dreizehnköpfige Familie muss mit einer kleinen Rente, die nach der letzten Tätigkeit des Vaters als Schaffner berechnet wird, auskommen, und Entscheidungen über die Zukunft der Familie müssen getroffen werden.

Die Situation nach dem Tod des Vaters ist finanziell angespannt und Unterstützung durch Verwandte nicht vorhanden, weil der Vater der einzige Sohn war und seine Schwestern nicht wohlhabend genug sind. Unterstützung gibt es in dieser Zeit jedoch durch Freunde des Vaters und durch die kommunistischen Organisationen, in denen er tätig gewesen war.

Der älteste Sohn wird also nicht zum Familienoberhaupt ernannt, übernimmt aber die Rolle des Ernährers, indem er die Schule verlässt um zu arbeiten. Das entscheidet die Mutter. Er wird aber ca. 1 Jahr nach dem Tod des Vaters in den irakischen Wehrdienst eingezogen, der im Irak von allen jungen Männern, unabhängig von Beruf und Studium, für 3 Jahre geleistet wer-

165 Auf dem College können im Irak verschiedene Fachrichtungen nach dem Abitur studiert werden.

den musste. Die älteste Schwester von Nihad Amin ist beim Tod des Vaters bereits im ersten Jahr des Colleges und kann das Studium fortsetzen. Die zweite Schwester ist auch in einer Ausbildung im Computerbereich und darf diese abschließen. Die anderen Töchter dürfen zunächst weiter zur Schule gehen, da der Schulbesuch im Irak kostenlos ist. Die weitere Perspektive der Geschwister ist durch die finanzielle Misere der Familie ungesichert. Das viele Lernen der ältesten Schwester hat sich aus Sicht der Mutter nicht gelohnt, weil sie als Lehrerin sehr wenig verdient. Heiraten wird darum von der Mutter auch aus ökonomischen Erwägungen als die sinnvollere Perspektive für den weiteren Lebensweg der Töchter gesehen. Der Tod des Vaters führt dazu, dass die Weltsicht der Mutter mit ganz anderen Prioritäten plötzlich dominierend wird.

Die Mutter wird hier eindeutig als Handelnde dargestellt, sie entscheidet, was zu tun ist. Es entsteht eine Diskrepanz zu dem Bild der „unwissenden" Frau, die die Situation nicht im Griff hat.

In der Beschreibung dieser Zeit wird deutlich, dass mit dem Tod des Vaters ein Machtvakuum entsteht und dass Macht- und Verteilungskämpfe auf den unterschiedlichen Beziehungsebenen ausbrechen. Die Entscheidungen der Mutter werden von den Kindern als ungerecht erlebt und der Umgang miteinander eskaliert. Nihad beschreibt in einer Situation beispielhaft, wie sich die Wut über das Schicksal der Familie auch gegen den verstorbenen Vater richtet. Demzufolge hat in einer Konfliktsituation eine jüngere Schwester das Bild des Vaters auf den Boden geschmissen, und geschrieen: „warum hast du diese Frau geheiratet?". Der Ärger auf den Vater machte sich auch daran fest, dass er nirgendwo ein schriftliches Testament hinterlassen hat, in dem festgehalten war, dass seine Töchter studieren sollen und die Mutter sich an diese Anweisung zu halten habe. Stattdessen, wird von Nihad vorwurfsvoll festgestellt, hat er nur über seine Gefühle in seinem Tagebuch geschrieben. Wut gibt es auch auf die älteste Schwester, die als einzige durch den verstorbenen Vater aufgewertet wurde und in einer privilegierten Position ist. Der Vater hat in dieser Wahrnehmung alle anderen Kinder im Stich gelassen.

Das Verhalten der Mutter wird seit dem Tod des Vaters von Nihad noch negativer bewertet. Sie ist in einer völlig neuen Rolle und reagiert repressiv mit vielen Verboten. Nur die älteste Schwester hat Macht mitzubestimmen.

Außerdem ist davon auszugehen, dass die Kinder die Mutter nicht als Autorität akzeptieren und sie gegen Widerstände Entscheidungen treffen muss. Nihad thematisiert jedoch auch eine andere Dimension des Erlebens. Zumindest retrospektiv vermisst sie den Vater oder das Bild von dem Vater, der mit den Kindern spricht, der für sie da ist, der sich für sie interessiert. Der Vater war die sichernde Instanz der Familie und das Handeln der Koalition von Schwester und Mutter wird als Schikane und Ausgrenzung wahrgenommen.

Nihad fühlt sich durch das Verhalten der Mutter persönlich benachteiligt, zurückgesetzt und abgelehnt, wie viele Beleggeschichten deutlich machen. Außerdem macht sie deutlich, dass sie auch den Konkurrenzkampf unter den neun Schwestern als bedrohlich erlebt.

Das Machtvakuum nach dem Tod des Vaters führt dazu, dass die Frauen in der Familie sich gegenseitig bekämpfen. Die Autorität des Vaters hat diese Konflikte bisher zugedeckt, die nun offen ausbrechen.

In der folgenden Geschichte, die sich in der Trauerzeit nach dem Tod des Vaters abspielt, kommt beispielhaft zum Ausdruck, mit welcher Härte gegeneinander vorgegangen wird. Nihad ist hier ungefähr 16 Jahre alt:

„ja einmal hab ich, hab ich meine Mutter gesehen, nach[dem] mein, Vater äh, gestorben iss ich hab im äh, Gästezimmer gesehen das da haben wir, Besuch gehabt, und äh, ich weiß es nicht richtig ich hab in dieses Schlüsselloch (1) geguckt und äh, ich hab ihre Hand auf, auf, der Couch gesehen dass äh, wir hatten Besuch, der Freund von, von meinem Vater hat ihre Hand so (1) angefasst, so- war seine Hand auf äh äh, meiner Mutters Hand, und da, bin ich schnell gerannt zu meiner älteren Schwester und ich hab gesagt, ‚meine Mamma will noch mal heiraten und sie hat so gemacht im Zimmer‘, und nach äh, mehreren Monaten meine, meine ältere Schwester ha- war so wütend und sie hat meiner Tante erzählt, meine Mutter hat so gemacht, vielleicht das war falsch von mir aber ich hab so einfach so ganz spontan gemacht nicht- äh ich hab nicht daran gedacht dass [das ein] Problem wird (1) ja und sie hat es zu meiner Tante gesagt meine Tante hat- sie ist gekommen mit ihren Töchtern und ähm, meine ähm, anderen Onkel sind gekommen und alle haben gesagt ‚du, du äh, wir erlauben nicht dass du nochmal heiratest du hast, du hast viele Kinder, und die sind alle Mädchen äh, wie, wie bringst du einen Mann nach Hause du hast so viele Mädchen zu Hause‘, und sie hat gesagt ‚ich möchte nicht heiraten wer hat das gesagt? und, äh, wer hat äh, das gesagt wer hat das behauptet?‘ und so, und da hat meine ältere Schwester gesagt, ich [Nihad] hab mm, äh, ich hab das erzählt ich hab das gesehen, und sie war so wütend, und sie hat mich sofort geschlagen und sie hat gesagt ‚nein hab ich nur ihn begrüßt, das war ni- gar nichts,‘ äh, und dann hab ich gesagt ‚aber warum hast du die Tür zugemacht?‘ (1) sie hat gesagt ‚ja es war laut und da hab ich äh, die Tür zugemacht‘ und nachher hat hat sie, nochmal mich geschlagen aber ich hab gesagt ‚warum machst- warum hast du die Tür zugemacht?, was hast du für Geheimnisse was redest du da? Er fragt wie geht's uns was brauchst du und was nachher, was erzählt ihr?“ (II 8/34-9/31).

Diese Situation beschreibt, mit welchem Misstrauen die Familie zusammen lebt. Die Geschichte der Degradierung der Mutter wird von der älteren Schwester mitinitiiert. Sie rekurriert auf tradierte Abhängigkeitsstrukturen zwischen der Mutter und der Familie des Vaters und hat Erfolg. Hier zeigt sich seitens der Töchter die starke Loyalität zum Vater und seiner Familie. Die Mutter wird sozial kontrolliert durch ihre Töchter und durch die Familie des verstorbenen Ehemannes, und die gesellschaftlich existierenden Regeln für eine Witwe werden von den Kindern gegen die Mutter verwendet.

Betrachten wir die Geschichte noch etwas genauer aus Nihads Perspektive. Sie schildert in dieser Textstelle, wie sie von ihrer Mutter mit ihrem Verhalten konfrontiert wird. Sie wird von der Mutter geschlagen, und sie reagiert darauf nicht mit Rückzug oder Reue, sondern sie versucht der Mutter weiterhin zu unterstellen, dass sie die Tür geschlossen gehabt hatte, um Geheimnisse vor den Kindern mit einem anderen Mann zu haben. Dieses Verhalten zeigt, wie sehr sie daran festhält, ihre Mutter kontrollieren zu wollen. Die Mutter wird durch diesen Vorfall wieder durch die Familie des Vaters gedemütigt, und damit werden alte Verletzungen wieder belebt. Dies alles wird durch die eigenen Töchter initiiert, mit denen sie zusammen leben muss. Was bedeutet das für das Verhältnis zwischen Nihad und ihrer Mutter?

Die folgende Sequenz soll aus Nihads Perspektive belegen, dass sich die Mutter für diesen Vorfall bei ihr rächen wollte:

„nachher die- als ich sie beobachtet habe sie hat zu mir gesagt ‚du, du bist ganz frech und du wirst nie schaffen und ich lass nie [zu] dass du was schaffst‘ " (II 14/12-14).

Nihad stellt ihre Mutter hier als feindselig und kampfbereit dar. Es ist davon auszugehen, dass sie das so erlebt hat, aber es kann hier auch als eine Verschiebung der eigenen aggressiven Handlungen und Gedanken auf die Mutter interpretiert werden. Deutlich wird, welche starke negative Bindung durch die gegenseitigen Gefühle von Hass und Rache entsteht. Nihad beschreibt, wie ein Mann kurze Zeit später um ihre Hand anhält. Nihad muss zu dieser Zeit noch die Schule besucht haben und sollte eigentlich ihr Abitur machen. Es stellt sich die Frage, ob diese Heirat für die Mutter ein Versuch war, Nihad nach dem Konflikt loszuwerden. Nihad wehrt sich gegen diese Heirat:

„ich hab gesagt ‚ich möchte das nicht er iss ähm, er, u- ungebildet‘ er hat äh nicht äh, er konnte nicht lesen und schreiben und er ist nicht mal in die Schule gegangen, er war **so**, dass ähm (1) ich hab gesagt ‚das iss nicht nicht, nicht mein Niveau ich, ich hab auch nich so ein große Niveau aber‘ ich hab gesagt ‚ich möchte diesen Mann nicht heiraten‘, sie hat gesagt ‚aber der iss reich und er ist äh, aus dem Dorf‘, sie hat gesagt ‚wenn du das nicht möchtest dann, musst du aus der Wohnung raus, du wirst nicht bei uns bl- äh bei uns wohnen, nicht mehr, wenn du, ihn, so ablehnst, äh ohne Grund,‘ ja und äh da iss mein, meine Tante hat sich eingemischt und sie hat gesagt ‚du, du musst deine Töchter nicht zwingen, [zu] tun was sie nicht wollen" äh ja und sie [meine Mutter] hat gesagt ‚wenn du willst dann nimm meine Tochter ich will diese Tochter nicht, wenn sie nicht heiratet warum heiratet sie nicht,‘ ja, da bin ich zu meine Tante drei Jahre, bin ich bei meiner Tante geblieben und sie hat mir **so** viel Liebe gegeben und äh, **wie**, so eine r- richtige Mutter die äh, die ich mir wünsche, ähm (1)“ (II 7/16-32).

Dieser Versuch der Mutter, Nihad zu verheiraten, scheitert. Nihad setzt sich durch. Dieser Vorfall ist aus verschiedenen Gründen bedeutsam. Es handelt sich bei dem Heiratskandidaten um einen Mann, der eine soziale Herkunft hat, die mit der der Mutter vergleichbar ist. Nihad begründet ihre Ablehnung damit, dass er nicht ihr „Niveau“ habe und sagt dabei aber auch etwas über das Niveau der Mutter aus. Sie ist demnach etwas Besseres als die Mutter, und die Brisanz der Situation ist offensichtlich. Die Mutter akzeptiert diese Ablehnung nicht und daran wird deutlich, wie sehr die beiden Frauen, Mutter und Tochter, um die Durchsetzung ihres jeweiligen Lebensentwurfes kämpfen. Die Tante interveniert und stellt sich auf die Seite der Tochter. Diese

Situation steht damit auch für die Loyalität Nihads mit der Herkunftsfamilie des Vaters. Es ist davon auszugehen, dass sich bei Nihad hier verschiedene Ebenen des Erlebens verschränken. Auf der einen Seite nimmt sie die Perspektive der Familie des Vaters ein, die vermutlich längst ihre eigene geworden ist. Sie ist empört darüber, dass ihre Mutter nicht wahrnehmen will, dass ihr etwas anderes zusteht. Wenn wir jedoch wissen, dass Nihad Zeugin davon geworden ist, wie ihre Mutter gedemütigt und abgewertet wurde, wird klar, wie existentiell wichtig es für sie sein kann, sich von dieser Mutter abzugrenzen, jede Identifikation abzuwehren, weil sie sonst selbst bedroht ist, von dem Schicksal der Mutter. Der Hass und die Abwertung ihrer Mutter schützt sie davor, die eigenen Ängste und Schuldgefühle darüber fühlen zu müssen, dass ihre Mutter zum Opfer geworden ist und sie als Tochter ihr nicht helfen konnte und wollte. Eine weitere Ebene ist jedoch das indirekte Eingeständnis, wie sie sich nach der Liebe einer richtigen Mutter sehnt. Ihre Tante bringt ihr zwar Gefühle entgegen, die sie als Liebe wahrnimmt, aber die quälenden Gefühle in der Beziehung zu ihrer eigene Mutter sind machtvoller. Wir können davon ausgehen, dass Nihad bei ihrem Auszug zur Tante ungefähr 16 Jahre alt ist. Über den Zeitraum bei der Tante wissen wir nicht viel. Sie berichtet, dass ihre Tante ihr anbietet sie zu adoptieren und sie das ablehnt. Sie lebt anschließend bei der Tante und geht dann zurück in den Haushalt der Mutter. Sie schildert die Reaktion der Mutter, die sich über ihre Rückkehr nicht freut:

„sie hat gesagt ‚ich hatte meine Ruhe, als du nicht hier warst,‘ und ich hab immer gefragt ‚was, was hab ich dir getan?‘ " (II 8/32-34).

Nihad zeigt hier das Bedürfnis, eine Erklärung von der Mutter zu erhalten, warum sie sie ablehnt. Sie selbst stellt einen Zusammenhang zu einer vermeintlichen ‚Tat‘ her. Sie geht davon aus, dass sie der Mutter etwas getan haben muss, anders ist das Verhalten der Mutter nicht zu erklären. Sie selbst erklärt sich das Verhalten der Mutter mit der ‚Schlüssellochgeschichte‘.

Sie geht also eventuell zurück, um etwas mit der Mutter zu klären. Der Zeitpunkt ist jedoch aus einem anderen Grund interessant. Sie steht kurz vorm Abitur, entschliesst sich aber das Abitur um ein Jahr zu verschieben, weil ihre Leistungen nicht gut genug waren. Sie betont den Stress, den die Mutter gemacht hatte und begründet so indirekt ihre schlechten Leistungen. Sie wollte das Abitur erst ein Jahr später machen, um sich mit einer guten Leistung einen guten Collegeplatz zu sichern. Die Mutter lehnt ihren Plan, das Abitur zu verschieben, jedoch ab. Nihad akzeptiert das Verbot der Mutter jedoch nicht und holt sich Unterstützung von früheren Freunden des Vaters und ihrer Lehrerin. Die Mutter wird also wieder durch Nihads Intervention von anderen zurechtgewiesen. Nihad kann sich durchsetzen und geht weiter zur Schule. Aber die Mutter gibt nach Nihads Angaben auch nicht auf. Sie weigert sich, Kleidung und Materialien für die Schule zu kaufen. Freunde des Vaters übernehmen daraufhin die Kosten. Nihad berichtet, wie sie von der Mutter außerdem am Lernen gehindert wurde. Die Mutter legt es zwar mit den Freunden des Vaters und Lehrerin nicht auf eine offene Konfrontation an, aber sie nutzt ihren Spielraum soweit aus, wie sie kann, indem sie durch das Verweigern der materiellen Unterstützung Nihad unter Druck setzt.

Als Nihad das zweite Mal unmittelbar vor dem Abitur steht, kommt es zu einer Situation, in der die Mutter ihr zu verstehen gibt, dass sie weiterhin das Ziel verfolge, dass Nihad heiratet, auch mit Abitur. Das Abitur könne dabei sogar Vorteile auf dem Heiratsmarkt bringen. Nihad berichtet, dass sie anschließend „leere Hefte" abgegeben habe und mit Absicht durch das Abitur gefallen sei. Sie begründet das mit den Drohungen der Mutter und bereut es anschließend sehr. Es wird deutlich, dass zwischen ihr und der Mutter ein massiver Machtkampf herrscht, der schon fast an einen kriegsähnlichen Zustand erinnert. Es stellt sich die Frage, ob sie mit der Rückkehr nach Hause bewusst in diese ‚Kampfarena' zurückkehrte, um der Mutter etwas zu beweisen.

Unabhängig davon, wie Nihads Leistungen objektiv betrachtet waren, ist klar, dass hier ein enormes Konfliktpotential in der Beziehung zur Mutter liegt. Denkbar ist, dass der psychische Druck durch den Konflikt mit der Mutter so groß war, dass aktuell andere Ursachen für das Scheitern bei der Abiturprüfung ausgeblendet werden.

Ein wichtiges biographisches Ereignis, das sich zeitgleich während dieser Abiturphase abspielte, findet in diesem Zusammenhang im Interview keine Erwähnung, obwohl es für Nihad wie für alle Menschen der Region in Irakisch-Kurdistan sehr einschneidend gewesen sein musste. Anfang 1991 begann der Golfkrieg, und der älteste Bruder war im Einsatz gegen Kuwait als Soldat eingesetzt. Der Aufstand der Kurden im Nordirak mit der Unterstützung der Amerikaner hatte massive Bombenangriffe von Saddam Hussein zur Folge. Nihad war im März 1991 mit hunderttausenden Menschen vor Bombenangriffen Saddam Husseins in die Berge geflüchtet und hatte dort, wie sie an anderer Stelle im Nachfrageteil berichtet, schreckliche Erlebnisse machen müssen. Warum stellt sie keinen Zusammenhang zwischen ihren Versuchen, das Abitur zu machen, und diesen traumatischen Erlebnissen her?

Versuchen wir uns vorzustellen, was Nihad erlebt hat. Die Bombenangriffe von Saddam Hussein im Zusammenhang mit dem zweiten Golfkrieg zerstörten Häuser, und dabei kamen auch Nachbarn ums Leben. Nihad berichtet, dass überall Blut war und alle flüchteten voller Angst und Panik im Schlafanzug. Die Panik und die Todesangst waren so groß, dass alle nur noch aus den Häusern und der Stadt hinaus wollten. Es war Winter, sehr kalt, und viele Menschen starben vor Entkräftung oder gaben auf, erfroren oder sprangen in den Abgrund, um die Qualen nicht länger durchhalten zu müssen. Es gab nichts zu essen. Alle rechneten damit diese Situation nicht zu überleben. Erst nach drei Tagen kam Hilfe und die Amerikaner warfen Nahrungsmittel aus Hubschraubern ab. Auf dieser Flucht machte Nihad die Erfahrung, dass die, die die Strapazen nicht durchhielten, zurückgelassen wurden von ihren Angehörigen. Alle kämpften nur um ihr eigenes Überleben, und alles was sonst galt, war nicht mehr wichtig.

„die Mutter haben die Kinder verlassen die Kinder haben die Eltern verlassen das, hat niemand- also nur sich, ähm, so, [jeder war] auf sich so interessiert und dass äh, er heil da, ankommt (2)“ (II 34/3-34/6).

Diesen einsamen Kampf ums Überleben beschreibt sie an mehreren Stellen. Es stellt sich die Frage, ob und wie sich diese traumatische Erfahrung in ihrem Erleben mit dem Kampf zuhause mit ihrer Mutter verbindet.

Die dramatische Situation dieser Massenfluchtbewegung von Irakisch-Kurdistan in die jeweiligen Bergregionen der Nachbarstaaten alarmierte die internationale Öffentlichkeit und führte zur Einrichtung der Schutzzone im Nordirak. Der Bruder von Nihad desertierte in die Schutzzone. Diese existentiellen Erfahrungen werden aber nicht in die Lebensgeschichte integriert. Es ist davon auszugehen, dass die Flucht in die Berge zeitlich kurz vor der Situation geschah, als Nihad durch das Abitur im zweiten Anlauf durchfiel.

Nihad wiederholte auf Antrag das Abitur, um dann 1992 eine externe Prüfung zu machen, die sie auch bestand. Die älteste Schwester hatte aus der Sicht von Nihad Amin das ausgesprochene Privileg, studiert zu haben und als Lehrerin arbeiten zu dürfen. Das College hatte jedoch noch eine andere Bedeutung im Leben von Nihad Amin und ihren Schwestern und für viele andere Frauen in der irakisch/kurdischen Gesellschaft. Nihad Amin beschreibt, dass die Colleges von Männern und Frauen gemeinsam besucht wurden und damit eigentlich die einzige Möglichkeit für Frauen in der irakisch-kurdischen Gesellschaft boten, Männer in einem gesellschaftlich legitimierten Rahmen kennenzulernen und dadurch einen Partner selbstbestimmt auszuwählen. Ihr wurde jedoch diese Chance verweigert, weil ein Collegebesuch Geld kostete und die Mutter ein Studium nicht für notwendig hielt. Die ältere Schwester heiratete dann, nachdem sie zwei Jahre als Lehrerin gearbeitet hatte, einen Mann, den sie am College kennengelernt hatte. Es stellt sich also die Frage, welche Perspektive Nihad für ihr weiteres Leben sah, als sie ihr Abitur abschloss.

7.2.5 Heirat und Migration

Nihad wartete zuhause auf einen Mann, der um ihre Hand anhielt. Sie lehnte mehrere Heiratkandidaten ab und wurde von der Mutter darauf hingewiesen, dass das nicht länger akzeptabel sei. Als danach ein 20 Jahre älterer Mann um ihre Hand anhielt, der in Europa lebte, entschied sie sich für diesen Mann.

„ich hab nochmal nachgedacht dass vielleicht, eher werde ich **da** lernen und äh, hab ich ihm gefragt er hat gesagt ‚okay wenn du das willst, kannst du [das]immer machen du bist noch jung, kannst du machen, du, du, hast Abitur kannst du weiterstudieren‘ und da hab ich so viel Hoffnung (…) gehabt dass ich mal, richtig lerne und studier und was, aus mir wird so, äh hab ich ihn geheiratet“ (I 2/6-16).

Die Entscheidung zur Heirat war maßgeblich dadurch motiviert, dass sie hoffte, durch ihre Heirat nach Europa ihre Träume verwirklichen zu können. Erwähnenswert ist hier auch noch, dass der Bruder ihres Verlobten ein politischer Weggefährte des Vaters war. Wir wissen nichts Näheres über die Verbindung, aber denkbar ist ein gewisser Vertrauensvorschuss gegenüber diesem Mann. Ihr zukünftiger Ehemann war 20 Jahre älter als sie und lebte zu diesem Zeitpunkt bereits ca 18 Jahre in Deutschland. Er hatte die deutsche Staatsangehörigkeit. Wir wissen nur, dass er in den 70er Jahre in die DDR ging, um zu studieren und Ingenieur zu werden.[166] Er scheiterte in seinem Studium. Nach Einrichtung der Schutzzone in Irakisch-Kurdistan hatte er dann wie viele andere Männer aus Irakisch-Kurdistan die Möglichkeit genutzt, in der Herkunftsregion auf die Suche nach einer Frau zu gehen.[167] Nach der Verlobung mit Nihad Amin kehrte der Mann zunächst nach Deutschland zurück, um ihre Einreiseformalitäten zu klären. Nihad Amin blieb zurück und wartete ein Jahr auf seine Rückkehr. Bald hörte sie unterschiedliche Gerüchte über den zukünftigen Ehemann und ihr wurde klar, dass sie nicht viel über ihn wußte. Sie konfrontiert selbstbewusst die Familie des Ehemannes und dort wurde zugegeben, dass er in Deutschland verheiratet gewesen war und eine Tochter hatte, aber kein Kontakt mehr zu der Familie bestand.

Nihad beschreibt die Erniedrigung, die sie dabei empfunden hat, und wie sie sich dann aber trotzdem entschlossen habe den Mann zu heiraten, weil sie „einfach weg“ von ihrer Mutter musste. Wie dringend dieser Wunsch für sie war, zeigt sich daran, dass die Mutter ihr nach der Offenbarung über das Vorleben des Ehemannes noch das Angebot machte, die Verlobung rückgängig zu machen. 1995, ungefähr ein Jahr nach der Verlobung, kam der Mann zurück und sie heirateten im Irak. Sie sprach ihn auf seine Vergangenheit an, aber er wich aus, konnte sein Verhalten nicht begründen. Nihad Amin zeigte hier durchaus Konfliktbereitschaft und versuchte zu klären, warum er selbst das Thema nicht angesprochen hatte. Seine Reaktion beschreibt sie als unengagiert und er zeigte keine Bereitschaft ihre Bedenken zu zerstreuen, indem er nun offener über sein Leben berichtete.

Bei der Hochzeit kam es zu einer Situation, die das Verhältnis zwischen Tochter und Mutter symbolträchtig abbildet. Nihad Amin schildert, dass es

166 Von Ostblockländern wurden in den 60er Jahren zunehmend Stipendien an kurdische Studenten vergeben .(Ammann a.a.o:119).

167 Ammann (a.a.O:212) hat darauf hingewiesen, dass diese Form der Parnersuche nach 1991 besonders zugenommen hat.

bei einer Hochzeit Tradition ist, dass die Mutter ihre Tochter umarmt, weil diese weggeht und vielleicht nicht mehr wiederkommt. Nihad betont, dass ihre Mutter sie niemals umarmt und geküsst hätte. Aus diesem Grund hatte sie ihr bereits vor der Hochzeit gesagt, dass sie nicht möchte, dass die Mutter das nun plötzlich bei der Hochzeit tut, einzig und allein aus dem Grund, weil die Leute das erwarten.

„'wenn du mich umarmst möchte ich das nur für **mich** (...) mein Mann hat mein Hand so gehalten, da wollten wir raus, und sie hat mich nicht umarmt und ich habe so geweint (1) und ich hab gesagt ‚ich hab nie gedacht dass sie **so** (1) große Wut auf mich hat,' wegen dem was, ich hab falsch gemacht ja ich war jung ich, vielleicht äh, vielleicht, das war, falsch oder (1) aber **so**, [einen] Hass, ähm, so von Mutter äh, gegenüber zu ihrer Tochter das äh, hab ich nie gesehen ich, ich mag auch meine Mutter nicht (12)" (II 10/25 -11/02).

Hier kommen der tabuisierte Wunsch und die Sehnsucht Nihads zum Vorschein, dass die Mutter trotz aller Konflikte eigentlich doch Liebe für ihre Tochter empfindet. Die Ablehnung der Mutter, die darauf nicht eingeht und Nihad ohne Abschied gehen lässt, empfindet sie so stark, dass sie weint und den Grund für sich zu verstehen versucht. Sie bringt diese Situation in Zusammenhang mit der ‚Schlüssellochgeschichte', wo sie jung war und „vielleicht" etwas falsch gemacht hatte. Aber sie reflektiert hier nicht weiter, sondern bricht ab mit einem Statement zu dem Hass der Mutter gegen sie als Tochter. Sie beendet diese Sequenz mit der Feststellung, dass sie ihre Mutter auch nicht mögen würde. Diese Passage vermittelt einen Eindruck davon, wie Nihad Amin versucht, eigene Wünsche und Sehnsüchte und den Schmerz darüber, wenn diese nicht erfüllt werden, in eine andere Realität zu verwandeln. Sie formuliert einen Wunsch an die Mutter, indem sie sich die persönliche Zuneigung der Mutter an einem symbolträchtigen Tag, nämlich ihrer Hochzeit, wünscht. Wie ist dieser Wunsch an die Mutter nach allen diesen Vorkommnissen und Machtkämpfen zu bewerten? Deutlich wird hier, dass in den ganzen Schilderungen des Konfliktes mit der Mutter diese Ebene der Kränkung durch die Mutter abgewehrt wird. Sie wehrt aber auch die Realität der Beziehung zur Mutter ab. Sie lehnt es ab, die Perspektive der Mutter einzunehmen und Verständnis für ihr Verhalten auch nur im Ansatz einzugestehen. In dieser Textstelle gibt es eine Andeutung von Reflektion der eigenen Rolle, die jedoch gleich wieder revidiert wird.

Nihad und ihr Ehemann reisten zwei Wochen nach der Hochzeit nach A-Stadt, einer Großstadt in Deutschland, und zogen in seine Wohnung.

7.2.6 Beziehung zum Ehemann – Leben in Deutschland

Schon in den ersten Tagen nach der Hochzeit ist Nihad Amin von ihrem Ehemann enttäuscht.

„äh hab ich ihn geheiratet nach äh, zweite Tag da hab ich so Enttäuschung, weil vom ersten Tag an, er hat, mit mir geschlafen und er hat mir seinen Rücken gegeben so, (...) so das war keine Liebe das war gar nichts er hat mit mir geschlafen als ob ich seine Frau wäre, seit sieben Jahren und so, er hat mit mir **gar** nicht geredet und ich hab geheult ich hab gesagt ‚das ist Heiraten wie meine Mutter sagt das ist wichtig fürs Leben das nützt man- äh das braucht man für immer und so' "(I 2/16-24).

Nihad Amin hat andere Erwartungen und sie stellt schnell fest, dass ihr Ehemann diese nicht erfüllt. Sie sehnt sich nach Liebe und jemanden, der mit ihr spricht. Sie bemerkt Gleichgültigkeit und keine Zuneigung oder Liebe. Sie erkennt, dass sie eine Ehe führt, die nichts mit Romantik zu tun hat, und assoziiert das mit der Vorstellung von Ehe, die ihre Mutter hatte. Dabei wird nicht deutlich, ob sie auf die frühere Ehe der Eltern anspielt oder auf die Form von Ehe, die ihre Mutter für sie vorgesehen hat.

Bereits kurze Zeit nach ihrer Ankunft wird deutlich, dass die Vergangenheit des Ehemannes eine große Präsenz in Nihads neuem Leben bekommen wird. Die siebenjährige Tochter des Ehemannes kommt regelmäßig zu Besuch. Schnell wird deutlich, wie verbindlich der Kontakt des Ehemannes zu seiner Tochter und zu seiner Exfrau ist. Die Ex-Frau hat bereits eine neue Beziehung und sie war diejenige, die sich getrennt hat. Nihad fühlt sich von ihrem Ehemann unter Druck gesetzt, dass sie seine deutsche Ex-Frau und deren neuen Partner kennenlernen soll und gibt nach. Nihad erlebt den Besuch als erniedrigend, weil sie spürt, dass sie von ihrem Ehemann funktionalisiert wird, um seiner Exfrau etwas zu beweisen. Nihad kann zu diesem Zeitpunkt überhaupt nicht einschätzen, was diese Situation zu bedeuten hat. Sie beschreibt, wie sie mit Unsicherheits- und Minderwertigkeitsgefühlen der Frau gegenüber zu kämpfen hat und wie unwohl sie sich fühlt.

„seine Frau hat mich immer so angeguckt ich war so schüchtern ich habe gar nicht- nur einmal hingeguckt und ich wollte so schnell wie möglich weg, und er hat noch mal gesagt wir sollen hingehen oder kann sie zu uns kommen ich habe gesagt ‚nein **niemals** ich möchte sie nicht sehen' ich habe sie gehasst, ‚ich möchte sie nich sehen und ich möchte, auch nicht hingehen ich bin nich deutsch das iss für mich nicht normal dass sie zu mir kommt und ich zu ihr geh was **soll** das?', und er hat gesagt ‚ja okay wenn du so sagst iss okay', aber der hat nur seine Tochter abgeholt und äh seine Tochter, hat mich so gemocht ich auch sie, ich habe sie so gemocht, jetzt auch, ähm" (III 58/18-59/2).

Sie formuliert hier sehr deutlich ihre Position und zeigt, dass sie ihre Interessen gegenüber dem 20 Jahre älterem Ehemann durchaus vertreten kann. Sie ist eingeschüchtert durch die Situation, aber sie kämpft um Respekt. Sie spricht offen an, wie merkwürdig sie die Situation erlebt und grenzt sich von Erwartungen ab, dass sie sich zukünftig „deutsch" verhalten soll. Gleichzeitig formuliert sie hier und an anderen Stellen sehr emotional ihre Zuneigung zu seiner Tochter und berichtet von der Nähe, die sie zueinander hatten. Es ist davon auszugehen, dass Nihad diese Beziehung zu der kleinen Tochter insbesondere in der Anfangszeit genossen hat, weil sie allein war und keine Nähe zu ihrem Ehemann aufbauen konnte. Nach einiger Zeit entstand doch eine Beziehung zwischen Nihad und der deutschen Ex-Frau, die jedoch ambivalent blieb. Nihad Amin nahm wahr, dass ihr Ehemann sich jedes Mal sehr freute, wenn sie kam. Sie erkannte, dass er immer noch emotional an sie gebunden war und wurde damit konfrontiert, dass er ihr als seiner Ehefrau diese Aufmerksamkeit nicht entgegenbrachtet.

Der Ehemann zeigte seine Gefühle für die Ex-Frau so deutlich, dass es für alle sichtbar wurde. Nihad versuchte ihre eigene Wahrnehmung zu überprüfen, indem sie seinen Bruder und andere Angehörige einbezog, um eine Bestätigung für ihre Beobachtungen zu erhalten. Als der Bruder ihren Eindruck teilte, nutzte sie die Situation, um den Ehemann gemeinsam mit dem Schwager mit seinen Gefühlen für die Ex-Frau zu konfrontieren. Sie brachte ihn damit in eine unangenehme Situation, weil er seine Gefühle so wenig kontrollieren konnte und dadurch bloßgestellt wurde. Anschließend spricht sie auch die Exfrau darauf an und befreit sich damit auch aus der Rolle der verschmähten und ausgelieferten Ehefrau:

> „ich hab mein Wörterbuch mitgenommen wir sind zum Domplatz[168] gegangen zusammen (1) ähm, und ich habe sie gefragt ob sie zu ihm zurück möchte, sie hat gesagt „nein niemals!“ also ((lacht bisschen)) (1) ich habe gesagt „aber er liebt dich“ und so, sie hat gesagt „ach iss mir egal“ (3)“ (III 60/8-12)

Interessant ist, wie offensiv und konfliktfähig Nihad mit der Situation umgeht, wenn sie auch hier von der Ex-Frau keine klaren Informationen über die Form der Beziehung bekommt. Die Ex-Frau reagiert ablehnend auf die Frage nach der Möglichkeit einer neuen Beziehung. Es sei ihr „egal“, dass er sie noch liebt. Wie wird diese Reaktion auf Nihad gewirkt haben. Hat es sie beruhigt? Davon ist nicht auszugehen, denn diese Reaktion kann auch als Respektlosigkeit gegenüber Nihad interpretiert werden. Nihad hat den abgewiesenen Ex-Ehemann geheiratet, den sie nicht mehr will. Damit begibt sich die Ex-Frau in eine Position der Überlegenheit gegenüber Nihad und dem Exmann. Jedoch ist sie gleichzeitig auch in einer Position der Unterlegenheit gegenüber Nihad Amin, weil sie dem Thema ausweicht, sich mit dem Problem nicht auseinandersetzen will und Nihad Amin die Agierende ist.

Für Nihad war die Ankunft in Deutschland trotz der enttäuschenden Erfahrungen in der Ehe mit Hoffnungen verknüpft. Sie versprach sich von ihrer Migration nach Deutschland die Möglichkeit, lernen zu dürfen, wie sie es mit ihrem Ehemann vereinbart hatte. Jedoch hatte sie auch zunächst Hemmungen ihn nach der Ankunft anzusprechen, dass sie gleich die Sprache lernen und studieren wollte. Als sie schwanger war und ihn an sein Versprechen erinnerte, sie lernen zu lassen, vertröstete er sie auf die Zeit nach der Schwangerschaft.

1996 wurde der erste Sohn von Nihad in Deutschland geboren. Der Ehemann war arbeitslos und hielt sich deswegen häufig zuhause auf. Nihad

168 Anonymisiert.

durfte das Haus nicht allein verlassen und war unter seiner Kontrolle. Als der gemeinsame Sohn ein Jahr alt war, wollte Nihad ihn in einer Kita anmelden, um lernen zu können. Der Ehemann lehnte das ab. Als der Sohn jedoch anfängt zu sprechen, wirft ihr der Ehemann vor, dass sie mit ihm kein Deutsch spricht.

> „mein Sohn er, ist ein Jahr und, alt geworden, er hat angefangen zu reden, und er hat gesagt ich muss mit ihm Deutsch reden ich muss meinem Sohn Deutsch, so beibringen äh mit ihm Deutsch reden ich hab gesagt "ich kann selber kein **Wort** Deutsch **wie** kann ich mit ihm reden" ja? Äh er war so blöd, dass- **er** musste mit ihm, reden er hat gesagt ich muss mit ihm reden und ich kann selber überhaupt nichts äh kein Wort Deutsch, er hat Probleme gemacht deswegen ((hustet))" (I 3/24-32).

Nihad beschreibt die Widersprüchlichkeit und Irrationalität in dem Verhalten des Ehemannes. In ihren Worten ist zu erkennen, welche Verachtung sein Verhalten bei Nihad auslöst. Sie sagt, dass er so „blöd" war, dass er diesen Widerspruch nicht mehr wahrnimmt. Sie ist hier in deutlicher Distanz zu ihm. Die Beziehung zwischen Nihad und ihrem Ehemann ist nun ein Ort, an dem offen um Macht gekämpft wird.

Für Nihad wiederholen sich bekannte Strukturen. Der Ehemann will ihr wie die Mutter verbieten, dass sie lernt, und sie kämpft dagegen an. Er wiederum versucht sie zu verletzen, indem er sie mit ihrem Bildungswunsch abwertet. Sie schildert, wie er ihr in Gegenwart von Besuchern abspricht, über die politische Situation im Irak zu berichten. Er hat selbst lange Zeit nicht mehr im Irak gelebt und sie kann aus den eigenen Erlebnissen heraus über die politische Situation sprechen. Gleichzeitig akzeptiert er es aber auch nicht, wenn sie sich zurückzieht. Er hat bestimmte Vorstellungen und Bilder, wie seine Frau sein soll und überträgt Nihad die Verantwortung, diesen ambivalenten Phantasien gerecht zu werden.

> „manchmal er will dass ich so wie eine Professorin werde wenn, deutsche Leute da sind, wenn man, was äh, redet er will dass ich perfekt Deutsch äh, rede, und wenn ähm (1) man äh, so, Heimat- äh, Freunde bei uns äh, kommen dann wenn ich über Sprache rede oder über egal welches Thema, dann äh, behandelt er mich wie: (1) wie ein Tier wie äh, dass ich gar nicht weiß dass es- dass ich gar nichts bin aber mit europäischen Leuten dass er, sagt ‚ja das ist meine **Frau**, die ist soundso' dass äh, ja und äh gefällt ihm wenn einer sagt ‚ja du hast eine äh, schöne Frau du hast Kinder du bist glücklich' es gefällt ihm total aber wenn einer, von Heimat sagt, ‚du hast eine schöne Frau' das iss für ihn eine Beleidigung dass erlaubt er nicht (2) das wird so Probleme ((lacht bisschen)) ge- geben (1) er iss so kompliziert er, er hat zwei Gesichter äh, er iss so ein Schauspieler (8)" (I 35/24-36/4).

Hier wird deutlich, dass Nihad wahrnimmt, wie gespalten der Ehemann ist. Er erwartet, dass sie sich in allen Situationen so verhält, dass auf ihn ein gutes Licht fällt und er durch sie in der Wahrnehmung von anderen aufgewertet wird. Nihad beschreibt hier explizit zwei Konstruktionen von Frausein. Zum einen soll sie dem Bild einer Frau entsprechen, das bei seinen deutschen Bekannten Anerkennung erhält. Zum anderen soll sie im Kontakt mit Freunden aus Irakisch-Kurdistan das Bild einer Frau repräsentieren, die ihrem Mann intellektuell unterlegen ist. Nihad geht soweit davon zu sprechen, dass er sie dann wie „ein Tier" behandelte und ihr also keine menschliche Würde entgegenbrachte. Immer deutlicher wird, dass der Ehemann sich Nihad Amin gegenüber minderwertig fühlte und dieses Gefühl auch mit seinem Leben in Deutschland in Verbindung zu bringen war:

„egal was ich rede, dann sagt er, ‚wo hast du das her?' oder er fragt manchmal so komisch was, aus der Wissenschaft äh oder er sieht was im Fernsehen und fragt mich ‚du **hast** doch Abitur ver- äh gemacht äh, antworte mal kannst du antworten oder nicht?' wenn ich äh, ich antworte so vor äh Angst von ihm dann sagt- wenn ich was falsch sage dann sagt er ‚das ist euer Wissen das, **das** hast du gelernt das bist du, du kannst gar nichts du bist gar nichts'," (I 4/20-27).

Er versucht Nihad hier klar zu machen, dass sie nichts kann, ihr „Wissen" aus dem Irak nichts wert ist. Er distanziert sich von seiner eigenen Herkunft, indem er sie abwertet. Nihad beschreibt, wie sie ihn auf seine Arbeitslosigkeit anspricht:

„ja, einmal im, in meinen, in, sieben Jahren hab ich ihn gefragt ‚warum arbeitest du nicht gefällt, dir, das so selbst denn wir brauchen doch Geld, wir brauchen kein- äh wir haben keine Möbel zu Hause' (1) sag ‚warum arbeitest du nicht' und er hat so geschimpft er hat gesagt ‚du du, darfst du nicht dass du zu mir sagst ich, ich muss arbeiten oder ich soll arbeiten das ist überhaupt nicht dein Problem du du redest, gar nicht über Arbeiten das ist mein Problem, ich arbeite wenn ich möchte ich arbeite nicht wenn ich nicht möchte' ja da hab ich gesagt ‚okay aber wenn- warum wenn- sind wir Mann und Frau wenn ich, nicht so, [eine] ganz einfache Frage dir [stellen kann] dass ich sag warum arbeitest du nicht, ich weiß nicht warum arbeitest du nicht du hast gar nichts du bist immer zu Hause warum gehst du nicht arbeiten das, das tut doch gut"" (I 18/1-13).

Nihad setzt ihn unter Druck, seinen Lebensstil rechtfertigen zu müssen. Gekoppelt ist dies an ihre eigenen Wünsche, lernen zu können. Er versucht ihr zu verbieten, dass sie diese Themen anspricht, und sie thematisiert ihre Wünsche nach Kommunikation. Die beschriebene Reaktion des Mannes deutet daraufhin, dass er mit dieser Offenheit nicht umgehen konnte und sie ihr nicht zugestand. Nihad wendet sich wieder an den Bruder des Mannes, wie bereits in der Situation, als sie den Umgang mit seiner Exfrau befremdlich fand, und spricht die Probleme mit dem Mann dort an. Der Bruder empfiehlt ihr, Initiative in der Beziehung zu ergreifen. Nihad versucht, Nähe zu ihrem Mann herzustellen und wird abgewiesen.

„hab ich einmal gesagt ‚warum machst du deine Haare nicht, so? Äh, mach mal doch so, iss doch schön,' ich hab seine Haare angefasst und, er hat **so**, mich geschubst und hat er gesagt ‚darfst du nicht meine Haare, anfassen' ich habe gesagt ‚aber, du bist doch mein Mann warum darf ich nicht?' Er sagt ‚darfst du gar nichts von mir anfassen' "(I 19/8-10).

Nihad bemüht sich also, eine Normalität zu schaffen, indem sie einfordert, was in einer Ehe üblich ist. Sie spricht ihn darauf an, dass sie gewisse Rechte hat als Ehefrau und er weist das vehement zurück. Sein Umgang mit ihren

Annäherungen zeigt jedoch, wie stark seine emotionale Abwehr gegen Nihad war. Er reagierte gereizt und aggressiv. Wie wird Nihad diese Situation erlebt haben? Sie wurde von ihm nicht als seine Frau akzeptiert und das ist eine starke narzistische Kränkung. Es gibt keinen Hinweis darauf, dass sie selbst ihrem Mann Gefühle von Liebe entgegenbrachte, aber es hatte für sie eine Bedeutung, dass sie von ihm nicht gewollt wurde.

Als der Sohn zwei Jahre alt war, wollte sie ihn erneut in der Kita anmelden und dann einen Deutschkurs beginnen. Sie sprach mit der Lehrerin des Kurses ab, dass sie ohne Wissen des Ehemannes einen Vertrag abschließen wollte, um ihn damit vor vollendete Tatsachen zu stellen und ihn dazu zu bringen, dass er das Geld für den Kurs bezahlen musste. Nihad holte sich hier aktiv Hilfe. Sie offenbarte ihre Situation der Lehrerin und machte einen Vorschlag, wie ihr geholfen werden konnte. Nihad stellte ihren Ehemann vor vollendete Tatsachen und begründete die geleistete Unterschrift damit, dass sie „nicht richtig verstanden" hätte. Sie begab sich hier bewusst in die Rolle der ‚Unwissenden' und nutzte dies als Strategie ihre Interessen durchzusetzen. Der Ehemann machte Ärger und wurde jedoch wieder durch seinen Bruder zurechtgewiesen, der ihn darauf aufmerksam machte, dass seine Frau noch nicht mal allein einkaufen könne, wenn sie nicht Deutsch sprechen kann. Nihad konnte daraufhin den Deutschkurs besuchen. Für Nihad wurde die Teilnahme am Deutschkurs das wichtigste Ziel, um dem Ehemann und seiner Kontrolle etwas entkommen zu können und sich aber auch gegen ihn durchzusetzen. Die Intervention des Bruders zeigte, dass sie sich aktiv Unterstützung holen konnte. Sie gab nicht einfach auf, sondern verfolgte ihre Ziele.

Kurz darauf begann der Ehemann sie zu schlagen. Nihad stellt einen deutlichen zeitlichen Zusammenhang her zwischen dem Besuch des Deutschkurses und seinem Schlagen. Sie vermutet, dass ihm klar war, dass er „alles falsch" machte. Demnach hatte er ein Unrechtsbewußtsein darüber, dass er sie schlecht behandelt und realistische Befürchtungen, dass sie ihn verlassen könnte. Die Lehrerin des Sprachkurses wurde zur Ansprechpartnerin für Nihad, erfuhr von der Gewalt und versuchte sie dahingehend zu unterstützen, dass sie sich Beratung sucht. Nihad wurde jedoch wieder schwanger und entschloss sich abzutreiben, mit der Begründung, dass sie ein weiteres Kind von ihm nicht lieben könne. Ihr Mann bat sie das Kind zu behalten und versprach, ihr nach der Geburt das Erziehungsgeld und Kindergeld auf ihr Konto zu überweisen, damit sie sich davon eine Reise zu ihrer Mutter ansparen könnte. Kurz nach der Geburt teilte er ihr mit, dass sie das Geld nicht bekommen würde. Das Kinderkriegen und die emotionalen Befindlichkeiten wurden hier von beiden zur Verhandlungsmasse im Machtkampf.

Die Konflikte setzten sich fort, und es entsteht der Eindruck, dass der Ehemann sich verbal und physisch zunehmend durchsetzen konnte. Er kontrollierte, kritisierte und schikanierte sie, beschimpfte sie bis sie weinte, oder er schlug sie. Nihad begann immer mehr Angst zu entwickeln und traute sich nicht mehr, offen ihre Meinung zu formulieren. Sie entwickelte die Befürchtung, dass er alles, was er von ihren Gefühlen und Wünschen erfährt, gegen sie verwenden würde. Nihad befand sich in einer typischen Spirale von Angst und Gewalt in Misshandlungsbeziehungen. Die Kinder wurden Zeugen der Gewalttätigkeiten. In dieser Zeit war Trennung bereits ein Thema. In der ersten Zeit bot der Ehemann ihr selbst die Trennung an, aber als sie zustimmte, lehnte er ab. Als sie ihm mit der Polizei drohte, bewachte er sie, bis die sichtbaren Spuren der Misshandlung verschwunden waren. Nihad erlebte ihn auch im Kontakt zum sozialen Umfeld als übermächtig. Sie war überzeugt, dass alle wussten, dass er sie misshandelte, aber niemand eingriff. Diese Erfahrung verstärkte die Ohnmachtsgefühle noch mehr. Sie erlebte ihn zunehmend als allmächtig und der Ehemann versuchte immer mehr psychische und physische Grenzen zu überschreiten.

> „er hat äh nachher angefangen er hat gesagt es geht sowieso mit dir nicht ähm, ich muss äh mit dir, was anderes äh, machen nicht so, normal, dass äh, das war für mich von Anfang an ich wollte niemals mit ihm schlafen das waren so Vergewaltigungen aber ich hab mich nicht gewehrt dass äh, als ich mich gewehrt habe ich hab gesagt ‚nein ich kann nicht mehr', da hat er gesagt ‚ja was bist du du bist eine schwache Frau äh, ich kann alles machen mit dir was, was ich will, nicht was du willst, du, es ist eine Frau, ist noch nicht geboren die nein zu mir sagt', ja und äh, da hab ich mich gewehrt da hat er mich vergewaltigt und er hat immer ähm, als die Kinder da waren er hat mich äh, entweder auch an meiner Hand, genommen so meinen Arm genommen oder an meinen Haaren und er hat mich in sein Zimmer gezogen, äh das, haben die Kinder mit- mitgesehen, dass er (1) mir wehtut und da haben die Kinder hinter, hinter der Tür, äh gewartet bis ähm, äh sie haben äh immer geklopft dass äh (1) der Große hat immer gesagt äh, ‚Mamma es tut weh wenn Pappa, auf dich kommt es es (1) äh, es tut weh' oder ‚das hat dir wehgetan, warum machst du so?" äh, so zu seinem Vater "warum machst du sowas?" hat er, äh er [der Vater] konnte niemals antworten (1)" (I 6/33-7/18).

Er gibt ihr hier die Verantwortung dafür, dass er Gewalt anwendet, weil man mit ihr nicht „normal" umgehen könne, er müsse etwas anderes mit ihr machen. Hier begibt er sich in die Position desjenigen, der gezwungen ist, so handeln zu müssen, weil sie ihm keine andere Wahl lässt. Nihad formuliert hier, dass sie die sexuelle Beziehung von Anfang an als Vergewaltigung erlebte. Sie habe jedoch mit ihm geschlafen und konnte damit eine Normalität aufrecht halten, weil sie sozusagen die ‚eheliche Pflicht' erfüllte. Als sie sich jedoch anfängt zu wehren, wird klar, dass sie die Wahl gar nicht hat. Er vergewaltigt und demütigt sie, indem er sie als Frau seinem Machtanspruch unterwirft. Es kommt zu offener sexueller Gewalt in Gegenwart der Kinder, und die Mutter hat ihren Kindern, genauso wenig wie der Vater, eine Antwort anzubieten, warum das alles geschieht. Das macht die folgende Beschreibung einer Situation deutlich, wo die Mutter auf den Sohn reagiert, der die Vergewaltigungen miterlebt:

„und ich hab immer erklärt, ‚nein das tut nicht weh das passiert immer zwischen Frau und Mann‘ ich konnte gar nicht erklären was, was soll ich dem Kind erzählen?“ (I 7/24-26).

Die Mutter hält den Schein aufrecht. Sie beschreibt das, was die Kinder zwischen ihren Eltern erleben, als Normalität zwischen Männern und Frauen. Sie vermittelt ihren Söhnen damit ein gewalttätiges Bild von weiblicher und männlicher Sexualität. Die Kinder erleben, dass die Mutter durch den Vater massiv misshandelt, vergewaltigt und gedemütigt wird. Sie aber versucht, ihren Söhnen ein Bild von Normalität zu vermitteln, das mit ihrem Erleben nichts zutun hat.

Nihad beschreibt, dass sie von ihm weggehen wollte, aber aus Angst geblieben war. Der Ehemann drohte ihr damit, sie, die Kinder und Familienangehörige, z.B. ihren Bruder, umzubringen.

„, manchmal hab ich gesagt ‚da, kannst du mich umbringen aber nur, du musst- du, du musst äh, mich in Ruhe lassen jetzt, nur zwei drei Tage, nachher kannst du mich umbringen ich will nur meine Ruhe‘ “ (I 9/3-5).

Es ist davon auszugehen, dass Nihad in ihrem Zustand phasenweise nicht mehr in der Lage ist, einzuschätzen, wie viel Macht er real hatte. Sie war der Gewalt psychisch und physisch ausgesetzt und hatte zunehmend das Gefühl, dass es keinen Ausweg für sie gab. Sie beschreibt hier die Sehnsucht nach Ruhe, die stärker wird als der Wunsch zu leben. Sie betrachtet ihr Leben von außen, als ob es bereits beendet ist. Jedoch gibt es auch zu dieser Zeit, in der die Gewalt eskaliert, Momente, in denen Nihad den Impuls hatte, sich zu wehren. Als sie ihn in einer Situation schubste, würgte er sie.

„da hab ich mich überhaupt nicht bewegt wenn ich mich bewege dann macht er weiter wenn ich rede dann macht er weiter warum redest du nicht? Wenn ich- rede gefällt ihm nicht ich wollte was- ich wusste nicht was ich mache mit äh mit ihm, ich ich wusste gar nich (3) manchmal hab ich nur da, ähm, gestanden immer nur, geguckt, ähm wenn ich ihm an- anschaue dann sagt er, ‚warum guckst du mich so an‘ wenn ich nicht schaue er sagt ‚warum wenn ich rede du schaust mich nicht an‘, ich ich wusste überhaupt nicht was ich machen- was ich mache, und mit ihm das äh, das war ich immer so ratlos und so fassungslos dass- und diese Angst, ich ich glaube nicht dass ich diese Angst, jemals loswerde dass (5)“ (I 19/27-20/4).

Hier wird beschrieben, wie bei Nihad Todesangst entsteht. Jede Lebensäußerung, die sie von sich gibt, kann ihm den Anlass geben, gewalttätig zu sein oder sie sogar zu töten. Ihr wird klar, dass sie sein Verhalten nicht beeinflussen kann. Die Angst vor der Willkür seines Verhaltens dominiert ihr gesamtes Fühlen, Denken und Handeln. Der ältere Sohn war der Einzige, der in dieser Situation noch lebendig reagierte. Als er viereinhalb war, mischte er sich ein, indem er seinen Vater mit seinem Unrecht gegenüber der Mutter konfrontierte. Der Vater konnte mit dieser Reaktion nicht umgehen. Hier drohte ihm wieder ein Kontrollverlust. Der Sohn übernahm die Rolle des Fürsprechers der Mutter und drohte dem Vater, ihn später umzubringen. Hier zeigt sich auch wie sehr die Entmachtung von Nihad bereits fortgeschritten ist. Sie nahm ihren kleinen Sohn in ihren Darstellungen als Beschützer wahr, der sich traute, dem starken Vater zu widersprechen. Für den Vater war dies ein weiterer Anlass Nihad verantwortlich zu machen. Er nutzte jede Situation, um die Misshandlungen legitimieren zu können. Es fand eine völlige Verkehrung der Rollen zwischen Mutter und Sohn statt. [169] Der fünfjährige Sohn wurde zum Beschützer und zur emotionalen Stütze für Nihad.

Die Kinder mussten in dieser gewalttätigen Situation leben und überleben. Die Eltern waren nur mit sich selbst beschäftigt. Die Mutter benötigte den Zuspruch eines kleinen Jungen, um etwas Kraft und Trost zu bekommen. Der Vater hatte Angst, die Kontrolle über seine Familie zu verlieren. Nihad beschreibt, wie ihr Ehemann versuchte, den Sohn auf seine Seite zu bringen, indem er seinem Sohn eine Machtposition gegenüber seiner Mutter zusprach. Nihad beschreibt, dass der Sohn dadurch sowohl den Respekt vor ihr, aber auch vor seinem Vater verloren hatte. Diese Machtverschiebung spitzte sich soweit zu, dass der Sohn seinen Vater aufforderte, die Mutter zu schlagen, als sie ihm in einer Situation verbieten wollte Fernsehen zu schauen.

Der Sohn stieg hier als Akteur in die Gewaltbeziehung ein. Er erkannte die Schwäche der Mutter und versuchte den Status zu nutzen, den der Vater ihm verliehen hatte. Wie in der Eingangserzählung bereits deutlich wurde, zeigt sich, dass Nihad ihren Sohn zeitweilig als so mächtig wahrnahm, dass sie Angst vor ihm bekam. Ihr Beschützer wurde nun auch zum Feind, und sie war so schwach, dass sie nicht mehr die Kraft hatte, gegen ihre Angst anzugehen. Nihads Angst vor dem Sohn war jedoch nicht nur phantasiert, sondern basiert auch auf realen Erfahrungen in ihrer eigenen Biographie. Diese Situation erinnert an die Konstellation in Nihads Herkunftsfamilie. Nihads Mutter wurde vor ihren Kindern von anderen Familienmitgliedern gedemütigt. Diese Demütigung hat sie dann später selbst gegen die Schwiegermutter ausgelebt. Nihad musste befürchten, dass sich diese Situation wiederholen könnte und sie zum Opfer ihres Sohnes werden würde. Sie hatte keine Kontrolle mehr über ihren Sohn und konnte keine weitere gewalttätige Beziehung ertragen.

Für Nihad war diese Erfahrung so bedrohlich, dass sie der Anlass war, den Mann zwei Wochen später zu verlassen. In der Darstellung des Entscheidungsprozesses, den Mann zu verlassen, berichtet sie von einem Telefonat mit der Mutter:

> „ich hab meine Mutter angerufen, und meinen Bruder ich hab gesagt ‚ich geh von diesem Mann weg, ob ihr wollt oder nicht mir, die Gesellschaft interessiert mich überhaupt nicht,

---

169 Dies kann als Parentifizierungsprozess bezeichnet werden. Es handelt sich dabei nach der Definition von Boszormenyi –Nagi/ Spark(1992) um „die subjektive Verzerrung einer Beziehung“, als ob der Ehepartner oder eines der Kinder einen Elternteil darstelle. Diese „Verzerrung“ kann sich als „Wunschphantasie“ oder als „Abhängigkeitsverhalten“ äußern (a.a.O.:209). Jedoch kann die Parentifizierung nicht ausschließlich als Pathologie oder Dysfunktionalität eingeordnet werden, sondern vielmehr als „allgemein menschliches Phänomen“ (a.a.O.:209).

es- äh die Gesellschaft ist nicht in meiner Wohnung und die sehen nicht was ist in meiner Wohnung passiert‘, meine Mutter hat gesagt ‚nein das tust du nicht das äh das ist äh, wie kann deine Bruder noch äh, so ähm, durch die Leute so laufen mit so hoch-, dass er gerade äh, er kann das nicht äh, du verletzt seine Ehre das machst du nicht‘, und ich hab gesagt ‚das ist so typisch von dir, äh Mamma dass du immer, nein sagst wenn ich was will, äh, dass, dieses Mal mach ich nicht was du willst da mach ich was ich will jetzt‘, und das hab ich äh, entschieden dass ich äh weggehe das hat aber lange gedauert“ (I 8/10-8/22).

In dieser Sequenz wird deutlich, dass sie sich nicht nur dem Ehemann mit einer Trennung widersetzen muss, sondern auch gegenüber ihrer Familie und „der Gesellschaft“, vermutlich der irakischen oder genauer kurdischen Gesellschaft und eventuell der kurdischen Exilgesellschaft in Deutschland.

Die Konfrontation findet hier mit der Mutter statt. Dieser Anruf kann als ein Versuch interpretiert werden, sich doch noch einmal der Beziehung zur Mutter zu vergewissern. Das heißt also die Hoffnung, doch noch die Unterstützung der Mutter zu bekommen. Nihad bekommt aber in ihrer Darstellung die Bestätigung, dass die Mutter auch in einer derartigen Extremsituation keine Wärme und Unterstützung für sie als Tochter aufbringt. Die Mutter opfert hier bildlich gesprochen nach Nihads Darstellung die körperliche und psychische Integrität ihrer Tochter für die „Ehre“ des Bruders in der Herkunftsgesellschaft.

Interessanterweise spricht Nihad hier an, dass sie immer getan habe, was ihre Mutter wollte und jetzt die erste unabhängige Entscheidung treffen wird. In ihrer Wahrnehmung hat sie sich also letztendlich immer dem Willen der Mutter gefügt. Nihad bleibt bei ihrer Entscheidung und somit ist die Trennung auch ein symbolischer Befreiungsschlag gegen den Machtanspruch der Mutter und die Zwänge ihrer Herkunftsgesellschaft.

7.2.7 Wendepunkt Frauenhaus

In einem Prospekt fand Nihad Amin einen Hinweis auf eine Beratung für Frauen in Not und ging dort hin. Der Leidensdruck war zu diesem Zeitpunkt so hoch, dass sie sich Hilfe von außen holte, obwohl sie nicht wusste, was sie erwartete. Sie zeigte die sichtbaren blauen Flecken, und die BeraterInnen gaben ihr die Telefonnummer des Frauenhauses. Sie holte sich alle notwendigen Dokumente aus der Wohnung und bekam einen eigenen Wohnbereich für sich und ihre Kinder.

Nach der Ankunft im Frauenhaus fühlt sie erstmal eine große Erleichterung darüber, der gewalttätigen Situation entkommen zu sein. Nihad Amin telefoniert ein weiteres Mal mit ihrer Mutter, um sie über die Trennung zu informieren. Sie setzt sich mit ihrer Mutter auseinander und wird von dieser darauf hingewiesen, dass sie die erste Frau in der Familie sei, die eine Scheidung wolle. Sie macht Nihad dafür verantwortlich, dass sie mit ihrer Unruhe die Ehe zum Scheitern gebracht habe und bezieht sich dabei auf die Erfahrungen, die sie selbst mit ihrer Tochter gemacht hat: "wenn du das mit mir so machst dann kannst du es mit deinem Mann auch so machen" (I 24/06). Nihad kontert mit dem Vorwurf, dass die Mutter schuldig an der Situation sei, weil sie ihr nicht erlaubt habe zu studieren. Nihad Amin ist sich nicht sicher, wie tief der Bruch mit der Mutter nach der Trennung ist und ob sie zukünftig zuhause noch willkommen ist.

Schon kurz nach der Ankunft in der Zufluchtswohnung tauchen Probleme mit den Söhnen auf. Der Druck und die Angst fallen nun von den Kindern ab, weil der gewalttätige Vater nicht mehr präsent ist, und unterdrückte und tabuisierte Gefühle kommen zum Ausbruch. Dies drückt sich darin aus, dass die Söhne massive Verhaltensauffälligkeiten zeigen und sehr aggressiv gegenüber ihrer Mutter sind. Eine Familienhelferin wird darum eingestellt. Auf der kognitiven Ebene reflektiert Nihad durchaus, warum insbesondere der ältere Sohn bestimmte Verhaltensauffälligkeiten zeigt. Ihr ist klar, dass der Sohn den Respekt vor seinen Eltern durch die Gewalterfahrungen und seine eigene Rolle als Kind darin verloren hat. Sie argumentiert weiter, dass sie durch die Lebensumstände keine Beziehung zu ihren Kindern aufbauen konnte. Sie habe nur geputzt und Angst gehabt, dass nicht alles sauber sei, wenn der Mann nach Hause kommt.

Nihad Amin fühlte sich jedoch nach wie vor durch den älteren fünfjährigen Sohn bedroht und sah in ihm den misshandelnden Ehemann. Ihre Identifikation mit der Opferrolle war so stark, dass sie hier kein wirkliches Mitgefühl für die Situation ihrer Kinder aufbringen konnte. Der Aggressor in Person des Vaters war zwar nicht mehr physisch anwesend, aber seine Rolle wurde auf den Sohn projiziert. Erklärbar wird das, wenn man sich verdeutlicht, dass Nihad Amin das Kind in ihrem Sohn nicht mehr sehen kann. Sie beschreibt das in der folgenden Textstelle sehr anschaulich:

> „als ich mei- bei meinem Mann war da hab ich nie, so meinen Sohn als so Kind äh, betrachtet er war immer so groß, er hat große Worte gesagt, er war groß so, als sein Alter er war vier und er hat, so geredet so gesessen wie ein Mann hab ich gesagt das ist nicht jetzt ein Kind und das war so viel für mich und als ich hier war, da haben gesagt ‚oh er ist fünf Jahre er ist so klein und so putzig' ich hab gesagt ‚nein der ist nicht, fünf Jahre er ist so alt für mich das, das kann nicht sein, wenn jemand sagt ‚er ist süß' oder ‚er ist klein,' ((hustet)) da hab ich gesagt ‚nein er ist nicht klein er ist, er ist für mich so **alt** ((hustet, schneutzt sich))" (I 14/29-15/4).

Erst durch die neue Umgebung und durch die Bemerkungen von anderen wird ihr bewusst, dass ihre Wahrnehmung verzerrt ist. Sie weiß, dass ihre Kinder wieder Kinder werden müssen. Deutlich wird an diesem Beispiel, dass die Gewalterfahrungen destruktive und langfristige Folgen für die Beziehungsstruktur zwischen Eltern und Kindern haben, die teilweise in ihrem vollen Ausmaß erst sichtbar werden, wenn die Gewalt aufgehört hat.

In den ersten vier Monaten nach der Trennung gab es nur wenig Kontakte zum Ehemann.

Der ältere Sohn lehnte es zunächst ab, mit seinem Vater am Telefon zu sprechen. Der Ehemann nutzte die wenigen Kontakte, indem er Nihad überreden wollte, dass sie zurückkehrt. Er beteuerte, dass er sich ändern wollte und erzählte dies auch Freunden und Familie. Er hatte auch telefonischen Kontakt zu ihrer Familie in Irakisch-Kurdistan. Für Nihad war seine demonstrative Reue bedrohlich, weil sie dadurch unter Druck geriet zu ihm zurückkehren zu müssen, wenn sie nicht ihren Ruf gefährden wollte.

Sie trifft ihn das erste Mal persönlich wieder bei dem Geburtstag ihres Sohnes, nachdem er ihr gedroht hatte, ihr etwas anzutun, wenn er den Sohn dann nicht sehen könne. Es gibt ein großes Familientreffen mit viel Verwandtschaft. Auf dem Treffen wird die Trennung zwischen allen anwesenden Verwandten diskutiert. Ihr wird dort vorgeworfen, dass der Ehemann sich nichts zu Schulden gekommen lassen habe, er hätte keine Beziehungen zu anderen Frauen und würde keinen Alkohol trinken. Nihad Amin wird deutlich gesagt, dass sie moralisch nicht legitimiert sei ihn zu verlassen, weil die vorhandenen Probleme gelöst werden könnten.

> „ich hab gesagt ‚ich kann das nicht mehr' und er hat gesagt äh alle haben gesagt, ‚äh du willst das nicht' vielleicht ich hab jemand anderen ich hab einen, einen Liebhaber und so und äh, da hab ich gesagt ‚nein und ich kann unterschreiben dass ich, nie in meinem Leben einen Mann, kennen werde und wenn ich das mache dann ihr habt ein Recht, darauf dass er mich umbringt, das äh, erlaube ich ihm, meinem Mann, wenn ich das mache in Zukunft, wenn ihr sagt vielleicht ich hab einen Liebhaber deswegen bin ich weggegangen nein,' äh, und äh (1) alle haben da- darüber geredet jeder hat eine andere Meinung gehabt und ich hab gesagt ‚ich kann nicht mehr ich will nicht mehr, mein Mann, mag mich nicht ich mag diesen Mann nicht, er tut nur so, weil ihr seid alle da, damit niemand sagt ‚ja guckt mal er hat seine Frau äh, verlassen und so' er macht das nur äh wegen euch er sagt ja aber hinter euch sagt er nein' (1) ja (3) da haben sich alle gestritten" (I 30/29-31/10).

Nihad Amin vertritt hier offensiv ihre Interessen, ohne die moralischen Vorstellungen der Familie in Frage zu stellen. Sie verweist darauf, dass ihr Mann berechtigt wäre, sie umzubringen, wenn sie jemals in ihrem Leben einen Liebhaber hätte. Aber sie spricht auch offen und mutig vor allen Menschen die Unehrlichkeit des Ehemannes an und das führt dazu, dass sich die Anwesenden in der moralischen Beurteilung nicht mehr einig sind.

Nach der Ankunft im Frauenhaus entwickelt der ältere Sohn große Angst, dass seine Mutter zurückkehren könnte, und Mitarbeiterinnen im Frauenhaus sprechen Nihad auf sein auffälliges Verhalten an. Der Druck auf Nihad Amin ist in dieser Zeit extrem hoch. Sie wird vom Ehemann, von ihrer Familie und besonders von ihrer Mutter unter Druck gesetzt zu ihrem Mann zurückzukehren. Sie riskiert ihre gesellschaftliche Position in der irakisch-kurdischen Gesellschaft. Diese „Gesellschaft" ist auch in Deutschland präsent, weil hier viele migrierte KurdInnen aus Irakisch-Kurdistan leben.[170]

170 Nach Ammann (2001:136f) haben insbesondere alleinstehende KurdInnen aus Irakisch-Kurdistan große Teile der Familien in die Migration nachgeholt. Nach 1991 heirateten viele

Diese angespannte Situation führt jedoch nicht dazu, dass sie ihr eigentliches Lebensziel ‚Bildung' aus dem Auge verliert. Sie ist damit beschäftigt, ihre Zeugnisse anerkennen zu lassen und hat sich vorgenommen, eine Berufsausbildung zu beginnen, sobald die Kinder durch Schule und Kita ausreichend betreut sind. Für sie ist das Leben im Frauenhaus ein Wendepunkt. Bevor sie sich trennte, hatte sie sich fast nur zuhause aufgehalten und hatte kaum Erfahrungen mit dem Leben in Deutschland machen können. Nun muss sie alle Behördengänge selbst erledigen. Für sie ist klar, dass sie das im Irak niemals hätte schaffen können, allein mit zwei Kindern und ohne Arbeit zu leben. Enthusiastisch äußert sie sich zu den vielen Optionen, die sie in Deutschland hat. Sie sieht berufliche Perspektiven, die sie im Irak nicht gehabt hätte, weil man dort schnell als zu alt gelten würde um ein Studium anzufangen, oder weil man als alleinstehende Frau seine Kinder nicht versorgen kann. In Deutschland sieht sie die Möglichkeit, für sich ihre individuellen Wünsche zu verwirklichen. Es wird deutlich, dass die Angst, die sie vor dem Mann hat, nicht ihre Freude darüber zerstören kann, dass sie „frei" ist. Sie kann ihr Leben endlich selbst in die Hand nehmen und lebt in einer Situation, wo sie das erste Mal nicht unter direkter Kontrolle ihrer Familie ist. Sie hat bereits am Anfang eine Freundin im Frauenhaus gefunden, mit der sie viele gemeinsame Erfahrungen teilen kann. Das gibt ihr Kraft und macht ihr Mut. Die Situation mit den Söhnen ist nicht nur problematisch, sondern sie erlebt die Beziehung zu ihnen auch als positiv. Es ist herauszuhören, dass sie nach wie vor ihren ältesten Sohn, der mittlerweile fünf Jahre ist, braucht, damit er sie ermutigt und ihr seine Liebe beteuert. Ihre eigene Bedürftigkeit wird dabei sehr sichtbar. Sie ist froh und stolz darüber, dass sie Söhne hat, damit diese nicht das Gleiche durchmachen müssen, was sie als Mädchen erlebt hat. Ihre Perspektive auf ihr Leben zu diesem Zeitpunkt ist ambivalent und im Umbruch. Die Beziehung zu ihrer Mutter ist nach wie vor für sie sehr belastend. Das wird daran deutlich, dass die Mutter im gesamten Interview das Negativfeld einnimmt. Jedoch ist die formulierte Ablehnung nach wie vor ambivalent. Nihad Amin zeigt immer wieder das Bedürfnis, Anerkennung von ihrer Mutter zu bekommen. Dieses Bedürfnis nach Anerkennung versucht sie jedoch auch zu erfüllen, indem sie sich durchsetzt gegen ihre Mutter. So formuliert sie fast trotzig, dass sie davon träumt, irgendwann später in den Irak zu gehen und dort zu studieren, nur „wegen meiner Mutter". Das heißt,

dieser Männer Frauen aus der Herkunftsregion und holten sie dann nach Deutschland. Das trifft auch auf den Ehemann von Nihad Amin zu. In vielen Großstädten Europas ist es für neueingereiste KurdInnen aus Irakisch-Kurdistan möglich Menschen zu treffen, die aus der Region, dem Dorf, der Stadt kommen oder Angehörige der eigenen Familie oder des Stammes sind. Außerdem finden MigrantInnen eine vielfältige Infrastruktur, von Beratungsstellen, Selbsthilfeorganisationen, Dienstleistungsbetrieben in allen gesellschaftlichen Bereichen vom Restaurant bis zum Reisebüro (a.a.O:198f). Dies hat sehr viele positive Aspekte, hat aber auch wie bei Nihad Amin zur Folge, dass die soziale Kontrolle durch Familie und Gesellschaft in der Migration fortbesteht, wenn sie sich auch in ihrer Funktion ändert.

sie will ihrer Mutter immer noch beweisen, dass sie ihre Ziele erreichen kann.

Nachdem sie vier Monate im Frauenhaus lebt, kommt ihr Bruder nach Deutschland, weil die wirtschaftliche Situation im Irak extrem angespannt ist und er nicht genug Geld für die Familie verdienen kann. Er lebt anfangs bei ihrem Ehemann und hält es dort jedoch ebenfalls nicht lange aus. Dieses Erlebnis des Bruders mit dem Ehemann führt zu einer Veränderung der Situation für Nihad. Sie telefoniert mit ihrer Mutter und plötzlich hat diese ihre Meinung zur Trennung geändert, weil der Bruder mit ihr gesprochen hat und es positiv findet, dass seine Schwester allein lebt. Sie teilt ihrer Tochter mit, sie freue sich darüber, dass Nihad sich getrennt hat.

> „sie hat gesagt ‚das ist gut‘ ja und ich hab mich **so** gefreut und ich, ich hab da getanzt, alle die, die Frauen haben sich gewundert ‚warum tanzt du ((belustigt)) du bist doch, alt genug zu entscheiden?‘ ich hab gesagt ‚ja, weil äh das mir iss wichtig meine Gesellschaft ich bin jetzt willkommen in meiner Familie, und, ich schäme mich nicht wenn ich da meine Familie besuche meine Schwestern und so‘ ja (2) aber das iss schön aber bis ich schaffe mich scheiden lasse das iss ein langer Weg aber zu Anfang äh, iss es gut dass ich diese Gefühl habe ich bin willkommen ich hab jemand vielleicht, wenn ich sie brauche vielleicht sie stehen hinter mir, ja sie haben endlich mich verstanden ((lacht bisschen))“ (II 37/11-22).

Sie benennt, dass ihr die Gesellschaft und ihr Ruf etwas bedeuten, wenn sie auch an anderer Stelle viele Dinge ablehnt, wie zum Beispiel eine Heirat ohne Liebe, bei der Frauen keine aktive, handelnde Rolle einnehmen können. Sie versucht jedoch, innerhalb der Vorgaben ihrer Gesellschaft Legitimationen für ihr Handeln zu finden. Für sie ist es eine große Freude, dass ihre Mutter die Trennung akzeptiert. Ein Grund dafür liegt darin, dass sie ihre Familie dadurch nicht verliert. Aber es wird im Kontext des gesamten Interviews deutlich, dass es auch um die Ebene der persönlichen Beziehung zur Mutter geht.

7.2.7.1 Die Gegenwartsperspektive

Zwei Jahre später lebt Frau Amin immer noch mit ihren Kindern in einer Zufluchtswohnung des Frauenhauses. Sie hat mittlerweile eine zweijährige Ausbildung[171] abgeschlossen. Auf die Frage, was in den letzten Jahren seit dem letzten Interview alles geschehen ist, berichtet sie, dass sie mittlerweile geschieden sei. Der Exmann akzeptiere jedoch die Trennung nicht. Er hat ein Umgangsrecht jedes zweite Wochenende, nimmt dieses jedoch nur sehr unregelmäßig wahr.

Manchmal würde er sich zwei Monate nicht melden und dann ruft er an und wolle die Kinder abholen. Nihad Amin akzeptiere das, um zu erreichen, dass er sie in Ruhe ließe. Die Söhne gehen mittlerweile ihrer Ansicht nach

171 Um die Anonymität nicht zu gefährden, verzichte ich darauf anzugeben, um welche Ausbildung es sich handelt.

ganz gerne zu ihm. Allerdings sei es für die Kinder ein Problem, dass der Vater versuchen würde, sie über die Mutter auszufragen. Es kommt immer wieder zu Situationen, wo er Schwierigkeiten macht. Sie bringt die Kinder mittlerweile nicht mehr zum Treffpunkt, wenn er sie abholt, weil er sie mehrfach belästigt hat. Das übernimmt jetzt eine Freundin. An ihrem letzten Geburtstag hat der Ex-Mann versucht, den kleinen Sohn aus dem Kindergarten ohne Absprache abzuholen und wurde von der Erzieherin daran gehindert. Kurze Zeit später hat er es am Geburtstag seines Sohnes noch einmal probiert. Andere hatten ihr Bescheid gegeben, dass er seine Möbel alle verteilt habe und mit dem Sohn ausreisen wollte. Das konnte durch das Jugendamt verhindert werden. Mittlerweile ist an den deutschen Grenzen registriert, dass Entführungsgefahr besteht, damit er mit den Kindern nicht einfach ausreisen kann. Es können keine Absprachen mit ihm getroffen werden, sondern sein Verhalten ist unberechenbar. Es gibt eindeutige gerichtliche Regelungen, an die er sich halten müsste. Außerdem fanden immer wieder Gespräche mit dem Jugendamt statt. Nihad Amin hat aber die Einschätzung, dass er die Interventionen des Jugendamtes und des Familiengerichts als so demütigend erlebt, dass er sich dadurch von ihr unterdrückt fühlt und sich nicht wirklich etwas ändert.

Für Nihad ist die Situation mit dem Ehemann ambivalent. Einerseits beeinträchtigt er massiv ihr Leben, andererseits ist es ihr auch eine Genugtuung, dass sie zumindest formal das Recht und die Institutionen auf ihrer Seite hat und er dadurch faktisch entmachtet ist.

Nihad Amin ist sehr stolz darauf, die Ausbildung gut abgeschlossen zu haben. Sie macht einen heiteren Eindruck und erzählt amüsiert, wie sie ihren Exmann angerufen hat, als ihre Ausbildung beendet hat:

„als ich mein Zertifikat äh, erhalten habe dann, hab ich **sofort** ich weiß nicht ich hab sofort meinen Ex-Mann angerufen, ich hab ihm Bescheid gesagt ich habe gesagt dass, ‚ich war heute in der Schule ich habe mein Zertifikat und ich habe es geschafft' und er hat gesagt ‚das geht mich gar nichts an' und ich habe gesagt auf Deutsch ‚ja, ich hab's geschafft, äh du hast es nicht erlaubt aber ich habe es geschafft' er hat gesagt ‚warum redest du überhaupt auf Deutsch ich versteh wenn du auf Arabisch oder Kurdisch sagst, wenn du sagst dann versteh ich', ich habe gesagt ‚ja, ich kann jetzt Deutsch' ((lacht)) und er hat so, so **geschimpft** aber für mich war das so schön ((lachend)), dass- weil er hat es mir verboten und ich hab's trotzdem jetzt gemacht, und ähm ja aber es hat mich gefreut ich habe alle angerufen ich habe meine Mutter angerufen meine Mutter hat gesagt „**schön**" und sie hat sich so gefreut, meine Freunde und die mich kennen hier die haben alle sich gefreut besonders hier im Frauenhaus, die haben sich auch sehr gefreut, ich habe (2) sehr gefeiert, mmm (2) meine, Absolvierung," (III 11/1-15).

Bei dieser Situation entsteht der Eindruck, dass es sich um eine direkte Übertragung der Gefühle zur Mutter auf den Ehemann handelt. Jetzt beweist sie ihm, dass sie etwas schaffen kann. Sie trifft zudem seine Schwachstelle, weil er keinen Studienabschluss und keine Arbeitsstelle vorzuweisen hat, obwohl er schon solange in Deutschland ist. Außerdem ist es für sie ein euphorisierendes Erlebnis, gegen alle Widerstände ein derart symbolträchtiges Ziel erreicht zu haben. Hier zeigt sich jedoch auch, wie abhängig sie von der Bewertung anderer ist. Insbesondere von den Menschen, die ihr nicht wohlgesonnen sind.

Sie hat einen kurdischen Freund, der ein Jahr jünger ist und mit dem sie sich sehr wohl fühlt. Er würde sie gern heiraten, aber er akzeptiert auch, dass sie das zurzeit nicht will. Die Beziehung muss geheim gehalten werden:

„wenn meine Mutter weiß oder mein Bruder die würden extra hierher kommen **alles** verkaufen ihre Eigentümer und so, und extra, herkommen um mich umzubringen (2) das ist also, eine Männlichkeitssache eine, Rachesache oder ich weiß nicht, es muss-, die müssen, das machen wenn ich einen Freund habe, geht nicht (2) entweder muss ich heiraten oder muss ich, sterben (6) ((hustet)) (11)" (III 11/31-12/02).

Hier taucht also wieder das Thema Ehre und Mord auf. Frau Amin formuliert die Reaktion der Familie als einen Automatismus. Es ist unabwendbar so zu handeln. Nihad Amin weiß, dass eine Beziehung ohne Heirat kein Dauerzustand sein kann, wenn sie sich nicht von ihrer Familie loslösen will. Sie geht also mit ihrer Beziehung das Risiko ein, diesen Mann letztendlich heiraten zu müssen, wenn ihre Familie etwas erfährt. Ob sie dann wirklich ermordet würde oder was sonst geschehen könnte, ist nicht klar.

Sie fühlt sich von ihrem neuen Freund sehr unterstützt. Aber sie formuliert durchaus Skepsis, ob alles nur so gut läuft, weil sie ihm noch nicht ‚sicher' ist. Ihre moralischen Bekundungen im Interview zwei Jahre vorher, dass sie nie wieder mit einem Mann zusammen sein wird, werden nicht thematisiert. Im Gegenteil, es wird deutlich, dass sie bereits vor dem jetzigen Freund eine Beziehung zu einem arabischen Mann hatte, die aber nicht so positiv war. Ansonsten berichtet sie über ihr schönes Leben. Es gäbe viel Unterstützung unter den gewaltbetroffenen Frauen. Neue Netzwerke entstehen, die die fehlenden Familienbeziehungen ersetzen, aber weniger belastend sind. Die Frauen würden sich gegenseitig bei der Kinderbetreuung unterstützen, und die Beziehungen zu den anderen Frauen werden als stabilisierend erlebt. Durch das Wissen, dass alle Frauen Gewalterfahrungen gemacht haben, entsteht eine Nähe und Offenheit in der Kommunikation, die in anderen Zusammenhängen, wie im Berufsleben, nicht so leicht entsteht. Nihad erlebt hier eine neue Art von Familienleben, mit dem sie sich wohl fühlt. Sie war mit anderen Bewohnerinnen schon einige Male in der Diskothek und genießt das sehr. Sie berichtet von einer öffentlichen Veranstaltung zum Thema ‚Gewalt gegen Frauen' und spricht dort auf eigenen Wunsch über ihre persönlichen Erfahrungen. Sie setzt sich dort in der Diskussion mit den unterschiedlichen Reaktionen aus dem Publikum auseinander und fühlt sich dem gewachsen.

„am Ende ich war so glücklich dass ich, das alles hinter mir habe, und jetzt, ich kann, hier darüber berichten oder darüber erzählen als ob es eine Geschichte wäre, und äh ja, es war-

als ich da ein bisschen erzählt habe es war für mich so eine große Erleichterung (3)" (III 14/30-15/01).

Hier findet also ein Stück Bewältigung statt. Die Erfahrungen, die sie gemacht hat, sind zu einer Geschichte geworden, die erzählbar ist. Es handelt sich um Vergangenheit und die Gegenwartsschwelle ist erreicht. Dies spiegelt sich auch ansatzweise in der Beziehung zur Mutter wider:

„ich habe ein bisschen Mitleid mit ihr (…) ich hab gesagt ‚ich bin so alleine ich habe noch kein Mittag gegessen', sie hat gesagt ‚warum bist du allein wo sind die Kinder' ich hab gesagt ‚die sind bei ihrem Vater und ich kann nichts essen ohne meine Kinder', und sie hat so geweint sie hat gesagt ‚kuck mal, ich bin auch so egal ob ich dir weh getan habe oder du mir wehgetan hast ich bin doch deine Mutter und wir bleiben doch, also, es geht anders nicht ich vermisse dich auch so sehr und ich möchte so gerne noch mal mit dir sitzen und dich umarmen' und so, und wenn sie weint ich habe so bisschen mit Mitleid mit ihr jedes Mal sagt sie, ‚ich möchte dich sehen bevor ich sterbe', sie sagt das immer (2)" (III 33/24-34/9).

In dieser Passage öffnet sich die Mutter Nihad gegenüber und thematisiert die gegenseitigen Verletzungen, und die Mutter formuliert Mitleid mit ihrer Tochter. Nihad Amin spricht davon, dass die Mutter sie gerne noch einmal umarmen möchte. Das ist symbolträchtig, weil die Mutter sich bei der Hochzeit nicht dazu durchringen konnte. Nihad reagiert verhalten auf diese Offenbarungen und formuliert ihrerseits nur ein „bisschen Mitleid" mit der Mutter. Hier hat also in der Mutter-Tochter-Beziehung eine Wende stattgefunden. Jedoch kommt kurz darauf wieder bei einem anderen Thema die demonstrative Missachtung der Mutter gegenüber zum Vorschein. Die Herablassung gegenüber ihrer Mutter wird von Nihad dann aus einer dominanten Pose vorgetragen. Zu vermuten ist, dass sie sich hier auf einen familiären Diskurs bezieht, den sie bei bestimmten Themen abruft.

Insgesamt entsteht in dem letzten Interview der Eindruck, dass sie sich emotional auf ihre Herkunft rückbesinnt. Sie spricht über die Bedeutung ihrer kurdischen Muttersprache auch für die Söhne. Außerdem vermittelt sie besonders ihrem älteren Sohn ein sehr positives Bild von ihrer Herkunft, das ihn von seiner eigentlichen Heimat träumen lässt. Als der ältere Sohn sich minderwertig fühlt, weil die Kinder in seiner Klasse wohlhabender sind, sagt sie ihm, wie reich seine Familie eigentlich sei und dass er „aus besonderem Holz" sei.

Ihr Großvater, der Vater des Vaters, spielt in ihren Erzählungen über die Heimat eine besondere Rolle. Sie ist stolz darauf, dass ihr Sohn den Opa „liebt", obwohl dieser schon lange gestorben ist. Sie betont, dass sie nie etwas Negatives von zuhause berichten würde. Sie gibt dadurch ihrem Sohn die Möglichkeit, sich in eine andere Welt hineinzuphantasieren und dadurch unabhängiger von der realen Umgebung zu sein. Gleichzeitig vermittelt sie ihrem Sohn damit keinen realistischen Eindruck über ihre Herkunft und Geschichte. Sie wählt diesen Weg ganz bewusst und entscheidet sich damit gegen eine kritische Reflektion der eigenen Familiengeschichte dem Sohn gegenüber.

Sie plant eine Reise in den Irak zu ihrer Familie. Sie will ihre Familie sehen und den Kindern ihre Heimat zeigen. Diese Reise will sie wahrscheinlich gemeinsam, aber heimlich, mit dem neuen Freund machen, der dann an einem anderen Ort seine eigene Familie besuchen will. Ihre Motive für diese Reise sind ambivalent. Sie hat Sehnsucht, aber sie will auch als unabhängige Frau ihrer Familie gegenübertreten. Gleichzeitig hat sie Befürchtungen. Sie vertraut ihrer Familie nicht und hat Angst, dass sie dort festgehalten werden könnte. Insbesondere ihre beiden jüngeren Brüder beschreibt sie als sehr aggressiv und religiös-ideologisch. Sie erwähnt zum Beispiel, dass ihre Schwestern heutzutage nicht mehr ohne Kopftuch aus dem Haus dürfen. Insgesamt wird großer Druck auf Nihad Amin ausgeübt, dass sie wieder heiratet. Sie hat das Gefühl, ständig darauf angesprochen zu werden. Männer werden ihr als Heiratskandidaten vorgeschlagen. Das geschieht nicht nur in Telefonaten aus dem Irak, sondern auch in Deutschland, wo sie während der Ausbildung arabische KollegInnen hatte, die es befremdlich fanden, dass sie ohne Mann lebt, und die sie ermutigen wollten, sich einen Mann zu suchen und auf islamische Art zu heiraten. Es entsteht der Eindruck, dass sie sich nicht sicher ist, wie lange sie eine Heirat noch herauszögern kann. Da sie auf keinen Fall einen Mann heiraten will, den sie sich nicht selbst aussucht, kommt sie unter Druck, den Mann zu heiraten, der ihr gefällt: ihren Freund. Aber ganz traut sie ihm auch nicht. Deswegen steht die Reise in den Irak für ihre Ambivalenz. Einerseits möchte sie dazugehören, aber sie will auch ihre neugewonnen Freiheiten nicht verlieren.

7.2.8 Zusammenfassung

Nihad präsentiert ihr Leben als zweigeteilt. Es gibt das Leben vor und nach dem Tod des Vaters. Der Tod des Vaters ist hier der erste Wendepunkt in ihrem Leben. Auf den zweiten Blick wird deutlich, dass es sich bei dieser Perspektive um eine Folge von latenten Traumatisierungen handelt, die Nihad erlebt hat. Der Tod des Vaters wird hier zum symbolischen Ende eines Lebensabschnittes ‚schöne Kindheit', der jedoch eigentlich schon lange vorher zuende war. Dieses Ende eines Lebensabschnittes kann jedoch erst durch das Schockerlebnis Tod realisiert werden.

Die Idealisierung des Vaters im Kontext der ‚schönen Kindheit' steht der negativen Darstellung der Mutter in Nihads Erzählung polarisiert gegenüber.

In der Herkunftsfamilie des Vaters spielt die Bildung der weiblichen Familienmitglieder eine exponierte Rolle. Geschlechterkonstruktionen und das Thema Bildung sind in der Familiengeschichte von Nihad Amin miteinander verknüpft. Der Vater repräsentiert in Nihads Leben die Option, als Mädchen und Frau kulturell definierte Geschlechterrollen durch Bildung überwinden zu können. Die kulturell definierten Geschlechterrollen werden durch den Vater jedoch nicht aufgehoben, sondern es findet eine Delegation und Aufspaltung zwischen den Frauen der Familie statt. Durch den hohen Stellenwert von Bildung der Töchter in der Familie findet eine permanente Entwertung des Lebenskonzeptes der ‚ungebildeten' Mutter statt.

Nihad Amin orientiert sich emotional an ihrem Vater und übernimmt seine Loyalitätsverpflichtung gegenüber seiner Herkunftsfamilie und die Haltung der Illoyalität gegenüber der Mutter. Als der Vater durch die politische Verfolgung als Kommunist zunehmend unter Druck gerät, verstärken sich bei den Familienmitgliedern die vorhandenen Muster. Die Traumatisierung wirkt sich als sekundäre Traumatisierung auf die gesamte Familie aus. Die Erkrankung und der Tod des Vaters an Krebs sind weitere traumatische Ereignisse, die von der Familie verarbeitet werden müssen. Der starke psychische Druck entlädt sich innerhalb der Familie.

Die nicht mehr zu bewältigenden Gefühle werden ‚eingefroren' und von Nihad auf die Mutter übertragen, um dadurch gleichzeitig die Idealisierung des Vaters aufrechterhalten zu können. Nihad bleibt in ihrer Darstellung dem Muster der Herkunftsfamilie des Vaters verfangen und präsentiert die Mutter als Schuldige allen Übels, das ihr widerfährt. Sie blendet alle anderen Kontexte aus, z.B die politische Verfolgungssituation und die lebensgefährliche Flucht vor den Bomben Saddam Husseins, die für ihr bisheriges Leben relevant waren.[172]

Nihad verfolgt den vermeintlichen Familienauftrag durch den Vater, dass alle Kinder Bildung bekommen sollen und dass seine Töchter ‚bessere' Frauen werden sollen als seine ungebildete Ehefrau. Die Tochter erfüllt damit einerseits die Loyalitätsverpflichtungen des Vaters zu seiner Herkunftsfamilie und gleichzeitig verbindet sich diese Aufgabe mit dem Kampf um die Einlösung von Versprechen für das eigene Leben. Der Machtkampf mit der Mutter kann also als ein Loyalitätsbeweis gegenüber dem Vater und als eine Verschiebung der äußeren Bedrohung auf das Familienleben[173] interpretiert werden. Jedoch gibt es eine große Ambivalenz in der Wahrnehmung der Mutter durch Nihad Amin. Es findet eine negative Identifikation mit ihr statt, die abgewehrt werden muss. Diese ambivalente Beziehung zur Mutter ist für das weitere Leben von Nihad Amin bis zum Zeitpunkt des Interviews von großer Bedeutung.

---

172 Nihad Amin erwähnt in ihrer Lebensgeschichte beispielsweise auch nicht den Giftgasangriff, der 1988, also ungefähr ein Jahr nach dem Tod des Vaters auf die kurdische Stadt Halabja ausgeübt wurde. Halabja ist zwar weiter entfernt von der Region in der Nihad Amin lebte, aber die Auswirkungen auf die gesamte kurdische Bevölkerung, auch außerhalb Irakisch-Kurdistans, war enorm. Halabja wurde für viele in Deutschland lebende KurdInnen aus dem Irak zum Symbol und zum Anlass die ethnische Zugehörigkeit wieder neuzuentdecken. (Vgl. Ammann a.a.O:187f)

173 Vgl. hierzu Bräutigam 2000; Kizilhan 2000.

Der Loyalitätskonflikt in Nihads Herkunftsfamilie setzt sich in der Beziehung zum Ehemann mit der Migration in ein anderes Gesellschaftsystem fort.

In dieser Ehe gibt es eine gegenseitige Funktionalisierung. Nihad soll für den Ehemann seine Bilder von Tradition und Kultur als Frau repräsentieren. Nihad Amin wiederum sucht einen Mann, der ihr den Weg ebnet und sie aus der repressiven Familienstruktur rettet und die imaginierten oder realen Versprechen des Vaters einlöst. Der Ehemann repräsentiert durch seinen Machtanspruch in der Wahrnehmung von Nihad Amin zunehmend die Rolle der abgelehnten und mächtigen Mutter. Nihad hat jedoch Ressourcen mit seinem Machtanspruch umzugehen und verfolgt weiterhin ihr Ziel zu lernen. Bildung ist für sie hier nach wie vor ein Symbol für eine legitime Befreiung aus persönlichen und gesellschaftlichen Zwängen. Sie holt sich erfolgreich Unterstützung durch andere Bezugspersonen, z.B. durch den Bruder des Ehemannes oder der Lehrerin im Sprachkurs, um ihren Anspruch auf Selbstbestimmung zu verfolgen und sie greift hiermit auf Strategien zurück, die sie bereits im Konflikt mit ihrer Mutter erfolgreich einsetzte. Gleichzeitig findet sich Nihad als Frau immer mehr in der Rolle der eigenen Mutter wieder. Der Ehemann sehnt sich nach einer anderen Frau, seiner deutschen Ex-Frau. Nihad Amin wird von ihm auf die Rolle der ‚kurdischen Frau' reduziert, die tradierte Rollenerwartungen als Frau und Mutter erfüllen soll. Ihre Wünsche nach Bildung werden abgelehnt. Ihre Sehnsucht nach einem Leben, in dem sie als Mensch und Person mit Bedürfnissen anerkannt wird, erfüllt sich nicht. Nihad kämpft jedoch dagegen an. Sie ist ihrem Ehemann vermutlich intellektuell in Konflikten überlegen und fordert ihn in seiner Depression über sein gescheitertes Leben in Deutschland heraus. Der Machtkonflikt eskaliert und die Gewalttätigkeit des Ehemannes steigert sich zunehmend bis zur Grenzenlosigkeit. Nihads Widerstand wird zumindest zeitweise gebrochen, weil sie durch die andauernden Misshandlungen phasenweise viktimisiert und handlungsunfähig wird. Die Aggressionen des älteren Sohnes, die sich irgendwann gegen sie richten, aktivieren ihr Bewusstsein über die Bedrohlichkeit ihrer Lage. In der Beziehung zu dem Ehemann und zu den eigenen Kindern finden im Erleben von Nihad Amin Reinszenierungen der eigenen Geschichte und Retraumatisierungen statt. In der Beziehung zu den Söhnen spiegelt sich die Angst vor dem anderen Geschlecht, dem Gewalttätigkeit und Dominanz potentiell unterstellt wird. Hier findet also durchaus eine Identifizierung mit der Sicht von Frauen auf Männer statt. Die Situation der Mutter wird emotional nacherlebt. Die körperliche und sexuelle Gewalt und die Demütigungen spiegeln in komprimierter Form die Missachtung, die die Mutter in ihrem ganzen Leben erfahren hat. In dieser Krisensituation fasst Nihad Amin den Entschluss sich zu trennen und geht in das Frauenhaus. Der Frauenhausaufenthalt wird ein weiterer Wendepunkt in ihrem Leben. Zunächst ist die Beziehung zu den eigenen Kindern ein wichtiges Thema. Für sie persönlich geht es jedoch um die Umsetzung von symbolisch aufgeladenen Zielen, wie z.B. das Absolvieren einer Ausbildung. Es findet in dieser Phase eine langsame Annäherung an die Mutter statt. Die Loyalitätsverpflichtungen gegenüber der Herkunftsfamilie des Vaters werden jedoch eingehalten, indem den Söhnen die Besonderheit der Herkunftsfamilie des Vaters von Nihad Amin weitervermittelt wird.

Zwei Jahre nach der Trennung geht es zum Zeitpunkt des letzten Interviews für Frau Amin um die Verwirklichung individueller Bedürfnisse, wie Liebesbeziehung, Berufstätigkeit und Autonomie, unter gleichzeitiger Berücksichtigung von transnationalen gesellschaftlichen und familiären Verpflichtungen. Es gelingt ihr aus der Distanz der Migration heraus, eine Neupositionierung in der Beziehung zur Herkunftsfamilie vorzunehmen, und es findet eine Aufarbeitung der Folgen der kumulativen Traumatisierungen statt.

7.2.9 Fazit

Die Gewalterfahrungen durch den Ehemann haben Frau Amin in eine krisenhafte Situation gebracht, die mit dem Auszug ins Frauenhaus endete. Für Frau Amin hat in ihrem Erleben der Beziehung eine Reinszenierung ihrer Familiengeschichte stattgefunden. So hat sie die belastete Beziehung zur Mutter in der Beziehung zum Ehemann ‚wiederentdeckt'. Der Ehemann, der sie als Ehefrau eigentlich lieben sollte, bringt ihr keine Liebe entgegen und will sie davon abhalten, zu lernen und sich weiter zu entwickeln. Auch die Mutter, die sie als Tochter hätte lieben sollen, hat dies nicht getan und wollte Nihad auch daran hindern, sich weiter zu entwickeln. Durch diese Parallelität haben die negativen Erfahrungen mit dem Ehemann eine spezifische Bedeutung erhalten. Diese Bedeutung der Gewalterfahrung und die Handlungsmuster, die Nihad Amin entwickelt hat, stehen im Zusammenhang mit der generationsübergreifenden Familiengeschichte im Herkunftskontext. Nihad Amin setzt sich mit der Gewalterfahrung im Kontext ihrer Familiengeschichte auseinander. Die Migration nach Deutschland hat nachträglich die Funktion, polarisierte Geschlechter- und Generationenbeziehungen zu überwinden, individuelle Vorstellungen vom Leben zu verwirklichen und aus dieser Position heraus die Beziehung zur Herkunftsfamilie neu definieren und gestalten zu können. Die Beziehung zur Herkunftsfamilie und zur Herkunftsgesellschaft ist zu keinem Zeitpunkt durch die Migration nach Deutschland unterbrochen gewesen. Die Beziehung zum Ehemann ist in diesem Kontext nicht von großer Relevanz. Von Relevanz ist jedoch die Reinszenierung der Familiengeschichte und die damit verbundene Retraumatisierung für Nihad Amin innerhalb dieser Beziehung. Ihre starke Verbundenheit und Identifikation mit der Herkunftsfamilie ist in der Gegenwart eine wichtige Ressource bei der Bewältigung der Gewalterfahrung. Die Zeit im Frauenhaus kann als eine

„Interpretationsphase“[174], als eine Phase der Neuorientierung bezeichnet werden, in der es möglicherweise ansatzweise zu einer Reinterpretation der eigenen Lebensgeschichte kommen kann.

174 Vgl. Rosenthal (1987)

7.3 Ella Noack (Polen/Deutschland): „Ich hab' mir immer gewünscht, eine große Familie zu haben"

7.3.1 Der Interviewkontext und die Datengrundlage

Ella Noack wurde 1954 in Polen geboren und migrierte Ende 1988 mit ihrer Tochter aus erster Ehe nach Deutschland zu ihrem deutschen Freund. Sie heiratete ihn nach einigen Monaten und lebte anschließend mit ihrem Ehemann 11 Jahre in Deutschland zusammen. Nach dieser Zeit war sie für einige Zeit in einem Frauenhaus und anschließend in einer Zufluchtswohnung. Mittlerweile hat sie die deutsche Staatsangehörigkeit und ist geschieden. Seit einiger Zeit hat sie eine eigene Wohnung.

Die Kontaktaufnahme mit Ella Noack gestaltete sich unkompliziert. Wir kannten uns flüchtig aus einem Kinderbetreuungsprojekt, in dem sie zwei Jahre zuvor eine ABM-Stelle hatte. In einem Gespräch mit mir erwähnte sie damals, dass sie schon einmal als Bewohnerin in einem Frauenhaus war. Als ich dann nach zwei Jahren telefonisch Kontakt zu ihr aufnahm und fragte, ob sie zu einem lebensgeschichtlichen Interview mit mir bereit sei, zeigte sie sich sehr interessiert. Der erste Termin wurde gleich für den nächsten Tag nach der Kontaktaufnahme ausgemacht. Sie sagte mir, dass sie viel Zeit habe, weil sie zurzeit arbeitslos sei. Als ich in ihre Wohnung kam, wurde ich sehr freundlich begrüßt. Sie zeigte mir zunächst ausführlich ihre frisch renovierte Wohnung. Alles war mit Sorgfalt und Überlegung eingerichtet. Es machte ihr sichtlich Freude, die Wohnung und die Annehmlichkeiten der Wohnung zu präsentieren. In entspannter Atmosphäre begannen wir das Interview. Sie hatte keine Schwierigkeiten ihre Lebensgeschichte zu erzählen. Jedoch fiel sofort auf, dass sie lediglich mit ein paar Bemerkungen in der Eingangserzählung das Thema Kindheit abhandelte. Der erste Interviewtermin fand im Sommer 2004 statt und dauerte 2,5 Stunden. Das Interview musste dann aus zeitlichen Gründen abgebrochen werden, obwohl die Eingangserzählung noch nicht beendet war. Es wurde dann zwei Tage später fortgesetzt und dauerte weitere 3,5 Stunden. Das Interview wurde zunächst mit diesem Termin beendet. Frau Noack erklärte sich jedoch bereit, bei Bedarf, zu einem späteren Zeitpunkt, ein weiteres Treffen zu vereinbaren. Nachdem die Auswertung des Interviews bereits begonnen hatte, fand Anfang 2005 noch ein 1,5-stündiges Folgeinterview statt.

7.3.2 *Die Präsentation der Lebensgeschichte in der Eingangserzählung*

Ella Noack präsentiert ihre Lebensgeschichte nach der Eingangsfrage als ein Leben, das aus drei Teilen besteht. Bei der thematischen Feldanalyse zeigt sich, dass es lediglich ein übergeordnetes thematisches Feld gibt, das sich jedoch an den drei Teilen der Lebensgeschichte thematisch aufgliedert. Dieses übergeordnete thematische Feld, das sich an der Eingangserzählung entwickeln lässt, fokussiert die positiv besetzten Seiten ihres Lebens und ihre Erfolge und konstruiert die Gewalterfahrung als eine Situation, in der der Ex-Ehemann versucht hat, dieses Leben zu zerstören. Die Eingangserzählung könnte das folgende Motto bekommen:

‚Die schönen Seiten meines Leben und die Erfolge und wie ein Mann versucht hat, das zu zerstören'

Im Folgenden soll die Struktur dieses thematischen Feldes genauer betrachtet werden. Der erste Teil verweist auf das Leben in Polen bis zur Migration. Der zweite Teil der Präsentation der Lebensgeschichte ist der ausführlichste. Es geht hier um das Leben nach der Migration, als Mutter und Ehefrau in Deutschland. Der dritte Teil verweist thematisch auf den neuen Lebensabschnitt in Deutschland, der zum Zeitpunkt des Interviews bereits begonnen hatte.

1. Teil: ‚mein geordnetes Leben in Polen, seine schönen Seiten und wie sich plötzlich alles änderte.'

In diesem Teil skizziert Ella Noack sehr komprimiert das Leben vor der Migration nach Deutschland und baut dies kaum erzählerisch aus.

Auf die Eingangsfrage zur Lebensgeschichte beginnt sie mit folgenden Angaben zur Familiensituation:

„Gut ((lacht bisschen)) (2) ich bin geboren in Polen, in kleine Stadt, (2) und, meine Mutti hat mich allein erzogen weil die haben sich sehr früh getrennt, /mhm/ so ich war zwei Jahre alt oder so was, /mhm/ und meine Mutti hat lange nicht geheiratet, /mhm/ wollte nicht, aus Angst dass [ein]anderer Pappi wird schlecht zu mir, /mhm/ so war ihre Begründung immer" (I 2/18-22).

Ella Noack teilt hier als zentrale Information mit, dass sie von ihrer Mutter allein erzogen wurde, weil die Eltern sich früh getrennt haben. Der eigentliche Vater taucht als Person nicht auf. Mit dieser Argumentation erfahren wir etwas über die Mutter, die Ella mitteilte, aus Angst um ihre Tochter lange nicht geheiratet zu haben. Ein anderer Vater könne schlecht zu Ella sein und sie wollte ihre Tochter in dieser Darstellung davor schützen. Hier schwingt mit, dass die Mutter ihre eventuellen eigenen Bedürfnisse aus Sorge um die

Tochter zurückstellt. Jedoch gibt es an der Textstelle auch eine leichte Distanzierung, indem Ella Noack darauf verweist, dass „so immer ihre Begründung war." Es fällt auf, dass sie in dieser ersten Sequenz, auf die Frage nach ihrer eigenen Lebensgeschichte, im Wesentlichen die Perspektive ihrer Mutter einnimmt.

Sie bietet das Bild einer Mutter an, die sich als moralisch einwandfrei gegenüber ihrem Kind präsentiert. Ella Noack lässt dieses Bild ohne weitere Kommentierungen stehen. Es entsteht der Eindruck, dass sie selbst in dieser Angelegenheit emotional nicht involviert sei. Ella Noack nimmt nun einen Perspektivenwechsel vor:

> „nu ja die Grundschule hab ich, besucht in meiner kleinen Stadt, und dann hab ich besucht ein pädagogisches Gymnasium für Erzieherinnen, /mhm/ auch in der Nähe /mhm/ auch in kleiner Stadt weil rundherum [waren]auch so schöne kleine Städte, /mhm/ ((holt tief Luft)) (2) danach hab ich gearbeitet auch in anderer Stadt, aber in einem äh Kommunikationsunternehmen so wie hier Busbahnhof so was kurz, /mhm/ dann ist mein Kind zur Welt gekommen, na ich mein ich hab geheiratet zwischendurch, /mhm/ dann iss das Kind gekommen, und dann bin ich in meine Stadt- hab ich angefangen im Kindergarten zu arbeiten, /mhm/ na und da hab ich gearbeitet in so schöne Kindergarten von große Kleiderfabrik, /mhm/ das war so, Patronat wie sagt man, die ham so Aufsicht gehabt immer auf den Kindergarten nich? Das iss so in Polen- das war so früher in Polen /mhm/ in sozialistische Zeiten ((lacht bisschen))" (I 2/22-3/4).

Es geht nun um ihr eigenes Leben. Sie betont die Schönheit der Städte in der Gegend, in der sie lebte, und setzt ihre komprimierte Darstellung fort, indem sie der Reihe nach aufzählt, wo sie gearbeitet habe und dass ihr Kind zur Welt gekommen sei. Hier bricht sie plötzlich ab und schiebt in die Aufzählung noch ein, dass sie „zwischendurch" geheiratet habe und „dann" das Kind zur Welt gekommen sei. Nach dieser kurzen Ergänzung nimmt sie den Erzählfluss wieder auf. Es wird deutlich, dass sie die Aufmerksamkeit auf ausgewählte Bereiche in ihrem Leben richtet. Sie orientiert sich stark an dem schulischen und beruflichen Werdegang. Integriert in diese Darstellung wird zunächst nur ein einziges Familiendatum, die Geburt ihrer Tochter. Wie eine formal eingefügte Korrektur wirkt die Ergänzung, dass sie „zwischendurch" geheiratet habe und „dann" die Tochter zur Welt gekommen sei. Gleichzeitig wird deutlich, dass sie die Heirat hier als etwas darstellt, was „zwischendurch" passiert sei. Als hätte demzufolge diese Heirat keine besondere Bedeutung gehabt, sie geschah einfach so. Es entsteht so im Interview der Eindruck, dass es keine handelnden und emotional beteiligten Personen gab. Sie nimmt den roten Faden ihrer Lebensgeschichte wieder auf:

> „nu ja da hab ich gearbeitet, lange Zeit, viele Jahre so (2) acht Jahre oder so sieben, das hab ich- egal, und dann, dann bin ich umgestiegen in Grundschule, Vorklasse bin ich gegangen, /mhm/ hab ich gearbeitet, in Vorklasse, zwei Jahre, /mhm/ und zwischendurch hab ich mein deutsche, äh- ah zwischendurch bin ich schon geschieden worden ((lacht)) /mhm/ hab ich mich getrennt von dem Mann /mhm/ von meiner Tochter, aus dem Grunde dass er äh äh den Alkohol missbraucht [hat]er war nicht äh (1) sich bewusst was das Leben

bedeutet, /mhm/ und man- er war nicht zuverlässig als Ehemann und als Vater von Kind" (I ¾-12).

Nach der Darstellung der Stationen ihrer Berufstätigkeit will sie zu einem neuen Thema übergehen. Sie beginnt mit „zwischendurch hab ich mein deutsche" hier bricht sie den Satz ab und ergänzt, dass sie „zwischendurch" geschieden wurde und sich vom Vater der Tochter getrennt habe. Sie ergänzt nun abschließend eine Begründung für die Trennung. Wenn man diesen abgebrochenen Themenwechsel noch genauer betrachtet, wird deutlich, dass sie beinahe wieder in ihrer Darstellung den ersten Ehemann ausgeblendet hätte. Jedoch ist anzunehmen, dass sie im Erzählfluss selbst spürte, dass sie, um das nächste Thema ansteuern zu können, bestimmte Fakten zumindest andeuten muss, weil sonst die Darstellung nicht nachvollziehbar ist. Sie kann also bestimmte Daten ihrer Biographie nicht ganz außer Acht lassen, obwohl der Eindruck entsteht, dass sie diese Themen lieber meiden würde. Sie argumentiert nun, warum dieser erste Ehemann nicht weiter erwähnenswert ist. In der nächsten Sequenz kann sie nun den thematischen Wechsel vornehmen, den sie schon vorher angesteuert hatte.

„dann hab ich den deutschen Mann kennen gelernt in meiner kleinen Stadt, /mhm/ der warder iss vorbeigefahren hat angehalten, zum Essen, und dadurch bekannt- hab ich ihn kennen gelernt, und er ist später immer wieder gekommen, /mhm/ also viele Jahre hat er mich besucht, regelmäßig /mhm/, da zwischendurch war ich auch in Deutschland hab ich ihn besucht zweimal (1) und da sind wir zu dem Ergebnis gekommen dass ich komme nach Deutschland direkt zu ihm, /mhm/ da er zwischendurch war schon äh, geschieden und verwitwet, die Frau war- iss sogar gestorben, /mhm/ seine Exfrau /ah ja/ seine Exfrau, /ja/ die waren geschieden und da- die Frau war- iss an Krebs gestorben, /mhm/ und da- von der Ehe blieb ein Sohn (2) und ich bin mit meine Tochter gekommen nach Deutschland also waren wir (1) vier Personen Familie gleich, /mhm/ auf Anhieb (1) und so iss- hat angefangen mein Leben in Deutschland" (I 3/12-24).

Sie kommt hier zu dem Teil der Lebensgeschichte, der möglicherweise in ihrer Vorstellung für die Interviewerin von besonderem Interesse ist: der Zeitpunkt der Migration nach Deutschland. Jedoch entsteht der Eindruck, dass sie diesem neuen Lebensabschnitt ebenfalls eine besondere Relevanz einräumt und sie sich an die Zeit, in der sie diesen Mann kennen gelernt hatte, gerne erinnert. Sie beschreibt ihn als einen, der zu ihr in ihre kleine Stadt kam und der immer wieder zu ihr gekommen ist, über einen langen Zeitraum. Es entsteht der Eindruck einer langen Phase der Annäherung. Umso erstaunlicher ist dann der Abschluss der Sequenz, wo sie „auf Anhieb" eine Vierpersonenfamilie geworden seien. Sie wussten nicht, wie ihnen geschah, und plötzlich waren sie eine Familie. Die Aussage, dass so ihr Leben in Deutschland angefangen hat, markiert diese Situation als einen neuen Lebensabschnitt. Hier wurde das Leben in Polen beendet und es fängt etwas Neues an.

In diesem Teil der Eingangserzählung, der das Leben in Polen zum Thema hat, präsentiert uns die Erzählerin in der gesamten Passage eine überwiegend positive Sicht auf ihr Leben in Polen. Bestimmte Bereiche ihres Lebens, an dieser Stelle die Ausbildung und Berufstätigkeit und die Geburt der Tochter, werden besonders hervorgehoben, andere, z.B. die erste Ehe und Trennung, fast vollständig ausgeblendet. Durch die vielen Beschreibungen entsteht ein statisches Bild, in dem das Agieren der beteiligten Personen ausgeblendet wird. Biographisch als relevant anzunehmende Themen werden nicht näher thematisiert und im Kontrast dazu Beschreibungen von Orten und Gegenständen besonders detailgenau erwähnt. In diesem Teil der Lebensgeschichte bleibt vieles unerzählt. Es entsteht ein Bild eines geordneten und klar strukturierten Lebens, in dem fast alles definiert und eindeutig ist und Ella Noack nicht emotional betrifft.

2. Teil: ‚Meine wichtige, schwierige und gefahrenreiche pädagogische Aufgabe als Mutter und Ehefrau in Deutschland und wie ich mich daraus befreien konnte'.

Unmittelbar nach dem Hinweis, dass ihr Leben in Deutschland mit einer vierköpfigen Familie angefangen habe, entscheidet sie sich an dieser Stelle nicht für das Thema ‚Leben in Deutschland', sondern nimmt mit den Worten „zurück zu Polen" zunächst einen thematischen Rückgriff in ihr vergangenes Leben in Polen vor.

Sie kommt auf ihre frühere berufliche Tätigkeit als Erzieherin in unterschiedlichen Sommerlagern in Polen zu sprechen und spricht von einer „wunderschönen" Zeit, die sie dort erlebt hatte. Sie greift ein konkretes Beispiel aus ihrer Arbeit als Erzieherin in einem Sommerlager auf, in der sie unter anderem für die Betreuung von männlichen Jugendlichen zuständig war. Es vermittelt sich in der Darstellung der Stolz über die damalige Rolle als fähige Pädagogin. Sie beendet diese Darstellung mit der abschließenden Evaluation: „eigentlich habe ich keine Probleme mit Jungs gehabt" (I 4/30). Gekoppelt ist diese Beschreibung an das Thema berufliche Kompetenz als Erzieherin, die verantwortlich ist für das Leben von den Jugendlichen, die ihr anvertraut sind. Hier bricht sie aber diese Ausführungen plötzlich ab und macht wieder einen zeitlichen Sprung in ihrer Darstellung der Lebensgeschichte mit den Worten „zurück zu Deutschland, das war so". Die kurze Irritation der Interviewerin über diesen erneuten unvermittelten zeitlichen und thematischen Sprung übergeht die Erzählerin. Ella Noack greift nun ihr Ankommen in Deutschland auf und welche Situation sie dort vorfand.

„mein Mann hat gearbeitet ich hab mich um die Familie gekümmert ich war zu Hause, /mhm/ ich musste den Kleinen ja zur ersten Klasse immer jeden Tag, bringen und abholen, den Sohn von meinem Mann, /ah ja/, nicht und, sich um seine Gesundheit kümmern weil er war bisschen vernachlässigt , /mhm/ die die Zähne waren alle kaputt total Milchzähne total schwarz kaputt ich bin jede Woche zum Zahnarzt mit ihm gegangen, /mhm/ zum Kinderarzt, und jetzt hat er gesagt später der Junge „Mama Dank dir hab ich äh äh gesunde

Zähne" ((lacht bisschen))" und dann äh, von Kinderarzt hat er so Fluortabletten gekriegt, 365 für jeden Tag eine Tablette, /mhm/ ich hab aufgepasst dass der jeden Tag, das nimmt. /mhm/ nich, und er war sehr ängstlich der Junge, na ja, das iss so, [das]sollte ich nicht sagen aber die Mutter [vom Stiefsohn] hat bisschen da Alkohol missbraucht, (...) die hat auch aus Angst von ihm [dem Ehemann] bisschen auch mehr getrunken nich, /ah ja/ und dann, der Sohn hat nachher wirklich richtige Pflege gebraucht, nich, /mhm/ so, gesundheitlich in der Schule überall," (I 6/22-7/11).

Das Thema dieser Sequenz ist der Sohn des Mannes und Ella Noacks neue Rolle als Mutter des Stiefsohnes. Wenn man sich den vorangegangenen thematischen Wechsel von Deutschland zu Polen und von Polen zu Deutschland noch einmal vergegenwärtigt, wird deutlich, dass die Darstellung der Zeit im Sommerlager in einen direkten Bezug zu dem gestellt wird, was die Erzählerin bei der Familiengründung beschreibt. Es handelt sich um eine Hintergrundskonstruktion, die die Erfahrungen der Familiengründung in einen spezifischen Kontext bringt. Ella Noack stellt sich in der Rolle derjenigen dar, die die Verantwortung für das Leben des Stiefsohnes übernommen hat. Sie nähert sich dem Thema Familiengründung also mit einer quasi professionellen Perspektive, da sie vorher beschrieben hat, wie gut sie als Erzieherin mit „Jungs" umgehen könne. Der Verweis auf die Dankbarkeit des Sohnes für die gesunden Zähne ihr gegenüber soll nun möglicherweise klar machen, dass er sie zu seiner „Mama" gemacht und er ihr etwas zu verdanken habe. Das heißt, dass sie hier die Mutterrolle für den Stiefsohn in der Darstellung übernommen hat. Damit wird ein Zusammenhang zwischen ihrer Tätigkeit als Erzieherin und der Rolle als Stiefmutter hergestellt.

Sie führt die Versäumnisse der verstorbenen Mutter an dieser Stelle an, die sich aus Angst vor dem Ehemann in den Alkohol geflüchtet hätte und darum ein Opfer der Umstände gewesen sei. Sich selbst präsentiert sie als die Retterin des Sohnes. Sie wurde hier mit ihren pädagogischen Kompetenzen und als „Mutter" gebraucht.

Auf den nächsten Seiten des Interviews thematisiert Ella Noack ihre Aufgaben als Mutter, eigentlich Stiefmutter, in einem neuen familiären Umfeld, von dem sie sich nicht unterstützt fühlt. Sie erwähnt jedoch mehrfach die Anerkennung durch beteiligte Professionelle, wie beispielsweise der LehrerInnen und der Psychologin, die ihre Leistungen als Mutter wahrnehmen und anerkennen.

Es entsteht insgesamt in diesem Teil des Interviews das Bild einer innigen Beziehung zwischen ihr und dem Stiefsohn. Die unterschiedlichen Ängste des Stiefsohnes werden beschrieben, um dann zu folgendem Ergebnis zu kommen: „ich hab aus ihm [einen]Mann gemacht, wirklich" (I 11/14). Sie setzt erläuternd fort, was er alles, von Fahrrad fahren bis zum Schwimmkurs, von ihr gelernt habe. Es entsteht der Eindruck, dass es sich aus ihrer Sicht um eine Erfolgsgeschichte handelt. Sie beschreibt ihre Beziehung zu dem Sohn mit einer fast schwärmerischen Begeisterung. Jedoch führt sie gleichzeitig aus, dass der Sohn faktisch Probleme hatte und dass sie selbst mit ihm nicht zurechtkam. Es entsteht der Eindruck, dass Ella Noack einen starken persönlichen Legitimationsbedarf hat, warum es diese Schwierigkeiten mit dem Sohn überhaupt gab.

Sie verweist darauf, unter welchen schwierigen Bedingungen diese Beziehung stand und beschreibt das erste gemeinsame Silvesterfest in der neuen Familienkonstellation in Deutschland:

„Aber leider abends mein Mann war schon nachher betrunken Silvester, /mhm/ und auf einmal, nimmt [er] ihn auf den Arm und spielte Pappi und sagte „Ella ist nicht deine Mutti deine Mutti liegt auf dem Friedhof", und der Junge fängt an zu weinen (3)" (I 12/3-6).

Diese Situation wird von ihr als eine Schlüsselsituation eingeführt. Die Beziehung von Ella zu ihrem Mann wird hier noch nicht thematisiert, sondern nur über die negative Intervention des Mannes eingeführt. Sie macht hier darauf aufmerksam, dass der Mann von Anfang hätte verhindern wollen, dass Nähe zwischen ihr und dem Stiefsohn entstehe. Er habe dem Jungen vielmehr seine neu gefundene Mutter wieder nehmen wollen.

Die indirekte Präsentation einer gescheiterten Beziehung zum Stiefsohn wird nun in der Eingangserzählung in den Kontext der gescheiterten Beziehung zum Ehemann gestellt.

Ausführlich thematisiert Ella Noack, wie sich das Dominanzverhalten des Ehemannes in ihrem Leben ausgewirkt hat.

„er wollte niemals dass ich ein bisschen selbständig werde, /mhm/ wenn ich von Arbeit gesprochen habe da sagte er ‚na ja den polnischen Weibern iss es immer zu wenig Geld' so'ne, blöde Antworten hab ich gehabt [bekommen], und ich beherrschte anfangs die Sprache nicht," (I 19/11-15).

Ella Noack betont die Repressivität des Ehemannes, die sich bei ihm gleichzeitig mit stigmatisierenden Stereotypen über die materiellen Interessen von polnischen Frauen verbinden. Sie wiederum macht klar, dass diese Stereotypen mit der Realität nichts zutun hätten. Die Wohnung und alle materiellen Besitzstände wurden demnach von ihnen gemeinsam geschaffen. Die Wohnung sei „dreckig"„ gewesen, als sie nach Deutschland kam und sie hätten immer „investieren" müssen in die Wohnung. Die materielle Situation sei nicht „rosig" gewesen, weil nur ein Familieneinkommen da gewesen sei. Ella beschreibt detailliert, welche Haushaltsgeräte und Möbel angeschafft wurden. Sie berichtet, dass der Ehemann sie davon hätte abhalten wollen, sich beruflich weiterzuentwickeln, weil er befürchtete, dass sie „schlauer" als er werden könne. Es folgt eine mehrseitige Beschreibung der Eskalation der Konflikte und der Gewalt. Ella Noack beschreibt eine Spirale der Gewalttätigkeit und Angst, die sich in der Darstellung immer mehr verdichtet. Anschließend kommt sie zu folgender Abschlussevaluation:

„was nutzt mir das wenn ich dann mich durchsetze wenn ich dann nachher ein kaputter Mensch bin, /mhm/ nich, ich muss noch jahrelang **leben** noch, /mhm/ (2) ja und deswegen hab ich nachgegeben weil bei aggressiven Menschen **kann** man sich nicht durchsetzen, /ja/

weil die Aggression wächst und wächst du weißt nicht (2) was da **noch** kommt, /mhm/ lieber aufhören wenn du siehst das geht noch bisschen ne“ (II 12/5-10).

Frau Noack beschreibt das Aushalten der Gewalttätigkeit und die Entscheidung, sich nicht durchzusetzen, als das Ergebnis eines Prozesses, des Abwägens von unterschiedlichen Strategien, mit der Gewaltsituation umzugehen. Sie habe sich dafür entschieden, die Eskalation zu vermeiden. Sie stellt dies als eine Strategie dar, die Kontrolle behalten zu können über die Situation und die Aggression des Ehemannes. Die Abschlussevaluation könnte auf einen Legitimationsbedarf bezüglich der Frage hindeuten, warum sie sich nicht vorher gegen sein gewalttätiges Verhalten gewehrt habe. Sie stellt ihr Verhalten als angemessen dar nach dem Motto, ‚die Klügere gibt nach‘, während sie sein Verhalten als pathologisch einordnet. Hier schwingt gleichzeitig auch ihre Einschätzung und Handlungskompetenz als professionelle Pädagogin mit.

In diesem zweiten Teil der Lebensgeschichte in der Eingangserzählung nimmt die Erfahrung als Mutter und Ehefrau in Deutschland die zentrale Rolle ein. Eingebettet in einen pädagogischen Kontext wird die „Erziehungsarbeit“ an dem Sohn des Mannes wahrgenommen. Die Erzählerin präsentiert diese als eine Aufgabe, der sie sich anzunehmen hatte, die ihre Verantwortung gewesen sei. In der Darstellung präsentiert sie ausführlich, wie kompetent sie ihre Rolle eingenommen hat und produziert ein Bild, in dem sie und der Sohn glücklich zueinander gefunden hätten. Der einzige Störfaktor sei der Vater und Ehemann gewesen. Die immer wieder dargestellten Probleme des Sohnes werden von ihr in diesem Bild abgetrennt. Die Ursache für das Fehlverhalten des Sohnes liegt nach ihrer Darstellung bei dem Vater, der Schwiegermutter und dem Sohn selbst. Ihr Verhältnis zum Sohn wird idealisiert und der Sohn zunehmend als Opfer des Vaters pathologisiert. Pädagogik ist nach Ella Noack die einzige adäquate Antwort damit umzugehen. Das eigene Verhalten wird in der gesamten Präsentation nicht selbstkritisch reflektiert. Ihre Rolle als Mutter definiert sie hier im Wesentlichen über den Sohn des Ehemannes und nur angedeutet über ihr Verhältnis zur Tochter. Die Tochter wird nur als „nicht-problematisch“ beschrieben. Die Beziehungsebene zwischen Mutter und Tochter hingegen wird nicht thematisiert. Im Verlauf der Darstellung der Eskalation in der familiären Situation wird von Ella Noack deutlich gemacht, dass die Beziehung zu dem Ehemann die ganze Zeit von Aggressivität und Gewalt dominiert gewesen sei. Umso erstaunlicher wirkt die anfänglich seitenlange und detailreiche Darstellung der Erziehung des Stiefsohnes. Hierauf wird zunächst von ihr die ganze Aufmerksamkeit gerichtet und nicht auf die Beziehung, die Ella Noack mit dem Vater lebt. In der Darstellung der Trennungsphase wird die Gewalttätigkeit des Mannes jedoch immer stärker von ihr herausgestellt. Zum Schluss steht das Bild der Mutter und Ehefrau nicht mehr im Vordergrund, sondern die Eskalation und der Kontrollverlust über Menschen und Situationen.

3. Teil; ‚Mein Weg in ein neues schönes Leben in Deutschland‘

Ella Noack wendet sich hier dem aktuellen Abschnitt ihres Lebens zu. Es folgt eine detaillierte und seitenlange Darstellung, wie die eigene Wohnung gefunden, renoviert und eingerichtet wurde und wer dabei alles mit geholfen habe. Ella Noack erwähnt ihren neuen polnischen Freund.

„dann hab ich meinen polnischen Freund kennen gelernt /mhm/, ja, ((lacht bisschen)) der schenkt mir jetzt jede Samstag schönen Blumenstrauß (...)er iss so verliebt ((lacht))(...) Ich weniger, /mhm/ aber er iss so verliebt, aber von Charakter wir passen sehr gut, er iss drei Tage nach mir geboren, und wi- ich- wir haben **so** ähnliche Charakter, /mhm/ ich hab nie geglaubt dass ein Mann so könnte son Charakter ähnlich haben wie ich, /mhm/ er ist, wenn er etwas erzählt wie er was, empfängt oder fühlt, als würde ich von mir selber sprechen, /mhm/ und wie er sich verhält in manchen Situationen genau wie ich /mhm/, ich sag „dafür mag ich dich so sehr weil du bist so wie ich“ ((lacht)) ja wirklich! Ja ((lacht))(...)Na ja man spricht dann auf die gleiche Ebene, /mhm/ nich, /mhm/ mhm (2) (das iss Gefühlsmensch) ((lacht))“ (II 24/15-25/18).

In dieser Darstellung betont sie die Verliebtheit des neuen Freundes und stellt ihre eigenen Gefühle zurück. Jedoch beschreibt sie, dass sie ihn mag, weil er ihr ähnlich sei und sie nicht gewusst habe, dass diese Erfahrung mit einem Mann möglich sei. Sie präsentiert diese Beziehung als wohltuend für sich.

Es wirkt im Kontrast zu den vorangegangenen Geschichten wie das erleichterte Auftauchen aus einer als sehr unglücklich erlebten Lebensphase. Zum Schluss fügt sie noch eine Beschreibung ihrer letzten beruflichen Tätigkeit in einer Arbeitsbeschaffungsmaßnahme mit Kindern an. Sie beendet ihre Lebensgeschichte nun endgültig mit den Worten: „Aha so sieht's bis heutige Tag aus.“

Dieser Teil der Lebensgeschichte wird zur Präsentation einer Befreiung. Die schönen Seiten des Lebens in der Gegenwart dominieren die Darstellung. Es entsteht der Eindruck eines gelungenen Wendepunktes, eines Bruchs mit den negativen Erfahrungen als Frau eines gewalttätigen Mannes und einer positiven Zuwendung zu neuen Dingen und Menschen.

7.3.2.1 Resümee

Abschließend lässt sich feststellen, dass Ella Noack in der Eingangserzählung eine Lebensgeschichte präsentiert, die aus einer zentralen, dramatischen Lebensphase besteht, um die sich der Rest des Lebens als Rahmen formt. Die physische und psychische Rettung des Sohnes im Konflikt mit einem aggressiven gewalttätigen Vater und Ehemann steht im Mittelpunkt der Darstellung. Das Leben davor und danach wird als frei von Spannungen präsentiert und besteht überwiegend aus positiven und optimistischen Statements. Die Erfahrung als Ehefrau in einer Gewaltbeziehung und die präsentierte Rolle als Mutter steht unverbunden zur eigenen Familiengeschichte im Raum. Biographische Kontinuitäten und Verbindungen werden konsequent nicht hergestellt. Der einzige präsentierte biographische Bezugspunkt ist die Erfahrung als Pädagogin, die professionelle Erfahrungen und Kompetenzen aus der Vergangenheit vorzuweisen hat. Erklärungsbedürftig bleibt in dieser Darstellung die zentrale Rolle, die die Beziehung zu dem Stiefsohn in der Darstellung einnimmt. Im folgenden Kapitel soll darum die Genese dieser Präsentation der Lebensgeschichte unter Einbeziehung des gesamten Interviewmaterials und der Rekonstruktion des biographischen Kontextes genauer analysiert werden.

7.3.3 Der Herkunftskontext: Das Leben in Polen bis zur Migration

Ella Noack kommt 1954 in Polen in einer Stadt mit ca. 15.000 Einwohnern in der Region Śląskie[175] zur Welt. Sie ist das erste Kind eines jung verheirateten Ehepaares. Der Vater ist zum Zeitpunkt der Geburt ca. 20 Jahre alt und arbeitet als Elektriker beim Rundfunk. Die Mutter ist bei Ellas Geburt ca. 22 Jahre alt und arbeitet in einer Kleiderfabrik. Die Eltern waren beide in Dörfern aufgewachsen und aus unterschiedlichen Regionen in Polen zugezogen.

Im Folgenden fasse ich in Form eines Exkurses exemplarisch einige grundlegende Aspekte der Lebensituation in Polen zum Zeitpunkt der Geburt von Ella zusammen.

7.3.3.1 Exkurs: Polen zum Zeitpunkt der Geburt Ellas

Zum Zeitpunkt von Ellas Geburt lag der zweite Weltkrieg nur 9 Jahre zurück und in Polen waren 6 Millionen Menschen umgekommen. [176] 38% des Volksvermögens waren verloren (Bingen 1999:33). Die Verluste Polens an Menschen und materiellen Werten waren gemessen an Bevölkerungszahl und Fläche, die höchsten in ganz Europa. Die kriegsbedingte Westverschiebung der polnischen Gebiete, Kriegsfolgen, Migrationsprozesse und die neuen politischen Strukturen hatten grundlegende Veränderungen in der Nachkriegsgesellschaft Polens verursacht (Die Ausländerbeauftragte d. S. i. Berlin 1988:6ff).

Die Eltern von Ella hatten den Krieg als Kinder und Jugendliche erlebt und wurden durch diese Erfahrungen und die anschließenden gravierenden Veränderungen, wie wir bei der Herkunftsgeschichte der Mutter noch genauer sehen werden, geprägt. Ellas Eltern sind beide nach dem Krieg Teil der großen Bevölkerungsbewegungen vom Land in die Städte im Zuge der Industrialisierung von 1945-1964 gewesen. In dieser Zeit wurden 6 Millionen

175 Dt. Schlesien.

176 Für einen genaueren Überblick siehe Bingen (1999).

Arbeitsplätze außerhalb der Landwirtschaft geschaffen (Sokolowska[177] 1973:24).[178]

Die unterschiedlichen Phasen der Sozialpolitik des Realsozialismus stimmten mit der praktizierten Frauenpolitik überein. So war die Zeit bis Mitte der 50er Jahre durch die Abmilderung der Kriegsfolgen bestimmt. Es gab Kantinenverpflegung gegen Unterernährung und Milchküchen für Schwangere und erste Schutzbestimmungen zu Schwangerschaft und Mutterschutz. Ein Kindergeld wurde ausgezahlt (Fuchs 2003:61). Parallel dazu verlief bis ungefähr 1954 die Mobilisierung von Frauen in das Berufsleben. Insbesondere in den Jahren 1950-1953 wurden die volle Berufstätigkeit von Frauen und ihre Teilhabe am sozialen und politischen Leben propagiert. 1954 gab es dann, dem gegenläufig, erste Schwierigkeiten, den Bedarf an Arbeitsplätzen für Frauen und den gleichzeitig benötigten Kinderbetreuungseinrichtungen abzudecken (Sokolowska a.a.O.:44; Fuchs a.a.O:61). Zeitgleich ging eine weitere Epoche polnischer Nachkriegsgeschichte zuende: Stalin war 1953 gestorben und dies führte im Zeitraum von 1954-1956 zu Lockerungen und 1956 zur Entstalinisierung auch in Polen (Sokolowska a.a.o:19). Im Zuge dessen wurde beispielsweise 1956-59 das Abtreibungsrecht reformiert und eine „Quasi-Fristenregelung“ gesetzlich geregelt. (Fuchs a.a.O:61).

Gleichzeitig ist es notwendig sich zu vergegenwärtigen, dass Polen seit dem zweiten Weltkrieg als das katholischste Land Europas gilt. 95% der Bevölkerung bezeichnen sich als KatholikInnen. Diese besondere Stellung der katholischen Kirche ist auch eine direkte Folge des zweiten Weltkrieges. Während zwischen den Weltkriegen nur Zweidrittel der Bevölkerung katholischen Glaubens waren und es zahlreiche weitere Glaubensgemeinschaften gab, die nebeneinander existierten, wurde Polen nach dem zweiten Weltkrieg zu einem weitgehend homogen Staat mit nur 2-3% Angehörigen nationaler Minderheiten. Deutlich wird dies auch an einer konkreten Zahl: unter den 6 Millionen Toten in Polen während des zweiten Weltkrieges waren 85% des jüdischen Bevölkerungsanteils (vgl. Bingen a.a.O.: 139 u. 128). Die katholische Kirche hat „als die Konfession der Polen“ historisch eine besondere Rolle. In der Wahrnehmung vieler Polen hat die katholische Kirche in den letzten 200 Jahren eine wichtige Schutzfunktion gegen innere und äußere Bedrohungen, zunächst in den Teilungszeiten (1795-1918)[179], dann während

177 Die Medizinsoziologin Magdalena Sokolowska hat in ihrem 1971/72 geschriebenen und 1973 in Deutschland erschienen Buch mit dem Titel „Frauenemanzipation und Sozialismus“ die Prozesse der Veränderung der Rolle der Frau in Polen analysiert. Sie bezieht sich dabei auf die Veröffentlichungen von polnischen SoziologInnen der 25 Jahre zuvor, d. h. dem Zeitraum von Ellas Kindheit.

178 Polens Bevölkerung gehörte zu den mobilsten Europas. 3 Millionen Beschäftigte wechselten von 1945-1954 in die Städte. Rein statistisch hat jeder polnische Bürger nach 1945 ungefähr dreimal seinen Wohnort gewechselt (Bingen a.a.O.:128).

179 In dieser Zeit existierte Polen als unabhängiger Staat nicht auf der Landkarte, sondern war

des Nationalsozialismus[180] und zuletzt gegen den Kommunismus (ebd: 139f). Die katholische Kirche hatte daher auch im Realsozialismus faktisch einen großen Einfluss auf die Bevölkerung (ebd.:142f). Ebenfalls kommt der Familie als nationaler Institution eine große Bedeutung in Polen zu. Die unterschiedlichen Formen nationaler Unterdrückung hatten für die Familie eine stark bindende Wirkung als „Festung des nationalen Geistes" (Sokolowska a.a.O.:11f). In diesem Zusammenhang ist auch die Wirksamkeit des tradierten Frauenbildes in Polen der „Matka Polka", der „Mutter Polin" einzuordnen, das im 19. Jahrhundert entstand. Es orientiert sich an der Tradition katholischer Normen und Werte, die teilweise zu nationalen Mythen geworden sind (vgl. Golec 2002:262 u. Fuchs 2003:19). Wichtige Aspekte des „Matka-Polka-Mythos sind die idealen Vorstellungen von polnischen Frauen und Müttern, die „erziehen, kämpfen, sorgen, leiden, [und sich] aufopfern" (Fuchs a.a.O.:77). Das darin propagierte Ideal der Frau unterscheidet sich bei genauerer Betrachtung grundsätzlich vom Ideal der Frau im bürgerlichen Europa, wo die bürgerliche Mittelschicht versuchte, die Frau an die häusliche Sphäre zu binden, während die öffentlich Sphäre den Männern gehörte. Im Polen der Teilungszeiten, wo der Matka-Polka-Mythos entstand, gehörte die öffentliche Sphäre den Teilungsmächten. Der Erhalt des nationalen Bewusstseins wurde darum in der häuslichen Sphäre realisiert. Frauen waren damit nicht nur Ehefrauen und Mütter, sondern auch „Pflegerin und Bewahrerin des nationalen Bewusstseins und der polnischen Sprache" (vgl. Golec a.a.O.:262). Auch in den Zeiten der nationalsozialistischen Okkupation war die Bedeutung des Mythos wirksam, weil wiederum die öffentliche Sphäre für alle PolInnen zum Ort von Unterdrückung und Willkür geworden war (vgl. Sokolowska a.a.O.:12). Die Literatur- und Kulturwissenschaftlerin Bożena Chołuj, eine der der wichtigsten Genderforscherinnen Polens stellt fest, dass das Symbol der Mutter Polin bis heute das Obersymbol für alle Frauen in der polnischen Gesellschaft geblieben ist (zit. nach Golec 2002:264).

Jedoch kann zusammenfassend festgestellt werden, dass Ellas Geburt in eine Zeit großer gesellschaftspolitischer Umbrüche fiel, in der tradierte gesellschaftliche Konzepte zu Familie und der Stellung von Frauen neu verhandelt und den gesellschaftlichen Veränderungen nach dem jeweiligen Bedarf angepasst wurden. So wurde in öffentlichen Diskursen festgestellt, dass die Nachkriegsgeneration, dass heißt die Generation der Eltern von Ella, über keine festen Modelle von Ehe und Familie verfügte und das Vorbild der Eltern von ihnen als anachronistisch eingeordnet wurde. Gleichzeitig hing diese Neuorientierung der Generation von Ellas Eltern auch mit der Zerstö-

---

drei unterschiedlichen politischen und wirtschaftlichen Systemen, Russland, Österreich und Preussen, untergeordnet (Sokolowska 1973:11).

180 20% des Klerus in Polen wurde zum Opfer des Nationalsozialismus und dies war in der Bevölkerung präsent. (Bingen a.a.O.:36).

rung von familiären Bindungen durch den Krieg und die Besatzung zusammen (vgl. Sokolowska a.a.O:92).

Wenden wir uns nun nach diesem kurzen Blick in das Nachkriegspolen der 50er Jahre wiederum der Lebensgeschichte von Ella Noack zu.

7.3.3.2 Die Kindheit und die Beziehung zur Mutter

Ella Noack beginnt ihre Lebensgeschichte in der Eingangserzählung mit dem Hinweis, dass ihre Eltern sich früh getrennt hatten und sie mit ihrer Mutter allein aufgewachsen sei. Die Mutter ist für sie die zentrale Bezugsperson in ihrer Kindheit. Ein Zugang zur Lebensgeschichte Ellas ist, wie sich im weiteren Interview zeigen lässt, die Beziehung zur Mutter. Dies soll nun genauer rekonstruiert werden.

7.3.4 Die Trennung der Eltern

Nach der Geburt von Ella arbeitete die Mutter bereits 4 Monate nach der Entbindung wieder und Ella wurde in der Krippe der Fabrik der Mutter betreut.[181] Als Ella zwei Jahre alt war, kam es zur Trennung zwischen den Eltern. Der Kontakt zum Vater brach ab diesem Zeitpunkt für Ella vollständig ab. Sie schildert im Interview eine Situation, in der sie sich erinnert, den Vater das einzige und letzte Mal gesehen zu haben, als er wegen eines Gerichtstermins zur Unterhaltsfrage in der Stadt war:

> „wir haben keinen Kontakt zu ihm gehabt, er hat uns nie besucht, er hat keine Alimente bezahlt, /mhm/ nich und dann äh- meine Mutti war bei Gericht da bei einem Gerichtstermin da iss er gekommen, und stand bei uns in der Wohnung kurz ich, ich kann ihn nicht richtig vom Gesicht erinnern nur wie durch Nebel, weiß ich dass ein Mann war einmal in unserer Wohnung (...) war so ein kurzer Besuch /mhm/ ich kenne ihm nur vom Foto" (III 7/26-8/3).

Ella weiß vermutlich von ihrer Mutter, dass er „nie" zu Besuch gekommen ist und dass er keinen Unterhalt gezahlt hat. So unscharf, wie die Beschreibung des Vaters hier ist, bleibt auch die Darstellung der Gründe für die Trennung der Eltern. In der Eingangserzählung wird lediglich mitgeteilt, dass sich die Eltern früh getrennt hätten und die Mutter Angst hatte, dass ein neuer Mann schlecht zu Ella sein könnte und deswegen nicht wieder geheiratet

181 Die Betreuung von kleinen Kindern in Betreuungseinrichtungen und die Bedeutung der Mutter für die Erziehung der Kinder war auch in der damaligen sozialistischen Gesellschaft ideologisch umstritten und hing eng mit Schwankungen beim Bedarf an Arbeitskräften zusammen. Jedoch wurde es zum Zeitpunkt von Ellas Geburt offiziell propagiert, dass Kinder in Krippen untergebracht werden, damit Mütter voll berufstätig sein können (vgl. Sokolowska a.a.O.:43ff).

habe.[182] Erst im Nachfrageteil des dritten Interviews präsentiert Ella Noack eine weitere Perspektive auf die gescheiterte Ehe der Eltern.

„als ich zwei war dann äh haben [die]sich getrennt weil meine Mutti sagte der (2) ihr Mann mein Vater war nicht gut zu ihr hat sie geschlagen und alles und sie wollte mit ihm nicht /ah ja/ länger mehr da sein und er ist gegangen, ja hat sie geschlagen hat sie mir gesagt, und (1) iss gegangen (...)Danach, danach, ist er äh in andre Stadt gezogen, hat geheiratet wieder und zwei Kinder hat, zur Welt gebracht-" (III 6/28-7/5).

Sie spricht hier nun einen konkreten Trennungsgrund an. Die Mutter habe ihr mitgeteilt, dass sie von Ellas Vater geschlagen wurde. Es handelt sich an dieser Stelle nicht um die Erinnerung eigener Erlebnisse, sondern derer ihrer Mutter. Das Scheitern der Ehe der Eltern nach zwei Jahren und der Kontaktabbruch zum Vater deuten darauf hin, dass die Beziehung zwischen den Eltern sehr belastet gewesen war und dieser Zustand auch für das Kleinkind, das Ella damals war, Auswirkungen gehabt haben wird. Es ist wichtig sich zu vergegenwärtigen, dass Ella sich nicht den ganzen Tag in der Obhut eines oder beider Elternteile befunden hat, weil sie in einer Krippe betreut wurde. Jedoch richtete sich die Betreuungszeit wiederum nach den Arbeitszeiten der Mutter.

Es ist also denkbar, dass Ella zumindest in der Wohnung anwesend war, wenn die Mutter geschlagen wurde. Selbst wenn sie, was wir nicht wissen, bei den Tätlichkeiten nicht in unmittelbarer Nähe war, ist davon auszugehen, dass sie die Atmosphäre von Anspannung und Gewalt auch als sehr kleines Kind aufgenommen hat. Hierbei muss berücksichtigt werden, dass es heute in der sozialwissenschaftlichen Fachdiskussion zunehmend Konsens ist, dass Gewalt gegen die Mutter als eine Form der Gewalt gegen das Kind betrachtet wird.[183] Die Mutter wird durch die Erfahrungen als Bezugsperson beeinträchtigt gewesen sein, und die ganze Situation kann zu einer großen emotionalen Verunsicherung für ein kleines Kind führen, das noch nicht einmal ansatzweise über die kognitiven Fähigkeiten verfügt, die Situation einzuordnen.

Ella hat den Trennungsgrund ‚Schlagen' in der Eingangserzählung zunächst nicht benannt und das deutet darauf hin, dass sie diese Perspektive auf die Mutter als Opfer der Gewalt des Vaters dort bewusst vermieden hat. Möglicherweise steht diese Auslassung auch im Zusammenhang mit der eigenen späteren Gewalterfahrung durch ihren Ehemann. Geht es ihr darum, die Sicht auf biographische Parallelen zwischen sich und ihrer Mutter zu vermeiden?

Diese Frage ist insofern von Bedeutung und später wieder aufzugreifen, weil in der Präsentation der Eingangserzählung festgestellt wurde, dass bio-

182 Eine Textstelle dazu befindet sich in Kap. 2.1 auf Seite 2.

183 In den USA haben große und einflussreiche Organisationen der Ärzteschaft, der National Council of Juvenile & Familiy Court Judges und PsychologInnen in Empfehlungen von 1996 gefordert, dass Kinder, die häusliche Gewalt erlebt haben, als „psychisch misshandelt" anzusehen sind (zit nach Salgo 2003:111).

graphische Kontinuitäten und Zusammenhänge dort nicht thematisiert werden.

Ella lebt nach der Trennung allein mit der Mutter in einer Kleinstadt. Den Angaben von Ella zufolge war ihre Mutter eine streng gläubige Katholikin. Es stellt sich die Frage, welche Bedeutung die Scheidung für die Mutter damals hatte und welche Konsequenzen das für das gemeinsame Leben von Ella und ihrer Mutter gehabt haben könnte?

Es ist zunächst von Interesse, wie sich die damalige polnische Gesellschaft mehrheitlich zu dem Thema ‚Scheidung' positioniert hat.

Scheidung ist bis Anfang der 70er Jahre in Polen im Vergleich mit anderen sozialistischen Staaten keine häufige Erscheinung.[184] Bedeutsam ist hier die gesellschaftliche Macht der katholischen Kirche, obwohl die Entwicklung der Ehe und Familie zufolge in dieser Zeit in allen Schichten stark durch das Modell der Stadtfamilie geprägt ist, das sich von der Hegemonie familiären und nachbarschaftlichen Einflusses weitgehend gelöst hat. Dies trifft bei den urbanisierten und den durch die Bevölkerungsverschiebungen nach dem Krieg betroffenen Milieus schon für das erste Jahrzehnt nach dem Krieg zu (Sokolowska 1973:94). Dieser Gruppe sind demnach auch Ellas Eltern zuzurechnen, die sich jenseits der dörflichen Herkunftsfamilie eine neue Existenz aufbauten.

Die geringe Scheidungsrate im damaligen Polen und der Einfluss der katholischen Kirche verweisen auf die geringe Akzeptanz von Scheidungen. Betrachten wir noch einmal genauer, welche Scheidungsgründe überhaupt akzeptabel waren und wie der Trennungsgrund ‚Schläge' gesellschaftlich akzeptiert war. Polnische SoziologInnen[185] stellten für den Zeitraum 1950/51 fest, dass in den offiziell propagierten Modellen von Ehe und Familie Scheidung nur in sozialen Notlagen akzeptiert war, z.B. bei Misshandlung der Frau, Alkoholismus oder unheilbaren psychischen Erkrankungen. Emotionale Gründe wurden nicht als Scheidungsgrund anerkannt. Ehebruch und Ver-

184 Die Scheidungsrate in Polen lag 1951 bei lediglich 0,4 % auf 1000 Einwohner und 1968 bei 0,9 %. Dies ist auffallend gering im Vergleich zu anderen sozialistischen Ländern wie zum Beispiel der UDSSR, wo auf 1000 Einwohner 1968 2,7% oder in der DDR deutlich weniger, aber immerhin 1,7 % registriert wurden. Das Thema Scheidung wurde jedoch in der polnischen Öffentlichkeit diskutiert, weil es seit 1951 einen Anstieg der Scheidungsrate gab. (Sokolowska a.a.O.:97)

185 Polnische SoziologInnen, befassten sich im Zeitraum von 1950-1957 mit der in Polen populärsten Frauenzeitschrift „Przyjaciółka", um die gesellschaftliche Akzeptanz unterschiedlicher Modelle von Ehe und Familie zu untersuchen. Die Zeitschrift wurde in diesem Zeitraum von jedem/r dritten über 15 Jahren gelesen. Die Zeitschrift war billig, leicht zu erhalten und richtete sich an ein Publikum mit nicht sehr hohen intellektuellen Ansprüchen. Sie hatte ein Monopol und einen relativ großen Einfluss auf die Diskurse der polnischen Gesellschaft. Zwei Untersuchungszeiträume wurden gewählt: 1950/51 und 1956/57, weil davon ausgegangen wurde, dass die politischen Veränderungen von 1956 (Entstalinisierung) auch in den Einstellungen zu Ehe und Familie sichtbar werden. (Sokolowska a.a.O.:87f).

hältnisse mit anderen Partnern, die zudem noch verheiratet waren, wurden scharf verurteilt. Das Ideal der romantischen Familie war nicht bedeutsam, sondern die Dauer und Stabilität der Familie. Kinderreiche Familien bekamen eine besondere gesellschaftliche Anerkennung (vgl. Sokolowska a.a.O.:88).

In einem zweiten Untersuchungszeitraum von 1956/57 zeigten sich Veränderungen in den propagierten pädagogischen Konzeptionen von Ehe und Familie. Liebe wurde nun viel mehr als wichtiger Wert betrachtet. Emotionalität und Individualität gewannen an Bedeutung. Die Dauer der Ehe war nach wie vor bedeutsam, jedoch unter anderen Bedingungen. Eine Bedrohung der Familie wurde nun auch in negativen Charaktereigenschaften der PartnerInnen gesehen, wie Egoismus, Habsucht und Gefühlskälte. Diese Gründe rechtfertigten fortan die Mehrzahl der Scheidungen (a.a.O.:89). Die Ergebnisse der vorliegenden soziologischen Studien sind für uns an dieser Stelle insofern von Interesse, weil es sich exakt um den Zeitraum handelt, in dem Ella geboren wurde und in dem die Scheidung der Eltern stattfand.

Wir können davon ausgehen, dass beide Modelle von Ehe und Familie noch mehr oder weniger stark wirksam waren und nebeneinander existierten. Misshandlung von Frauen wurde also durchaus als Trennungsgrund akzeptiert. Dies sagt jedoch noch nichts darüber aus, welche gesellschaftliche Stigmatisierung gleichzeitig damit einherging. Uns liegen für diesen Zeitraum dazu keine konkreten Informationen vor, jedoch können wir anhand von vorliegenden Zahlen und Informationen aus den 90er Jahren[186] Rückschlüsse ziehen, welche gesellschaftlichen Diskurse tradiert und bis heute wirksam sind.

Zunächst ist anzumerken, dass das polnische Strafrecht viele Formen der Gewalt gegen Frauen bestraft. Beispielhaft dafür ist, dass bereits seit 1932 Vergewaltigung von Frauen und Männern auch in der Ehe strafbar ist (vgl. Fuchs 2003:204). Der juristische Schutz von weiblichen Gewaltopfern ist allerdings schlecht. Stereotypen und Mythen zu Gewalt gegen Frauen sind, wie sich anhand von Urteilen nachvollziehen lässt, bei PolizistInnen, StaatsanwältInnen und RichterInnen sehr ausgeprägt vorhanden. Gewalt sei demnach

> „Privatsache, geschehe nur in der Unterschicht und unter dem Einfluss von Alkohol, sei ein einmaliger ‚Ausrutscher' und geschlagene Frauen hätten in irgendeiner Form Gewalt provoziert bzw. ‚verdient'. Das katholische Dogma von der Unauflöslichkeit der Ehe fördert das Aushalten in Missbrauchsbeziehungen" (ebd.:205).

186 Gesine Fuchs (2003) hat in ihrer Dissertation das Entstehen der Frauenbewegung in Polen vor dem Hintergrund der Transformationsprozesse in Osteuropa untersucht. Sie weist darauf hin, dass das Thema Gewalt gegen Frauen in den 90er Jahren in Polen, eine deutlich größere öffentliche Aufmerksamkeit aufgrund der Weltfrauenkonferenz in Beijing erhalten hat. Es wurde damals deutlich, dass Gewalt gegen Frauen sehr stark verbreitet und die Dunkelziffer sehr hoch ist (a.a.O.:204).

Wir können davon ausgehen, dass die Situation im Polen der 50er Jahre hier eher noch konservativer war und die Mutter von Ella Noack grundsätzlich moralisch die Legitimation hatte, die Ehe bei Misshandlung zu beenden. Jedoch wird die Mutter gleichzeitig mit den moralisch wirksamen gesellschaftlichen Diskursen zu den vermeintlichen Ursachen des Scheiterns der Ehe und der Gewaltanwendung konfrontiert gewesen sein. Das Dogma der Unauflöslichkeit der Ehe wird für sie als Katholikin zumindest ein Ideal gewesen sein.

Wir können davon ausgehen, dass der Entscheidungsprozess, der zur Scheidung führte, für Ellas Mutter mit großen Belastungen verbunden war und dass die Scheidung in jedem Fall eine Lebenskrise nach sich gezogen haben wird. Ella Noack erwähnt im Interview an mehreren Stellen, dass die Mutter sehr religiös war und welche Macht die katholische Kirche im alltäglichen Leben hatte. An einer Stelle im Interview äußert sie sich sehr emotional zu dem Druck, der im sozialen Umfeld ausgeübt wurde:

„wir alle Kinder und alle Leute, du warst, du wirst von Nachbarn **so**, gezeigt wenn du in die **Kirche** nicht gehst /ja/, **furcht**bar, **schreck**lich (3)“ (II 49/12-14).

Im Interview wird deutlich, dass Ella Noack unter der Macht der Kirche gelitten hat. Sie wächst als Kind einer geschiedenen und allein erziehenden Mutter auf. Die polnische Gesellschaft akzeptiert mit ihrem sozialistischen Gesellschaftssystem Scheidung als Realität, ohne jedoch auf die moralischen Kategorien der katholischen Kirche zu verzichten.[187] Es ist davon auszugehen, dass diese ambivalente moralische Stigmatisierung einen wichtigen Einfluss auf das Erleben eines Kindes hat. Ella Noack steht unter einem besonderen Anpassungsdruck, weil ihre positive Entwicklung die moralische Legitimation für ihre alleinerziehende Mutter ist. Im Nachfrageteil antwortet sie darauf, wie sie die Situation ihrer geschiedenen und alleinerziehenden Mutter wahrgenommen hat, mit Zurückhaltung und distanzierter Empathie für die Situation der Mutter:

„äh ffff, [sie] hat mir nicht viel davon erzählt, /mhm/ aber sie war so, sie hätt- sie (2) ich denke für sie war sehr schwer weil sie war zu viel einsam, /mhm/ ich bin **mehr** so kontaktfreudig, /mhm/ und äh, aber meine Mutter war zu viel einsam sie sagte sie hat keinen Freund gehabt spazieren zu gehen sie iss alleine spazieren gegangen oder so, /mhm/ ich kann mich auch an nette Sache erinnern, im Park haben die so einen Tanz gemacht, Samstag, /mhm/ zum Beispiel oder Sonntag, eine Kapelle hat gespielt, und ich hab an dem Geländer gesessen und meine Mutter hat getanzt da mit jemand, /ah ja/ als Kind das hat-

187 Trotz des starken Einflusses der katholischen Kirche hat eine 1964 veröffentlichte Untersuchung ergeben, dass Zwei Drittel der Bevölkerung Polens für die Zulässigkeit von Scheidungen eintritt. Interessant ist, dass dabei das Verhältnis zur Religion irrelevant ist. Für die Möglichkeit der Scheidung sprachen sich sowohl praktizierende Katholiken, als auch Atheisten aus. Dies bedeutet jedoch der Studie zufolge keinesfalls eine Geringschätzung der Ehe. 90% äußerten vielmehr die Ansicht, dass die Ehe glücklich macht (zit. nach Sokolowska a.a.O.:97). Vgl. zu dieser Art des Pragmatismus auch Korzycki 1992:95)

das iss schöne Erinnerung für mich, ich hab mich gefreut (1) **jaaa**, für mich das war auch schöne Erlebnis sie hat da getanzt (...)weil ich mag Musik sehr gerne Tanzen- und tanz ich auch sehr gerne, /mhm/ und äh (2) Unterhaltung mag ich, mit Menschen zusammen sein sehr mag ich, ich mag nicht Einsamkeit /mhm/, das macht mich krank ((lacht)), ich kann nicht alleine sein“ (II 43/15-44/4).

Ella Noack antwortet hier nicht auf die Frage, wie die Umgebung sich verhalten hatte, sondern macht deutlich, dass sie die Einsamkeit der Mutter damit in Verbindung bringt, dass sie nicht so kontaktfreudig war, wie sie selbst es sei. Sie grenzt sich also von dieser Charakterisierung der Mutter ab. Sie beschreibt dann eine „schöne Erinnerung“, wo sie in der Zuschauerinnenrolle ihre Mutter im Kontakt mit anderen gesehen hat. Die Mutter habe in dieser Situation das getan, was Ella selbst lieben würde, nach Musik tanzen und mit anderen Menschen zusammen sein. In dieser Darstellung wird eine Erleichterung wahrnehmbar, die das Kind Ella damals empfunden hat, als es seiner Mutter in dieser Situation gut ging. Ella Noack beendet diese Beschreibung mit einer Evaluation, wo sie sehr vehement konstatiert, dass Einsamkeit sie, Ella, krank machen würde. Sie hat jedoch mit einer Mutter als einziger Bezugsperson zusammen gelebt, die sie als sehr einsam beschreibt. Es lässt sich vermuten, dass sie hier indirekt ihr eigenes Leiden unter der Einsamkeit der Mutter thematisiert.

7.3.5 Die psychische Erkrankung der Mutter

Das Erleben der eigenen Kindheit thematisiert sie im Interview unterschiedlich und kontextabhängig.

„Es war [eine]gute Zeit mit meiner Mutti (2) meine Mutti hat mich nie, geschlagen oder so nä?, einfach so die Tage waren gleich kann man sagen so, ffff (...)Sie hat gearbeitet (1) und, ich hab dort Freundinnen gehabt hab ich getroffen nä und bei ihnen oder bei mir zu Hause (2) manchmal sind [wir] zum Wasser gegangen zum See oder zum Fluss da, in der Nähe gleich, war [eine] ruhige Kindheit, /mhm/ kann ich mich nicht beschweren“ (II 43/1-10).

Ihr ist also in dieser Darstellung in ihrer Kindheit nichts geschehen, was man mit einer schlechten Kindheit assoziiert. Sie ist zum Beispiel nicht geschlagen worden und hat Dinge getan, die zu einer normalen Kindheit dazugehören. Die Beschreibung „die Tage waren gleich“ könnte man aufgrund der vorangegangenen Passage so interpretieren, dass das Leben nicht sehr interessant gewesen sei. Ein Tag war vielleicht wie der andere, ohne nennenswerte Höhepunkte. Dies ist jedoch vermutlich für ein Kind nicht die relevante Perspektive, sondern könnte viel eher als ein Ausdruck einer gedrückten und wenig lebensbejahenden Stimmung verstanden werden. Ella Noack kann sich nicht beschweren über ihre Kindheit, weil es aus ihrer Sicht eventuell objektiv kein Recht dazu gibt?

An anderer Stelle macht sie deutlich, welchen Einfluss die außerfamiliären Betreuungsangebote in ihrer Kindheit für sie hatten:

„ich denke ich- meine Kindheit war nicht schlecht ich bin in den Kindergarten gegangen dadurch hat mich ausgefüllt vielleicht schon (...) äh war ich in einer Tanzgruppe, haben wir in schönen äh äh äh Volks- äh äh äh –kleidern getanzt, und äh sind wir aufgetreten, also ich das hat mich ausgefüllt, /mhm/ ah ich- in der Krippe war ich auch (...) weil meine Mutter hat gearbeitet früher waren keine zwei Jahre Erziehungsurlaub in Polen gab's so was nicht (...) ich war in [der] Grundschule nachher, und meine Mutti musste sechs Uhr a-anfangen ihre Schicht, /mhm/ und acht Uhr geht die Schule an dann war ich sonen äh, na wie heißt das ähm (3) (...)HORT, gab so was wie Hort, aber das war nicht an der Schule organisiert früher, das war an der Fabrik die Fabrik hat für die Kinder von den Muttis organisiert den Hort, /ah ja/ und da waren Erzieherinnen, /ja/ und du gehst in den Hort dann kriegst du dort Frühstück dann gehst du zur Schule und wenn deine Mutter zum Beispiel, nachmittags arbeitet dann gehst du wieder in den Hort und wartest ob die Mutti äh- endet die Schicht 22 Uhr zum Beispiel abends, dann holt sie dich ab, dann kriegst du Suppe, Tee oder so was und, die passen auf dich auf" (III 13/12-14/32).

Die Betreuung außer Haus hat also nach dieser Darstellung die Einsamkeit oder die Monotonie des Alltags mit der Mutter kompensieren können, weil es da Aktivitäten gab, wie zum Beispiel tanzen, die für Ella Noack Lebensfreude symbolisieren. Sie macht deutlich, dass sie nicht viel

Zeit mit ihrer Mutter verbrachte, weil diese im Schichtdienst arbeitete. Hier entsteht der Eindruck, dass sie den Einfluss, den die Mutter auf ihre Kindheit hatte, relativieren will. Ist sie der Meinung, dass der Einfluss der Mutter negativ von anderen gesehen werden könnte oder sieht sie ihn selbst negativ? Zumindest wird dadurch deutlich, dass Ella viel Zeit mit anderen Menschen, anderen Bezugspersonen, verbracht hat. An einer anderen Stelle kommt sie deutlich darauf zu sprechen, wie es ihr mit dem fehlenden Vater erging:

„Jaaa, das iss bisschen auch [eine] traurige Sache weil ich hab nie Vater gehabt kann man sagen, /mhm/ mir fehlte das **sehr**, /mhm/ als- gerade war ich nachher im Gymnasium, /mhm/ da habe ich mir immer gewünscht einen älteren Bruder zu haben, /ah ja/ wahrscheinlich als Vaterersatz, ich hab- ich weiß- kann mich erinnern ich habe immer den Wunsch gehabt, /mhm/ und wenn ein älterer Bruder zum meiner, Schulfreundin gekommen, war, /mhm/ ich war richtig so traurig bisschen /mhm/ ich denke ‚schön die können zusammen tanzen gehen der kümmert sich um sie und alles', weil (...) hat sie [die Mutter] mich alleine erzogen, und das war für sie auch schwer, sie war auch Fremde von der anderen äh äh, äh Seite in Polen, sie iss als ganz junges Mädchen gekommen, in meine Stadt 17 Jahre, und da hat sie, in Internat gewohnt und in Kleiderfabrik hat sie da Beruf gelernt, /mhm/ ne, und sie war immer alleine da und für sie war- sie war Fremde, /mhm/ in dieser kleinen Stadt (2) nich" (II 31/18-32/5).

In dieser Evaluation macht Ella deutlich, dass sie unter der Abwesenheit eines fiktiven Vaters gelitten und sich einen älteren Bruder gewünscht hatte, der sich um sie kümmern würde. Hier formuliert sie einen Mangel an Fürsorge. Jedoch kommt sie unmittelbar danach zur Situation der Mutter. Sie bezeichnet die Mutter als „Fremde" in der Kleinstadt, in der sie lebten. Für Ella wird dies als Kind eine große Belastung und Bedrohung gewesen sein, weil sie befürchten musste, selbst ausgegrenzt zu werden und nicht dazu zu gehören. Die Mutter hat als „Fremde“ keinen Einfluss im sozialen Umfeld und Ella muss sich selbst zu helfen wissen. Kontakt hatten die Mutter und Ella zu zwei Schwestern der Mutter, die 30 Kilometer entfernt lebten. Zu dem Rest ihrer Familie und zu dem Ort, wo sie herkam, hatte die Mutter keinen Kontakt mehr. Hier entsteht der Eindruck, dass sie das Leben mit ihrer Mutter allein als Mangel erlebt hat und gleichzeitig ihre Loyalität und die Empathie mit der Situation der Mutter betont. Um diese Loyalität genauer fassen zu können, wenden wir uns zunächst den familienbiographischen Informationen zu, die Ella Noack im Interview gibt.

Die Mutter von Ella wurde 1932 in einem Dorf in einem anderen Teil Polens geboren. Die Eltern hatten einen Bauernhof. 1939 starb Ellas Großmutter, die insgesamt neun Kinder zur Welt gebracht hatte.

> „[Die] Mutter von meiner Mutti iss verstorben als meine Mutti sieben Jahre alt war, /mhm/ (2) sie war krank, ah sie hatte zur Welt neun Kinder gebracht (2) und damals war die Medizin nicht so, ne? (3) und der Vater hat später [eine] andere Frau gehabt aber (...) sie [Ellas Mutter] sagte die war nicht gut zu den Kindern und alles, und /mhm/ (2) für sie [Ellas Mutter] war das auch ein Erlebnis, und sie hängte auch an ihrer Mutti sehr weil, meine Mutti sagt immer, sie mag Lilafarben lila Kleidung weil die Mutti in, in dem, Sarg hatte [ein] lila Kleid gehabt /ah ja/ zur Beerdigung“ (II 46/25-33).

Ella Noack beschreibt hier negative Erfahrungen, die die Mutter in ihrer Kindheit gemacht hat. Sie erwähnt den Verlust, den die eigene Mutter als Kind erlitten hat, als ihre Mutter, also Ellas Großmutter, starb. Die Mutter sah sich nach dem Tod ihrer Mutter mit einer Stiefmutter konfrontiert, von der sie sich nicht gut behandelt fühlte. Hier taucht also ein familiengeschichtliches Thema auf, das in der Lebensgeschichte von Ella Noack eine wichtige Rolle spielt: Gute und schlechte Stiefmütter und Stiefväter. Ellas Mutter wollte, nach Angaben ihrer Tochter, nicht wieder heiraten, damit ein neuer Vater nicht schlecht zu ihrem Kind sein könne.

Ella hat jedoch selbst, wie wir im weiteren Verlauf des Textes noch sehen werden, als größeres Kind entgegen den geschilderten Vorsätzen der Mutter doch noch negative Erfahrungen mit einem Stiefvater machen müssen. Hier könnte sich also eine Erklärung dafür anbieten, welche Bedeutung die detaillierte Beschreibung der Beziehung zu dem Stiefsohn in der Eingangserzählung haben könnte, in der es überwiegend darum geht, die eigenen Leistungen als Stiefmutter besonders zu betonen. Kontrastiv ist jedoch festzustellen, dass keine Reflektion darüber stattfindet, dass Ella Noack selbst ihrer eigenen Tochter aus der ersten Ehe einen ‚schlechten‘ Stiefvater zugemutet hat.

Gehen wir zurück zu den familienbiographischen Daten, von denen Ella Noack zu berichten weiß.

Unmittelbar nach dem Tod der Großmutter von Ella begann der Krieg und die Familie musste den Angaben im Interview zufolge wegen der Deutschen den Hof verlassen.[188]

„ja, das iss, schwer, mit sieben iss [man] noch ein kleines Kind, und dann, danach war der Krieg, /mhm/ (1) nich, sie sagte die mussten das Dorf verlassen die Deutschen haben die, verjagt in ein anderes Dorf da mussten sie an (den Ecken) bei anderen Bauern wohnen und so, /mhm/ während des Krieges, und sie war als **Bedienung** äh äh- Bedienstete, musste sie arbeiten für andere Bauern nich, also es war nicht schön für sie, ne (3) /mhm/ da also (2) das war keine schöne Zeit für meine Mutti meine Mutti erzählt über sich immer, ‚ich hab nie Glück im Leben gehabt', /mhm/ so erzählt immer (2) aber sie war auch-, sie iss auch ähm (1) sehr empfindlich meine Mutti und äh (3) sie weiß dass nicht alle Leute nett sind oder, die spielen aus gegen andere Leute und sie will das immer vermeiden und lieber hat sich so ferngehalten, nich (...)Ja für sich alleine und äh (2) nu ja und, sie war auch krank sie war im Krankenhaus, sie brauchte Ruhe so psychische Ruhe braucht sie dann ne, die Erlebnisse haben sie doch- der Tod der Mutter wahrscheinlich und Krieg alles, hat sie doch fertig gemacht, /mhm/ da denk ich die zwei Schwester sind stärker als meine Mutter, /mhm/ so psychisch so nich, meine Mutti iss mehr schwach, JAA" (II 47/4-25).

Ella hat vermutlich durch ihre Mutter Schilderungen über diese Zeit gehört. Sie weiß, dass ihre Mutter in dieser Zeit als kleines Mädchen gelitten hat. Die äußeren Bedrohungen waren besonders schlimm, weil es keine Mutter mehr gab, die das Kind beschützen konnte. Anschließend macht Ella Noack klar, dass sie eine Einschätzung hat, woran die Mutter eigentlich leidet. Sie stellt biographische Zusammenhänge her zwischen Erfahrungen, die die Mutter in ihrer Kindheit und Jugend als traumatisch erlebt haben wird, und den besonderen Problemen, die die Mutter in ihrem Erwachsenenleben hat. Sie beschreibt hier eine depressive Mutter, die eine Kontinuität des Unglücks in ihrem Leben konstatiert. Ella Noack merkt jedoch auch kritisch an, dass ihre Mutter „sehr empfindlich" sei. Es sei also nicht nur das unglückliche Schicksal, das die Probleme hervorruft, sondern die psychische Konstitution, die die Mutter habe und in der sie sich zum Beispiel von den Schwestern unterscheide. Das starke Verantwortlichkeitsgefühl gegenüber der Mutter wird hier sichtbar. Ella Noack stellt fest, dass die psychische Belastung der Mutter aus

188 Am 1.9.1939 überfiel Deutschland Polen und marschierte ein. Am 17.9.39 marschierte Russland ebenfalls ein und Polen wurde zwischen Deutschland und Russland aufgeteilt. Es handelt sich hier im Text um einen Hinweis, dass die Mutter von Ella Noack und ihre Familie die deutsche Besatzung in Polen erlebt hat. Hierbei ist wichtig zu wissen, dass die Polen in diesen besetzten Gebieten völlig entrechtet waren. Sie waren dem „Sonderstrafrecht für Polen" unterworfen und damit so gut wie schutzlos. Alles Grundeigentum wurde durch die so genannte „Polenvermögensverordnung" von 1940 weggenommen. Die polnische Sprache wurde aus dem öffentlichen Leben entfernt, fast jede Art von Schulunterricht eingestellt. Die katholische Kirche war der Unterdrückung ebenfalls ausgesetzt (Bingen a.a.O.:30). Massenverhaftungen, Erschießungen, Strassenrazzien fanden während der gesamten Zeit der Besatzung statt. Jedoch sollte nicht unerwähnt bleiben, dass sich auch eine durchorganisierte Widerstandsbewegung entwickelte, die zu einer Art Untergrundsstaat wurde und beispielsweise konspirative Formen des Schulwesens aufbaute. Es ist jedoch nicht zu vermuten, dass Ellas Mutter diese Strukturen nutzen konnte (Korzycki a.a.O.:41f).

der Kindheit kommt. In der folgenden Textstelle wird deutlicher, welche Folgen dies für das Kind Ella hatte:

„Ja sie war traurig (1) (...) sie war auch krank sie war auch im Krankenhaus paar Mal deswegen, und ich musste zu ihrer, Schwester fahren, in einer anderen Stadt die haben-, da bin ich in die Grundschule gegangen ein paar Monate, das war in der ersten Klasse und der vierten Klasse Grundschule, einmal war ich bei einer, Schwester dann wieder bei der anderen Schwester musste ich zur Grundschule zwei oder drei Monate und die haben mich, verpflegt, nich, sich um mich gekümmert" (III 15/32-16/5).

Ella Noack berichtet aus der Sicht einer Person, die nicht unmittelbar emotional beteiligt ist, obwohl hier andererseits deutlich wird, wie stark sie betroffen war. Sie hat nicht nur als Kind die Depressionen der Mutter erlebt, sondern die Mutter, die wichtige Bezugsperson, war zeitweise nicht in der Lage für ihr Kind zu sorgen. Sie hatte mehrere Krankenhausaufenthalte in der Psychiatrie. In dieser Zeit wurde Ella von den Tanten versorgt, zu denen sie ein gutes Verhältnis hatte, wie sie an anderer Stelle angibt. Die Krankenhausaufenthalte zogen sich in der Erinnerung von Ella Noack ungefähr bis zu zwei Monaten hin. Auf Nachfrage, wie sich diese Phasen im Verhalten der Mutter bemerkbar gemacht haben, führt sie aus:

„ähm, ja ((seufzend)) äh früher noch, beim ersten Mal weiß ich nicht aber beim zweiten Mal, auf einmal hatte sie so ein Aufräumfieber, /mhm mhm/ und vor dem Haus hat sie aufgeräumt auf einmal oder so was und dann hat jemand, äh den Arzt äh benachrichtigt und und äh, iss ein Krankenwagen gekommen und hat sie mitgenommen (...)Und einmal war das so dass ich die Prüfung gemacht habe zum Gymnasium, und unsere Wohnung war renoviert gerade, und ich stand da alleine, Mutti im Krankenhaus ich musste Prüfungen ablegen, drei Tage hintereinander im Gymnasium, /mhm/ (...) ich hab äh gelebt nur von trockene Brötchen und schwarze Tee weil ich konnte nicht kochen ich war 15 Jahre alt, /mhm/ (2) und ich musste noch die Prüfungen jeden Tag ab- ablegen und ich hab bestanden die Prüfungen alle" (III 19/12-27).

Aus der Beschreibung wird deutlich, dass die Mutter nicht nur unter Depressionen litt, sondern auch zwanghafte Symptome entwickelt hat. Sie hat in dem hier beschriebenen Beispiel auch keine Krankheitseinsicht gehabt, sondern wurde aufgrund ihres auffälligen Verhaltens in der Öffentlichkeit in ein Krankenhaus eingewiesen. An einer anderen Stelle fügt sie hinzu, dass die Mutter in Krankheitsphasen auch die Stromrechnungen und Rundfunkgebühren nicht bezahlte. Ella berichtet, dass die Mutter andere Menschen als feindselig erlebte, ohne aber jemals selbst aggressiv zu werden.

Auch an anderen Stellen wird deutlich, dass Ellas Mutter bis zum heutigen Tag unter Verfolgungsvorstellungen leidet. Sie bekommt seit dieser Zeit regelmäßig Medikamente. Dies verdeutlicht den Grad der Erkrankung der Mutter und die damit einhergehende Belastung für Ella als Tochter. Die detaillierte Beschreibung, wie sie in einer späteren Krankheitsphase der Mutter von schwarzem Tee und trockenen Brötchen gelebt hat, lässt vermuten, dass sie sich sehr einsam und verlassen gefühlt haben wird. Gleichzeitig berichtet sie, wie sie trotz dieser Umstände die Aufnahmeprüfung für das pädagogische Gymnasium für Erzieherinnen absolviert und alle Prüfungen bestanden hatte. Sie grenzt sich hier wiederum von dem Schicksal der Mutter ab. Demnach hat sie sich davon nicht unterkriegen lassen, sondern ist ihren Weg gegangen, obwohl sie in der Darstellung nicht einmal ausreichend mit Essen versorgt war. Hier drückt sich zwar bereits die versuchte Bewältigung dieser Erfahrungen von Ella Noacks Seite aus, jedoch sollte gleichzeitig noch einmal genauer darauf eingegangen werden, was diese psychische Erkrankung für Ellas Kindheit bedeutet haben könnte.

Psychische Erkrankungen sind in ihren Auswirkungen besonders schwerwiegend, weil sie das gesamte Fühlen und Handeln der betroffenen Person verändern und beeinträchtigen. Die Alltagsbewältigung wird beeinträchtigt und in akuten Krankheitsphasen kann das dazu führen, dass die Pflege, Versorgung und Erziehung von Kindern nicht mehr gewährleistet ist. Für Kinder ist das verwirrende und oft nicht nachvollziehbare Verhalten der Eltern eine große Belastung. Besonders problematisch ist es, dass Kinder die psychischen Probleme der erkrankten Bezugsperson oft als Folge ihres eigenen Verhaltens sehen und dadurch starke Schuldgefühle und Ängste entwickeln können (vgl. Wagenblass 2003:211).

Angst wird als ein zentrales Lebensthema[189] von Kindern beschrieben, die psychisch erkrankte Elternteile haben. Kinder entwickeln dabei auch Angst vor dem betroffenen Elternteil, insbesondere, wenn sie in die Wahnwelt mit einbezogen werden. Sie haben aber auch Angst um das Elternteil, weil es häufig zu Suiziddrohungen oder –handlungen kommt. Ein weiteres zentrales Lebensthema ist Fürsorge und Unterstützung. Dabei werden sowohl die alltagspraktische als auch emotionale Unterstützung von den Kindern sehr oft als defizitär erlebt (vgl. Wagenblass 2002:76). Für Probleme der Kinder gibt es wenig Raum. Die Bedürfnisse der Kinder werden nur eingeschränkt gesehen oder sogar unterdrückt (a.a.O:71). Wenn wir uns die letzte Textstelle vergegenwärtigen, hat Ella Noack genau diesen Mangel an Fürsorge im Zusammenhang mit ihren Prüfungen thematisiert. Ella konnte sich auf ihre Mutter nicht wirklich verlassen und musste sich, wie insgesamt deutlich wird, selbst in die Rolle der Fürsorglichen begeben und sich um ihre Mutter kümmern. Diese Rollenumkehr zwischen Eltern und Kind und die Verantwortungsübernahme durch die Kinder, wird als „Parentifizierung“[190] bezeichnet. All die beschriebenen Aspekte sind in ihren Auswirkungen stark

189 Sabine Wagenblass hat in einer Untersuchung, in der mit betroffenen Kindern im Erwachsenenalter biographische Interviews durchgeführt wurden, zentrale Lebensthemen der Betroffenen herausgearbeitet(vgl. Wagenblass 2001 zit. nach Wagenblass 2002). Ich zitiere sie hier ausführlich, weil sie neben der genannten Studie mehrere Aufsätze allein und mit anderen zu dem Thema veröffentlicht hat und die gesamte Literatur zu diesem Thema miteinbezieht.

190 Vgl. die Definition in Fußnote 180 in der Falldarstellung von Nihad Amin Kap. 7.2.

davon abhängig, ob es andere Bezugspersonen gibt, die die Mängel in der Beziehung zu den Kindern kompensieren können (a.a.O.:73f.). Ella Noack hat aber genau diesen Mangel an anderen nahen Bezugspersonen, zum Beispiel die Abwesenheit des Vaters, aber auch den Wunsch nach einem älteren Bruder, der sich um sie kümmern würde, angesprochen.

Unabhängig von den Defiziten bei der Zuwendung und Aufmerksamkeit, die Ella erleben musste, ist es aus verschiedenen Gründen bedrohlich, wenn die Mutter als die wichtigste emotionale Bezugsperson zumindest phasenweise in einer anderen Welt lebt und völlig ausfällt. Ella Noack teilt zwangsläufig immer wieder die Perspektive der Mutter auf die Welt und ist diesen depressiven oder wahnhaften Momenten mehr oder weniger stark ausgeliefert. Sie trägt das Schicksal der Mutter mit. Gleichzeitig wird sie wahrnehmen, dass die Mutter zeitweise nicht ernst zu nehmen ist und das soziale Umfeld das nicht tut. Das ist für die Tochter demütigend und kränkend. Es kann wütend machen oder Verachtung für die Schwäche der Mutter hervorrufen. Psychische Erkrankungen sind im Gegensatz zu anderen Erkrankungen gesellschaftlich besonders tabuisiert und stigmatisiert. Sie bringen betroffene Menschen dadurch häufig in eine soziale Isolation, weil sie sich zum einen aus Schamgefühlen heraus zurückziehen oder aber das soziale Umfeld sie meidet (vgl. Wagenblass 2003:211). Ella Noack hat diese soziale Isolation der Mutter bereits beschrieben, wenn sie dafür auch andere Gründe als die psychische Erkrankung benennt. Dies kann durchaus ein Hinweis auf Abwehrmechanismen sein, die betroffene Angehörige häufig zeigen, wenn sie die psychische Erkrankung nicht als solche wahrnehmen wollen. Es kann dabei zu Umbenennungen und Normalisierungen des Verhaltens kommen (Wagenblass 2002:76). Es lässt sich vermuten, dass Ella unter einem großen Loyalitätsdruck der Mutter gegenüber stand. Häufig wenden sich Kinder nicht an andere Personen, um Hilfe zu bekommen, weil sie von der sozialen Isolation mitbetroffen sind und es implizite Schweigegebote gibt. Bei alleinerziehenden Elternteilen unter anderem deswegen, weil die Angst sehr groß ist, dass das Sorgerecht für die Kinder entzogen werden könnte. Krankenhausaufenthalte sind deshalb besonders bedrohlich (Wagenblass 2003:211). Wir können vermuten und haben konkrete Hinweise darauf, dass alle die beschriebenen Probleme in unterschiedlichem Ausmaß auch für die Situation von Ella und ihrer Mutter zutrafen.

Abschließend ist festzustellen, dass sich die psychische Instabilität und Erkrankung der alleinerziehenden Mutter gravierend für Ella Noack als Tochter ausgewirkt haben muss. Selbst dann, wenn Ella viele andere Bezugspunkte in ihrem Leben gefunden hat, wird sie als Kind einer alleinerziehenden Mutter mit einer psychischen Erkrankung besonders stark getroffen (vgl. hierzu Wagenblass 2003). Gleichzeitig ist es wichtig zu betonen, dass Kinder sehr unterschiedliche Ressourcen haben, mit einer derartigen Situation fertig zu werden. Es wird auch beschrieben, dass betroffene Kinder in ihrer Entwicklung besondere Stärken zeigen und die Belastungen als positiv für das eigene Selbstbewusstsein erlebt haben (Wagenblass 2002:78). Insgesamt entsteht im Interview der Eindruck, dass Ella sich dessen bewusst ist, dass sie für ihre Mutter sehr wichtig ist. Allerdings ist anzunehmen, dass dies eine Beziehung war, in der sie nicht viel verlangen oder für sich einfordern konnte. Das erklärt auch die emotionale Distanz, die sich in der nächsten Passage wahrnehmen lässt:

> „Sie war glücklich dass sie mich hat, sie hat dann ihre Aufgabe gehabt, /mhm/ sie hat immer gesagt sie liebt mich über alles und äh, immer noch und sagte ‚ich will nicht heiraten ich wollte damals nicht heiraten, ich wollte nicht dass ein Mann dir äh, wehtut oder so das‘, nä, /mhm/ (2) und (2) da bin ich bisschen anders als meine Mutti ((lacht)) vielleicht bin ich nach dem Vater“ (II 44/21-25).

Diese Passage ist insofern aufschlussreich, weil Ella Noack hier einerseits ein Bild von ihrer Mutter hervorbringt, in dem sie als Tochter zu einem erfüllenden Lebensinhalt für die Mutter präsentiert wird. Die Mutter will sie demnach vor schlechten Erfahrungen beschützen und verzichtet für Ella auf eine neue Beziehung. Ella Noack nimmt hier jedoch eine erneute deutliche Distanzierung vor. Sie sei anders als die Mutter und sie fügt fast vorsichtig und als Witz formuliert an, dass sie ja dem Vater eventuell ähnlicher sei. Hier begeht sie eine Illoyalität der Mutter gegenüber. Sie identifiziert sich mit Anteilen des Vaters. Hier wird ein Aspekt des Loyalitätskonfliktes wahrnehmbar, in dem sich Ella Noack befand. Sie war der Lebensmittelpunkt der Mutter und sollte dies als Ausdruck der Liebe begreifen. Aber gleichzeitig wünschte sie sich für ihre Mutter und damit für sich selbst ein anderes Leben. Diese Problematik löst sie im Interview für sich, indem sie an unterschiedlichen Stellen ihr Anderssein betont. Ihrer Mutter bringt sie jedoch gleichzeitig eine verständnisvolle und auf den ersten Blick loyale Haltung entgegen. Sie schützt ihre Mutter vor Schuldzuweisungen, um gleichzeitig deutlich zu machen, dass das Leben der Mutter nicht das ihre sein könnte. Sie will also in ihrem Leben keine familienbiographische Kontinuität herstellen, wie sie dies andererseits sehr deutlich bei der Lebensgeschichte der eigenen Mutter tut. Wenn überhaupt, bringt sie sich in eine Kontinuität zum Vater. Sie deutet hier an, dass Verhaltensweisen genetisch disponiert sein könnten. Verbirgt sich hinter dieser Sicht möglicherweise verdeckt die Befürchtung, dass sie krank werden könnte wie die Mutter? Hierzu ist die Aufmerksamkeit nochmals auf die psychische Erkrankung der Mutter zu richten. Es lässt sich feststellen, dass es allgemein bei Kindern mit psychisch kranken Eltern eine große Angst gibt, selbst zu erkranken, und diese Angst einen großen Stellenwert im weiteren Leben einnehmen kann.[191] Es kann für Ella Noack ein

191 Es wird davon ausgegangen, dass das Risiko für Kinder mit psychisch erkrankten Eltern selbst psychisch zu erkranken signifikant höher liegt als für Kinder mit gesunden Eltern. Die genetische Disposition ist dabei jedoch nur ein Aspekt neben sozialen Aspekten, die eine große Bedeutung haben. Häufig wird in der Forschung jedoch die Perspektive auf die

gedanklicher Ausweg sein, insgeheim zu hoffen, dass sie in ihren ‚Genen' eher dem Vater folgt.

Die Mutter präsentiert ihre Einsamkeit in Ellas Darstellung als ein Opfer, das sie für ihre Tochter erbringt. Ella hat jedoch die Einsamkeit der Mutter als Belastung empfunden. Möglicherweise hat sie sich gewünscht, dass die Mutter einen Partner findet, damit sie als Tochter die soziale Isolation und Einsamkeit der Mutter nicht mehr aushalten muss. Als Ella 1961 eingeschult wird, erfährt sie einige Zeit danach, dass der Vater an einer Krankheit gestorben ist und eine nach der Scheidung neu gegründete Familie mit zwei Kindern in einer anderen Stadt hinterlässt. Von Ella Noack erfahren wir nicht, wie sie diese Nachricht damals aufgenommen haben könnte. Die Tatsache, dass der Vater sich von Ella und ihrer Mutter abgewandt hat und sich eine neue Familie gesucht hat, könnte eine Kränkung gewesen sein, die die vorhandene Schicksalsgemeinschaft zwischen Tochter und Mutter verstärkt. Für Ella kann sich mit dieser Nachricht gleichzeitig der Wunsch verstärken, sich von dem als unglücklich erlebten Schicksal der Mutter zu distanzieren, um nicht die Hoffnung auf ein eigenes glücklicheres Leben als das der Mutter aufgeben zu müssen. Für Ella wurde durch den Tod des Vaters die Möglichkeit genommen oder erschwert, ihr Verhältnis zum Vater zu einem späteren Zeitpunkt zu klären und sich ihre Geschichte unabhängig von der Mutter aneignen zu können. Sie ist noch stärker auf die Mutter als Bezugsperson zurückgeworfen.

7.3.5.1 Gravierende Veränderungen: die Zeugen Jehovas und der Stiefvater

Zu einer großen Veränderung kommt es in Ellas Leben, als sie ungefähr 12 Jahre alt ist. Die Mutter bekommt über eine Nachbarin Kontakt zu den Zeugen Jehovas.

„da hat, eine altere Frau gewohnt auf unserer Etage, /I: ah ja/ und **sie** hat meine Mutti da reingezogen in den Glauben und in die Treffen, meine Mutti war alleine und da hatte sie [einen] guten Grund, /mhm/ hat sie gut getroffen weil meine Mutti war alleine, nä, und da hat sie immer geredet so (1) über den Glauben und dies und dies und Mutti iss angefangen dahin zu gehen, /mhm/ zu den Treffen, /mhm/ und so hat sie dann den- äh, meinen Stiefvater kennen gelernt" (II 40/33-41/5).

Diese Passage vermittelt einen Eindruck davon, wie negativ Ella diese Entwicklung bewertet. Die Mutter wurde demnach aufgrund ihrer Einsamkeit von der Nachbarin „reingezogen". Die Enttäuschung oder Wut darüber, dass die Mutter dem nichts entgegenzusetzen hatte, wird hier deutlich. Die Mutter lernt dort einen 15 Jahre älteren Mann kennen, den sie nach einiger Zeit

Kinder vernachlässigt, die diese Erfahrungen positiv bewältigt haben und eine besondere Stärke entwickelt haben (Wagenblass 2002:72).

heiratet, und sie wird selbst Mitglied der Zeugen Jehovas. Die Tatsache, dass die Mutter den Glauben wechselt, ist als ein Bruch mit der katholischen Kirche und damit der polnischen Gesellschaft zu bewerten.[192] Aus den vorliegenden Informationen wird deutlich, dass das Verhältnis zwischen katholischer Kirche, dem sozialistischen Staat und den Zeugen Jehovas sehr angespannt war. Die Zeugen Jehovas sind dafür bekannt, dass sie sich neutral bis ablehnend gegenüber jeder Staatsform verhalten und beispielsweise an Wahlen nicht teilnehmen.

Das Glaubensbekenntnis zu den Zeugen Jehovas ist also für Ellas Mutter als gläubige Katholikin durchaus als oppositioneller Akt sowohl gegenüber der Kirche als auch dem Staat zu werten. Die Mutter begibt sich mit ihrer Entscheidung bewusst in eine marginalisierte Position. Wie bereits ausgeführt, ist jedoch aufgrund ihrer Lebensumstände anzunehmen, dass sie bereits vorher stark mit Ausgrenzungsgefühlen oder -erfahrungen konfrontiert wurde. Mit ihrem Beitritt in eine andere Glaubensgemeinschaft kann auch die Sehnsucht nach Rückzug aus der vorherrschenden Welt assoziiert werden, in der sie sich nicht zuhause fühlt. Ella vermutet, dass ihre Mutter dort „Wärme und Verständnis“ gesucht hat, die sie in der normalen Kirche nicht finden konnte.

Für Anhänger der Zeugen Jehovas sind häufige Treffen vorgesehen und damit ist Kontakt zu anderen Menschen garantiert. Hier hat die Mutter die Möglichkeit, der sozialen Isolation und der gesellschaftlichen Stigmatisierung als Alleinerziehende und als Mensch mit einer psychischen Erkrankung auszuweichen. Sie hat eine neue Aufgabe und sie muss die moralischen Grundsätze, die in der katholischen Kirche bindend waren, nicht aufgeben. Scheidung und Wiederverheiratung ist zum Beispiel nur aus dem Grund der sexuellen Untreue erlaubt. Es wird angeraten, Kontakt zu „Andersgläubigen“ auf ein Minimum zu reduzieren. Darum werden Ehen unter Zeugen Jehovas befürwortet und die Mitglieder werden aufgerufen, mit anderen Menschen

192 Die Zeugen Jehovas werden neben vielen anderen Glaubengemeinschaften und Sekten in der katholisch dominierten Mehrheitsgesellschaft zahlenmäßig als die Größte mit 122982 Verkündern erwähnt (Bingen 1999:157) Es erwies sich als schwierig, Informationen über die Zeugen Jehovas in Polen zu erhalten. Es gibt auf einer nicht näher überprüften Internetseite jedoch die Information, dass in Osteuropa mit einer starken Zunahme von Zeugen Jehovas gerechnet werden muss. In Polen ist das jedoch nicht zu erwarten, weil dort die Zeugen Jehovas schon sehr lange aktiv sind. (vgl http://www.religio.de/dialog/396/396s7b.html#2 Zugriffsdatum: 20.10.04). In einer Quelle, die sich aus einer kritischen Perspektive mit der Geschichte der Zeugen Jehovas beschäftigt, wird von Vorfällen aus Polen berichtet, bei denen fanatische Anhänger der katholische Kirche unmittelbar nach dem Weltkrieg vehement und gewalttätig gegen die Zeugen Jehovas vorgegangen sein sollen (vgl. Gebhard 1999:359f). Polen war das erste Land im Ostblock, das 1950 noch vor der DDR ein staatliches Verbot der Zeugen Jehovas aussprach und es aber als erstes sozialistisches Land wieder aufhob. Es wird nicht angegeben, wann das Verbot wieder aufgehoben wurde, sondern nur mitgeteilt, dass in den 80er Jahren wieder massenwirksame Kongresse der Zeugen Jehovas in Polen stattfanden (ebd.:360).

über ihren Glauben zu sprechen. Insbesondere eigene Familienangehörige sollen nach Möglichkeit gewonnen werden. Sogenannte „geteilte Familien" sind nicht gerne gesehen (vgl. kritisch dazu Kaiser 1996:54ff), weil sie als Faktor der Instabilität in der Gemeinschaft angesehen werden. Auch Ella lebt fortan in einer sogenannten „geteilten" Familie. Sie lehnt die Veränderungen, die ihre Mutter in ihr gemeinsames Leben bringt, ab:

„aber ich war damit nich einverstanden als die geheiratet haben ich bin abgehauen, an dem Tag, zu meine Familie in der anderen Stadt, /mhm/ [zu den] Schwestern von meiner Mutter, /mhm/ an dem Tag als meine Mutter, äh den Mann geheiratet hat (...)war mein Protest. (...)auf jeden Fall, ich war nicht einverstanden dass meine Mutti wieder einen Mann heheiratet" (II 32/15-19).

Ella nimmt also nicht einmal an der Hochzeitsfeier teil. Sie reagiert damit jedoch vermutlich auch auf den Hintergrund, dass die Schwestern der Mutter nicht zur Hochzeit eingeladen wurden, weil sie katholisch waren. Die Hochzeit symbolisiert demnach den Ausstieg aus bisherigen Bindungen und dem sozialen Umfeld. Ella Noack spricht an, dass die Zeugen Jehovas in Polen nicht beliebt waren und dass ihre Mutter immer wieder versucht habe, sie mit „reinzuziehen", dass sie sich aber entschieden habe, Katholikin zu bleiben und die Loyalität zu anderen Teilen der Familie aufrecht zu halten. Der Begriff „reinziehen" hat, wie in einer Sequenz weiter oben im Zusammenhang mit der Nachbarin, eine sehr negative Konnotation. Er impliziert, dass jemand bedrängt und genötigt wird und bildlich gesprochen in einen vermeintlichen Abgrund oder Sumpf gezogen wird. Wie muss Ella dieses Verhalten der Mutter ihr gegenüber erlebt haben? Sie hat als Kind bereits unter der Einsamkeit der Mutter, ihren psychischen Zusammenbrüchen und dem gemeinsamen Stigma gelitten, keine ‚normale' Familie zu sein. Jetzt erwartet die Mutter von ihr, dass sie aus Loyalität auch eine Zeugin Jehovas wird und sich mit der Mutter gemeinsam in eine marginalisierte Position begibt.

Die Zeugen Jehovas gehen von einem nahenden Weltuntergang aus. Nur für Angehörige der Zeugen Jehovas gibt es ein Leben danach.

„die glauben an [das] ewige Leben, und immer sagte sie, schade dass du nicht äh bei uns Gläubiger bist weil dann nach dem Tod treffen wir uns nicht mehr, ich werde dann, weiter leben und du bist nicht mehr da," (III 37/1-4).

Ellas Mutter handelt also aus ihrer neugewonnenen Perspektive heraus konsequent, wenn sie Ella mit „reinziehen" will in den Glauben. Sie will Ella vor dem Ende der Welt retten und will sie nicht verlieren. Für Ella kann dieses System, in dem die Mutter denkt und nach dem sie handelt, an andere Phasen des gemeinsamen Lebens anknüpfen. Die Mutter hat mit ihrer psychischen Erkrankung immer wieder in Phasen gelebt, in denen sie einer anderen Logik gefolgt ist als der ihrer Umgebung. Zudem ist es denkbar, dass es in Ellas Alltag nicht diese eindeutige Abgrenzung zwischen Phasen der Gesundheit und Krankheit bei der Mutter gegeben hat. Ella präsentiert die Mutter im

Interview als eine einsame und traurige Frau, die ihre schwere Vergangenheit nicht bewältigen konnte. Das Weltuntergangsszenario der Zeugen Jehovas passt zu dieser depressiven Grundstimmung.

Ella ist mitten in der Pubertät, als ihre Mutter sich neu verheiratet. Sie bemüht sich nach der achtjährigen Grundschule um eine Ausbildung in einem Gymnasium im Hotelfachbereich, um damit die Möglichkeit bekommen, als Stewardess zu arbeiten. Sie wird abgelehnt und bekommt stattdessen eine Ausbildung als Buchhalterin angeboten. Das lehnt sie ab und legt dann eine Abschlussprüfung am pädagogischen Gymnasium für Erzieherinnen ab, die sie sehr gut besteht. Mit 15 Jahren wird sie dort aufgenommen. Ella zieht in ein 8 Kilometer entferntes Internat, was zu dieser Zeit üblich war.[193] Nur einmal im Monat sind Besuche am Wochenende zuhause vom Internat aus erlaubt. Ella hat dadurch eine Distanz, durch die sie sich der belastenden häuslichen Situation entziehen kann.

Bei ihren Fahrten nachhause ist sie jedoch mit dem neuen Stiefvater konfrontiert, der 15 Jahre älter ist als Ellas Mutter, den sie als „verknöchert“ erlebt und dessen „Einstellungen zum Leben“ ihr nicht gefallen hätten. Ella erlebt den Stiefvater als repressiv und „primitiv“, weil er zum Beispiel keinen Sinn dafür hat, dass sie auf ihrem Musikinstrument üben muss, und darauf wütend reagiert. Ihre Ablehnung des Stiefvaters wird sehr deutlich und es ist gut nachvollziehbar, welches Konfliktpotential dies nach sich zieht, wenn bedacht wird, wie ausschließlich die Beziehung zwischen Ella und ihrer Mutter bis zu diesem Zeitpunkt gewesen war. Wie stark zu diesem Zeitpunkt die Konflikte mit den moralischen Grundsätzen der Zeugen Jehovas zusammenhängen, wird nicht klar.

Es fällt im gesamten Interview auf, dass Ella Noack sich sehr stark über Schule, Ausbildung und Beruf definiert. Ellas Mutter hatte eine sehr geringe Schulbildung. Die schlechte Schulbildung der Mutter steht Ella zufolge im Zusammenhang mit dem Krieg und der deutschen Besatzungspolitik. Ella zeigt im Interview Verständnis für diese Situation. Dieses grundsätzliche Verständnis, das sie ihrer Mutter entgegenbringt, bedeutet jedoch nicht, dass sie nicht das Bedürfnis haben kann, sich auch in diesem Punkt von der Mutter zu unterscheiden, indem sie großen Ehrgeiz entwickelt und versucht ihre Ziele zu erreichen.[194]

193 Nach einer Schulreform von 1964 wurde die allgemeine Grundschule um ein Jahr vom 14. auf das 15. Lebensjahr verlängert. Die schulische Ausbildung oberhalb der Grundschule wurde verallgemeinert und die materielle Basis verbessert, z.B. durch die Finanzierung von Internaten. Durch diese bildungspolitischen Maßnahmen wurde der Anteil von Jugendlichen zwischen 14-17 Jahren am Unterricht stark erhöht (Sokolowska a.a.O.:28). Der Anteil von Mädchen bei allen Schultypen entsprach ca. 1970 mehr oder weniger dem Anteil an Frauen in der Gesamtbevölkerung (a.a.O.:29).

194 Diese Unterschiede spiegeln jedoch eine gesamtgesellschaftliche Entwicklung zwischen den Generationen wieder, bei der durch das sozialistische Bildungssystem in Polen im Bereich der Mädchenbildung große Erfolge erzielt wurden. Die Mutter von Ella gehörte einer

Es handelt sich vermutlich um eine wichtige Strategie, um sich von der familiären Situation abzugrenzen. Ella erlebt, dass sich der Rückzug der Mutter aus der Welt um sie herum durch die neue Beziehung verstärkt. Es geht der Mutter nicht gut in der Ehe, weil es von Anfang an viel Streit mit dem neuen Mann gibt. Der neue Stiefvater ist nicht nur ein einfaches Mitglied der Zeugen Jehovas. Er hat eine höhere Position. Er ist ein sogenannter „Ältester". Nur Männer können diese Position einnehmen. Ellas Mutter hat also einen Partner, der sowohl viele Jahre älter ist als sie und ihr dann zusätzlich von seiner Machtposition in der neuen Glaubensgemeinschaft weit überlegen ist. Es ist darum davon auszugehen, dass er für die Mitglieder eine besondere Vorbildfunktion hatte und damit die Regeln besonders strikt zu befolgen hatte. Gleichzeitig hatte er damit auch die Aufgabe, andere besonders genau zu kontrollieren (vgl. Kaiser a.a.O.:33).

Für Ella war die familiäre Situation als Jugendliche mit großen Zumutungen verbunden. Sie berichtet über eine Situation, die sie noch bis heute als empörend empfindet, in der sie bei ihrer Rückkehr aus dem Internat einen jungen Mann in ihrem Zimmer vorfindet, der dort übernachtete. Es handelt sich um einen Zeugen Jehovas, der auf der Durchreise war. Ella Noack vermutet, dass ihre Mutter und der Stiefvater sie mit dem attraktiven Mann zusammenbringen wollten, um sie darüber für die Zeugen Jehovas gewinnen zu können. Ella reiste sofort zurück in das Internat. Die Mutter hat aus ihrer Sicht gemeinsame Sache mit dem Stiefvater gemacht und versucht, ihre Tochter mit einem Mann zu verkuppeln. Ella macht klar, dass sie manipuliert werden sollte, und ihre Wut und Enttäuschung darüber wird heute noch sehr greifbar. Es handelt sich hier um eine massive Grenzüberschreitung und um einen Vertrauensverlust für die Tochter. Es ist davon auszugehen, dass diese Haltung der Mutter ihrer Tochter gegenüber auch in anderen Situationen ihre Wirkung hatte. Ella sagt an einer Stelle, wie sie das erlebt hat:

„für mich war das sehr traurig ich war im Gymnasium [ein] junges Mädchen und ich mag die Musik ich mag tanzen, so richtig, **leben** mag ich, und aber ich hab mir keine Sorgen gemacht, ich hab mich einfach so, äh äh ferngehalten davon ich hab auch- meine Mutti hat auch versucht äh äh mich zu, überzeugen davon, /ja/ aber ich wollte das nich, und, mir hat das geholfen weil ich war in Internat, ich war nich zu Hause" (III 27/7-13).

Ella muss sich also fernhalten von zuhause, um sich dem Einflussbereich der Mutter, des Stiefvaters und nicht zuletzt der Zeugen Jehovas zu entziehen. Ella betont ihre Lebenslust, die im Kontrast dazu steht. Sie spricht davon, dass sie sich keine Sorgen gemacht habe, vermutlich, weil sie es gelernt hat, emotional auf sich gestellt zu sein und sich gegen die Mutter abgrenzen zu müssen. Sie kann die Mutter nicht erreichen und es stellt sich die Frage, ob

Generation von Frauen an, von denen eine großer Anteil durch den Krieg, aber auch durch schlechtere Bildungschancen von Mädchen allgemein, über eine eklatant schlechtere Schulbildung verfügte als die nachfolgenden Generationen von Mädchen (vgl. hierzu Sokolowska a.a.O.:28ff).

es sich hier lediglich um eine graduelle Steigerung zu den Erfahrungen handelt, die Ella in ihrer Kindheit gemacht hat. Damals konnte sie sich dem Einflussbereich der Mutter teilweise entziehen, weil sie viel Zeit in Kinderbetreuungseinrichtungen verbrachte und dies als positiv erlebte. In der Pubertät wird das Internat zu einem wichtigen und positiv besetzten Zufluchtsort für Ella.

Ella orientiert sich in der Pubertät zunehmend an den Interessen von Gleichaltrigen. Sie will ausgehen und sich amüsieren. Es kommt zu Streitereien mit der Mutter, weil diese Ella davon abhalten will, tanzen zu gehen und sich mit anderen Jugendlichen zu treffen. Ella interpretiert das Verhalten der Mutter als Folge des Einflusses der Zeugen Jehovas. Ella setzt sich darüber hinweg, indem sie berichtet, dass sie sowieso machte, was sie wollte. Das vermittelt den Eindruck, dass die Mutter jede Autorität über Ella verloren hat. Die psychischen Verstimmungen und Erkrankungen der Mutter und das Wissen um den Einfluss der Zeugen Jehovas können dazu geführt haben, dass Ella ihre Mutter nicht als ernst zunehmendes Gegenüber wahrnimmt und ihre Interventionen als für sich nicht relevant ausblendet. Ella bekommt auch im Internat Probleme, weil sie sich über Regeln hinwegsetzt. Sie verlässt das Internat nachts heimlich mit einer Freundin, weil sie tanzen gehen will, und berichtet darüber amüsiert und mit Stolz, wie sie sich über die Regeln und das moralische Verhalten der verantwortlichen Erwachsenen hinweggesetzt haben. Ella wird aus dem Internat „rausgeschmissen", kann die Ausbildung aber fortsetzen. Sie muss jedoch wieder in ihr Elternhaus zurückziehen. Sie schildert diese Strafe als für sich völlig bedeutungslos. Das ist nicht nachvollziehbar, weil sie das Internat an anderer Stelle als Fluchtpunkt vor der unerträglichen Situation zuhause bezeichnet. Es vermittelt eher den Eindruck, dass Ella den Vorfall in der Erzählung bagatellisiert und sich darin die Sicht einer Jugendlichen widerspiegelt, die sich von den Repressionen der Erwachsenenwelt nicht ihre Lebensfreude zerstören lassen möchte. Dies kann angesichts der Situation zuhause eine wesentliche Strategie sein, sich ein eigenes Leben zu erkämpfen. Auf die Nachfrage im Interview, wie die Mutter auf solche Regelverletzungen reagiert hat, formuliert Ella:

> „Zeugen Jehovas war andere Sache aber Mutterliebe iss andre Sache, meine Mutti würde sich nie äh von mir (2) trennen äh aus irgendwelche Grund oder nie äh mir Druck geben, /mhm/ sie würde mir immer versuchen zu helfen, /mhm/(...) Ja, meine Mutti wollte mir das äh äh einprägen die Zeugen Jehoven- äh Voraussetzungen und alles aber andererseits die Liebe war zu stark und, sie würde mir nie verletzen wollen oder nie die Rücken kehren oder äh äh verweisen von zu Hause oder so nee" (III 44/10-45/8).

Ella betont hier, dass die Mutterliebe stärker war als der Einfluss der Zeugen Jehovas. Hier spiegelt sich auch die Belastung, der Ella ausgesetzt war. Ella vertritt hier die Position, dass die Verbindung zwischen ihr und ihrer Mutter dadurch nicht wirklich beeinträchtigt werden konnte. Ihr ist es an dieser Stelle sehr wichtig zu betonen, wie die Mutter grundsätzlich zu ihr gestanden hat. Dies kann zum einen dazu dienen, die Mutter vor Verurteilungen von anderen, in diesem Fall der Interviewerin, zu schützen, und es bildet gleichzeitig die Ambivalenz in der Beziehung zur Mutter ab. Für Ella kann es neben den ganzen Schwierigkeiten, die sie mit ihrer Mutter hat, überlebenswichtig sein, das Bekenntnis der Mutter zu ihr nicht zu gefährden.

Ella Noack charakterisiert ihre Mutter im Interview mit folgender Beschreibung:

„also meine Mutter iss so, son Typ, für sie ist entweder weiß oder schwarz, graue Zone für sie eigentlich gibt's nicht /mhm/ so was so in der Art nich?, /mhm/ sie iss sehr- wenn sie an was glaubt dann mit ganzen Herzen und mit ganzem Ich" (III 9/29-32).

Ella Noack sieht einerseits die fehlende Fähigkeit der Mutter, Ambivalenzen und Widersprüche im eigenen Denken zu integrieren, aber es klingt hier auch eine gewisse Anerkennung durch, wie sich die Mutter mit ganzem Herzen und allem, was sie ausmacht, einer Sache hingibt. Sie verfügt demnach also durchaus über eine Leidenschaft, eine Passion, mit der sie ihren ‚Glauben', der sich eventuell nicht nur auf Religiosität bezieht, verfolgt. Zwischen den Zeilen ist wahrzunehmen, dass die Mutter auch eine große Stärke hatte. Sie ist als junges Mädchen alleine in eine fremde Stadt gegangen und hat sich dort ein Leben aufgebaut. Sie hat immer gearbeitet und eine Tochter allein großgezogen. Sie hat sich von ihrer Religion, der in Polen ausgesprochen mächtigen katholischen Kirche, losgesagt und sich zu einer marginalisierten religiösen Gemeinschaft bekannt. Dadurch musste sie viele Nachteile in Kauf nehmen. Außerdem wird in der Literatur beschrieben, wie schwer es ist, als Mitglied der Zeugen Jehovas Beziehungen zu Menschen aufrecht zu erhalten, die nicht Mitglieder sind. Hier setzt sich sowohl Ella durch, die sich trotz des massiven Drucks weigert Mitglied zu werden, und es setzt sich aber auch die Mutter gegenüber ihrer religiösen Gemeinschaft durch, weil sie die Beziehung zu Ella aufrecht hält. Ella erlebt also neben der Schwäche bei ihrer Mutter auch eine Haltung, die sie mit Beharrlichkeit und Vehemenz gegen alle Mächte, Einflüsse und Realitäten von außen immunisieren kann. Es wird deutlich, dass Ella in ihrer Kindheit und Jugend großen psychischen Belastungen ausgesetzt war. Sie ist als vaterloses Kind in einer sozialistischen und katholischen Gesellschaft aufgewachsen, in der Frauen zwar ökonomisch unabhängig waren, aber die Bedeutung von Familie und Ehe als Lebensinhalt einen großen Wert hatte. Zudem hat sie alleine mit einer Mutter gelebt, die massive psychische Probleme hatte. Als Jugendliche hat sie erlebt, dass die Beziehung zur Mutter einer weiteren großen Belastung ausgesetzt war, als sich die Mutter für ihren Austritt aus der katholischen Kirche und für das Bekenntnis zur Glaubensgemeinschaft der Zeugen Jehovas entschieden hat. Sie hat damit eine weitere Erfahrung gesellschaftlicher Marginalisierung erlebt, von der sie als Tochter wieder stark betroffen war. Durch die Ehe der Mutter mit einem in der Hierarchie höher gestellten Mitglied der Zeugen Jehovas wird die Bedeutung dieser Entscheidung noch mehr verstärkt. Ella muss fortan akzeptieren, dass die Mutter Maßstäbe für das gemeinsame Leben entwickelt, die Ella nicht teilt. Ella wird in der neuen Familienkonstellation faktisch ausgeschlossen und orientiert sich von zuhause weg.

7.3.5.2 Die Suche nach einer Familie

Ella lernt mit ungefähr 18 Jahren, während ihrer Ausbildung auf den täglichen Busfahrten nach Hause, einen zwei Jahre jüngeren Mann kennen. Ella bezeichnet ihn als ihre „erste Liebe". Nach dem Abitur und dem Abschluss ihrer Ausbildung als Erzieherin heiraten sie und 1975 wird eine gemeinsame Tochter geboren. Die frisch gegründete Familie zieht in das Elternhaus des Ehemannes. Es gibt von Anfang an massive Probleme in der Ehe. Der Ehemann hat große Alkoholprobleme, und in seiner Familie wird ebenfalls viel getrunken. Den Grund für den starken Alkoholkonsum der Familie sieht Ella Noack in dem Tod des Vaters ihres Ehemannes. Es ist anzunehmen, dass sie besonderes Verständnis dafür aufbringen kann, weil sie versteht, dass ein fehlender Vater viele Probleme bereiten kann. Sie fühlt sich hier möglicherweise auch in ihrer Rolle angesprochen, die sie in der Beziehung zu ihrer psychisch kranken Mutter eingenommen hat. Sie ist vertraut im Umgang mit Menschen, die psychische Probleme haben. Möglicherweise hat sie darum die Alkoholprobleme anders wahrgenommen. Bei der Beurteilung der Situation stellt sie einen Zusammenhang zwischen ihrer Ausbildung als Erzieherin und ihrem eigenen Handeln her. Sie berichtet, dass sie über den Umgang mit Alkohol und Drogen dort nichts gelernt habe. Jedoch ist davon auszugehen, dass sie gelernt hat, welche Bedeutung entwicklungspsychologisch dem Verlust von Bindungen bei Kindern beigemessen wird. Es ist denkbar, dass sie sich darüber mit ihrer eigenen Familienbiographie auseinandergesetzt hat und dieses Wissen nun auch in ihrer ersten Liebesbeziehung anwenden möchte.

Nach vier Monaten Mutterschutz beginnt Ella als Erzieherin in einem Kindergarten einer Kleiderfabrik zu arbeiten.[195] Interessanterweise begibt sie sich damit an einen Ort, den sie aus ihrer Kindheit kennt. Sie war selbst als Kind in einem Kindergarten einer Kleiderfabrik, in der ihre Mutter arbeitete. Jetzt ist Ella selbst in der Rolle, andere Kinder zu versorgen. Bereits zu diesem Zeitpunkt gibt es jedoch Probleme, weil der Ehemann sein Einkommen

195 In einer Statistik von 1970 betrug der Anteil von Frauen, die nach dem Mutterschutz an ihren Arbeitsplatz zurückkehrten 70% (vgl. Sokolowska a.a.O::52). Bei der Gruppe der Vorschulerzieherinnen, die 6 Monate nach der Geburt eines Kindes wieder arbeiteten, lag der Anteil 1967 sogar bei 84,9%, obwohl Vorschulerzieherinnen sehr wenig verdienten, etwa vergleichbar mit einer Verkäuferin (ebd.:68) Es wurde am Beispiel der Vorschulerzieherinnen festgestellt, dass sich Frauen mit beruflichen Qualifikationen sehr viel stärker als weniger qualifizierte Frauen mit ihrer Arbeit verbunden fühlen (ebd.:71f), nicht-arbeitende Frauen stellen im Polen von 1970 eine Abweichung der gesellschaftlichen Norm dar. Das soziale Prestige der Hausarbeit ist gering (ebd.:78).

vertrinkt und Ella über den Verbleib des Geldes belügt. Es kommt von ihrer Seite zur Trennung und Ella zieht aus. Sie lässt sich noch zweimal wieder auf den Ehemann ein, bleibt jedoch in der eigenen Wohnung wohnen. Die weiteren Beziehungsversuche begründet sie damit, dass er der Vater ihres Kindes war und sie gehofft hatte, dass er durch die Trennungen etwas gelernt habe. Jedoch hören die Probleme mit Alkohol und Geld nicht auf. Der Ehemann kümmert sich nicht um seine Familie. Ella ist in ihrer ersten eigenen Familie nach ihren Schilderungen für alles alleine verantwortlich.

Es wird deutlich, wie viel Hoffnungen sie in dieser Ehe hatte. Sie hat einerseits nach ihrer Darstellung sehr früh die Verantwortungslosigkeit des Ehemannes wahrgenommen. Jedoch hat sie dem Mann immer wieder die Gelegenheit gegeben, sein Verhalten zu verändern. Es ist davon auszugehen, dass das Entstehen und die Fortsetzung der Beziehung zu diesem Mann sehr stark davon geprägt waren, dass Ella Noack sich eine eigene Familie aufbauen und dem Elternhaus entkommen wollte. Sie hat seine Familiengeschichte berücksichtigt, sich zu der Familie des Ehemannes hingezogen gefühlt und sich dort ein neues Zuhause und Familienanschluss gewünscht. Möglicherweise hatte sie die Vorstellung, dass sie dem Ehemann und seiner Familie bei der Bewältigung der Probleme helfen kann.

Nach der endgültigen Trennung steht Ella vor einer Situation, die viele Parallelen zur Geschichte der Mutter aufweist. Beide waren mit einem zwei Jahre jüngeren Mann verheiratet, und die Ehe war bereits kurz nach der Geburt einer gemeinsamen Tochter gescheitert.

Zu erwähnen ist die Situation der polnischen Frauen zu dieser Zeit. Die meisten Frauen waren Ende der 70er Jahre im Erwerbsleben integriert (vgl. Fuchs a.a.O.:61). Die Sozialpolitik Polens war stark auf Geburtenförderung ausgerichtet. Es gab daher ein Angebot an Kinderbetreuung, das alleinstehenden Müttern eine Berufstätigkeit möglich machte (ebd.:62). Ella Noack war alleinerziehend, ökonomisch unabhängig und lebte damit zumindest von den äußeren Bedingungen her in einer vergleichbaren Situation wie ihre Mutter in der Vergangenheit. Die kleine Tochter lebte jedoch nach der Trennung zunächst nicht bei ihr, sondern bei Ellas Mutter und dem Stiefvater. Ella arbeitete und holte die Tochter am Wochenende zu sich, war also von ihrer Verantwortung als Mutter etwas entlastet. Als die Tochter 4 Jahre alt ist und in einen Kindergarten kommt, nimmt sie sie zu sich.[196]

196 Während es bei Ella als sie klein war, dem offiziell propagierten Bild der berufstätigen Frau entsprach, Kinder in die Kinderkrippe zu bringen, wurde es zum Zeitpunkt als Ella selbst Mutter wurde wieder zunehmend diskutiert, ob Kleinkinder in Krippen sollen oder nicht. Üblich war daher auch die Betreuung durch die Großeltern. Kindergärten hatten jedoch einen sehr guten Ruf und wurden sehr stark genutzt (vgl. Sokolowska 104ff).

7.3.6 *Einmaliger Kontakt zur Familie des Vaters*

Als die Tochter 5 Jahre alt ist, nimmt die Schwester des verstorbenen Vaters von Ella Kontakt zu ihr auf. Die Adresse hatte die Tante über das „Rathaus“ in Erfahrung gebracht und ihr dann einen Brief geschrieben. Die Tante wohnt in dem Dorf, aus dem der Vater stammt, und Ella Noack freut sich über diese Kontaktaufnahme. Sie fährt sofort mit ihrer Tochter für eine Woche zu ihr zu Besuch.

„Und da hab ich dann meine Oma und Opa kennen gelernt, (...) gleich, ja, paar Häuser weiter haben die gewohnt, /mhm/ das war [ein] alter Bauernhof (...)War schön für mich, war schön haben wir zusammen gesessen und der, Opa, iss mit Pferd und Kutsche mit mir gefahren durch das Dorf, hat mir richtig gefallen, /mhm/ nä, weil ich hab, nie-, ich hab nur meine Mutti mein ganze Leben gehabt ich hab nie Oma Opa gehabt nie, weil Eltern von meine Mutter waren schon tot“ (II 46/7-21).

Hier formuliert Ella Noack das vergangene Leben mit der Mutter deutlich als ein Defizit. Sie hat nun plötzlich Großeltern und Familie gefunden und alles erscheint sehr einfach.

Diese positive und optimistische Darstellung wird jedoch bei einem späteren Interviewtermin auf Nachfrage relativiert, weil Ella thematisiert, wie ihre Loyalität zur Mutter den Besuch überschattet hat. Auf die Frage, ob sie etwas über den Vater erfahren konnte, antwortet sie:

„Viel nicht, eigentlich, ich war [ein] bisschen verletzt, wegen meiner Mutti ich wollte gar nicht viel nachfragen ich hab Bilder von sein- äh von seinen Kindern gesehen, /mhm/ nicht, aber ich hab, nicht viele Fragen gestellt(...)weil ich hab Distanz gehabt zu der Sache wegen meiner Mutti weil ich weiß meine Mutti war sehr verletzt und sie sie, sie war traurig, und dass es so, geschehen ist alles mit meinem Vater, dass es nicht gelungen ist“ (III 8/29-9/3).

Hier erwähnt sie ihre Vorbehalte und Bedenken, die sie in der vorherigen Passage ausgeblendet hatte. Möglicherweise spiegelt sich darin auch der innere Prozess wider, den sie selbst bei diesem Kontakt zur Familie des Vaters durchlaufen hat. Einerseits gibt es die Hoffnung, sie könne bei dieser Begegnung eine Familie finden, indirekt auch ihren Vater und darüber ihre Kindheit mit einer depressiven Mutter ein Stück hinter sich lassen. Aber das funktioniert in der Realität nicht. Sie trägt die eigene Verletzung und die ihrer Mutter in sich und kann diese nicht einfach ablegen.

Auf die Nachfrage, ob Ella heute noch Kontakt zu der Familie des Vaters hat, äußert sie sich beim letzten Interviewtermin abschließend sehr negativ über den Verlauf des Besuchs:

„Das war einmalige Sache, ich war dort mit meine Tochter (...) ich hab gemerkt, dass sie [die Tante] mich auch [ein] bisschen ausgegrenzt hat (...) als ich, von äh meine Tante weggefahren bin dann war kein Kontakt mehr da (...)Ich weiß es nicht sie wollte mich da nicht richtig einführen in ihr Leben, dass ich nicht viel- zu viel erfahre irgendwie, ich habe auch Geschenke gebracht für ihre Kinder weil sie hat zwei Kinder geschrieben dass sie hat zwei Kinder, /mhm/ ich hab auch schöne Geschenke gebracht für die Kinder so Spielzeuge schön gekauft, aber sie hat meinem Kind nix geschenkt, sie hat aus Russland so viel Spielzeug schöne mechanische Spielzeug gehabt was [es] in Polen nicht gab, so schöne mechanische Spielzeug, /mhm/ ich dachte dass sie [eine] Kleinigkeit gibt als Andenken oder als äh- **nix** hat sie gegeben nä, und ich hab Schokoladen gebracht für die Kinder und, und ich hatte- wie eine Familie ne und, und ich wusste ich werde bei ihr wohnen bisschen, dann hab ich auch äh, Spielzeuge gebracht, und ich dachte sie könnte auch [eine] Kleinigkeit meiner Tochter schenken, kleine Freude machen, nix ne?" ((III 48/21-49/30).

Dieser Besuch bei der Familie des Vaters ist der erste und letzte, und Ella präsentiert hier, wie sie sich ausgegrenzt und nicht akzeptiert gefühlt hat als Familienmitglied. Sie beschreibt, wie sie sich Mühe gegeben hat. Sie habe sich verhalten „wie eine Familie", das heißt, sie hat diese verwandtschaftliche Bindung ernst genommen und wollte sich darauf einlassen. Am Umgang der

Familie mit ihrer Tochter macht sie deutlich, wie wenig herzlich sie den Kontakt erlebt hat. Der Tochter wurde keine Freude gemacht, und in dieser Passage wird das Gefühl der Ausgrenzung greifbar. Es stellt sich die Frage, ob sie hier nicht auch sich selbst sieht als Kind, das keine Zuwendung und Beachtung vom Vater oder stellvertretend seiner Familie bekommt. Ellas Wunsch nach Familie lässt sich hier wiederum nicht verwirklichen. Es ist anzunehmen, dass diese Erfahrung für Ella sehr schmerzhaft gewesen sein muss. Sie stellt fest, dass die Familie des Vaters ihr nicht das Interesse oder die Herzlichkeit entgegenbrachte, wie sie es sich vorgestellt hatte. Die Kontaktaufnahme zur Familie des Vaters bleibt eine enttäuschende Erfahrung. Wenn wir uns vergegenwärtigen, wie positiv sie dieses Erlebnis hingegen in einem Interviewteil vorher geschildert hatte, erstaunt die Diskrepanz in der Darstellung.

Die positive Sicht auf das Geschehene kann hierbei durchaus einen Wunsch oder eine sehr starke Hoffnung beschreiben, die sie damals hatte und von der sie sich möglicherweise mühsam verabschieden musste. Es wird deutlich, wie sehr sich Ella Noack danach sehnt, positive Geschichten über ihr Leben erzählen zu können.

7.3.7 Eine weitere Beziehung

Ella geht eine weitere verbindliche Beziehung zu einem Mann ein. Er kommt vom Dorf und Ella ist häufig bei ihm. Sie ist mittlerweile fast 30 Jahre alt und lebt mit ihrer Tochter allein. Sie schildert viele Eigenschaften, die ihn zu einem Mann machten, der für ein Familienleben geeignet war. Er hatte Arbeit, verdiente Geld und versorgte seine Eltern. Außerdem unternahm er etwas mit Ella und das Leben war nicht nur eintönig. Ella fand Eigenschaften bei ihm, die sie vorher vermissen musste. Jedoch scheiterte auch diese Beziehung, weil der Freund Verabredungen nicht mehr eingehalten habe und sich ihr gegenüber als unzuverlässig erwies. Diese Erfahrung erweist sich als eine weitere schwere Enttäuschung für Ella Noack. Sie hatte sich mit diesem Mann ein gemeinsames Leben vorstellen können. Ella Noack beschreibt diese Lebensphase heute mit viel emotionaler Distanz. Jedoch diskutiert sie im Interview, was es bedeutet hätte, mit ihm gemeinsam auf dem Dorf zu leben. Sie beschreibt den Einfluss der Kirche im Dorf auf das Privatleben und allgemein die soziale Kontrolle. Zwar wäre es ihr mit dem Mann materiell gut gegangen, aber sie hätte jeden Sonntag zur Kirche gehen und auf dem Feld arbeiten müssen. Sie präsentiert sich als hier als „Stadtmensch". Vermutlich hat sie die Enge des Dorfes und den Einfluss der Kirche und der Familie auch damals abgelehnt, aber die Frage ist, ob ihre Sehnsucht nach Familie und Zugehörigkeit damals nicht für sie existentieller war. Sie stellt fest, dass auch er nicht vertrauenswürdig ist und zieht sich innerlich zurück von ihm. Die Beziehung geht 1984 nach zwei Jahren endgültig zuende, als Ella Noack ihren späteren Ehemann kennenlernt.

7.3.8 Der deutsche Mann als Wendepunkt

1984 lernt Ella Noack einen westdeutschen Mann kennen, der als Fernfahrer beruflich regelmäßig in Polen ist. Sie betont die Besonderheit, die es für sie hat, einen Mann aus Westdeutschland kennenzulernen:

„Westdeutscher, ich wusste nicht was Westdeutschland ist, ich war schon in DDR weil war Zeit das waren Grenzen offen da konnte man einfach über die Brücke mit Ausweis, und Bier trinken in Lokal, (...) und wir waren bisschen neidisch dass sie in DDR, dass sie so zu Westware schon Zugang [hatten)] /mhm/ und alles, sie war schon was Besseres für uns nä, /mhm/aber das war nur **DDR**, /mhm/ nä, aber noch weiter ein kapitalistische Land das war für mich zu fremd alles /mhm/ und ich konnte mir noch keine Beziehung dazu, [vor]stellen nä," (II 71/10-30).

Ella Noack zeichnet hier ein Bild, das verdeutlichen soll, welche Welten zwischen ihr und dem westdeutschen Mann lagen. Jedoch ist davon auszugehen, dass sie hoffte und sich wünschte, dass sich diese Welt für sie öffnet. Der deutsche Mann interessiert sich für sie und ein neuer Lebensabschnitt beginnt. Der westdeutsche Freund war in Polen wohlhabend:

„wenn die schwarz damals umgetauscht haben, da war (2) so viel Geld die paar Mark Westmark, **damals** (2) als ich noch in Polen gelebt habe konnte ich mit mein Tochter nach schwarze Umtausch für 50 (2) DM (2) ganze Monat gut leben Miete zahlen und gut leben (...) Ja, für ihn äh ff, in Polen wenn er auf fünfzig Mark umgetauscht hat er sone Geld, da konnte er mit Geld rumschmeißen, früher /mhm/, nich, /mhm/ (4)" (II 72/17-34).

Ella macht deutlich, welches Gefälle es im Lebensstandard zwischen Polen und Westdeutschland gab. Die Westdeutschen konnten sich Wünsche erfüllen, die für die meisten PolInnen unerreichbar waren.[197] Ella fährt mit ihrem Freund mit dem Taxi in teure Restaurants in andere Städte und genießt das gute Essen und die vornehme Atmosphäre. Die materiellen Annehmlichkeiten spielen im Beziehungsalltag für Ella eine wichtige Rolle:

„als ich da gesessen habe in die Auto, hab ich mich ge- gefühlt wie in einem PKW, /mhm/ nich, der hat, hinten Koje hat richtig Kühlschrank und Versorgung für ganze Woche, /mhm/ schöne Sachen zum Essen was hier gar nich gibt nä in Polen (2) und äh äh äh, schöne Bettwäsche alles **sauber** äh äh, alles wie- alles pikobello sauber und das Auto, de- in den LKW zu sitzen wie in PKW, so schick und alles ne, /mhm/ so **schön** da hat mir richtig Spaß gemacht /mhm/ mit ihm zu fahren irgendwo, /mhm/ sone Autos gibt's bei uns nich äh äh, die LKW bei uns kann man vergessen damals /mhm/ nich (3) die polnische LKW kannst du vergessen ((lacht)) /mhm/ (2) und das hat mir richtig Spaß gemacht er hat auch schöne äh Kassetten mit Jennifer Rush damals gebracht das war unser Musik, /aha/ ahhhh das war **diese** Zeit, das war so schön, und äh, diese, äh, italienische Sekt hat er gebracht bei uns gabs nur der Russische, säuerliche, /mhm/ gab's nich so viel W- Wahl und alles /mhm/ ne, und hat er- aber, es geht nich um den Sekt, er hat mich immer versorgt schön und hat immer was gebracht, /mhm/ Einkäufe richtig für mich gemacht zum Beispiel, er wusste dass hier fehlt am alles, da jedes Mal mit sone Karton iss gekommen," (II 75-76).

Aus dieser Darstellung wird die Begeisterung spürbar, die Ella damals empfunden hat. Es ist eine schöne, angenehme Welt, die sich ihr eröffnet und sie erlebt die materielle Versorgung durch den Freund als einen Akt der Zuwendung. Der deutsche Freund bemüht sich nicht nur um Ella, sondern auch um die Tochter, die ca. 9 Jahre alt war, als ihre Mutter den deutschen Freund kennen lernte.

„Damals ja **er** hat sich sehr bemüht, /mhm/ **sehr** gute Ver- er hat sie auf den Schoß genommen er hat ihr ständig Barbiepuppen gebracht, (...) hat immer auch für sie was gebracht was Schönes auch, hat sogar Schulhefte gekuckt hat nix verstanden hat Schulhefte sich be- gekuckt, /ah ja/ richtig **Pappi** ich hab mich so gefreut er hat so'n Interesse gehabt [an] meiner Tochter ich sag „das wird [ein] guter Vater für meine Tochter sein" (II 82/13-19).

Ella Noack ist auf der Suche nach einem verantwortungsvollen Partner und einem Vater für ihre Tochter. Sie hat einige Enttäuschungen bereits hinter sich und auf ihr lastet die biographische Hypothek, wie ihre Mutter keinen Ort zu finden, an dem sie sich zuhause und zugehörig fühlt. Für Ella ist dieser Ort eine Familie. Es lässt sich also gut nachvollziehen, welche Hoffnungen sich durch diese veränderte Lebenssituation einstellen. Ella sieht in dem Freund einen Vater für ihre Tochter, den sie sich selbst als Kind immer gewünscht hat. Es verbinden sich also ihre Bedürfnisse als erwachsene Frau nach einer erfüllten Partnerschaft mit den Wünschen aus der eigenen Kindheit. Der deutsche Freund ist während der Zeit, in der er Ella kennen lernt,

197 In einer Statistik der Wirtschaftsakademie Posen von 1983, die die Preise von Konsumgütern in Arbeitszeit umrechnet, beträgt die Arbeitszeit für 1kg Kaffee beispielsweise19 St. 55 Min. und für einen PKW 6458 St. (Die Ausländerbeauftragte d. S. i. Berlin 1988:14).

noch verheiratet und hat einen zweijährigen Sohn in Deutschland, den er in den ganzen Jahren kaum sieht, weil er jede Gelegenheit nutzt, um in Polen zu sein. Die Ehe mit der Mutter des Sohnes wird einige Zeit später geschieden.

Das Leben zwischen Ella und ihrem westdeutschen Freund findet in einer ‚Zwischenwelt' statt. Ella hat eine feste Arbeit und eine Wohnung. Sie ist also ökonomisch abgesichert. Alles, was sie von ihrem westdeutschen Freund an materiellen Zuwendungen erhält, steht ihr zusätzlich zur Verfügung. Das Leben wird für sie dadurch sehr viel bequemer und weniger entbehrungsreich. Das Leben in Polen ist schwierig. Die Perspektivlosigkeit der gesellschaftspolitischen Situation wurde deutlich und beherrscht die Stimmung (vgl. Bingen a.a.O.:53). Die weitere politische Zukunft Polens ist unsicher. Es gibt für Ella in Polen kaum Möglichkeiten, ihr Leben und das ihrer Tochter entscheidend zu ändern. Es gibt jedoch neben den enthusiastischen Beschreibungen über die Beziehung zu dem Freund auch andere Schilderungen. Ella stellt fest, dass der Freund unter Stress sehr aggressiv reagiert, insbesondere dann, wenn er Alkohol getrunken hat. In derartigen Konfliktsituationen wird es für sie zunehmend zum Problem, dass sie sich aufgrund von Sprachproblemen mit ihm nicht richtig verständigen kann.

> „ich konnte ihm nicht meine Meinung sagen auf Deutsch ich konnte nicht schimpfen, /mhm/ ((belustigt)) Schimpfworte hab ich nicht gekannt /ja/, und ich konnte ihm nicht richtig meine Mei- das hat mich schon in Polen irritiert, /ja/ weil, /mhm/ ich konnte ihn nicht bisschen beschimpfen manchmal, /ja/ so richtig zum äh äh, Herz sprechen, ja(...) das Passende zu sagen und das hat mich sehr gequält ((lacht))" (II 101/24-28).

Es lässt sich vermuten, dass der Prozess des gegenseitigen Kennenlernens dadurch sehr stark verzögert und reduziert war. Umso bedeutungsvoller können dadurch die Bilder werden, die sich Ella und ihr Freund voneinander machen. Sie sind nur begrenzt überprüfbar, zum einen aus Sprachgründen, aber auch, weil sie sich nicht der möglichen Ernüchterung durch einen gemeinsamen Alltag aussetzen. Das Trinkverhalten des Freundes und seine Aggressivität sind jedoch nicht übersehbar. Ella sieht den Mann zeitweise täglich. Er bemühte sich bei seinem Arbeitgeber darum, in ihrer Wohngegend Arbeit zu bekommen. Sie beschreibt, wie er einmal in einer anderen Region war und er sehr gelitten habe. Er habe ihr in dieser Zeit täglich Briefe und Postkarten geschrieben. Sie betont, dass er sehr in sie verliebt gewesen sei, aber sich selbst und ihre Gefühle erwähnt sie in diesem Zusammenhang nicht. Ella stellt zusammenfassend fest, dass es eine schöne Zeit mit dem Mann war, aber dass sie auch schon Verhaltensweisen wahrgenommen habe, die sie negativ erlebte.

Für Ella ist dieses Verhalten aus unterschiedlichen Gründen bedrohlich. Zum einen ist es unangenehm für sie, mit dieser Unberechenbarkeit und diesem nicht rational nachvollziehbaren Verhalten konfrontiert zu werden. Zum anderen werden ihre Träume von einer besseren Zukunft davon bedroht. Sie löst den inneren Konflikt, indem sie die schwierige Situation in

Polen und die möglichen Probleme, die sich für ihn dadurch ergeben, als eine nicht zu bewältigende Belastung für ihn interpretiert:

„Aber weißt du, ich hab immer ihn entschuldigt, mir gegenüber ich hab gedacht na ja er hat ein Kind in Deutschland er kennt die Sprache hier nicht, (...) er fühlt sich fremd, /mhm/ alleine, ganze Woche hier, **ich** bin [die] einzige die für ihn da ist, das hab ich mir immer so eingeredet nich?(…) Aber das hat sich rausgestellt dass er [der Mann] wirklich so ist, /mhm/ ne, in Deutschland“ (II 87/31-88/8).

Hier wird schon vorweggenommen, dass sich später für Ella Noack herausstellte, dass „er wirklich so ist“, wie er sich in Polen gegeben hat. Ella hat sich diese ganzen Entschuldigungen „eingeredet“, weil sie an ihrem Traum festhalten wollte. Die hier entwickelte Konstruktion ist aufschlussreich, weil sie auch etwas über Ellas Umgang mit Konflikten verrät. Sie fühlt sich verantwortlich, wenn etwas nicht funktioniert, obwohl das Problem in dieser Darstellung sehr eindeutig bei dem Freund liegt, der nicht mit Alkohol umgehen und seine Emotionen nicht kontrollieren kann oder will. Dies ist umso erwähnenswerter, weil sie bereits eine derartige Erfahrung in ihrer ersten Ehe hinter sich hat. Ella traut ihm nicht zu, mit dieser Situation eigenständig zurechtzukommen. Nach ihrer Logik ist der Freund deswegen so schwierig, weil er mit ihr eine Beziehung haben möchte und dafür in Kauf nehmen muss, in Polen zu sein. Dafür muss er sein besseres Leben in Deutschland partiell aufgeben und darunter leidet er. Sie übernimmt damit indirekt die Verantwortung für sein Verhalten.

„so hab ich gedacht er fühlt sich nicht wohl vielleicht manchmal, nich, er hat erzählt wie gut da iss in Westdeutschland und, wir haben alle gewusst, äh in Polen dass, es im Kapitalismus schöner ist, Geschäfte sind voll mit Waren, man kann sich alles kaufen was man will (2) und bei uns war das anders nicht, /mhm/ bei uns (2) hat man nicht gekauft hat man organisiert ((lacht)) alles umgetauscht“ (I 20/23-28).

Hier wird eine Minderwertigkeitsproblematik angesprochen, die ihren Ausdruck darin findet, dass Ella denkt, ein Westdeutscher könne das gar nicht aushalten, was den Alltag in Polen ausmacht. Hier spiegelt sich eine Verunsicherung darüber wider, ob sie als Polin eigentlich beurteilen könne, wie es einem Westdeutschen in einer solchen Situation geht. Die Konfrontation mit dem Verhalten des Freundes führt dazu, dass das Phantasiekonstrukt ‚Westen‘ immer weiter ausgebaut wird und Ellas eigene Perspektive auf Polen dominiert. Hinzu kommt die biographische Unsicherheit, ob Ella als Frau überhaupt fähig ist, eine glückliche Beziehung mit einem Mann zu leben. Ella befindet sich in einer klassischen Co-Struktur, die jedoch durch die nicht überprüfbaren Bilder über den ‚goldenen Westen‘ noch eine weitere Dimension erhält. Ella bewältigt diese mehrdimensionalen Minderwertigkeitsgefühle, indem sie Verhaltensweisen aktiviert, die sie sich in der Beziehung zur psychisch kranken Mutter angeeignet hat. Auch bei der Mutter entschuldigt sie die psychische Erkrankung und alle Enttäuschungen, die sie als Kind mit der Mutter erlebt hat, mit der schweren Kindheit der Mutter. Damit kann sie die emotionale Bindung zur Mutter aufrechterhalten.

Ella Noack berichtet jedoch auch über einen weiteren Aspekt, der für die Beziehung eine wichtige Bedeutung hatte. Sie berichtet, dass es zwischen beiden eine sehr starke sexuelle Anziehung gab.

„war früher große Beziehung **(...)** starke sexuelle Beziehung haben wir gehabt, [das hat eine] **sehr** große Rolle gespielt, /mhm/ von seiner Seite und von meiner" (II 95/20-26).

Die sexuelle Beziehung kann auch die fehlenden sprachlichen Möglichkeiten zumindest in der Anfangszeit kompensieren und ein Gefühl von Nähe herstellen, das sich aufgrund der reduzierten sprachlichen Kommunikation weniger einer Realitätsüberprüfung stellen muss. Die gesamte Konstruktion der Beziehung ist also sowohl für Ella als auch für ihren Freund ein Schutz vor Desillusionierung und führt vermutlich dazu, dass sich Ella von ihrem bisherigen Leben in Polen immer stärker wegorientieren kann. Die gemeinsamen Zukunftswünsche und eventuellen Pläne werden immer stärker ein Teil der Beziehungsrealität. Der deutsche Freund formuliert ebenfalls in der Beziehung zu Ella einen starken Familienwunsch und damit existiert eine weitere Gemeinsamkeit zwischen beiden.

„ich hab immer gesehen dass er die Familie **will**, so hat er immer geredet (...)er hat sich auch sehr gewünscht ein Kind mit mir in Polen, /mhm/ als ich meine Monatsregel einmal nicht, nicht richtig bekommen habe er iss gekommen aus Deutschland ich hab gesagt (3) iss nix da, er hatte sich so **gefreut** er wollte eine Tochter er sagte ich bring alle **Sachen** für sie, alle **Kleidung** /mhm/ alles, und dann nächste Mal iss gekommen ich hab gesagt,(...) nix, ich hab meine Monatsregel gekriegt, er war stinksauer er wollte den ganzen Abend mit mir nicht sprechen" **(II 95-100)**

Ella betont hier, dass der Mann derjenige war, der ein Kind wollte. Sie sieht darin seinen starken Wunsch nach Familie. Sich selbst und ihre Wünsche klammert sie hier aus. Sie formuliert jedoch auch, dass seine Wünsche an Ella eine ausgesprochen aggressive Komponente haben. Er ist nach ihrer Darstellung ärgerlich auf sie, weil sie nicht schwanger ist. Das zeigt eine irrationale Erwartungshaltung des Freundes, die Ella als solche zumindest retrospektiv wahrnimmt. Ella bekommt also die Verantwortung von ihm dafür aufgebürdet, wenn das Familienprojekt nicht erfolgreich ist. An dieser Stelle hätte man vermuten können, dass Ella sich gegen die Beziehung entscheidet, weil sie diese übermenschlichen Fähigkeiten, die der Freund von ihr indirekt verlangt, rational betrachtet nicht aufbringen kann. Für sie überwiegt jedoch in dieser Situation der gemeinsame Wunsch nach Familie und sie bagatellisiert den Konflikt.

Es gibt noch ein weiteres Beispiel, an dem Ella Noacks Hoffnung auf Erfüllung des Wunsches nach einer glücklichen Familie einen empfindlichen Dämpfer bekommt. Sie berichtet von einem Besuch in Westdeutschland bei dem Freund[198] ohne ihre Tochter, bei dem er versucht sie zu überreden, allein bei ihm in Deutschland zu bleiben.

er sagte „ich melde dich in Rathaus und du bleibst hier", /mhm/ ich wusste nicht um was geht's aber damals war wahrscheinlich ging's um Asyl (...) weil das war noch vor der Wende als ich ihn besucht habe (...) vermute ich, jetzt nach die Jahre nicht (...) ich hab mir gedacht wie konnte er, er wusste dass ich meine Tochter bei Freundin gelassen habe, in Polen iss nix geregelt mit meiner Wohnung mit meinem Kind, wie konnte er mir das anbieten dass ich hier alleine bleibe, /ja/ so hab ich mir gedacht ich hab gesagt ‚nein ich fahre zurück nach Polen' /mhm/ hab ich gesagt (2) hab ich ihm nix gesagt aber ich hab gesagt ‚ich fahre zurück nach Polen' (2) ne /mhm/ (5) und, ich hab gesagt, ‚mein Kind lass ich nicht alleine in Polen'" (II 58/4-24).

Der deutsche Freund will sie davon überzeugen, dass sie in Deutschland Asyl beantragt und ihre Tochter in Polen lässt. Ella hätte mit einer derartigen Entscheidung alle Brücken nach Polen vorerst abgebrochen. Aus der heutigen Perspektive versteht sie auf der ausländer- und asylrechtlichen Ebene noch genauer, was er ihr damals angetragen hat. Sie hätte nicht mehr in Polen einreisen dürfen. Aber sie realisierte vermutlich auch damals, dass er, der sich einerseits so um die Tochter bemühte, gleichzeitig problemlos die Tochter ignorierte, wenn es um die gemeinsamen Zukunftspläne ging. Ella zieht hier zwar in ihrer Darstellung die Grenze. Sie betont, dass sie ihre Tochter nicht im Stich lässt für ein vermeintlich besseres Leben. Aber es wird klar, dass sie im massiven Konflikt war, wie sie die eigenen starken Wünsche nach einem besseren Leben mit den desillusionierenden Anteilen in der Beziehung in Einklang bringen kann.

Diese Erfahrungen mit dem Freund halten sie nicht davon ab, die Beziehung zu ihm weiterzuführen. Die gemeinsamen Pläne sehen ein Leben in Deutschland vor, und Ella und ihr Freund machen bereits Wohnungsbesichtigungen.

7.3.9 Migration nach Deutschland

Als im Herbst 1988 die geschiedene Ehefrau von Ellas Freund in Deutschland nach einer kurzen Krankheitsphase an Krebs stirbt, ist das bisherige Beziehungsarrangement nicht mehr lebbar. Ellas Freund muss nach Deutschland zurück, um dort für seinen sechsjährigen Sohn sorgen zu können. Er wünscht sich nun, dass Ella nach Deutschland kommt. Sie ist jedoch ambivalent.

„da hat er mir immer Briefe geschrieben, nä (2) und dann (3) kurz vor Weihnachten hat er Telegramm geschickt, /mhm/ (2) dass er möchte dass ich jetzt wirklich komme (...) und ich

198 Nach Alliiertem Recht konnten sich Polen wie einige andere Ostblockangehörige 31 Tage zu touristischen, sportlichen oder zu vergleichbaren Anlässen in Westberlin aufhalten, ohne eine weitere Erlaubnis zu benötigen. (Die Ausländerbeauftragte d. S. Berlin 1988:30).

hab überlegt was mach ich was mach ich was mach ich hab ich mir gedacht er will bestimmt schon mit dem Sohn und mit mir schon äh diese Weihnachten zusammen verbringen /mhm/ in Deutschland wenn ich jetzt nicht fahre, er wird bestimmt sehr enttäuscht sein /mhm/ (2) hab ich so verzögert bis drei Tag vor Weihnachten und dann drei Tage vor Weihnachten bin ich doch gefahren (2) ich sag ‚na ja ich muss jetzt riskieren' wie man sagt, ‚versuchen mal sehen was da rauskommt' nä" (II 81/22-34).

Der Druck auf Ella wächst, eine schnelle Entscheidung zu treffen. Sie formuliert die Wünsche, die der Freund an sie hat, und sie will ihn nicht enttäuschen. Sie hat Zweifel, entscheidet sich aber etwas zu riskieren. Die Zweifel sind sehr klar begründbar mit den Erfahrungen, die sie bisher mit dem Freund gemacht hat. Sie hat den inneren Konflikt bisher so gelöst, dass sie solange wie möglich an dem Zustand der „Zwischenwelt" festhalten wollte. Bisher hat sie die Sicherheiten ihres Lebens in Polen, die materielle Unterstützung durch die Beziehung zu dem Freund und gleichzeitig die Option auf eine Familiengründung in Deutschland. Die Entscheidung nach Deutschland zu gehen, ist für sie objektiv gesehen ein großes Risiko. Sie gibt ihren Beruf, ihre Wohnung[199] und ihre Arbeit auf und kann dem konfliktträchtigen Verhalten des Freundes nun nicht mehr ausweichen.

Allerdings ist die wirtschaftliche und politische Situation in Polen katastrophal. Aufgrund der Verhängung des Kriegsrechts, des Verbots der Gewerkschaft Solidarność und anderer Organisationen und der katastrophalen Wirtschaftslage wurde bereits seit 1981 eine große Migrationswelle ausgelöst. Von 1981 bis ca. 1988 haben nach offiziellen polnischen Angaben 250000 Polen das Land verlassen (Die Ausländerbeauftragte d. S. Berlin a.a.O.:14). Das verdeutlicht, dass die Entscheidung von Ella Noack zur Migration nicht nur eine individuelle war, sondern durchaus von vielen Polen als einzige Perspektive gesehen wurde.[200]

Bei ihrer Ankunft in Deutschland ist Ella nicht mehr berufstätig[201] und übernimmt die gesamte Verantwortung für das Familienleben. Sie ist in einer

199 Die Wartezeit für eine Wohnung beträgt ca. 1988 in Polen ungefähr 25 Jahre. Gerechnet vom Zeitpunkt der Antragstellung bei Volljährigkeit würde man sie dann in der Theorie mit 43 Jahren erhalten. Dieses Beispiel ist neben vielen anderen insbesondere für die Zukunft der eigenen Kinder ein Grund für PolInnen zu migrieren (Die Ausländerbeauftragte d. S. Berlin a.a.aO.:30).

200 Während in weiteren Migrationswellen nach dem Krieg (1956, 1968, 1970) andere Zielorte wichtig waren, wie z.B. Frankreich, Großbritannien und die USA kam nach Verhängung des Kriegsrechts die Bundesrepublik Deutschland und Berlin (West) dazu. 1979 beispielsweise lebten in Berlin nur 3544 Polen. Im Juni 1988 waren lebten bereits 16 179 polnische Staatsangehörige in Berlin (a.a.O.:30).

201 Es ist für Ella Noack nur möglich eine Arbeitserlaubnis zu erhalten, wenn das Arbeitsamt die Erlaubnis erteilt. Dazu bedarf es jedoch eines besonderen Härtefalles und der Berücksichtigung des Arbeitsmarktes, wenn nämlich beispielsweise in einem Tätigkeitsbereich viele deutsche Arbeitslose gemeldet waren, wurden freie Arbeitsplätze zunächst an diese und dann andere bevorrechtigte Gruppen, wie z.B. EG-Angehörige vermittelt (vgl. Die Ausländerbeauftragte d. S. Berlin a.a.O.:32).

abhängigen Situation, weil sie ihre Existenz in Polen aufgegeben hat und finanziell darauf angewiesen ist, dass der Freund sie unterstützt. Außerdem kann sie in der ersten Zeit Westberlin nicht verlassen.[202] Der Freund arbeitet weiterhin als LKW-Fahrer und ist nur gelegentlich innerhalb der Woche im Familienleben präsent und am Wochenende. Zudem hat er eine Nebentätigkeit als Hauswart. Ella kümmert sich mit ihren geringen Deutschkenntnissen um die Schulsituation des Stiefsohnes und der eigenen Tochter. Die Tochter muss aufgrund fehlender Sprachkenntnisse auf eine Realschule gehen, obwohl sie in Polen eine Gymnasialempfehlung hatte. Die Mutter des Freundes lebt in einer anderen Wohnung im gleichen Haus. Sie ist jedoch keine Unterstützung für Ella, da sie trockene Alkoholikerin ist und seit dem Entzug unter massiven Ängsten und psychischen Problemen leidet. Sie verlässt ihre Wohnung nicht mehr und kommt deswegen auch nicht in die Wohnung des Sohnes zu Besuch. Im Oktober 1989, ungefähr nach einem Jahr in Berlin, heiraten Ella Noack und ihr deutscher Freund. Ab sofort gelten für sie als Ehefrau eines Deutschen andere aufenthaltsrechtliche Bedingungen.[203] Sie erfährt erst aus den Unterlagen für das Standesamt, dass ihr zukünftiger Mann bereits mehrfach verheiratet war.

„er hat auch verheimlicht dass er früher schon dreimal verheiratet war, /mhm/ ich war, vierte Frau von ihm, das hab ich erst erfahren als wir die Papiere für das, Standesamt gehabt haben, /ah ja mhm/ mhm, und dass er uneheliche Tochter gehabt hat (...) und [er] musste dann Alimente zahlen, hat er mir auch verheimlicht noch in Polen, (...) aber er sollte mir das alles erzählen nich?, /mhm/ bevor wir geheiratet haben, bevor ich nach Deutschland gekommen bin, er musste mir so was erzählen alles, /mhm/ hat er nicht gemacht“ (I 19/26-34).

Ella formuliert hier, dass sie sich betrogen fühlt. Sie hat mit ihrem Umzug nach Deutschland eine Entscheidung getroffen, die für sie existentiell ist, und erfährt, dass ihr zukünftiger Mann ihr gegenüber nicht offen mit seiner Vergangenheit umgeht. Es entsteht hier der Eindruck, dass Ella in Polen nichts davon wissen konnte, was sie in Deutschland erwarten würde. Es ist jedoch bereits an einigen Beispielen deutlich geworden, dass sie dies bereits ahnte.

---

202 Eine Sonderregelung, die auf einen Beschluss der Innenministerkonferenz der Länder zurückgeht, besagt, dass Polen sich für maximal ein Jahr in Berlin aufhalten können. Es wird zunächst für 3 Monate eine Duldung des Aufenthaltes ausgesprochen, die auf das Land Berlin beschränkt ist. Reisen ins Bundesgebiet, ins Ausland und auch nach Polen sind nicht möglich, anderenfalls ist die Aufenthaltsmöglichkeit verloren. Die Duldung wird für weitere 6 Monate verlängert, wenn nachgewiesen werden kann, wovon der Lebensunterhalt bestritten wird und dass keine Sozialhilfe bezogen wird. Anschließend wird die Duldung für die restliche Zeit erteilt. Danach sind PolInnen zur Ausreise verpflichtet (a.a.O.:32).

203 Der damals geltende § 19 AuslG (vgl. Kap. 2).

7.3.9.1 Genese der Gewaltbeziehung: Konfliktthema Stiefsohn

Es gibt spezifische Konflikte zwischen Ella und ihrem Mann, die mit dem Sohn und der Familienkonstellation zusammenhingen.

> „wenn Streit war zu Hause hat er sofort Familien geteilt, du brauchst nix für mein, mein Sohn und für mich machen, /ah ja/ ich koche selber für ihn und wasche selber für ihn /ah ja/, und hat er die Junge immer rein gezogen nich?, aber der Junge **wollte** nich ich hab gesehen er wollte Mutti haben er hat äh äh, mich Anfang gehört was ich gesagt hab ich sage bring die Teller weg wenn du gegessen hast hat er gemacht, /mhm/ nich, und äh äh, aber mein Vat- mein Mann war eifersüchtig /mhm/ irgendwie, dass, dass er mich in so sch- statt sich zu freuen und war doch eifersüchtig nich," (I 12/6-14).

Hier werden also Konkurrenzen und Loyalitätskonflikte in der Beziehung zu dem Sohn angesprochen. Ella interpretiert das Verhalten des Sohnes als loyal ihr gegenüber und das Verhalten des Mannes als Eifersucht auf die Beziehung, die sie zu seinem Sohn hat. Sie selbst erwartet hingegen, dass er sich über ihre Beziehung zu seinem Sohn freuen sollte und zeigt sich erstaunt, dass ihre Vorstellungen sich nicht erfüllen. Ella ist faktisch allein verantwortlich für die Versorgung des Sohnes und bemüht sich, die Mutterrolle vollständig zu übernehmen. Sie geht zu Elternabenden und führt Gespräche mit den zuständigen PädagogInnen. Der Sohn hat viele Ängste, ist schlecht in der Schule und zeigt insgesamt ein auffälliges Verhalten. Er wird aufgrund dessen einer Schulpsychologin vorgestellt.

Zuhause herrscht ein Klima der Angst, und die Anspannung des Stiefsohnes wird dann besonders spürbar, wenn der Vater nicht zuhause ist. Ella fühlt sich zunehmend hilflos, weil der Sohn sie belügt und sich ihr gegenüber schwierig verhält. Ella kommt hier bereits in der Anfangszeit an ihre Grenzen.

> „wenn mein Mann war zu Hause war [er] ganz brav beim Hausaufgaben [machen] aber wenn wir alleine waren, da hat er kein Bock gehabt auf Hausaufgaben, hat sich auf den Boden gelegt, so wie auf Kreuz, wollte nicht aufstehen, oder er hat gesehen dass ich komme, kontrollieren heißt das noch mal machen weil meistens hat er Fehler gehabt, /mhm/ in Rechtschschreibung war er sehr schlecht, /mhm/ und in Mathe auch, da sagte ich mal, ich hab gesagt weißt du andere Kinder würden sich freuen dass die Mutter Zeit hat und korrigiert und dass er besser dadurch wird nich, /mhm/ er hat sich nicht gefreut er hat den Kugelschreiber genommen auf den Boden geschmissen, und sagt, gibt er mir das Heft – ((imitiert aufsässigen Tonfall)) „bittä, bittä", weißt du als würde er's für mich machen nicht für sich selbst, später war der größer, hab ich ihm erklärt, weißt du was, du lernst nicht für mich, nicht für die Schule nur für **dich**, /mhm/ und ich verlange von dir nicht nur das Leben von dir es verlangt, /mhm/ und die Schule, und ich gab ihm niemals extra Aufgaben nur dass er ordentlich Hausaufgaben macht und sich vorbereitet zu Klassenarbeiten, /mhm/ nich, und ich war gut, und hatte gute Kontakte immer mit den Lehrer und Lehrerinnen (1)" (I 13/10-26).

Ella empfindet seine Verhaltensauffälligkeiten als Affront gegen ihre Bemühungen ihm zu helfen. Sie nimmt zwar gleichzeitig die professionelle Haltung als Pädagogin ein, indem sie formuliert, dass der Sohn nicht für sie, sondern für das Leben lernen muss. Aber es wird auch klar, dass sie ihm vorwirft, dass er nicht anerkennt, was sie Gutes für ihn tut. Sie hat sehr hohe Erwartungen an ein Kind, das grade erst im Grundschulalter ist. Sie erwartet von ihm, dass er den Verlust seiner Mutter, die Erfahrungen mit seiner psychisch kranken Großmutter, das Leiden unter einem gewalttätigen Vater, die Auseinandersetzung mit einer völlig neuen Familienkonstellation und einer neuen Bezugsperson, die den Anspruch erhebt, vom ersten Tag an die Mutterrolle zu übernehmen, konfliktfrei bewältigen kann. Sie sieht allein mit ihrer Anwesenheit dafür die Voraussetzungen geschaffen und blendet bei dieser Perspektive die akute familiäre Belastungssituation aus. Dies zeigt, dass sie sich selbst in ihrer Rolle und ihrem Einfluss überschätzt und der Sohn ihr das mit seinem Verhalten deutlich zeigt. Zwischen Ella und ihrem Mann kommt es zu massiven Meinungsverschiedenheiten bezüglich der Erziehungsvorstellungen. Der Ehemann beschuldigt sie, für das auffällige Verhalten des Sohnes verantwortlich zu sein. Ella wiederum kämpft mit großem, persönlichem Einsatz um die Anerkennung als eine gute Mutter durch ihr neues familiäres und soziales Umfeld. Sie entwickelt einen großen Ehrgeiz, den Stiefsohn zu fördern und an ihm wieder gut machen zu wollen, was er durch die Erfahrungen mit seiner Mutter und den Tod seiner Mutter erlebt.

„ich hab ihn richtig als Sohn behandelt, /mhm/ als Kind ich hab mir viel Mühe mit ihm geviel mehr- ich hab gesagt zu meinem Mann ‚weißt du was ich hab- bemüh mich für dein Sohn mehr als seine eigene Mutter, /mhm/ weißt du das?, ich tue viel mehr für ihn /mhm/ (1) ich bin **immer** für ihn da (4) und er hat **alles**, was er braucht zum Leben zu Hause (2) ne“ (II 84/32-85/3).

Ella formuliert hier den Anspruch, den sie sich auferlegt. Sie betont, dass sie ihn wie einen richtigen Sohn behandelt habe. Sie teilt dem Mann mit, dass sie sich mehr Mühe als „seine eigene Mutter“ geben würde. Es ist nicht klar, ob sie sich hier auf die reale verstorbene Mutter bezieht oder ob sie sich mit leiblichen Müttern allgemein vergleicht. Es klingt etwas fatalistisch, wenn sie dann davon spricht, dass sie „viel mehr“ für ihn tun würde, „immer“ für ihn da sei und er **„alles“** habe, was er zum Leben brauche. Dies ist jedoch im Zusammenhang damit zu sehen, dass ihr der Ehemann und Vater die Kompetenz als Mutter in Abrede stellen will. In ihrer Vorstellung geht es darum, Schädigungen aus der Zeit, bevor sie in die Familie kam, zu korrigieren und den Sohn vor negativen Einflüssen durch die Schwiegermutter und den Vater zu schützen. Wie wir gesehen haben, ist die Atmosphäre in der Familie von Angst und latenter und manifester Gewalttätigkeit geprägt. Ella sieht durchaus die Probleme, die dadurch für den Sohn entstehen, aber sie reflektiert nicht ihre eigene Rolle, die sie in diesem System der Angst einnimmt. Sie konstruiert ein Bild, in dem sie die Retterin des Sohnes ist und legitimiert damit das eigene Ausharren in der Gewaltbeziehung. Es stellt sich an dieser

Stelle die Frage, welche bewusste oder unbewusste Motivation sie dazu bringt diese Aufgabe, auf sich zu nehmen?

Die Verknüpfungen zur eigenen Familienbiographie sind nicht zu übersehen. Ella hat darauf hingewiesen, dass die psychischen Probleme ihrer eigenen Mutter damit zusammenhängen, dass diese eine schwere Kindheit hatte, da ihre leibliche Mutter gestorben war und die spätere Frau des Vaters, ihre Stiefmutter, sie schlecht behandelt hatte. Zudem hat Ella selbst Erfahrungen mit einem Stiefvater gemacht, den sie als Vater nicht akzeptieren konnte. Sie kann also ihre Aufgabe als Stiefmutter so begreifen, dass sie verhindern muss, dass ihr Stiefsohn, ähnliche Erfahrungen mit ihr macht. Die Verhaltensauffälligkeiten des Sohnes sind ein permanenter Angriff auf ihr Selbstverständnis als ‚gute Stiefmutter'.

Es ist bemerkenswert, wie sehr sie die Entwicklung des Sohnes fast zu einer Mission für sich persönlich werden lässt. Es gibt hier eine sehr große Diskrepanz zwischen dem Bild, das sie von sich und ihrem Einsatz als Mutter aufbaut, und dem, womit sie sich tagtäglich auseinandersetzen muss.

In der Beziehung zum Stiefsohn liegt ein wichtiger Aspekt des Konfliktes, den sie und ihr Ehemann miteinander austragen. Der Sohn wird zum Spielball zwischen Ella und ihrem Mann und nutzt diese Position ebenfalls aus. Ella befindet sich durch ihre Angst in der objektiv schwächeren Position und baut vermutlich ihre moralische Integrität als Gegenwaffe auf. Der Sohn wird in diesem Konflikt von beiden Seiten funktionalisiert.

7.3.10 Andere Konflikte und Eskalationen

Der Ehemann trinkt täglich Alkohol, und es kommt von Anfang an zu Streitereien zwischen Ella und dem Mann. Er trinkt häufig eine ganze Nacht allein durch und Ella hat dann gelegentlich die Aufgabe, morgens auf seiner Arbeitsstelle anrufen, um ihn krankzumelden. Sie weiß, dass er aggressiver wird, wenn er trinkt, und vermeidet es nun selbst Alkohol zu trinken, damit sie die Kontrolle über die Situation behält. In Konfliktsituationen droht er ihr von Anfang an mit Abschiebung:

> „Ja also das war so wenn wir dann äh äh äh Streit gehabt haben in der Wohnung, /mhm/ dann hat er mich gleich übel beschimpft, wenn der Streit, /mhm/ bisschen mehr eskaliert ist, da hat er mich beschimpft, nich, und hat dann immer gedroht, dass äh äh (2) er meldet dass ich ihn beklaut habe und äh, die stecken mich in U-Haft und morgen bin ich schon in Polen (II 88/19-23).

Ella macht die Erfahrung, dass er seine Macht, die er durch ihren abhängigen aufenthaltsrechtlichen Status hat, bewusst einsetzt und gegen sie verwendet. Sie wiederum ist sich im Klaren darüber, dass sie keine Chance hat, gegen ihn anzukommen, weil sie keine Rechte hat. Es gibt immer wieder Drohungen, und der Ehemann wollte sie nach ihrer Wahrnehmung „klein halten" und „klein machen“. Er beleidigt sie und bezeichnet sie als „polnisches Schwein“ und „Kanake“. Ella Noack lebt jedoch mit der Befürchtung, dass er sie auch körperlich misshandeln könnte. Von der Schwiegermutter erfährt sie, dass und wie ihr Ehemann seine vorherigen Frauen misshandelt hat.

Sogar der Stiefsohn weiß aus Erzählungen seiner Großmutter, dass sein Vater die verstorbene Mutter während der Schwangerschaft mit Stiefeln in den Bauch getreten habe. Die Schwiegermutter teilt ihr diese Informationen aus dem Leben des Sohnes mit der Bitte um Verschwiegenheit mit, weil sich selbst vor der Reaktion des Sohnes fürchtet.

Das Thema „Gewalttätigkeit“ schwebt also über der Beziehung, und es herrscht ein System der Angst, in das die ganze Familie involviert ist. Ella entscheidet sich für Strategien der Deeskalation und hat die Hoffnung, dass sie dadurch physischen Misshandlungen entgehen konnte.

„wenn ich wusste es eskaliert irgendwie so, er ist schon in der Stimme aggressiv dann, hab ich nachgegeben, ich konnte mich nicht durchsetzen, was soll ich mir das, antun nich, /mhm/ wenn er mich dann in äh, [meiner] Gesundheit schädigt dann (2) Gesundheit hat man nur einmal (...)wenn er mir die Nase kaputt, äh bricht oder oder sonst was kaputt macht, was nutzt mir dann wenn ich dann mich durchsetze wenn ich dann nachher ein kaputter Mensch bin, /mhm/ nich, ich muss noch jahrelang **leben** noch, /mhm/ (2) ja und deswegen hab ich nachgegeben weil bei aggressiven Menschen **kann** man sich nicht durchsetzen, /ja/ weil die Aggression wächst und wächst du weißt nicht (2) was da **noch** kommt, /mhm/ lieber aufhören wenn du siehst das geht noch bisschen ne“ (II 11/31-12/10).

Ella nimmt das Unkontrollierbare der Aggressionen wahr. Sie lebt in großer Angst um ihre körperliche Unversehrtheit und ist ständig damit beschäftigt sich zurückzunehmen, um zu verhindern, dass sie Schaden nimmt. Ella kann trotz ihres Verhaltens, das auf Deeskalation ausgerichtet sein soll, nicht verhindern, dass es zu einer Situation kommt, bei der der Ehemann zuschlägt. Die Situation ist so bedrohlich, dass Ella mit ihrer Tochter auf eine Polizeistation flüchtet. Sie macht dort eine Anzeige und verbringt mit ihrer Tochter eine Nacht im Frauenhaus. Sie entscheidet sich jedoch am nächsten Tag dafür, in die Wohnung zurückzukehren.

„ich wusste nicht was das für Einrichtung iss ich war nicht informiert,(...) ich hab sone Angst so drin gehabt ich wusste ich hab keine Arbeit ich hab ein Kind, /mhm/ sie war noch in der Schule, ich hab gesagt, ‚jetzt soll ich in son kleinem Zimmer leben?‘ /mhm/ (...) ich sagte da bin ich ausgesperrt von, das ganze Welt so hab ich mir das vorgestellt, /mhm/ (1) irgendwie, ich wusste nicht was ich- bin, bin dann nachhause zurückgekommen,(...) ich hab noch nicht den Aufenthalt gehabt noch nicht, /mhm/ damals und (2) ich hab so,ne Angst gehabt ich sage ,um Gottes Willen wenn die Anzeige nach Hause flattert er macht mich **fertig**“, /mhm/ er- dann schlägt mich vielleicht richtig kräftig vielleicht wird ihm dann egal nachher vielleicht, wusste ich nicht, /mhm/ aber ich wußte dass er dann sehr böse sein und dann hab ich, zurückgezogen die Anzeige, /mhm/ (4) ich hab nur vor seine Rache Angst gehabt“ (II 110/20—113/5).

Ella sieht für sich und ihre Tochter im Frauenhaus keine Perspektive. Das Frauenhaus wird hier als Ort der Ausgrenzung aus allen für das Leben relevanten Bezüge wahrgenommen. Sie entscheidet sich gegen das Beratungsangebot des Frauenhauses, geht wieder nachhause und zieht die Anzeige zurück.

Ella weiß, dass sie noch kein eigenständiges Aufenthaltsrecht hat und die Strategie der Deeskalation beizubehalten, kann aus Ellas Sicht als die einzige Option angesehen werden, um dauerhaft in Deutschland bleiben zu können. Umso erstaunlicher ist es, dass sich Ella auch für die Fortsetzung der Beziehung entscheidet, als sie 1992 einen unbefristeten Aufenthalt erhält. Ella wird in dieser Zeit schwanger und entscheidet sich gemeinsam mit dem Mann für einen Schwangerschaftsabbruch. Sie begründet diese Entscheidung damit, dass sowohl er als auch sie kein gemeinsames Kind mehr wollten, weil bereits zwei Kinder da waren und die finanzielle Situation nicht so günstig war. Der sichere Aufenthaltsstatus ist für Ella kein Anlass, sich zu trennen, obwohl sich die Beziehung nicht bessert und die Gewalt sich weiter steigert:

„erste Mal war das, wir waren alleine in der Wohnung, die Kinder waren in der Schule, wir haben in der Küche (…) Streit gehabt und waren wir in der Küche, bei mir steht immer so ein Block mit Messern, so wie üblich, /ja/ der hat sich auch das große Messer genommen und geht auf mich zu da bin ich abgehauen auf den Flur, /mhm/ stand ich auf die Flur noch, hab ich geweint da iss Nachbarin gekommen sagte ‚was ist' ich sage ‚ja mein Mann iss so aggressiv ich habe **Angst**' /mhm/ nä, da sagte sie ‚nu ja wenn es Ihnen so schlecht geht kommen Sie dann bei mir kurz vorbei oder so ne, /mhm/ aber dann, ich stand lang auf dem Flur, und dann kommt mein Mann, er musste zur Arbeit, und er war **so**, raffiniert vorwenn er zur Arbeit musste nach Westdeutschland und er wusste er kommt erst zwei Tage später [zurück], da wollte er, auf einmal sofort vorsorgen (2) /mhm/ wahrscheinlich hat er Angst dass ich vielleicht, gehe jemand anderes suche oder ich weiß es nicht, auf einmal war arschfreundlich und küsste mich zum Abschied und geht er, ich hab das mein Schwiegermutter erzählt sie glaubte das nicht (2) ich sage, ‚gerade hat mich mit dem Messer bedroht und eine halbe Stunde später küsst er mich geht zur Arbeit", /mhm/ (3) ‚glaub ich nich' sie sagt aber es iss **wahr** /mhm/ (2) iss mal so mal so, /mhm/ komisch," (II 10/33-11/18).

Solche Situationen gab es mehrfach, und bei einer Situation geht der Sohn dazwischen, um seinen Vater zurückzuhalten. Ella spricht auch die emotionale Verwirrung an, die das Verhalten des Mannes bei ihr auslöst, als er sie zum Abschied küsst. Die Widersprüchlichkeit seines Verhaltens beschäftigt sie so sehr, dass sie mit der Schwiegermutter darüber spricht. Hier werden typische Erfahrungen in Misshandlungsbeziehungen angesprochen. Die Verknüpfung von Gewalt und liebevoller Zuwendung führt oft dazu, dass das Opfer phasenweise oder auf Dauer eingeschränkt in seiner Handlungsfähigkeit ist.

Es wird jedoch unabhängig von diesen Vorkommnissen weiterhin die gemeinsame Zukunft gestaltet, und die Familie zieht in eine größere Wohnung. Spätestens hier wird deutlich, dass es sich bei dem Ausharren in der gewalttätigen Beziehung bei Ella nicht nur um pragmatische Motive handelt.

Der Ehemann bekommt eine Arbeitsstelle am gemeinsamen Wohnort als Hausverwalter. Er ist dadurch häufiger tagsüber zuhause und Ella kann sich den Konfliktsituationen noch weniger entziehen. Auch die früher als befriedigend erlebte sexuelle Beziehung ist längst von den Drohungen und der Gewaltbereitschaft des Ehemannes dominiert:

„hat er mir Vorwürfe gemacht, ‚du warst immer so ((belustigt)) heiße Henne' hat er zu mir /mhm/ gesagt, ‚und jetzt bist du Oma', ich hab mir nur gedacht, ‚ach du musst es wissen ich bin **weiter** so, bloß, nicht mit dir, (…)Nicht mehr mit dir ich **kann** mit dir nicht mehr, /mhm/ mich hat schon geekelt wenn ich mit ihm ins Bett in den letzten Jahren gehen musste, /mhm/ da, da war er sauer, er hat das gemerkt, /mhm/ ich hab extra vorm Fernseher lange gesessen, /mhm/ der iss eingeschlafen und ich hab mich geschlichen ins Bett, /mhm/ und er hat selber gesagt ‚du sitzt extra lange' ich sag ‚nee guck ich Fernsehn" und so nä, /mhm/ und dann sagte er ‚wenn ich kein Sex habe dann werde ich **noch** mehr aggressiv', hat er zu mir gesagt, /mhm/ mhm (2) dann wenn er gute Laune gehabt und ich dann gute Laune dann hab ich manchmal schon, einen Drink genommen extra um mit ihm schlafen zu können, und dass ich meine **Ruhe** habe verstehst du?(…)Da musste ich mich **zwingen**, ja (…)Ich- und dann nach dem Sex bin ich im Badezimmer gegangen hab ich geweint, /mhm/ (2) hab ich richtig geweint(…)ich hab mich gezwungen, ich habe über mich selbst richtig, äh, geweint" (II 95/27-97/5).

Der Ehemann kalkuliert hier mit der Angst, die er bei Ella auslöst. Er macht ihr klar, dass er noch aggressiv er wird, wenn er keinen Sex mehr hat. Da Ella ihr ganzes Handeln auf Deeskalation ausrichtet, versucht sie seinen Erwartungen, so weit wie es ihr noch möglich ist, gerecht zu werden. Sie zwingt sich zum Sex, damit sie nicht von ihm vergewaltigt oder misshandelt wird. Sie beschreibt die sexuelle Beziehung als unerträglich und hat dies doch jahrelang ausgehalten. Die Demütigung, die sie dabei empfindet, wird sehr nachvollziehbar. Gleichzeitig erhält sie sich das Bewusstsein, dass sie eine lustvolle Sexualität leben könnte, wenn sie einen anderen Partner hätte.

1993 meldet sich Ella gegen den Willen des Ehemannes für eine 1½-jährige ganztägige Weiterbildung als Bürofachkraft an und nimmt dafür auch lange Fahrzeiten in Kauf. Der Ehemann hatte bisher eine berufliche Tätigkeit Ellas aufgrund ihrer familiären Verpflichtungen abgelehnt. Die Tochter macht zu dieser Zeit bereits ihren Realschulabschluss und besucht eine Schule im kaufmännischen Bereich. Die Beschreibung des Verhältnisses zwischen Ellas Tochter und dem Stiefvater wird von Ella Noack nur sehr oberflächlich thematisiert. Deutlich wird, dass sich der Ehemann von Anfang an in Deutschland nicht um seine Stieftochter gekümmert hat.

„In- hier in Deutschland hat er nachher so gesagt, /mhm/ ‚an die Mutter durch das Kind', hat er frech gesagt, also das heißt in Polen hat er sich bemüht und, äh äh äh um das Kind, aber in Deutschland nicht mehr," (II 3/1-3/3).

Der Ehemann hat demnach in Polen die Beziehung zur Tochter funktionalisiert, um die Mutter zu gewinnen. In dieser Textstelle wird deutlich, dass Ella die Zeit in Polen retrospektiv als trügerisch wahrnimmt. Sie unterstellt dem

Ehemann, dass er sie unter Vortäuschung falscher Voraussetzungen nach Deutschland geholt hat.

Ella beschreibt eine Fremdheit, die die Tochter mit dem Stiefvater empfunden hat. Dies erinnert sehr daran, wie Ella ihr Verhältnis als Jugendliche zu ihrem eigenen Stiefvater beschrieben hat. Sie spricht kaum über die Empfindungen ihrer Tochter. Es ist jedoch davon auszugehen, dass die gesamte Situation für die Tochter sehr belastend gewesen sein muss. Sie ist zwar selbst nach Angaben von Ella nicht Opfer der Gewalt des Stiefvaters geworden, aber sie hat in jedem Fall in dieser Atmosphäre von Angst und Gewalt leben müssen. Sie war dabei, als die Mutter misshandelt wurde und ist mit ihr in das Frauenhaus geflüchtet und wieder zurückgegangen. Ella nimmt die Tochter als Verbündete, aber nur ansatzweise als Betroffene im Zusammenhang mit der Gewalterfahrung wahr. Das Verhältnis zwischen Mutter und Tochter ist eine Art Schicksalsgemeinschaft:

„Ein Glück dass ich mit mein Tochter darüber sprechen konnte (2) /mhm/, mit keiner sonst, an Anfang nich?,(...) Mit ihr hab ich alles, über alles gesprochen, /mhm/ und so ist es auch heute, /ja/ i-ich konnte ihr alle Sorge erzählen sie erzählt mir alle Sorgen ihre und, ja und wir trösten uns gegenseitig immer, /mhm/ und wir helfen uns immer gegenseitig, /mhm/ sie hat mich nie, beschimpft oder kritisiert oder so was, sie wusste dass ich unglücklich bin in der Ehe, und sie hat, mit mir gelitten, nä, /mhm/ und sie sagte, ‚Mamma, als ich ausgezogen bin da war ich halb nur glücklich weil ich wusste dass du mit ihm bleibst in der Wohnung, /mhm/ dass du unglücklich bist, und wenn wir telefoniert haben ich hab an deiner Stimme schon gemerkt dass zu Hause stimmt was nich /mhm/, und deswegen bin ich, äh zu dir öfter gekommen zu Besuch weil ich hab gemerkt dass da was nicht stimmt /mhm/ ich wollte dass du nicht alleine mit ihm da stehst“ (II 92/20-93/2).

Die Beziehung zur Tochter ist also aus Sicht von Ella von gegenseitiger Unterstützung geprägt. Die Tochter war ca. 14 Jahre alt, als sie mit ihrer Mutter nach Deutschland ging, und sie fühlte sich sehr stark für die Mutter verantwortlich. Ella Noack reflektiert die Lebenssituation der Tochter nur ansatzweise. Sie zeichnet ein positives Bild von der Beziehung und sie ist glücklich darüber, dass sie von ihrer Tochter nicht kritisiert oder beschimpft wird. Die Tochter ist loyal mit ihr und lässt sie nicht im Stich. Sie leidet mit ihr und sie trösten sich gegenseitig. Es gibt hier viele Parallelen zu der Beziehung zwischen Ella und ihrer eigenen Mutter. Die Mutter war in ihrer psychischen Krankheit und in ihrer Einsamkeit gefangen und Ella hat sich für die eigene Mutter verantwortlich gefühlt. Diese Struktur ist hier wieder auffindbar.

Die Familie zieht trotz aller Schwierigkeiten gemeinsam in eine größere Wohnung um, und Ella ist nach Absolvierung der Weiterbildung wieder Hausfrau. Die Tochter beginnt kurz darauf eine Erzieherinnenausbildung. Der Stiefsohn ist auf einer Hauptschule und hat nach wie vor dort viele Probleme. Ella Noack entwickelt psychosomatische Beschwerden.

„ich konnte nicht ich selbst sein, ich durfte nicht ich selbst sein, ich musste mich immer verstellen bei ihm (2) das hat mich, **krank** gemacht richtig /mhm/ nachts nachher, hab ich so ein Druckgefühl gehabt in der Brust, /mhm/ und wachte ich nervös auf, und ich hab immer öfter Migräne gehabt, /mhm/ nich?, und äh, äh, ich war immer, ich war nicht ich selbst," (I 31/3-8).

Hier wird deutlich, wie stark die Auswirkungen der Gewaltbeziehung sich bereits in psychischen und körperlichen Symptomen manifestieren. Die Fassade, die sie über Jahre unter Androhung von Gewalt aufrecht halten musste, führt dazu, dass sie krank wird. Wie bedrohlich sie ihren Zustand im Nachhinein sieht, wird an folgender Aussage deutlich:

„ich hab immer gewartet vielleicht verbessert sich was, diese Warten iss tödlich **tödlich**, /mhm/es bringt nichts sondern geht immer nur, mehr kaputt," (II 109/23-25).

1995 erhält Ella die deutsche Staatsbürgerschaft und gibt die polnische gleichzeitig ab. Ella entscheidet sich also bewusst für ein Leben in Deutschland. Die Erfahrungen in ihrer Ehe führen nicht dazu, dass sie sich nach Polen zurück orientiert. Sie vergleicht das Leben in Polen mit dem Leben in Deutschland:

„war, richtig, verlogen bisschen, durch die Kirche, durch den Glauben, /ja/ die Leute durften nicht offen über Sex sprechen, über verschiedene Sachen konnten die auch nichsonst werden die gleich beurteilt von Nachbarn, nich und das hat mir gefallen als ich nach Deutschland gekommen bin dass hier man über alles offen reden kann, wenn du erzählst von das oder das keiner kuckt dich an wie blöde oder, keiner redet über dich, und spricht mit dir drüber und das iss ganz normal /mhm/, weil das gehört zu dem Leben ich finde das iss okay, /mhm/ nä, (...) ich sage dir, in **einem** Jahr in Deutschland habe ich viel mehr gelernt als in ganzes Leben in Polen, /mhm/ und ich war 35 als ich Polen verlassen hab" (II 55/22-56/2).

Es ist davon auszugehen, dass Ella sich ein Leben in Polen nicht mehr vorstellen kann, weil sie die Enge der Provinz verlassen hat. Sie führt ein Leben, wo sie sich unabhängig machen kann von Kirche, Nachbarn und unmittelbarer sozialer Kontrolle. Sie wählt sich jedoch eine Lebenssituation, in der sie unter einem viel konkreteren Zwang steht. Sie ist umgeben von einer Welt, die ihre eine neue Freiheit verheißt, aber sie kann daran nur unter starken Einschränkungen partizipieren. Es zeigt sich, dass es eine ganz anders gelagerte Motivation geben muss, die Ella Noack davon abhält, sich aus der Beziehung zu lösen.

Die Tochter zieht 1997 von zuhause aus und der Sohn beginnt eine Lehre. Er fällt weiterhin durch Fehlverhalten auf. Ella hat die Möglichkeit, ihren Mann, als er sich ein Bein gebrochen hat, für ein halbes Jahr auf seiner Arbeitsstelle als Hauswart zu vertreten. Sie ist damit das erste Mal in Deutschland berufstätig. Ella macht in dieser Zeit jedoch einen Trennungsversuch, weil der psychische Terror durch den Ehemann sich steigert. Sie geht zu ihrer Tochter. Als der Ehemann sie bittet zurückzukehren und die Vertretungsstelle fortzusetzen, geht sie wieder nach Hause. Sie lässt aber bereits vorsorglich ihre Wertsachen bei der Tochter.

Ella fühlt sich zunehmend von dem Stiefsohn verraten, der sich in ihrer Wahrnehmung mit seinem Vater verbündet und kann ihn emotional nicht mehr erreichen. Sie beschreibt die Verzweiflung über den Kontrollverlust in der Rolle als Mutter.

„in Anwesenheit von seinem Sohn, hat er mich beschimpft beleidigt, /mhm/ und ich hab in der Küche geweint, und mein Mann sitzt im Wohnzimmer wie ein Pa- wie ein äh, Gott, und sein Sohn (2) iss gleich auch zu seinem Vater dann gerannt, und hat sich neben ihn hingesetzt so, Beine so, hoch so eingebildet, und nutzte die Situation [aus], als wollte er sagen Pappa ich steh dir bei oder so weißt du? /mhm/ so so diese Art ich hab in der Küche gesessen und geweint, und das war öfter so, und ich hab später gesagt, ‚weißt du Junge, nutz die Situation nicht aus wenn wir uns streiten mit Papa, weil es könnte sein dass wir uns trennen mit Pappa was machst du dann ohne Mutter wieder?‘, /mhm/ ich hab ihm das ein paar Mal gesagt ‚du hast schon einmal [die]Mutter verloren‘, und wenn du dich so verhältst (2) dann sehe ich dass für mich hier bleibt hier keinen äh, Platz mehr“, ich sag ‚lieber verhältst dich neutral und mischst dich da nicht ein und nutzt nicht die Sache für dich aus“, /ja/ nich? (I 33/8-21).

Ella erlebt hier, dass sich der mittlerweile jugendliche Sohn offen auf die Seite des Vaters stellt. Sie appelliert hier an ihn, an den Verlust seiner Mutter zu denken und er im Begriff ist, das wieder zu erleben. Sie hat keinen Platz mehr dort, wenn der Sohn sich gegen sie stellt. Diese Aussage könnte so interpretiert werden, dass ihre Aufgabe als (Stief-) Mutter mit dieser offenen Parteinahme für den Vater für sie beendet ist.

Die Polizei stürmt in dieser Zeit die Wohnung aufgrund einer Anzeige gegen den mittlerweile volljährigen Sohn wegen unerlaubten Waffenbesitzes. Der Sohn soll angeblich jemanden mit der Waffe bedroht haben. Bei der Durchsuchung seines Zimmers wird eine Gaspistole sichergestellt und Ella sieht eine ganze Batterie leerer Schnapsflaschen im Zimmer des Sohnes. Die Pistole wird dem Sohn wieder ausgehändigt. Es kommt zu mehreren Situationen, wo sich Ella durch den Sohn bedroht fühlt. Er lässt seine Pistole und ein Messer offen im Zimmer liegen und in einer Situation, in der sie den Sohn auffordert, die große Unordnung in seinem Zimmer zu entfernen, bedroht er Ella mit der Pistole:

„die Pistole lag immer wieder da draußen, und so ein großes **Messer** und alles, /mhm/ ne?, und einmal gehe ich in sein Zimmer, ((entfernt sich, spielt weiter die Situation)) gehe ich in Zimmer, mein Mann war nich da (4) Daniel sitzt da, aber war so, Chaos in seinem Zimmer ich sage ‚DANIEL du musst deine Zimmer aufräumen‘ (2) ne (2) da nimmt er seine Pistole, so, er nimmt die Pistole, so, hier so wie Polizist, so läuft er durch die Zimmer so (1) ((macht vor)) ich hab mich richtig bedroht gefühlt, er reagiert auf mich gar nicht, ich steh vor ihm, wie die Doofe, ich sage, ‚Daniel‘, er spricht mit mir nicht, nur macht er sich wichtig mit die Pistole (will er) ‘, /mhm/ (2) ich bin raus gegangen, ich weiß nich was ihm äh, durch den Kopf, läuft nich?“ (I 38/22-38/31).

In dieser Situation wird am Verhalten des Sohnes das Ausmaß an Destruktivität sichtbar, die in der Familie herrscht. Ella hält in dem gesamten Chaos an der Rolle als Hausfrau und Mutter fest und fordert ein, dass sich der Sohn in dieses Szenario einfügt. Er erlebt seit Jahren, mit welcher Gewalttätigkeit sich Ella arrangiert und entscheidet sich nun selbst hier eindeutig für die Rolle des Täters. Klar ist jedoch, dass er seit seiner Kindheit Opfer seines Vaters ist. Ella gibt ihm zwar die Zuwendung einer Mutter. Aber sie erwartet auch von ihm, dass er insbesondere die psychische Gewalt und die Demütigungen, denen er selbst und sie als seine Stiefmutter ausgesetzt sind, ausblenden soll. Sie ist schockiert über das Verhalten des Sohnes und entscheidet sich, im Gegensatz zu früheren Konflikten, dafür, den Vater nicht über das Fehlverhalten zu informieren, weil er aus Erfahrung nichts dagegen „unternimmt".

In der Vergangenheit hatte sie immer versucht dem Vater deutlich zu machen, dass er seinen Erziehungspflichten gegenüber seinem Sohn nachkommen muss. Dieser Dauerkonflikt wirkte sich für den Sohn entweder so aus, dass sich der Vater auf seine Seite stellt und Ella angriff oder, dass er den Sohn psychisch unter Druck setzte. Die Absurdität der Situation, dass Ella gegenüber dem Sohn immer wieder den Vater als moralische Instanz bemüht, der sich permanent als gewalttätig und respektlos gegenüber seiner Familie gebärdet, reflektiert sie nicht. Kurz danach kommt es zu dem letzten massiven Konflikt zwischen Ella und ihrem Ehemann, in dem es wieder um die Ordentlichkeit des Sohnes geht und Ella dem Ehemann auch vorwirft, dass er sich nicht darum kümmert, dass der Sohn eine Waffe besitzt:

„ich hab noch gesagt ‚weißt du was, in dem Zimmer von Daniel liegt immer die Pistole auf den Tisch', ich sage, ‚findet du das richtig? ich fühle mich damit bedroht, warum entfernest du die Pistole nicht?", da war er noch mehr böse, ich sag ‚wieso liegt die Pistole immer noch da, nach dem ganzen Polizeivorfall und alles?", /mhm/ ne?, da hat er- iss gekommen ins Badezimmer hat er die Toilette kaputtgeschlagen, /ja/ und äh, ich- im Wohnzimmer hat er geschimpft, nachher iss der Junge gekommen, er **schrie** im Wohnzimmer ‚ich bring die alte Sau um', so hat er geschrieen, /mhm/ ja, ‚ich bring die alte Sau um' (2) ich hab gesagt, ‚so ich hab nix mehr hier zu suchen', wenn er **so** schreit schon, aber wie böse richtig so ich hab so **Angst** gekriegt, ich sage oh Gott und was mach ich jetzt, und dann, Montag war unser Hochzeitstag sogar, ja, und ich hab heimlich alle Sachen gepackt und bin zu Nachbarn," (I 42/25-43/2).

Ella erwähnt in der Dramatik der Situation den Hochzeitstag. Dies ist insofern erstaunlich, da zu diesem Zeitpunkt eine elfjährige Beziehung hinter ihr liegt, die von Gewalt, Drohungen, Missachtung und Angst bestimmt war. Sie spricht jedoch hier ein indirektes Bedauern an, dass dieses aggressive Verhalten kurz vor ihrem Hochzeitstag auftritt. Sie spricht hier die Ebene der Bindung zu dem Ehemann an und nicht die Geschichte der Gewalttätigkeit.

7.3.10.1 Frauenhaus und endgültige Trennung

Nach diesem Konflikt mit dem Ehemann geht Ella zu ihrer Tochter und dann für 6 Monate ins Frauenhaus. Der Ehemann akzeptiert die Trennung nicht und belästigt sie mit Anrufen auf dem Handy, verspricht ihr Veränderungen und Besserung.

Auch der Sohn ruft an und schlägt vor, mit dem Vater eine Paarberatung aufzusuchen, aber Ella lehnt alle diese Vorschläge ab. Bei der polizeilichen Anmeldung für das Frauenhaus erfährt sie bei der zuständigen Meldestelle, dass der Ehemann sie direkt nach dem Auszug aus der gemeinsamen Wohnung abgemeldet hat.

Kurze Zeit später erhält Ella eine Vorladung zur Polizei, weil ihr Ehemann gegen sie Anzeige wegen Diebstahl gestellt hat. Der Vorwurf lautet, dass sie ihm 15.000 DM geklaut hätte. Ella ist empört und stellt eine Gegenanzeige wegen falscher Verdächtigungen.

Ella macht zudem gleich am Anfang ihres Frauenhausaufenthaltes Erfahrungen, die ihre Befürchtungen vor einem sozialen Abstieg bestätigen. Eine Sachbearbeiterin auf dem Sozialamt lehnt ihren Antrag auf Überbrückungsgeld ab und fordert sie auf zunächst eine abgeschlossene Versicherung aufzulösen, um ihren Lebensunterhalt zu finanzieren. Das Leben im Frauenhaus gestaltet sich für Ella auch aus anderen Gründen für schwierig, weil sie Konflikte mit anderen Bewohnerinnen hat. Diese Konflikte, die sie beschreibt, können als klassische Frauenhauskonflikte eingeordnet werden. Es geht um das Zusammenleben auf engstem Raum, Putzdienste und Hierarchien unter den Frauen.

Ella beschreibt sehr ausführlich einen Konflikt, in dem sie von anderen Frauen beschuldigt wurde, am Telefondienst zu viele Informationen gegeben zu haben. Der Konflikt wird nach ihrer Darstellung maßgeblich von einer deutschen Frau initiiert, mit der sich dann aber andere polnische Frauen verbünden. Die Weitergabe von zu vielen Informationen ist im Frauenhaus ein schwerer Vorwurf und kann damit enden, dass die betroffene Frau das Haus verlassen muss. Ella beschreibt, wie sich ein Klima gegen sie ausbreitet, dem gegenüber sie sich machtlos fühlt. Die Frauen reden schlecht über sie gegenüber den Mitarbeiterinnen und sie fühlt sich schikaniert. Ella wehrt sich, indem sie Mitarbeiterinnen um Hilfe bittet und auf Hausversammlungen ihre Position vertritt. Sie erreicht, dass sich die Mitarbeiterinnen auf ihre Seite stellen und die anderen Frauen klein beigeben. Ella fühlt sich in ihrer Position besonders bestätigt, weil ‚professionelle' Sozialarbeiterinnen sie unterstützt haben.

Ella zieht nach 6 Monaten in eine Zufluchtswohnung, lebt dort weitere 6 Monate und beginnt eine Weiterbildung. Dann zieht sie in eine eigene Wohnung. Ihr wird in dieser Zeit auch eine Stelle vom Arbeitsamt im psychosozialen Bereich vermittelt. Nach einem Jahr läuft diese Maßnahme aus und seitdem lebt sie von Sozialhilfe und ist arbeitslos. Sie leidet unter der Arbeitslosigkeit und sucht nach einem neuen Arbeitsplatz. Die eigene Wohnung ist in dieser Darstellung das wichtigste und sichtbarste Symbol für ihren Erfolg.

Zurzeit hat sie eine Beziehung zu einem polnischen Mann, lebt aber weiterhin alleine. Die Beziehung zu dem Freund beschreibt sie positiv, will aber nicht zuviel Nähe eingehen.

Ella hat einen sehr engen Kontakt zu ihrer Tochter und zu ihrer Mutter, die nach dem Tod des Ehemannes 1996 sehr zurückgezogen in einem großen Haus in Polen lebt. Die Mutter ist nach wie vor gläubige Anhängerin der Zeugen Jehovas. Ella erzählt im Interview, dass sie mittlerweile froh ist über die Einbindung der Mutter in die Gemeinschaft der Zeugen Jehovas, weil sie dort Hilfe bei alltäglichen Problemen bekommt und Ella dadurch entlastet ist.

Das Scheidungsverfahren ist abgeschlossen und sie hat keinen Kontakt mehr zu Ehemann und Stiefsohn. Dem Stiefsohn und seiner Freundin ist sie noch bei einem Gerichtstermin wegen Unterhaltsforderungen gegen ihren Ehemann begegnet.

„da bin ich schnell zu seinem Sohn gegangen (2) und zu dem Mädchen, ich hab gesagt ‚wie geht's euch' ich hab das Mädchen das erste Mal gesehen (…)sie war freundlich zu mir er auch, ich hab gesagt, ganz lei- ich hab ihm gedrückt er hat richtig gezittert, ich hab ihn gedrückt, so großer Mann ist er jetzt ne, ich hab ihm fest gedrückt (2) der Anwalt hat nur gekuckt, ich hab ihm- weil ich hab bis jetzt nie die Gelegenheit gehabt im Gericht, das ist- war erste Mal ich hab ihm in das Ohr geflüstert das der Vater es nicht hört, ‚ich hab die Handynummer immer noch die gleiche wie früher wenn du willst kannst du mich anrufen jederzeit', /mhm/ (1) sagt er „okay" aber hat nicht angerufen (2) ne. (2) na egal (…)aus den Augen aus den Sinn wie man sagt nä, aber ich glaube nicht dass er mich richtig aus dem Sinn **hat** /mhm/, weil das iss **lange** Zeit wo er ein Kind war, er hängt an mir ich wusste das (II 84/11-28).

Ella Noack meint immer noch, die alte Nähe spüren zu können und nimmt die emotionale Erregung des Sohnes wahr. Jedoch stellt sie auch ernüchtert fest, dass er sich trotz direkter Aufforderung seitdem nicht mehr bei ihr gemeldet hat. Das ist schmerzlich für Ella Noack, weil der Stiefsohn und ihre Beziehung zu ihm dafür stehen, dass ihr alter Traum von einer glücklichen Familie endgültig gescheitert ist und sie sich in der weiteren Zukunft davon verabschieden muss. Wie sehr eine bestimmte Vorstellung von Familie ihr bisheriges Leben begleitet hat, wird an dem folgenden Zitat deutlich:

„ich hab mir immer gewünscht, eine große Familie zu haben, Weihnachten zu feiern große Einkäufe zu machen, als ich andere gesehen haben, andere Frauen und Bekannte so viel gekauft haben so große Familien, da hab ich sie immer beneidet /mhm/ hab ich immer beneidet, und deswegen als ich hier in Deutschland war da waren wir vier Personen, nä, der Sohn von mein Mann, meine Tochter mein Mann und ich, das hat mir richtig Spaß gemacht Weihnachten zu vorbereiten da hab ich viel Essen immer schön gemacht schön deko**riert** immer, und Ostern und Geburtstage und Silvester hab ich immer sehr schön deko**riert** alles und schön gekleidet und die Kinder müssen schön gekleidet sein und mein Mann alles picobello, /mhm/ und die Zeit iss auch vorbei jetzt, ((seufzt)) träum ich nicht [mehr]davon" (III 50/33-51/9).

7.3.11 *Zusammenfassung*

Als ein zentrales Ergebnis der Fallrekonstruktion ist herauszustellen, dass Ella Noack in ihren Beziehungen, die sie als erwachsene Frau eingeht, familienbiographische und intergenerationell tradierte Themen bearbeitet. Es wird deutlich, dass sie mit ihrer Mutter emotional sehr eng verbunden ist. Jedoch ist die Beziehung durch eine starke Ambivalenz geprägt. Ella zeigt im Interview ihre Bemühungen, sich auf unterschiedlichen Ebenen vom Leben der Mutter zu distanzieren, ohne jedoch die Loyalität zur Mutter aufzugeben. Sie stellt die psychischen Probleme der Mutter aktiv in einen Zusammenhang mit negativen Erfahrungen, die die Mutter selbst als Kind gemacht hat. An vielen Stellen entsteht der Eindruck, dass Ella Noack sich fortwährend an der Geschichte der eigenen Mutter ‚abarbeitet'. In ihrer eigenen Biographie entwickeln sich viele Parallelen zu der Lebenssituation der Mutter. Ella Noacks erste Ehe scheiterte sehr früh, wie bei ihrer Mutter, und sie war danach alleinerziehende Mutter einer kleinen Tochter. Ebenfalls hat sie wie ihre eigene Mutter noch einmal geheiratet, als die Tochter bereits etwas älter ist. Sie hat auch ihrer eigenen Tochter einen Stiefvater ‚zugemutet', mit dem die Tochter keine guten Erfahrungen gemacht hat. Außerdem entsteht an mehreren Stellen der Eindruck, dass Ellas Tochter ebenfalls früh die Sorgen ihrer Mutter mit ihr geteilt hat und mehr die Rolle einer Schicksalsgefährtin als die einer Tochter hatte. Jedoch gibt es neben diesen offensichtlichen Parallelen auch viele Unterschiede, weil Ella Noack zum Beispiel eine viel bessere schulische Bildung und berufliche Qualifikation hat.

Ella Noacks starker Wunsch nach Zugehörigkeit und Familie dominiert ihre Lebensgeschichte. Es zeigt sich, dass enorme Verdrängungsleistungen und persönliche Anstrengungen damit verbunden waren, dass die Beziehung und die Familie überhaupt erst entstehen konnten. Mit der Migration nach Deutschland versuchte Ella, sich an erster Stelle ihren Wunsch nach Familie zu erfüllen. Jedoch verstärkte der Kontext der Migration die Ausblendung von Realitäten. Unangenehme Verhaltensweisen des zukünftigen Ehemannes konnten uminterpretiert werden und die Privilegien, die für Ella durch die Beziehung zu einem westdeutschen Mann entstanden, konnten die Hoffnung auf ein besseres Leben symbolkräftig unterstützen. Jedoch ist sie die Ehe auch nicht lediglich aus dem Grund eingegangen, um nach Deutschland migrieren zu können. Der Wunsch zu migrieren war an den Wunsch nach Familie gekoppelt. Das zeigt sich auch daran, dass Ella auch die Ehe nicht beendete, als sie einen eigenständigen Aufenthaltsstatus hatte und später sogar die deutsche Staatsangehörigkeit. Sie und ihre Tochter lebten jahrelang in einer Familiensituation, die von Angst und Gewalt geprägt war. Es zeigt sich also, dass der Wunsch nach Familie und nach Zugehörigkeit so stark war, dass dies in Kauf genommen wurde. Sich selbst beschreibt sie in dieser Beziehung als Akteurin. Sie hat die Familiensituation aktiv gestaltet, hatte

Ziele in Bezug auf den Stiefsohn, auf das Familienleben usw. Die Gewalttätigkeit brach in der Darstellung in dieses Familienleben herein, zerstörte alles, was ihr wichtig war und sie sich immer wieder mühselig aufbaute. Jedoch hat nichts sie davon abgehalten es immer wieder aufs Neue zu versuchen. Ganz abgesehen davon, dass Ella Noack selbst gesundheitlich und psychisch dadurch geschädigt wurde, haben jedoch auch der Stiefsohn und die eigene Tochter dieses Martyrium miterleben müssen. Es zeigt sich, dass Ella wahrgenommen hat, dass der Stiefsohn und ansatzweise die Tochter darunter litten. Jedoch hat dies nicht dazu geführt, dass sie sich gegen die Beziehung entschieden hat. Sie ist geblieben und hat weiter an dem Bild der glücklichen Familie gearbeitet, und je unerträglicher die Situation zuhause wurde, desto verzweifelter hat sie um die Verteidigung ihrer Werte und Bilder von einem glücklichen Familienleben gekämpft. Diese psychischen Mechanismen sind insofern bedeutsam, weil sie verhindern, dass die Gewaltbeziehung beendet werden kann. Sie verweisen auch darauf, wie wenig Hilfe Kinder in einer derartigen Situation durch die Mutter in der Gewaltbeziehung zu erwarten haben. Ella hat im Interview die Situation der eigenen Tochter ausgeblendet. Aufgrund ihrer Verdrängung und emotionalen Schwerarbeit konnte der Traum von Familie zumindest als Fassade gelebt werden. Für diesen Traum wurden von ihr viele Opfer in Kauf genommen.

Das Scheitern dieses Traumes wird mittlerweile von ihr als Realität akzeptiert. Wenn man davon ausgeht, dass sie ihr eigentliches Ziel in ihrem Leben, ‚Familie und Zugehörigkeit', nicht erreicht hat, stellt sich die Frage, welche Konsequenz das für sie hat. Es zeigt sich, dass sie die Erfahrungen des Scheiterns zwar als einen realen Teil ihrer Lebensgeschichte anerkennt, jedoch gleichzeitig darum kämpft, dies nicht als ihr persönliches Scheitern und Versagen anzusehen. Sie macht deutlich, dass sie eigentlich eine sehr gute Pädagogin und damit quasi professionelle (Stief-) Mutter ist. Die Bedeutung, die es für sie hat, diesem spezifischen Mutter- und Frauenbild zu entsprechen, ist gekoppelt an die Anerkennung, die sie sich in der Ehe durch ihren Mann erhofft hatte. Sie hat enorme Anstrengungen unternommen, um den eigenen Ansprüchen und den von anderen zu genügen und hat trotzdem die Erfahrung gemacht, dass ihr als Mutter und Ehefrau die Kontrolle über das eigene Leben und das der anderen immer mehr entglitten ist. Wenn man davon ausgeht, dass sich Ella Noack negativ und positiv mit der Lebensgeschichte der Mutter identifiziert, kann hier ihre starke Motivation begründet liegen, ihr Leben aktiv zu gestalten und nicht dem „Schicksal" zu überlassen.

7.3.12 Fazit

Das Interview mit Ella Noack habe ich nach der Durchführung der Globalanalyse des Gesamtsamples ausgewählt, weil sich dieses Interview deutlich von den anderen beiden Interviews, die ich als Fallrekonstruktionen ausgewertet habe, unterscheidet. Ella Noack präsentiert die Gewalterfahrung, wegen der sie in ein Frauenhaus ging, in der Eingangserzählung als eine singuläre Unterdrückungserfahrung in ihrem Leben. Sie stellt keine Verbindung dieser Lebensphase zum Leben davor und danach her. Es werden keine biographischen Bezüge hergestellt, wie zum Beispiel, ‚bei meiner Mutter war das genauso' oder ‚mein jetziger Mann ist wie mein erster Mann' oder aber auch ‚ganz anders', um dies nur an einigen Beispiele zu verdeutlichen. In dieser Falldarstellung wurden jedoch durch ausführliche Nachfrageteile und die Auswertung des gesamten Interviews deutlich, dass in ihrer Lebensgeschichte durchaus sehr viele biographische Kontinuitäten aufzufinden sind. Nun wäre es denkbar gewesen, dass Ella Noack lediglich nicht die Fähigkeit besitzt, diese Zusammenhänge wahrzunehmen. Sie zeigt jedoch durch ihre Ausführungen zum Leben der eigenen Mutter die Kompetenz, familienbiographische Zusammenhänge zu analysieren und herzustellen. In der Präsentation ihrer eigenen Lebensgeschichte blendet sie diese Zusammenhänge jedoch zunächst aus und präsentiert die gewalttätige Beziehung zu ihrem Ehemann als eine singuläre Erfahrung von Unterdrückung und Destruktion, die über ihr Leben hereingebrochen ist. Das bewusste Ausblenden von familienbiographischen und biographischen Kontinuitäten, die bei der Rekonstruktion der Fallgeschichte deutlich wurden, steht für die Befürchtung, dass der Verlauf ihres Lebens durch das ‚Erbe' der Mutter bereits vordeterminiert sein könnte und das eigene biographische Scheitern damit vorprogrammiert. Die Art der Präsentation, das heißt die Vermeidung einer biographischen Perspektive, kann also für Ella Noack zunächst als eine wichtige Bewältigungsstrategie im Umgang mit der Gewalterfahrung interpretiert werden. Sie kann so neue Zukunftsperspektiven entwickeln und verharrt nicht in der Depression. Sie kämpft darum, ihr Leben mit einem positiven Sinn auszustatten. Jedoch gelingt dies nur durch das Aufbringen enormer psychischer Verdrängungsleistungen. Diese Fähigkeit, Situationen umzudeuten und ihnen einen positiven Sinn zu geben, hat auch dazu geführt, dass Ella Noack viele Jahre ihres Lebens in einer Gewaltbeziehung ausgeharrt hat und sich und die betroffenen Kinder davor nicht schützen konnte. Es zeigt also, dass es sich bei diesem ‚Glauben' an eine bessere Zukunft sowohl um eine Ressource, als auch um eine Voraussetzung zur Viktimisierung handelt, die Ella Noack in der langjährigen Beziehung mit ihrem Ehemann erlebt hat.

8 Kontrastiver Vergleich und theoretische Verallgemeinerungen

Im Anschluss an die Falldarstellungen sollen nun die rekonstruierten Biographien miteinander und mit den Ergebnissen der Globalanalysen verglichen und kontrastiert werden.

Das vorliegende Sample besteht aus Frauen, die folgende Gemeinsamkeiten haben:

- Migrationshintergrund bzw. eine eigene Migrationserfahrung[204],
- Gewalterfahrung,
- Frauenhausaufenthalt.

Mich interessierte in dieser Arbeit, wie Migrantinnen, die in ein Frauenhaus gegangen sind, sich mit ihren Gewalterfahrungen im biographischen Kontext auseinandersetzen. Präzisiert wurde dieses Forschungsinteresse durch vier konkrete Fragen:

- Welche biographischen Konstruktionen entwickeln sie im Kontext von Herkunfts- und Aufnahmegesellschaft, Migration und Gewalterfahrung?
- Welche Ressourcen und Bewältigungsstrategien werden sichtbar?
- Welche Bedeutung haben ‚Geschlechterverhältnisse' bzw. ‚Geschlechterarrangements' im biographischen Kontext für die Auseinandersetzung mit der erlebten Gewalt?
- Welche Bedeutung haben biographische Macht- und Unterdrückungserfahrungen (wie z.B. Rassismus) für die Auseinandersetzung mit der Gewalterfahrung?

Ich komme zunächst zu einer ersten fallübergreifenden Gemeinsamkeit im Sample, die sich bei der Auswertung ergeben hat. Sie soll den sich anschließenden Ausführungen vorangestellt werden, weil sie für die Diskussion und die Einordnung der Ergebnisse wichtig ist:

Die Gewalterfahrung ist in Verbindung mit dem Frauenhausaufenthalt eine subjektiv gravierende Ausgrenzungs- und Unterdrückungserfahrung

204 Außer einer Frau, Jasna Babič (vgl. Anhang), haben alle Frauen eine eigene Migrationserfahrung gemacht.

Bei der Auswertung der Einzelfälle und der Globalanalyse wurde zunächst fallübergreifend deutlich, dass die erlebte Gewalt von allen Frauen des Samples als extreme persönliche Unterdrückungserfahrung interpretiert und bewertet wird. Die Unterdrückungserfahrung bezieht sich auf die erlebte psychische und physische Gewalt. Gleichzeitig ist die Gewalterfahrung, die dazu führte, dass die befragten Migrantinnen in ein Frauenhaus gingen, eindeutig an das Erleben von Ausgrenzung gekoppelt. Besonders gravierend wird hier die Erfahrung von Gewalt in einer Beziehung zu einer Person wahrgenommen, von der erwartet wird, dass sie einem nahe steht. Hierbei spielte es nicht so sehr eine Rolle, ob die Beziehung oder Ehe auf gegenseitiger Liebe und Zuneigung begründet war. Auch bei Beziehungen, in denen es sich zunächst eindeutig um eine arrangierte Ehe handelte und die Frauen möglicherweise weniger emotionale Erwartungen mitbrachten, wurde die Gewalterfahrung als gravierende persönliche Demütigung und Verletzung erlebt.[205] Von besonderer Bedeutung ist es dabei, dass alle Frauen über eine normative Vorstellung verfügen, wie sich ein guter und verantwortungsvoller Partner oder Vater ihrer Kinder zu verhalten hat und wie ein funktionierendes Familienleben aussehen soll. Durch die erlebte Gewalt ist dieses Bild und die Hoffnung, diesem entsprechen zu können, zerstört worden. [206]

Der Weg ins Frauenhaus wird als Eingeständnis des zumindest bisherigen Scheiterns der Beziehung von der Frau selbst und eventuell von anderen interpretiert. Es ist möglich, dass eine Frau bereits seit Jahren misshandelt wird, jedoch erst der Aufenthalt im Frauenhaus das Scheitern der Beziehung für sie selbst oder für andere sichtbar werden lässt. Auf dieser Ebene findet das Erleben von Ausgrenzung statt. Das Frauenhaus symbolisiert den Bruch in der Beziehung. In den Falldarstellungen wird deutlich, dass die Erfahrung, die mit dem Gang ins Frauenhaus stattfindet, das Leben neu strukturiert. Für alle Frauen des Samples ist sie eine Krise und zugleich ein bedeutungsvoller Wendepunkt. Es handelt sich um eine Situation, die kurzfristig oder auf Dauer zur Infragestellung von bisherigen Gewissheiten führen kann, aber nicht muss.[207]

Trotz dieser Gemeinsamkeit war es jedoch auffällig, wie unterschiedlich diese Ausgrenzungs- und Unterdrückungserfahrung in den biographischen Interviews präsentiert wurden. Diese Unterschiede bestimmten dann auch die Auswahl der Interviews, die als Fallrekonstruktionen ausführlich ausgewertet wurden.

---

205 Vgl. exemplarisch Kap. 7.1. Nihad Amin.

206 Die Gewalterfahrung wird von Frauen häufig als „individuelles Versagen" erlebt (vgl. Büttner 1997:265).

207 Dies betrifft mein Sample und viele Frauen im Frauenhaus. Aber es ist auch zu erwähnen, dass es gewaltbetroffene Frauen gibt, für die der Gang in das Frauenhaus Teil ihrer Gewaltgeschichte wird, weil sie mehrfach in die Beziehung zurückkehren. Jedoch zeigt sich, dass auch dies über einen längeren Zeitraum Prozesse der Veränderung mit sich bringen kann.

In der ersten Fallrekonstruktion wurde die Biographie von Mirja Johannsen (Kapitel 7.1), einer rumänischen Frau, die Angehörige der Roma ist, rekonstruiert. Bei ihr wurde die Thematisierung der Gewalterfahrung im biographischen Kontext durch ethnisierte Selbst- und Fremdbilder dominiert.

Die Wahl der zweiten biographischen Selbstpräsentation, die sich für diese Falldarstellung als maximaler Vergleich angeboten hatte, fiel auf Nihad Amin, einer irakischen Kurdin, die die Gewalterfahrung in den unmittelbaren Zusammenhang zu ihrer Herkunftsfamilie brachte. Diese Perspektive dominierte das gesamte Interview.

Die dritte biographische Selbstpräsentation von Ella Noack, einer Frau aus Polen wurde wiederum als Kontrastierung zu den beiden vorangegangenen Fallrekonstruktionen ausgewählt, weil hier die erlebte Gewalt zunächst explizit als singuläre Unterdrückungs- und Ausgrenzungserfahrung ohne biographische Bezüge präsentiert wurde.

Durch die ausführlichen Fallrekonstruktionen konnte herausgearbeitet werden, welche individuelle lebensgeschichtliche Bedeutung die jeweilige Präsentationsform der Gewalterfahrung hat und wie diese das Erleben der Gewalt strukturiert.

Diesen Zusammenhängen möchte ich nun anhand des Vergleichs der Falldarstellungen und der Globalanalysen weiter nachgehen. Eine Form der theoretischen Verallgemeinerung bietet die folgende Typologie an, die ich nun vorstellen möchte.

Die Typenbildung bildet drei übergeordnete Ebenen der Thematisierung der erlebten Gewalt ab, die sich sowohl in den Fallrekonstruktionen als auch in den Globalanalysen unterscheiden lassen. Die beschriebenen Untertypen stellen eine weitere Differenzierungsebene dar. In der nun vorgestellten Typologie wird der jeweilige Bezug zu wichtigen Aspekten der Lebensgeschichte hergestellt und diskutiert. Die Globalanalysen bilden hier die Grundlage.

8.1 Der erste Typus: Die Thematisierung der Gewalterfahrung auf der Ebene gesellschaftlicher[208] Ausgrenzungs- und Unterdrückungserfahrungen[209]

Die Frauen, die diesem Typus zugeordnet wurden, sind die größte Gruppe im Sample. Sie nehmen eine politisierte Perspektive auf ihre Biographie und auf ihre Gewalterfahrung ein. Gemeint ist damit, dass Erfahrungen von Ausgrenzung und Unterdrückung im gesellschaftlichen Kontext (wie zum Beispiel in Bezug auf Geschlechterverhältnisse, ethnische Zugehörigkeit, soziale Klasse oder andere Formen sozialer Ungleichheit) direkt angesprochen und in Bezug auf die Gewalterfahrung thematisiert werden. Dies kann sich sowohl auf den Herkunftskontext als auch auf den Aufnahmekontext beziehen.

Es lassen sich folgende strukturelle Gemeinsamkeiten herausarbeiten. Die Frauen dieser Gruppe thematisieren ihre Gewalterfahrung im Kontext gesellschaftlicher Ausgrenzungs- und Unterdrückungserfahrungen auf unterschiedlichen Ebenen. Erwähnenswert ist an dieser Stelle, dass in dieser Gruppe alle Frauen, außer zweien, einer ethnischen Minderheit mit Diskriminierungserfahrungen im Herkunftskontext angehören. Bei den beiden Frauen, die nicht einer Minderheit angehören, handelt es sich einerseits um eine Frau, die zwar als Angehörige der Mehrheitsgesellschaft keine Diskriminierungserfahrungen im Herkunftskontext erlebt hat, sich jedoch nach der Migration als schwarze Frau, wie sie im Interview thematisiert, mit rassistisch konnotierten Diskriminierungserfahrungen in Deutschland auseinandergesetzt hat. Bei der zweiten Frau handelt es sich um eine Frau türkischer Herkunft ohne Minderheitsstatus in der Herkunftsgesellschaft, die sich im Interview mit ihrem diskriminierten Status sowohl als Frau in der türkischen Gesellschaft und auch als Migrantin in der deutschen Aufnahmegesellschaft auseinandersetzt. Es ergibt sich hier also für alle Frauen dieses Typus ein thematisierter gemeinsamer Erfahrungshintergrund mit gesellschaftlicher Marginalisierung. Eine weitere strukturelle Gemeinsamkeit der Frauen dieser Gruppe liegt darin, dass alle Frauen von individuellen Ausgrenzungs- und Unterdrückungserfahrungen als Mädchen und Frauen in ihrer Herkunftsfamilie berichten. Bei diesen Erfahrungen handelt es sich faktisch um gravierende Verletzungen der psychischen und bei einigen der Frauen der physischen Integrität. Hier könnte jetzt vermutet werden, dass die Perspektive auf Ge-

208 Die Bezeichnung ‚gesellschaftliche Ausgrenzungs- und Unterdrückungserfahrungen' bezieht sich auf Erfahrungen im Kontext von gesellschaftlich verankerten Macht- und Ungleichheitsstrukturen wie Ethnizität, Geschlecht, soziale Klasse.

209 Um das ganze Spektrum von Erfahrungen begrifflich fassen zu können, habe ich mich für die Formulierung ‚Ausgrenzungs- und Unterdrückungserfahrung' entschieden. ‚Ausgrenzung' und ‚Unterdrückung' beziehe ich sowohl auf Erfahrungen im gesellschaftlichen Kontext als auch auf Erfahrungen im Beziehungskontext.

schlechterverhältnisse in der Herkunftskultur oder allgemein im Zusammenhang mit der erlebten Gewalt besonders zentral ist und ausgebaut wird. Jedoch zeigt sich, dass dies bei der Thematisierung der erlebten Gewalt nicht bei allen Frauen relevant wird.

Die vorgenommene Einteilung in Untertypen ermöglicht es, weitere Differenzierungen vorzunehmen.

Untertypus I/1: Die Politisierung von Ausgrenzungs- und Unterdrückungserfahrungen in Gesellschaft und Herkunftsfamilie

Für Frauen, die diesem Untertypus zuzuordnen sind, findet sowohl die Thematisierung der aktuellen Gewalterfahrung als auch der Ausgrenzungs- und Unterdrückungserfahrungen in der Herkunftsfamilie und in der Gesellschaft im Rahmen einer politischen Positionierung statt. Diese politischen Positionierungen fallen jedoch sehr unterschiedlich aus. Ich möchte dies an zwei sehr gegensätzlichen Beispielen verdeutlichen.

Berrivan Demiray[210] ist Kurdin aus der Türkei. Ihre Familiegeschichte ist voller Verweise auf die starke Diskriminierung, die Frauen in ihrer Herkunftsgesellschaft erleben. Sie selbst hatte eine intensive Beziehung zu ihrem politisch aktiven Vater, der wiederum ihre Mutter misshandelte. Als der Vater starb, war sie mit den Problemen ihrer alleinstehenden Mutter konfrontiert, die wiederum von der Herkunftsfamilie des Vaters schlecht behandelt und ausgegrenzt wurde. Zudem hatte die Mutter, zeitgleich zum Tod des Vaters, einen Sohn geboren, der anschließend alle Zuwendung und Aufmerksamkeit der Herkunftsfamilie des Vaters bekam. Berrivan Demiray beschreibt eine traurige, ärmliche Kindheit gemeinsam mit ihrer Mutter, als geduldete Familienmitglieder. Sie verliebte sich als Jugendliche mehrfach in politisch aktive Männer und plante beispielsweise, als Kämpferin in die Berge zu gehen. Sie beteiligte sich an kleineren politischen Aktivitäten, migrierte nach Deutschland zu ihrem ebenfalls politisch aktiven Cousin, beantragte politisches Asyl und heiratete den Cousin einige Zeit später. In Deutschland wurde sie von ihm misshandelt und lebte dann zwei Jahre im Frauenhaus. Sie hatte mehrere Aufenthalte in der Psychiatrie und lebt bis heute lediglich mit dem aufenthaltsrechtlichen Status einer Duldung. Sie kämpft seit Jahren mit Unterstützung von AnwältInnen gegen die Entscheidungspraxis der deutschen Ausländerbehörde an. Berrivan Demiray thematisiert die Gewalterfahrung nicht im Zusammenhang mit der Rolle von Frauen in ihrer Herkunftsgesellschaft. Die Geschlechterverhältnisse ihrer Herkunftsgesellschaft werden nicht zum Thema in ihrer Biographie gemacht. Im Zentrum des Interviews steht das fehlende Vertrauen zu anderen Menschen. Diese Perspektive durchzieht das Interview. Sie richtet ihre Aufmerksamkeit im Interview auf die

210 Alle Namen wurden anonymisiert.

politischen Strukturen von Unterdrückung als KurdInnen in der Türkei und in Deutschland. Sie präsentiert sich als ein Mensch, der „beleidigt" im Sinne von ‚gekränkt' wurde, und bezieht dies auf ihr Kurdisch-Sein. Sie erlebt ihre Umwelt als feindlich und reagiert darauf mit großer Wut. Diese äußere Feindlichkeit, die sie wahrnimmt, zieht sich als Thema durch ihre biographische Selbstpräsentation. Deutlich ist jedoch gleichzeitig, dass sie seit ihrer Kindheit ebenfalls einer massiven familiären Kränkungssituation ausgesetzt war. Sie hat erlebt, wie ihre Mutter zunächst durch den Vater misshandelt und dann nach seinem Tod durch die Herkunftsfamilie des Vaters erniedrigt und ausgegrenzt wurde und sie selbst war davon ebenfalls als Mädchen betroffen. Diese unterschiedlichen Ausgrenzungs- und Unterdrückungserfahrungen verbinden sich miteinander. Die Wut über die ungerechte Behandlung ihrer Mutter und die eigenen Ausgrenzungs- und Unterdrückungserfahrungen in der Herkunftsfamilie wird von ihr jedoch abgewehrt, indem sie den realen und gleichzeitig symbolischen Kampf für das kurdische Volk in den Vordergrund stellt. Sie hat durch die Politisierung ihrer Erfahrungen einen Interpretationsrahmen gefunden, mit dem sie sich implizit von den unterdrückenden Geschlechterverhältnissen in ihrer Herkunftsfamilie distanzieren kann. Jedoch kann sie gleichzeitig gegenüber ihrer (kurdischen) Herkunftsgesellschaft und Familie loyal bleiben, und die Geschichte ihrer unglücklichen Kindheit wird damit eine ‚Nebengeschichte'.

In einem anderen Beispiel findet eine völlig andere Form der Politisierung statt. Justine Ölmez ist ebenfalls Kurdin aus der Türkei und wurde als Kind gemeinsam mit ihren Geschwistern von den Eltern zu Verwandten nach Deutschland geschickt. Die Eltern hat sie seitdem nicht mehr wiedergesehen. Justine Ölmez thematisiert ihre Lebensgeschichte als determiniert von ausbeuterischen Verwandten in Deutschland, bei denen sie nach der Migration aus der Türkei ohne ihre Eltern lebte und von denen sie die Verantwortung für die kleineren Geschwister übertragen bekam. Sie entscheidet sich in der Perspektive auf ihr Leben dafür, die Handlungen der Eltern zu entschuldigen und vermeidet darüber eine Auseinandersetzung mit ihnen.

Die kurdische Verwandtschaft in Deutschland wird als grausam und unberechenbar gegenüber ihr als Mädchen und Frau interpretiert. Alles, was sie an Einschränkungen durch die Verwandten erlebt, thematisiert sie auf der Ebene des Geschlechterverhältnisses in der Herkunftsgesellschaft. Dieses bezeichnet sie als „kulturell rückständig" und bezieht sich hier auf ihre kurdische Herkunft, repräsentiert durch die Verwandtschaft in Deutschland, die sich, wie sie betont, nicht an die deutsche Kultur anpassen wolle. Dabei orientiert sie sich an vorherrschenden Diskursen der deutschen Mehrheitsgesellschaft und greift demonstrativ auf stereotypisierte Perspektiven der deutschen Mehrheitsgesellschaft auf ihr Leben als ‚kurdische Frau' zurück.

Justine Ölmez fordert mit diesen Positionierungen im Interview sehr offensichtlich eine Zustimmung und Akzeptanz von mir als (mehrheitsdeutscher) Interviewerin heraus. Meiner Einschätzung nach versuchte sie, darüber einerseits meine Position zu diesem ‚Diskurs' zu überprüfen und gleichzeitig Nähe herzustellen, weil sie anscheinend davon ausging, dass ich ihre Einschätzungen und Bewertungen teile. Bei den Nachfrageteilen wurde deutlich, dass es in den Beziehungen zu ihrer Familie in Deutschland viele Brüche und Ambivalenzen gibt und die Familie ihr gegenüber nicht als homogenes Kollektiv gehandelt hat. Diese anderen ambivalenten Anteile der Lebensgeschichte können von ihr nicht in eine politisierte Perspektive integriert werden. Justine hatte, zum Zeitpunkt des Interviews, alle Kontakte zur Familie abgebrochen und wollte mit einer neuen Identität, das heißt, mit einem anderen Namen und in einer anderen Stadt ein neues Leben anfangen. Sie erhielt Anerkennung durch deutsche FreundInnen und professionelle HelferInnen, zum Beispiel einer Frauenhausmitarbeiterin in der Herkunftsstadt, von denen sie sich als zugehörig zur mehrheitsdeutschen Gesellschaft akzeptiert fühlte. Die beschriebene Form der Thematisierung mit der Gewalterfahrung hat die Funktion, die idealisierte Beziehung zu den eigenen Eltern unangetastet zu lassen, obwohl die Verletzung und die Kränkung darüber deutlich wird, dass die Eltern ihre Kinder weggegeben haben und Justine im Stich gelassen wurde. Justine Ölmez hat sich dafür entschieden, ihre Herkunft hinter sich zu lassen und Anerkennung durch die deutsche Gesellschaft als wichtigstes Ziel für ihr zukünftiges Leben anzustreben. Sie ‚integriert' sich in die dominanten Diskurse und drängt Widersprüche zurück. Dieses Interview ist das einzige Interview, in dem die Perspektive der deutschen Mehrheitsgesellschaft bei der Thematisierung der Gewalterfahrung im Vordergrund steht.

Abschließend lässt sich feststellen, dass es sich hier um zwei polarisierte Positionen handelt. Berrivan Demiray blendet die Bedeutung von Geschlechterverhältnissen völlig aus und setzt sich ausschließlich mit den Diskriminierungen als Kurdin in der Türkei und in Deutschland auseinander. Justine Ölmez jedoch setzt sich wiederum ausschließlich mit den Geschlechterverhältnissen in ihrer kurdischen Familie in Deutschland auseinander und erklärt damit ihre gesamte Lebensgeschichte.

Bei anderen Frauen, die diesem Untertypus zuzuordnen sind, werden Geschlechterverhältnisse im Herkunfts- und Aufnahmekontext durchaus als eine relevante gesellschaftliche Machtstruktur präsentiert. Jedoch werden diese in unterschiedlicher Gewichtung in eine Relation zu anderen Unterdrückungs- und Ausgrenzungserfahrungen gebracht. Affoue Seka, eine Frau aus Westafrika, berichtet über eigene Unterdrückungserfahrungen als Mädchen und Frau und die der eigenen Mutter durch ihren Vater. Sie bringt diese Erfahrungen auch in einen Zusammenhang mit der späteren Gewalt durch den Ehemann. Sie reflektiert hier Geschlechterverhältnisse und die Lebenssituation von Frauen. Sie betont aber im Zusammenhang mit der erlebten Gewalt in Deutschland genauso stark die Rassismuserfahrungen, die ihr gewalttätiger Ehemann in Deutschland gemacht hat, als sie gemeinsam mit ihm lebte. Sie bringt diese in einen Zusammenhang mit eigenen Rassismuserfahrungen, die sie mit Frauenhausbewohnerinnen, Mitarbeiterinnen eines Frauenhauses und zuständigen Behörden gemacht hat.

Untertypus I/2: Intergenerationelle gesellschaftliche Ausgrenzungs- und Unterdrückungserfahrungen in der Herkunftsfamilie als Interpretationsrahmen

Dieser Untergruppe wurden zwei Frauen zugeordnet, die Angehörige einer diskriminierten Minderheit im Herkunfts- und im Aufnahmekontext sind. Bei beiden Frauen, die diesem Untertypus zugeordnet wurden, steht die Thematisierung der Gewalterfahrung im biographischen Kontext von intergenerationellen gesellschaftlichen Diskriminierungserfahrungen.

Das Thema Loyalität mit der eigenen Familie oder mit Teilen der Familie aufgrund dieser Erfahrungen ist hier ein zentrales Thema bei der Thematisierung der Gewalterfahrung.

Das ‚typische' Beispiel für diesen Untertypus ist Parev Demiroglu. Sie ist Armenierin und aus der Türkei als Jugendliche nach Deutschland migriert. Die Betroffenheit der eigenen Herkunftsfamilie vom Genozid der ArmenierInnen in der Türkei bestimmt ihre Perspektive auf ihr Leben maßgeblich mit. Sie schildert Fremderzählungen aus der Familiengeschichte vor ihrer Geburt mit großer emotionaler Betroffenheit. Zugehörigkeit, Ausgrenzung und Unterdrückung sind die relevanten Themen. Die Loyalität mit ihrer Herkunftsfamilie führt in Deutschland zu einer arrangierten Ehe mit einem Armenier, den Parev Demiroglu auf den Wunsch der Familie heiratet. Die Enttäuschung über die fehlende Unterstützung durch die Eltern, als es zu Gewalttätigkeiten in dieser Beziehung kommt, führt zu einer Distanzierung von ihren Eltern. Sie benennt die Ungerechtigkeiten und Unterdrückungserfahrungen in der Familie, ohne jedoch ihre zugrundeliegende Loyalität zu ihrer armenischen Herkunftsfamilie aufzugeben. Parev Demiroglu zeigt als Folge ihrer Erfahrungen eine große Sensibilität für unterschiedliche Ausgrenzungsstrukturen unter den Bewohnerinnen des Frauenhauses.

Diesem Untertypus lässt sich auch die rekonstruierte Biographie von Mirja Johannsen (vgl. Kapitel 7.1) zuordnen. Dieser rekonstruierte Einzelfall weist jedoch einige Besonderheiten auf. Bei Mirja Johannsen werden intergenerationelle Ausgrenzungserfahrungen im Interview nicht auf einer manifesten Ebene thematisiert. Obwohl sie von familiären Ausgrenzungserfahrungen und geschlechtsspezifischer Unterdrückung durch die Herkunftsfamilie und in ihrer ersten Ehe berichtet, und ihre Zugehörigkeit zur Minderheit der Roma erst beim zweiten Interviewtermin in einem Satz thematisiert, wurde bei der Auswertung des Interviews deutlich, dass Mirja Johannsen im gesamten Interview Selbst- und Fremdbilder zum Thema ‚ethnische Zugehörigkeiten‘ konstruiert. Diese sind für Mirja Johannsen der relevante Kontext, in den sie die Gewalterfahrung positioniert. Diese hervorgebrachten Selbst- und Fremdbilder stehen in direktem Bezug zu den historisch bedeutsamen Diskursen der Herkunftsgesellschaft und den auch in Deutschland zum Zeitpunkt der Migration wirksamen Diskursen über rumänische Roma.

Mirja Johannsen thematisiert ethnische Zugehörigkeit im Kontext von Ausgrenzung und Stigmatisierung sowohl in der Herkunfts- als auch in der Aufnahmegesellschaft. Diese Perspektive wird auch bei der Auseinandersetzung mit den Gewalterfahrungen in der Beziehung zu einem deutschen Ehemann von Relevanz.

Für die Frauen dieses Typus ist die Politisierung von Ausgrenzungs- und Unterdrückungserfahrungen in der Herkunftsfamilie, teilweise nachträglich aus der Perspektive im Frauenhaus, eine Möglichkeit die Beziehung zu Bezugspersonen aus der Herkunftsfamilie neu zu interpretieren.

8.2 Der zweite Typus: Die Thematisierung der Gewalterfahrung auf der Ebene von Ausgrenzungs- und Unterdrückungserfahrungen in der Herkunftsfamilie

Dieser Typus repräsentiert Frauen, die die Thematisierung der Gewalterfahrungen in der biographischen Selbstpräsentation überwiegend in Relation zu Ausgrenzungs- und Unterdrückungserfahrungen in der Herkunftsfamilie vornehmen.

Untertypus II/1: Ausblendung von gesellschaftlichen Ausgrenzungs- und Unterdrückungserfahrungen

Bei den Frauen, die diesem Untertypus zuzuordnen sind, ist es besonders auffällig, wie sie gesellschaftliche Machtstrukturen, die sie durchaus sehr genau in den Nachfrageteilen des Interviews beschreiben können, als nicht relevant für ihre Biographie präsentieren. Sie thematisieren sich und ihr Handeln als determiniert durch die Erfahrungen in der Herkunftsfamilie.

Dieser Untertypus wird durch die rekonstruierte Biographie von Nihad Amin (vgl. Kapitel 7.2) repräsentiert. Die Gewalterfahrung in ihrer Ehe thematisiert sie nicht als ‚Gewalt im Geschlechterverhältnis‘, sondern setzt das Verhalten des Ehemannes ihr gegenüber mit dem Verhalten der Mutter ihr gegenüber gleich. Zentral für diese Präsentation ist ihre eigene emotional stark belastete Beziehung zur Mutter, der sie die Schuld für ihr eigenes

Schicksal zuschreibt. Die politischen und innerfamiliären Machtstrukturen und Außenkontexte werden ausgeblendet in der biographischen Selbstpräsentation. Die Ausgrenzungs- und Unterdrückungserfahrungen, die ihre Mutter als ‚ungebildete' Frau auf der Ebene der Verbindung von Klassen und Geschlechterverhältnissen in der Familie des Vaters, in die sie einheiratet, erfährt, sind für die Thematisierung ihrer eigenen Gewalterfahrung nicht von Relevanz, obwohl sie sie durchaus beschreibt. Die politische Verfolgung des Vaters und die damit einhergehenden Ausgrenzungs- und Unterdrückungserfahrungen, die die ganze Familie betreffen, werden nur auf Nachfragen präsentiert. Die Situation als Kurdin im Herkunfts- und Aufnahmekontext wird zwar thematisiert, ist jedoch in der Auseinandersetzung mit der Gewalterfahrung ebenfalls nicht von Relevanz.

Ein weiteres Beispiel für diesen Untertypus ist die Biographie von Olga Ivanova aus Bulgarien. Olga kommt aus einer zerrütteten Familie. Sie wurde von ihrer Mutter verlassen und lebte bei dem Vater, der sich nicht um sie kümmerte. Die neue Partnerin des Vaters behandelte sie schlecht. Olga fühlte sich als Arbeitskraft ausgebeutet und gegenüber der Tochter der Stiefmutter benachteiligt und vom Vater nicht unterstützt, sondern im Stich gelassen. Auffällig sind die ausbeuterischen Strukturen in Olgas Lebensgeschichte. Sie kommt vom Haushalt des Vaters in die Familie des Ehemannes, eine Romafamilie, und beschreibt ihr Leben dort wiederum als Ausbeutung, weil ihr die Versorgung aller Familienmitglieder der Großfamilie übertragen wurde. Sie verließ nach zwei Jahren, wie sie es selbst als Tochter mit ihrer eigenen Mutter erlebt hat, ihre beiden kleinen Töchter, mit der Begründung, dass die Kinder sie aufgrund ihres Alters nicht mehr brauchen würden. Anschließend lebte sie in einer Zuhälterfamilie, in der die Grenzen zwischen Geschäft und Familienleben nicht mehr vorhanden waren. Über diese Familie kam sie nach Deutschland und gerät als Prostituierte in eine extreme Abhängigkeit, aus der sie erst einige Zeit später ausbrechen kann. Auffällig ist, dass sie ihre Situation als Prostituierte nur aus einer Zuschauerinnenperspektive thematisiert. Sie beschreibt sehr distanziert, wie andere Frauen, mit denen sie arbeitete, zu Opfern des gemeinsamen Zuhälters wurden. Sie formuliert jedoch keine empathische Haltung für diese Frauen, die teilweise in ihrer Gegenwart schwer misshandelt wurden, sondern sieht die Ursache für die Misshandlungen im Fehlverhalten der betroffenen Frauen. Olga stellt ihre gesamte Lebensgeschichte in den Kontext ihrer Familiengeschichte. Sie sagt, „die Familie ist schuld", dass sie diesen Weg gegangen sei. Sie suchte in ihrem jeweiligen sozialen Umfeld, zum Beispiel im Prostitutionsmilieu und gegenwärtig im Frauenhaus, einen Familienersatz und trauert um ihr, aus ihrer Sicht, gescheitertes Leben.

Die Fokussierung bestimmter Erfahrungen in der Herkunftsfamilie kann hier als eine Strategie eingeordnet werden, komplexere Lebensituationen auf bestimmte Themen zu reduzieren. Dadurch wird auch die Erfahrung der erlebten Gewalt relativiert.

Untertypus II/2:Die Thematisierung von Ausgrenzungs- und Unterdrückungserfahrungen in der Herkunftsfamilie als Teil gesellschaftlicher Strukturen.

Bei diesem Untertypus wird die Gewalterfahrung zwar ebenfalls überwiegend auf der Ebene von Ausgrenzungs- und Unterdrückungserfahrungen in der Herkunftsfamilie interpretiert. Jedoch werden hier gesellschaftliche Strukturen nicht ausgeblendet, sondern integriert. Ein Beispiel dafür ist die Biographie von Hanife Tarman. Sie thematisiert ihre Geschichte der Gewalt durch den Ehemann auf der Ebene von Ausgrenzungs- und Unterdrückungserfahrungen in der Familiengeschichte. Sie stellt ihre Sicht auf die Zusammenhänge zwischen ihrer Familiengeschichte und ihrem eigenem Leben detailliert und plausibel dar. Hanife Tarman ist in der Türkei mit vier Geschwistern aufgewachsen. Ihre Mutter migrierte wegen finanzieller Probleme der Familie alleine nach Deutschland und der Vater folgte ihr erst ein Jahr später. Die Kinder konnten zunächst noch nicht mitkommen und blieben in der Türkei. Hanife war die älteste Tochter, konnte nicht mehr zur Schule gehen und hatte die Verantwortung für die kleineren Geschwister und für den Haushalt. Als sie 13 Jahre alt war, kam sie nach Deutschland, besuchte eine Schule und wurde Fabrikarbeiterin. Sie ist zwei Ehen auf Druck der Eltern eingegangen. In der zweiten Ehe wurde sie über Jahre hinweg terrorisiert und misshandelt. Hanife beschreibt einerseits, wie die Eltern ihre Bedürfnisse als Kind und als erwachsene Frau unterdrückt oder nicht wahrgenommen haben. Aber sie reflektiert gleichzeitig die Lebenssituation ihrer Eltern, die unterschiedlichen emotionalen Beziehungen, die sie zur Mutter und zum Vater hatte. Sie beschreibt Zeiten, in denen das Verhältnis wieder herzlicher wurde. Sie setzt sich mit ihrer eigenen Geschichte auf der Ebene der Geschlechterverhältnisse, der Migrationssituation, Rassismuserfahrungen und mit Ambivalenzen in der Herkunftsfamilie auseinander. Hanife Tarman beschreibt im Interview, wie sie ihr eigenens Verhalten gegenüber den Töchtern wahrnimmt, wie sich unbewusst Muster wiederholen und sie sich bemüht ihren Töchtern andere Erfahrungen zu ermöglichen. Ihr Verhältnis zur Herkunftsfamilie ist ambivalent, aber sie betont die Bindung und will diese aufrechterhalten.

Hanife Tarman setzt gesellschaftliche Strukturen in Bezug zur eigenen Familiengeschichte und zur eigenen Biographie, ohne dass, wie bei den Frauen des Typus I, die Schwere der eigenen Anklage gegen die Herkunftsfamilie dadurch minimiert wird. Eigene Ambivalenzen werden nicht ausgeblendet, sondern angesprochen und in die biographische Selbstpräsentation integriert. Bei der anderen Frau, die diesem Typus zugeordnet wurde, werden ebenfalls die Ausgrenzungs- und Unterdrückungserfahrungen in der Herkunftsfamilie besonders stark gewichtet. Jedoch findet auch hier die Thematisierung dieser Erfahrungen im Kontext gesellschaftlicher Strukturen in der Herkunfts- und Aufnahmegesellschaft statt.

Eine „überindividuelle" Sichtweise auf die Gewalterfahrung und auf die belastenden Erfahrungen in der Herkunftsfamilie ermöglicht hier, ähnlich wie bei einigen Frauen des Typus I eine Distanzierung von den erlebten Verletzungen.

8.3 Der dritte Typus: Die Thematisierung der Gewalterfahrung als singuläre Ausgrenzungs- und Unterdrückungserfahrung im biographischen Kontext

Dieser Typus repräsentiert eine Gruppe von vier Frauen im Sample, die die Gewalterfahrung als nicht verbunden mit der eigenen Biographie präsentieren. Biographische Bezüge, Anknüpfungspunkte und Kontinuitäten werden in der Präsentation der Lebensgeschichte nicht hergestellt. Frauen aus dem Sample, die diesem Untertypus zugeordnet werden, thematisieren das Leben vor der Gewalterfahrung als nicht relevant für die Gegenwart. Die Gewalterfahrung konstituiert die Perspektive auf die Gegenwart. Die Präsentationsebene ist stark von einer Fokussierung der Gewalterfahrung und den Folgen für das zukünftige Leben dominiert.

Ella Noack (vgl. Kapitel 7.3), an deren Fallrekonstruktion dieser Typus genauer herausgearbeitet werden konnte, präsentiert eine Lebensgeschichte, die aus einer zentralen, dramatischen Lebensphase der gewalttätigen Beziehung besteht, um die sich der Rest des Lebens lediglich als Rahmen formt. Die Gewalterfahrung wird nicht in eine Relation zu anderen biographischen Erfahrungen gesetzt und damit wird sie biographisch dekontextualisiert. Biographische Kontinuitäten und Verbindungen zur Familiengeschichte werden konsequent nicht hergestellt. Erst bei der Rekonstruktion der Lebensgeschichte mit Hilfe eines ausführlichen Nachfrageteils wird deutlich, dass familienbiographische Themen in der biographischen Konstruktion von Ella Noack zwar zunächst nicht präsentiert werden, jedoch von großer Relevanz für die eigene Biographie sind. Außerdem wird deutlich, dass ihr eine familienbiographische Perspektive vertraut ist. Das Ausblenden dieser Zusammenhänge kann am Beispiel von Ella Noack als eine Strategie eingeordnet werden, das Scheitern ihres starken Wunsches nach Familie und Zugehörigkeit, der ihre gesamte Lebensgeschichte und die Beziehung zu ihrem gewalttätigen Ehemann bestimmt hat, nicht als ein biographisches Scheitern wahrnehmen zu müssen. Dahinter steht die Befürchtung, dass der Verlauf des Lebens bereits determiniert sein könne und damit das eigene biographische Scheitern wie bei der eigenen Mutter vorprogrammiert.

Bei Shereta Brovina aus dem Kosovo wird die Gewalterfahrung in einem noch stärkeren Ausmaß als die zentrale dramatische Erfahrung ihres Lebens eingeordnet, obwohl sie zum Zeitpunkt des Interviews schon einige Jahre zurückliegt und die Misshandlungen bereits Gegenstand eines Gerichtsverfahrens waren. Die Gewalterfahrung war so massiv und traumatisierend, dass sich noch lange Jahre danach posttraumatische Belastungsstörungen einstellen. Shereta Brovina ist mit 24 Jahren über Familiennachzug nach Deutschland zu ihrem hier lebenden Mann gekommen. Sie wurde von ihm und von seiner Herkunftsfamilie, in der sie lebten, von Anfang an sehr schlecht behandelt. Innerhalb eines halben Jahres wurde sie von ihrem Ehemann so schwer misshandelt und gequält, dass sie aufgrund der unerträglichen Situation floh und von Menschen auf der Straße schwer verletzt und traumatisiert gefunden wurde und ins Frauenhaus kam.

Das Leben vor diesen schweren Misshandlungen lässt sich für Shereta Brovina nicht mit diesen Erfahrungen verbinden. Die Kindheit und Jugend im Kosovo sind im Interview keine Themen, über die Shereta viel zu sagen hat. Sie begründet das damit, dass dieser Teil ihres Lebens nicht ‚besonders' oder ‚erzählenswert' sei. Die Beziehungen zu ihrer Familie werden nur angedeutet und erzählerisch nicht genauer ausgebaut. Für Shereta ist bis in die Gegenwart die Frage dominierend, warum das alles geschehen ist und warum ihr früherer Ehemann ihr die Gewalt angetan hat. Es wird deutlich, dass sie sich mit der Ehe einen starken Wunsch nach Familie und Kindern erfüllen wollte und die Gewalterfahrung für sie diesbezüglich als ein biographisches Scheitern eingeordnet wird. Hinter der immer wiederkehrenden Frage nach dem Motiv für die Gewalt handelt es sich auch um eine Sinnsuche im biographischen Kontext. Die starken Depressionen und die psychosomatischen Symptome, die Shereta noch Jahre danach verfolgen, verweisen auf die traumatisierenden Auswirkungen der erlebten Gewalt und stehen im Zusammenhang mit der Zerstörung eines Lebenszusammenhangs, der die eigene Biographie vorher strukturierte.

Jedoch verweist die Präsentation der gesamten Lebensgeschichte auch auf andere problematische und wahrscheinlich traumatisierende Erfahrungen, die für die Folgen und die Bewältigung des Traumas relevant sind. Dies wäre jedoch nur durch eine ausführliche Rekonstruktionsarbeit nachvollziehbar gewesen. Da Shereta Brovina zum Zeitpunkt des Interviews nach wie vor viele psychische und psychosomatische Probleme hatte, wurde von mir als Interviewerin darauf verzichtet, durch Folgeinterviews intensivere Nachfragen zur Lebensgeschichte zu formulieren.

Bei zwei weiteren Frauen wird durch bewusst eingesetzte Strategien der Selbst- und Fremdtäuschung die Herstellung einer biographischen Kontextualisierung vermieden.

Deutlich wird dies am Beispiel von Lisa Rodriguez. Lisa Rodriguez ist eine junge Frau, die auf Kuba aufgewachsen ist und dort einen deutschen Mann kennengelernt hatte, der deutlich älter war und sie heiratete. Sie ging mit ihm nach Deutschland. Nachdem sie einige Zeit dort mit ihm lebte, reiste Lisa Rodriguez, ohne den Ehemann darüber zu informieren, in die USA, um eine Jugendliebe aus Kuba wieder zu treffen. Sie blieb einige Jahre dort, bekam ein Kind und ging nach dem Scheitern der Beziehung mit dem Kind wiederum nach Deutschland zurück. Sie präsentierte die darauf folgenden Konflikte mit ihrem deutschen Mann, die darin kumulierten, dass sie sich von ihm bedroht fühlte. Anschließend ging sie mit ihrem Kind in ein Frauenhaus. Das Interview bleibt an vielen Stellen widersprüchlich und nicht plausibel. So präsentiert Lisa ihre Kindheit als glücklich und unbeschwert, obwohl sie gleichzeitig viele Themen einbringt, die diese Einschätzung in Frage stellen. Sie schildert sehr detailliert die schweren Erkrankungen, die sie in ihrer Kindheit hatte. Diese Krankheiten waren medizinisch nicht einzuordnen und sind vermutlich als psychosomatisch einzuordnen, z.B. Lähmungserscheinungen und Ohnmachten. Außerdem problematisiert und pathologisiert sie ihr eigenes Verhalten in der Darstellung dadurch, dass sie von ihren unkontrollierbaren Gewaltausbrüchen berichtet, die sich gegen Menschen richten, von denen sie sich provoziert fühlte. Sie berichtet von dem Beispiel, wo sie einer Mitschülerin den Kopf in die Kloschüssel gesteckt habe. Sie präsentiert diese Vorfälle ohne Empathie oder eine Erklärung, mit der Ausstrahlung einer gewissen Genugtuung und gleichzeitiger genauer Beobachtung der Reaktion der Interviewerin. Als ich wegen einer widersprüchlichen Angabe zur Lebensgeschichte nachfrage, reagiert sie amüsiert, als ob sie bei einem besonders guten ‚Coup‘ einer Täuschung ertappt wurde. Sie hatte, wie sie danach freimütig ausführte, bewusst einen Teil ihrer Lebensgeschichte umgeändert, um eine Version ihrer Lebensgeschichte plausibel zu machen. Anschließend präsentiert sie eine andere Version, die weitaus schlüssiger und nachvollziehbarer war und in der sie Situationen und Details erzählerisch ausbaute. Insgesamt entsteht im Laufe des gesamten Interviews durchaus ein Bild davon, welche biographischen Themen kopräsent sind und für diese Präsentation von Relevanz sein könnten. Deutlich wird, dass Lisa Rodriguez ein starkes Engagement zeigt, wenn es darum geht, die eigene Mutter vor Vorwürfen oder Schuldzuweisungen zu schützen.

Dieses Beispiel unterscheidet sich von den Interviews mit Ella Noack und Shereta Brovina dadurch, dass das Interview hier bewusst als Bühne für eine Inszenierung der Lebensgeschichte genutzt wird. Lisa Rodriguez war an der Durchführung des Interviews sehr interessiert und suchte die Aufmerksamkeit durch die Interviewerin. Die ‚Täuschung‘ der Interviewerin ist ein aktiver, bewusst gesteuerter Prozess, der zunächst als Strategie interpretiert werden kann, die Deutungsmacht über das eigene Leben nicht durch eine Offenlegung bestimmter Informationen zu verlieren. Jedoch fordert sie die Interviewerin indirekt auf, indem sie eindeutig widersprüchliche Informationen gibt, durch Nachfragen eine Plausibilität einzufordern, die sie selbst nicht herstellen will oder kann. Dieses Verhalten kann als eine Ambivalenz zwischen dem Bedürfnis nach Tarnung und dem Wunsch nach „Wahrhaftigkeit“ im Kontakt interpretiert werden. Die vermeintlich aktive ‚Täuschung‘ ist damit gleichzeitig auch als Selbsttäuschung zu interpretieren.

8.4 Zusammenfassung und Diskussion der Ergebnisse

8.4.1 Hauptergebnisse

Die Typologie bildet drei „typische“ Ebenen der Thematisierung der Gewalterfahrung im biographischen Kontext ab:

- Gesellschaft (Typus I)
- Herkunftsfamilie (Typus II)
- Gewalterfahrung als singuläre Ausgrenzungs- und Unterdrückungserfahrung (Typus III)

Insgesamt lässt sich feststellen, dass die Gewalterfahrung bei Typus I und Typus II eindeutig in den Kontext anderer biographischer Ausgrenzungs- und Unterdrückungserfahrungen gestellt wird. Jedoch wird deutlich, dass hier sehr individuell von Fall zu Fall unterschiedliche Perspektiven besonders stark gemacht und andere zum Beispiel ganz ausgeblendet werden. Das heißt konkret, dass zwei Frauen bei einem Vergleich ihrer Lebenssituation ähnliche strukturelle Bedingungen gehabt haben können und trotzdem eine völlig unterschiedliche Präsentation und Interpretation der erlebten Gewalt im biographischen Kontext vornehmen. Bei beiden Ebenen der Thematisierung der erlebten Gewalt handelt es sich um Strategien, die eine Bewältigung und eine Integration der Erlebnisse in die Lebensgeschichte ermöglichen sollen. Bei Typus III zeigt sich, dass die Gewalterfahrung als eine *singuläre* Ausgrenzungs- und Unterdrückungserfahrung präsentiert wird, die explizit *nicht* in Bezug zu anderen biographischen Ausgrenzungs- und Unterdrückungserfahrungen gesetzt wird. Bei der ausführlichen Fallrekonstruktion von Ella Noack (Kapitel 7.3), die Typus III zuzuordnen ist, wurde jedoch deutlich, dass die Dethematisierung biographischer Kontinuitäten hier genau die Funktion haben kann, diese Perspektiven auf die erlebte Gewalt zu verhindern. Jedoch zeigte sich auch hier, dass Ausgrenzungs- und Unterdrückungserfahrungen im gesellschaftlichen und familiären Kontext letztendlich entscheidend dafür sind, wie die Gewalterfahrung thematisiert wird. Bei Shereta Brovina gab es ebenfalls Hinweise darauf, dass die Traumatisierung durch die Gewalterfahrung in Verbindung zu anderen traumatischen Erfahrungen in der Kindheit und Jugend steht. Jedoch konnte dieser Hypothese durch ausführliche Nachfragen nicht weiter nachgegangen werden, weil die psychische Situation der Interviewten nicht stabil genug war. Die Traumatisierung ist hier im Vordergrund und blockiert eine Thematisierung biographischer Perspektiven. Jedoch ist aus der Traumaforschung bekannt, dass die vorhandenen biographischen Ressourcen sich entscheidend darauf auswirken, welche Formen der Bewältigung der Gewalterfahrung möglich sind (vgl. Kapitel 4.3). Bei den anderen Frauen, die dem Typus III zugeordnet wurden, bleibt die Lebensgeschichte durch Strategien der ‚Selbst- und Fremdtäuschung' fragmentiert und ein Rekonstruktionsprozess ist aufwändiger und schwieriger. Es zeigt sich jedoch bei den Globalanalysen, dass es vor allem Ausgrenzungs- und Unterdrückungserfahrungen im Kontext der Herkunftsfamilie sind, die in der Präsentation aktiv ausgeblendet wurden.

These 1: Bei den Ebenen der Thematisierung der erlebten Gewalt im biographischen Kontext handelt es sich um Strategien der Bewältigung von Ausgrenzung und Unterdrückung.

Wie wir sehen können, sind Ausgrenzungs- und Unterdrückungserfahrungen in der Herkunftsfamilie und im Herkunfts- und Aufnahmeland das übergeordnete Thema in den biographischen Selbstpräsentationen.

Es lässt sich festellen, dass die Ebene der Thematisierung der Gewalt in Relation zu biographischen Ausgrenzungs- und Unterdrückungserfahrungen im Kontext von Gesellschaft und Herkunftsfamilie steht.

Jedoch stellt sich die Frage, in *welcher* Relation?

Deutlich wird, dass die Ebene der Thematisierung der Gewalterfahrung zunächst etwas darüber aussagen kann, welches bewusste oder unbewusste Präsentationsinteresse die Interviewpartnerin hat. Die biographische Selbstpräsentation sagt gleichzeitig etwas darüber aus, wie die Frau selbst auf die erlebte Gewalt blickt oder blicken will und welche Außenperspektive sie auf die Gewalterfahrung herstellen möchte. Dabei sind unterschiedliche Aspekte bedeutsam, die ich für diese Arbeit folgendermaßen formulieren würde:

- andere biographische Erfahrungen, die mit der Gewalterfahrung emotional assoziiert werden,

- Verdrängungsmechanismen als Selbstsschutz oder zum Schutz von anderen (z.B. familiäre oder andere Loyalitäten),
- Blockierungen durch Traumatisierung,
- die Auseinandersetzung mit einer ‚Außenperspektive' (z.B. familiale und gesellschaftliche Diskurse, die Interaktion im Interview).

Wie in den Falldarstellungen und in den Globalanalysen deutlich wurde, finden sich in den biographischen Selbstpräsentationen diese Aspekte im Zusammenspiel und in unterschiedlicher Gewichtung. Die Präsentation ist nicht einheitlich, sondern es gibt Brüche oder mehrere Versionen der Lebensgeschichte und damit auch der erlebten Gewalt (vgl. hierzu allgemeiner Kapitel 5).

Zu betonen ist, dass es um den Kontext von Ausgrenzungs- und Unterdrückungserfahrungen geht und damit um *Machtstrukturen.*

Das Konzept der „Doppelperspektivität" (vgl. Kapitel 5.2.1) beschäftigt sich mit diesen Dimensionen. Am Beispiel von biographischen Fallanalysen hat Gültekin (2003) herausgearbeitet, wie biographische ErzählerInnen gleichzeitig sowohl die Außenperspektive auf ihr Leben, die sich über die dominanten Diskurse zu Migration herstellt, als auch die Innenperspektive, die sich erheblich von der Außenperspektive unterscheiden kann, in der Darstellung ihrer Lebensgeschichte präsentieren (a.a.O.:165). Es handelt sich um die individuelle Auseinandersetzung von Migrantinnen mit dominanten Perspektiven und Diskursen in der Präsentation ihrer Lebensgeschichten. Bei den Falldarstellungen konnte diese „Doppelperspektivität" am deutlichsten bei der Fallrekonstruktion von Mirja Johannsen (vgl. Kapitel 7.1) herausgearbeitet werden. Sie präsentiert zwei Versionen ihrer Lebensgeschichte, in der unterschiedliche Perspektiven, die für ihre Auseinandersetzung mit der Gewalterfahrung von Relevanz sind, sichtbar werden. Bedeutsam sind im Zusammenhang mit Machtstrukturen und ihrer Thematisierung die Überlegungen von „Intersektionalität als Ressource" (Lutz/Davis 2005, vgl. Kapitel 4). Es wurde hier am Beispiel eines Interviews herausgearbeitet, dass bei einer Frau, bei der sich vielfältige politische und soziale Zugehörigkeiten in der Biographie finden lassen, intersektionelle Perspektiven als Beschreibung sich überschneidender Machtkategorien, als Ressource bei der biographischen Selbstpräsentation, genutzt werden. In meinem Sample finden sich ebenfalls Frauen mit sehr unterschiedlichen politischen und sozialen Zugehörigkeiten. In der Typologie wird deutlich, dass in der Auseinandersetzung mit der Gewalterfahrung diese „Zugehörigkeiten" im Kontext von Differenz und Machtstrukturen bedeutsam sind. Dies wird besonders bei den Frauen des Typus I und des Typus II deutlich. Sie betonen selektiv, aber eben nicht willkürlich, biographische Themen aus ihrem Leben besonders stark.

Es handelt sich um Formen „biographischer Arbeit" (vgl. Kapitel 4), die im Zusammenhang mit der erlebten Gewalt, wie in These 1 festgestellt, als

Bewältigungsstrategien[211] einzuordnen sind. Dabei handelt es sich häufig auch um eine „familienbiographische Arbeit“, weil auch Nicht-Selbsterlebtes, das heißt Erfahrungen der Eltern und Großeltern, bei den interviewten Frauen in die Auseinandersetzung mit der Gewalterfahrung einbezogen werden (vgl. exemplarisch Nihad Amin Kapitel 7.2 und Ella Noack Kapitel 7.3). Die (familien-)biographische Arbeit findet in den biographischen Selbstpräsentationen über die Thematisierung und Bearbeitung der Gewalterfahrung im Kontext familialer und gesellschaftlicher Diskurse statt. Dadurch werden vergangene und gegenwärtige (familien-)biographische Optionen gesellschaftlicher und sozialer Partizipation, und die damit verbundenen individuell unterschiedlichen Barrieren und Ressourcen, sichtbar. Wir haben in Kapitel 5 gesehen, dass Diskurse subjektkonstituierend und damit handlungsstrukturierend sind. Insbesondere in den Fallrekonstruktionen konnte herausgearbeitet werden, dass es sich bei der Ebene, auf der die Gewalterfahrung thematisiert wird, um biographische Konstruktionen handelt, die für das Erleben und die Auseinandersetzung mit der Gewalterfahrung der interviewten Frauen von erheblicher Relevanz sind. So lässt sich die oben beschriebene These, die sich auf die Ebene der Thematisierung bezog, weiter präzisieren:

These 2: Biographische Ausgrenzungs- und Unterdrückungserfahrungen im Kontext von Gesellschaft und Herkunftsfamilie und damit verbundene familiale und gesellschaftliche Diskurse strukturieren die Thematisierung *und* das Erleben der Gewalt.

Ich möchte nun auf diese biographischen Erfahrungen eingehen, die sich für die gewaltbetroffenen Migrantinnen in der Auseinandersetzung mit der Gewalt als bedeutsam herausgestellt haben. Es handelt sich um Ausgrenzungs- und Unterdrückungserfahrungen

– als ethnische/religiöse Minderheit im Herkunfts- und Aufnahmekontext, (politische, soziale und religiöse Ausgrenzung und Unterdrückung und damit verbundene Rassismus- und Diskriminierungserfahrungen im Herkunftsland und in Deutschland), wie z.B. bei Mirja

211 Monika Büttner (1997) hat in ihrer biographietheoretischen Studie mit ehemaligen Frauenhausbewohnerinnen (keine Migrantinnen) (vgl. Kap. 5.3.3) herausgearbeitet, dass alle Frauen auf „implizite Selbsttheorien“ zurückgriffen, um ihre Geschichten darzustellen, zu bilanzieren und damit zu bewältigen. Dabei orientierten sie sich an „Schemata über sich selbst, vor der Beziehung, während der Ehe und nach der Trennung und ebenso an Schemata über andere“ (a.a.O.:274). Die biographischen Selbstpräsentationen lassen sich durch „auffallende und subtile Aussparungen“, im Sinne von Auslassungen und selektiven Darstellungen charakterisieren (a.a.O.:275). Sie hat diese Form der „Bewältigung und Prävention durch Selektion“ als Hauptstrategie der befragten Frauen herausgearbeitet (a.a.O.:275f).

Johannsen, Berrivan Demiray, Affoue Seka, Ella Noack, Hanife Tarman.

- als Kind in der Herkunftsfamilie (fehlende emotionale Bindungen, Ablehnung und Vernachlässigung, eigene Gewalterfahrungen, Gewalterfahrungen von anderen nahen Menschen - nicht nur in Geschlechterverhältnissen -, häusliche Gewalt, psychisch und physisch u.a.), wie z.B. bei Affoue Seka, Berrivan Demiray, Hanife Tarman, Nihad Amin, Justine Ölmez.
- aufgrund von anderen gesellschaftlichen und familären Stigmatisierungen (z.B. alleinerziehende Mutter, Familienstatus, psychische Erkrankung, politische Verfolgung) z.B. bei Ella Noack, Berrivan Demiray, Nihad Amin.
- aufgrund intergenerationell tradierter Erfahrungen in der Herkunftsfamilie auf der Ebene von Gesellschaft oder auf der Ebene der Beziehungsdynamik der Herkunftsfamilie z.B. bei Ella Noack, Mirja Johannsen, Parev Demiroglu.
- als Mädchen und Frauen in Herkunftsgesellschaft und Herkunftsfamilie und in Deutschland, (z.B. in der Gewaltbeziehung) z.B. bei Nihad Amin, Mirja Johannsen, Affoue Seka, Berrivan Demiray, Justine Ölmez, Shereta Brovina, Hanife Tarman.
- als Migrantinnen in Deutschland (Aufenthaltsstatus, Migrationsstatus, strukturelle Benachteiligung, Rassismus-bzw. Diskriminierungserfahrungen auf unterschiedlichen Ebenen) z.B. Affoue Seka, Mirja Johannsen, Ella Noack, Berrivan Demiray, Hanife Tarman.

Diese Erfahrungen überschneiden und verbinden sich individuell in der „erlebten und in der erzählten Lebensgeschichte".

In der Einleitung wurde bereits als grundlegende Annahme für diese Arbeit formuliert, dass es für gewaltbetroffene Migrantinnen, die häuslicher Gewalt ausgesetzt sind, eine Bedeutung für das Erleben hat, dass sie in ihren Biographien auch andere Formen von Gewalt und Unterdrückung erfahren.[212] Daraus ergab sich die Fragestellung, *ob* und wenn ja, *wie,* sich Gewalterfahrungen im jeweiligen Geschlechterverhältnis mit anderen biographischen Gewalt- und Unterdrückungserfahrungen im Erleben verbinden.

Es stellt sich in der Auswertung der Interviews zunächst einmal heraus, dass Erfahrungen im Zusammenhang mit Geschlechterverhältnissen nicht zum strukturierenden und dominierenden Bezugspunkt für die Auseinandersetzung mit der häuslichen Gewalterfahrung in der eigenen Biographie werden müssen. Stattdessen sind in den vorliegenden Interviews beispielsweise

212 Dies kann selbstverständlich auch auf Frauen zutreffen, die keinen Migrationshintergrund haben und gleichzeitig muss dies keinesfalls alle Migrantinnen betreffen. Die Ergebnisse dieser Arbeit sind also keinesfalls nur für gewaltbetroffene Migrantinnen relevant, sondern sie werden an vielen Punkten allgemeine Themen gewaltbetroffener Frauen berühren.

die Kränkungen im Mutter-Tochter-Verhältnis von besonderer Bedeutung, wie bei Nihad Amin. Von Relevanz für ihre biographische Selbstpräsentation sind in diesem Beispiel ihre persönlichen Bindungen und Loyalitäten auf unterschiedlichen Ebenen, die sie in der Herkunftsfamilie hat. Dies ist insbesondere deshalb interesssant, weil alle Frauen des Samples in einem Frauenhaus waren. Außer bei einer Frau (Justine Ölmez) wird jedoch nicht der dominante Frauenhausdiskurs, der die Gewalterfahrung ausschließlich in den Kontext des Geschlechterverhältnisses stellt, herangezogen. Festzustellen bleibt, dass der dominante Diskurs in Deutschland zu „Gewalt im Geschlechterverhältnis" nicht in dieser Form adaptiert wird, obwohl sich dieser Interpretationsrahmen anbieten würde, weil er die individuell erlebte Gewalt in einen überindividuellen Kontext stellt und damit emotionale Distanz verschaffen kann.

Bei den Rekonstruktionen der Falldarstellungen und bei der Auswertung der Globalanalysen wurde jedoch deutlich, dass ‚Geschlechterarrangements', ‚Geschlechterverhältnisse' und ‚Geschlechterkonstruktionen' im Kontext von Gesellschaft und Herkunftsfamilie faktisch in der Genese der Gewalterfahrung und in den Biographien eine zentrale Bedeutung haben, auch wenn sie nicht als solche benannt werden.

<u>Es stellt sich heraus, dass die isolierte Kategorie Geschlecht im biographischen Kontext anscheinend nicht bedeutsam, jedoch als kontextualisierte Kategorie wiederum von sehr großer Relevanz ist.</u>

In allen Falldarstellungen finden sich Verweise auf die unterschiedlichen Geschlechterstrukturen der jeweiligen Gesellschaften und der Herkunftsfamilien und darauf, welchen Stellenwert diese spezifischen Geschlechterstrukturen für die Auseinandersetzung in der jeweiligen Beziehung und aber auch für das Erleben der Gewalt haben. Die Erfahrung ‚eine Frau zu sein' verbindet sich mit vielen anderen Erfahrungen. Bei Mirja Johannsen wird deutlich, dass ihre Erfahrung als Angehörige der Roma sich von ihrer Erfahrung als Frau nicht abkoppeln lässt.

Bei Nihad Amin wird am Beispiel ihrer Mutter deutlich, wie stark Geschlechtszugehörigkeit in ihrer Herkunftsfamilie durch Klassenzugehörigkeit strukturiert ist und wie sehr diese Erfahrung Nihad Amins eigenes Erleben dominiert.

In der Biographie von Ella Noack wird wiederum deutlich, dass bei ihr Geschlechtszugehörigkeit sehr stark über das Frauen- und Familienbild im Kontext von Sozialismus und Katholizismus und in der Auseinandersetzung damit definiert wird. Religion spielt in ihrer Biographie durch die Religiösität der Mutter eine große Rolle. Die hier aufgeführten Beispiele sind nur ein Ausschnitt, der erfahrungsbezogenen Intersektionalitäten, die es gibt.

In den Falldarstellungen wird deutlich, dass die Gewalt nicht nur im Geschlechterverhältnis stattfindet. Sie findet auch in einer Beziehung statt, die von anderen Machtstrukturen durchdrungen ist. Die biographischen Selbstpräsentationen sind als „Erzählungen über Zugehörigkeit" (Anthias 2003:22), in der die eigene Positionierung in Bezug auf soziale Kategorien wie Geschlecht, Ethnizität, soziale Klasse kenntlich gemacht wird, einzuordnen.

Dies lässt sich in der folgenden These zusammenfassen:

These 3: Die Thematisierung und das Erleben der Gewalterfahrung ist ‚intersektionell' strukturiert.

Es bestätigt sich hier, worauf die Biographieforscherin Bettina Dausien ebenfalls hingewiesen hat:

> „In der Beschäftigung mit Biographien kommt ‚Geschlecht' (wie ‚Ethnizität', ‚Klasse' oder andere Kategorien) nicht ‚rein' vor, sondern immer im je konkreten Zusammenspiel unterschiedlicher sozialer Ordnungen, in konkreten Kontexten und Konnexen historisch-sozialer Welten (Dausien 2004:319) (vgl. Kapitel 5).

Festzustellen ist, dass die Thematisierung oder explizite Dethematisierung von unterschiedlichen Zugehörigkeitskonstruktionen in den Fallrekonstruktionen und in der Globalanalyse zum zentralen und konstituierenden Zugang in der Analyse des Zusammenhangs von Gewalterfahrung, Migration und Biographie wird.

Partnerschaft und Familie als der direkte Kontext, in dem die Gewalterfahrung stattfindet, symbolisiert durch die damit verbundenen normativen Vorstellungen bei allen Frauen des Samples eine spezifische Zugehörigkeitskonstruktion. Die Auseinandersetzung mit der Gewalterfahrung findet also im Spannungsfeld von Erfahrungen mit ‚Zugehörigkeit' und ‚Nicht-Zugehörigkeit' auf der Ebene von Herkunftsfamilie und Gesellschaft statt. Die Erfahrung des Scheiterns der Beziehung, die Zugehörigkeit symbolisiert, führt dazu, dass die Gewalterfahrung im Erleben als Zugehörigkeitskrise einzuordnen ist, die in den Kontext anderer biographischer Zugehörigkeitskrisen gestellt wird. Unabhängig von der jeweiligen Kontextualisierung der Gewalterfahrung handelt es sich jedoch für alle interviewten Frauen um eine gravierende Unterdrückungserfahrung.

These 4: Die Gewalterfahrung wird als Unterdrückung und als ‚Zugehörigkeitskrise' erlebt.

Bevor ich zu einer Zusammenfassung dieses Kapitels komme, möchte ich vorab noch einige andere Ergebnisse vorstellen, die ich für wichtig halte.

8.4.2 *Weitere Ergebnisse*

8.4.2.1 Der Stellenwert der Herkunftsfamilie

Fallübergreifend lässt sich feststellen, dass sich alle Frauen des Samples latent oder manifest im Kontext der erlebten Gewalt mit ihrer eigenen Herkunftsfamilie auseinandersetzen. Dies geschieht vermutlich, weil die Situation in der Herkunftsfamilie der primäre biographische Anknüpfungspunkt für die Erfahrungen in der eigenen Familie und Paarbeziehung sind. Dabei wurde auch deutlich, dass auch intergenerationelle Perspektiven im Zusammenhang mit der Gewalterfahrung zu berücksichtigen sein können.[213]

8.4.2.2 Der Stellenwert von Mutterschaft

In allen drei Falldarstellungen und in den Globalanalysen wird deutlich, wie wichtig die Kinder in der Beziehungsdynamik sind. Die Frauen koppeln ihr Schicksal an das ihrer Kinder. Sie sind der Anlass, Beziehungen einzugehen, Beziehungen aufrecht zu erhalten oder Beziehungen zu beenden. Kinder werden in der Gewaltbeziehung auf unterschiedlichen Ebenen funktionalisiert und sie werden selbst Opfer physischer und psychischer Gewalt durch Mutter oder Vater. Es wird deutlich, dass die eigene Beziehung zu den Kindern von den Müttern nicht genauer reflektiert wird.[214]

8.4.2.3 Der Stellenwert der Migration

Fallübergreifend ist für die Frauen die Migration, unabhängig davon, aus welchem Grund sie zustande kam, mit unterschiedlichen Erwartungen und Wünschen an die eigene Zukunft verknüpft. Für Mirja Johannsen ist die Migration eine Flucht aus einer Unterdrückungssituation als Tochter und Frau im familiären Kontext, für die es durch die ökonomische und soziale Ausgrenzungssituation als Angehörige der Roma, und damit der einer deklassierten Gruppe, keine Perspektive gab, dieser Situation zu entkommen. Die Migration stellte für sie einen schmerzhaften, aber hoffnungsvollen Bruch mit der Vergangenheit dar. Mirja Johannsen überwindet dabei „ver-

---

213 Die Bedeutung von Familienstrukturen für das Handeln und Erleben des Individuums ist in der systemischen Familientheorie zentral. Die Kritik, dass Machtstrukturen hier unsichtbar gemacht werden, wurde in der feministischen Familientherapie und Theorie, insbesondere in den USA, aufgegriffen und es entstanden theoretische Perspektiven, die Familie im Kontext von gesellschaftlichen Machtstrukturen analysieren (vgl. Mc Goldrick 1998)

214 Büttner (1997) stellt ebenfalls fest, dass die eigene Beziehung zu den Kinder von den gewaltbetroffenen Frauen nur „ausweichend" angedeutet wurde und dabei Schuldgefühle eine Rolle spielen (a.a.O.:275).

laufskurvenförmige“[215] Situationen und nimmt dafür große körperliche und psychische Strapazen auf sich. Die Beziehung in Deutschland ist zunächst als existenzsichernde Strategie zu interpretieren. Die Sehnsucht nach Zugehörigkeit führt jedoch zu einer Umdeutung der Beziehung. Die Gewalterfahrung symbolisiert hier das Scheitern dieses Versuchs Zugehörigkeit zu erfahren und steht für eine Kontinuität der Zugehörigkeitskrise, die schon im Herkunftskontext begonnen hat.

Für Nihad Amin ist die Migration durch Heirat als eine legitime Flucht aus der Herkunftsfamilie zu interpretieren. Sie kann damit einerseits dem Willen der Mutter nachkommen, eine Ehe einzugehen. Aber sie kann auch gleichzeitig den Herkunftskontext verlassen. Die Gewalterfahrung symbolisiert das Scheitern einer Beziehung, die durch den Herkunftskontext konstituiert wurde und in ihrer Wahrnehmung mit diesem untrennbar verbunden bleibt. Der Weg ins Frauenhaus ist für sie ein Wendepunkt, eine Chance des Neubeginns. Zugehörig fühlt sie sich nach wie vor zu ihrer Herkunftsfamilie. Sie nutzt die Trennung als einen Weg, die Beziehung zur Herkunftsfamilie aufrechtzuerhalten und selbstbestimmt neu definieren und gestalten zu können.

Für Ella Noack ist die Migration ebenfalls ein selbstbestimmter Aufbruch aus der unbefriedigenden Situation in der Herkunftsgesellschaft. Diese Situation bestand zum einen darin, dass der eigene Lebensentwurf, der in Abgrenzung zur Mutter entstand, nicht wirklich zum gewünschten Erfolg führte. Der Versuch eine Familie zu gründen, die den normativen Vorstellungen von Ella Noack entsprach, scheiterte. Die Beziehung zu einem deutschen Mann eröffnete neue Optionen und führte dazu, dass die Migration nach Deutschland zu einer neuen Chance wurde, familiäre Zugehörigkeit im Rahmen einer Familiengründung zu erfahren, ohne alte Zugehörigkeiten dafür aufgeben zu müssen. Die Anerkennung des Scheiterns der Beziehung war für Ella Noack ein langwieriger Prozess, weil alle Hoffnungen sich auf das Ziel ‚Familie‘ richteten. Die Gewalterfahrung wird von ihr als Ausgrenzung aus normativen Zugehörigkeitsdefinitionen erlebt. Das Bedrohlichste ist daher für sie die Perspektive auf biographische Zusammenhänge und Kontinuitäten.

Migration erfordert allgemein eine Neudefinition von Zugehörigkeiten. Dies heißt jedoch keinesfalls, dass alte Zugehörigkeiten dabei aufgegeben werden. Die Migration ist in meinem Sample nicht fallübergreifend als Zugehörigkeitskrise identifizierbar. Die Bedeutung der Migration ist extrem kontextabhängig. Sie symbolisiert das Thema Zugehörigkeit, jedoch nicht die

215 Es handelt sich um einen Begriff aus der Biographieforschung. Als „Verlaufskurve“ (engl. „trajectory“) werden nach Glaser/ Strauss (1970 zit. nach Apitzsch 2000:103) „Phasen menschlichen Lebens“ bezeichnet, „in denen Subjekte nicht mehr intentional handeln können, sondern in übermächtigen institutionellen Abläufen gleichsam ‚gelebt', ‚prozessiert', ‚behandelt' werden“ (Apitzsch a.a.O.:103).

Krise an sich. Die Migration kann somit für die Gewalterfahrung als ein relevanter, aber unspezifischer biographischer Kontext konstruiert werden.

8.4.2.4 Der Zusammenhang von Handlungsfähigkeit und Opferstatus

In den Falldarstellungen kann deutlich herausgearbeitet werden, wie sehr die Frauen Gestalterinnen ihres Lebens sind. Es zeigt sich, wie strukturelle Aspekte, wie z.B. Flucht (vgl. Mirja Johannsen), aufenthaltsrechtliche Einschränkungen und Abhängigkeiten, sich auf die Handlungsspielräume gravierend auswirken. Jedoch zeigt sich, dass Lebenssituationen auch in solchen Situationen aktiv gestaltet werden. Mirja Johannsen kauft zum Beispiel von ihrem eigenen ersparten Geld gemeinsam mit ihrem Freund ein Hochzeitskleid, um einen anderen Mann zu heiraten, den sie nicht liebt, um sich ihren individuellen Traum von einer weißen Hochzeit zu erfüllen. Nihad Amin ruft ihren Exmann, der sie sehr schwer misshandelt und vergewaltigt hat nach der Trennung an, um ihm zu sagen, dass sie eine Ausbildung beendet hat. Sie empfindet das als eine Genugtuung, und vermutlich ist das ihre Art der Rache. Bei Ella Noack zeigt sich, wie sie in einer Beziehung, in der sie nur gedemütigt und missachtet wird, ihr Leben gestaltet hat. Sie hatte dabei ein persönliches Ziel. Sie wollte eine große Familie haben und sie wollte eine sehr gute Mutter sein. Dafür hat sie sehr viel in Kauf genommen und das ist wiederum nur zu verstehen, wenn man ihre Biographie kennt. Die Frauen sind jedoch gleichzeitig Opfer der Gewalt geworden. Sie haben zeitweise die Kontrolle über sich und ihr Leben verloren. Jedoch haben alle Frauen das nicht wirklich akzeptiert und Wege gefunden diesen Zustand zu beenden. Dieses Ergebnis steht in direkter Verbindung zu einer Diskussion, dass misshandelten Frauen häufig nur der Opferstatus in Abwesenheit der Handlungsfähigkeit (vgl. Mahoney 1994) zugesprochen wird und umgekehrt. Dahinter steht ein Dualismus zwischen Leiden/Unterdrückung und Handlungskompetenz, der für das Selbstbild der betroffenen Frauen problematisch ist. Der Dualismus zwischen Handlungsfähigkeit und Leiden/Unterdrückung ist bei gewaltbetroffenen Migrantinnen durch die allgemeinen Unterdrückungsdiskurse zu Migrantinnen (vgl. Kapitel 2.1) noch stärker vorhanden.

8.5 Fazit

In der vorgestellten Studie bestätigt sich, dass häusliche Gewalt eine spezifische Erfahrung ist, die von allen Frauen gleichermaßen als Ausgrenzungs- und Unterdrückungserfahrung erlebt wird.

Ein wichtiges Ergebnis dieser Studie ist es jedoch, dass die Thematisierung und die Auseinandersetzung mit der Gewalterfahrung in den biographischen Selbstpräsentationen mit anderen biographischen Ausgrenzungs- und Unterdrückungserfahrungen in einen Zusammenhang gebracht wird, die sowohl im gesellschaftlichen als auch im familiären Kontext verortet sind. Geschlecht ist hier nur im jeweiligen Kontext, z.B. in der Beziehungsdynamik der Herkunftsfamilie von Relevanz und nicht von anderen Machtstrukturen wie z.B. Ethnizität und soziale Klasse zu trennen. Das Erleben und die Thematisierung der Gewalterfahrung sind bei den gewaltbetroffenen Migrantinnen durch eine intersektionelle Perspektive auf die Gewalterfahrung strukturiert.

Wenn es nun um die übergeordnete Frage nach dem Zusammenhang zwischen Migration, Gewalterfahrung, Geschlecht, und Biographie geht, lässt sich feststellen, dass die jeweilige biographische Konstruktion diese Aspekte als relevante Themen sichtbar werden lässt und miteinander verbindet. Die Gewalterfahrung ist der Punkt, von dem aus die vorgestellten biographischen Selbstpräsentationen konstruiert werden. Die Gewalt wird als eine gravierende Unterdrückungserfahrung und ‚Zugehörigkeitskrise' erlebt und die Auseinandersetzung mit ihr findet im Kontext anderer Zugehörigkeitskrisen auf unterschiedlichen Ebenen, d.h. in der Herkunftsfamilie und in der Herkunfts- und Aufnahmegesellschaft statt.

Hier ist die Verbindungslinie zur Migration, die für die Frauen des Samples ein gemeinsamer Erfahrungshintergrund ist. Die Migration steht bei den Migrantinnen in dem vorliegenden Sample als strukturelle Gemeinsamkeit in direkter Verbindung zur Entstehungsgeschichte der Beziehung, in der es zur Gewalt kam. Außerdem sind migrationsspezifische Bedingungen wie z.B. der Aufenthaltsstatus oder Rassismuserfahrungen für die Dynamik in der Paarbeziehung konstitutiv. Die Migration ist daher ein Kontext, der eine spezifische biographische Bedeutung einnimmt und in dem Zugehörigkeiten verhandelt und definiert werden.

Die Thematisierung der Gewalterfahrung lässt sich in diesem Kontext als Auseinandersetzung mit ‚Zugehörigkeit' auf unterschiedlichen Ebenen einordnen. Die Frage nach Erfahrungen mit „Zugehörigkeit" und „Nicht-Zugehörigkeit" steht in direktem Zusammenhang mit der Frage nach Macht auf unterschiedlichen Ebenen. Wo findet Ein- und Ausschluss statt? Wo wird ausgegrenzt? Wo findet Unterdrückung statt? Wo wird „Zugehörigkeit" in Frage gestellt? Wo wird sie besonders herbeigewünscht? Die „biographische Arbeit", die hier in den biographischen Interviews geleistet wird, setzt sich mit der eigenen Positionierung in Zugehörigkeitskonstruktionen, das heißt auch Machtkonstellationen, auseinander. Gewalt, Geschlecht und Migration sind hier Markierungspunkte in der biographischen Konstruktion.

Die vorliegende Studie kann diese Markierungspunkte, die für das Erleben gewaltbetroffener Migrantinnen von Relevanz sind, sichtbar machen. Ebenfalls kann sie durch die biographischen Selbstpräsentationen Bewältigungsstrategien im Umgang mit der erlebten Gewalt herausarbeiten.

Abschließend bleibt also festzuhalten, dass die Gewalterfahrung im Erleben der gewaltbetroffenen Migrantinnen eine sehr individuelle Bedeutung hat. Ich komme an dieser Stelle auf das Modell von Mary Ann Dutton (1996:111f) zurück, das ich in Kapitel 4 dieser Arbeit vorgestellt habe. Dutton hat unterschiedliche Kontexte aufgeführt, die interagieren und die das Erleben der Gewalt bestimmen. Zentral bei allen genannten Systemen bzw. Kontexten ist jedoch die Frage nach dem Bedeutungsgehalt, den die gewaltbetroffenen Frauen selbst diesen beimessen und zuschreiben (Dutton 1996:111f). Ich denke, dass sich durch die vorgestellten Ergebnisse meiner Studie bestätigt, welchen Stellenwert die Kontextualisierung von Gewalterfahrungen hat. Von besonderer Bedeutung sind jedoch die subjektiven Sichtweisen der gewaltbetroffenen Migrantinnen.

Wünschenswert wäre es für weitere Forschung, diese Ergebnisse gründlicher und systematischer aufzuarbeiten und andere Gruppen von gewaltbetroffenen Frauen, z.B. Frauen ohne Migrationshintergrund, mit einzubeziehen. Die Tatsache, dass die Beziehungsdynamik in der Herkunftsfamilie von einer derartig großen Relevanz im Zusammenhang mit der Gewalterfahrung ist, legt nahe, eine ähnliche Studie durchzuführen, die die Familiengeschichte stärker fokussiert.

9 Überlegungen für die Frauenhausarbeit und Ausblick

Der Ausgangspunkt dieser Arbeit waren zum einen Erfahrungen aus der Beratungsarbeit im Frauenhaus, zum anderen fachliche und politische Überlegungen.

Es stellt sich die Frage, welcher unmittelbare Erkenntnisgewinn aus dieser empirischen Arbeit nun für die Theorie und Praxis der Frauenhausarbeit bzw. der Anti-Gewalt-Arbeit gezogen werden kann.

In meiner Arbeit geht es darum, *wie* die interviewten Migrantinnen über ihre Gewalterfahrung sprechen, *warum* sie so und nicht anders über die erlebte Gewalt sprechen und was dies über das Erleben und die Bewältigung der Gewalterfahrung aussagt.

Das zentrale Ergebnis dieser Arbeit ist es, dass für die Auseinandersetzung mit der Gewalterfahrung, unabhängig davon *wie* die Gewalterfahrung thematisiert wird, biographische Ausgrenzungs- und Unterdrückungserfahrungen bedeutsam sind, die in der Herkunftsfamilie und in der Herkunfts- und Aufnahmegesellschaft gemacht wurden. Es zeigt sich in den Falldarstellungen, dass ‚Macht' auf unterschiedlichen Ebenen erlebt wird, die sich individuell miteinander verbinden.

Die Wahrnehmung von ‚Intersektionalität' auf unterschiedlichen Ebenen halte ich für ein zentrales Thema für die Frauenhausarbeit, die sich als eine Arbeit für *Frauen* versteht, die durch ‚Gewalt im Geschlechterverhältnis" Opfer von Männern geworden sind. Die Diskussionen zu häuslicher Gewalt (vgl. Kapitel 3 und Kapitel 4) zeigen, dass es hier viele neue Ansätze und Überlegungen gibt, die m.E. weitergedacht werden sollten.

Die Intersektionsanalyse tauchte in dieser Arbeit mehrfach auf. Ich habe in Kapitel 4 verschiedene Ebenen der Intersektionalitätsanalyse (in Anlehnung an Josephson 2005 bzw. Crenshaw 1994) vorgestellt, mit denen sich das Thema Macht und soziale Positionierung im Zusammenhang mit häuslicher Gewalt systematischer analysieren lässt. Es handelt sich dabei um die Ebene der ‚erfahrungsbezogenen Intersektionalitätsanalyse', der ‚strukturellen Intersektionalitätsanalyse' und der ‚politischen Intersektionalitätsanalyse'. Ich möchte nun diesen Ausblick nutzen, um meine Ergebnisse und die Überlegungen, die sich an diese Arbeit anschließen, mit Hilfe dieses Konzeptes zu strukturieren.

9.1.1 Erfahrungsbezogene Intersektionalitätsanalyse

Die zentralen Ergebnisse meiner Arbeit befinden sich auf der Ebene der ‚erfahrungsbezogenen Intersektionalitäten'. Es handelt sich dabei um Erfahrungen mit Macht in der Biographie, die für die Auseinandersetzung mit häuslicher Gewalt bedeutsam sind.

Es zeigt sich in den vorgestellten Interviews, dass die Perspektiven auf Gewalt im Geschlechterverhältnis nicht einheitlich und universell sind und dies, obwohl alle Frauen längere Zeit in einem deutschen Frauenhaus gelebt haben, wo diese Definition der Gewalterfahrung im Vordergrund steht. Die in Kapitel 3 vorgestellten Forschungsergebnisse in den USA verweisen allgemein auf die Heterogenität gewaltbetroffener Frauen und die vorliegende Studie auf die Heterogenität gewaltbetroffener Migrantinnen. Wenn die in Kapitel 8 vorgestellten Ergebnisse für die Bewältigung und Verarbeitung der Gewalterfahrung konstitutiv sind, schließt sich die Frage an, welche Überlegungen sich daraus für die Frauenhausarbeit ergeben.

Weil die Auswertung der Interviews sich mit subjektiven Sichtweisen beschäftigt, die in einer Gesprächssituation, in diesem Fall einem Interview, formuliert wurden, gibt es einen direkten Bezug zu einer anderen kommunikativen Situation: der Einzelberatung.

In den Falldarstellungen und in den Globalanalysen wurde deutlich, dass bei der Auseinandersetzung mit der erlebten Gewalt zwei Ebenen besonders wichtig werden. Zunächst erweist sich die Herkunftsfamilie als ein wichtiger Zugang, um zu verstehen, wie die Gewalt erlebt wurde, welche Gründe Frauen dazu bewegen, eine Beziehung einzugehen, aufrecht zu erhalten oder sie zu beenden und wie die Gewalt in die Biographie integriert wird. Weiterhin zeigt sich, dass die Beziehungen zu den eigenen Kindern für das Erleben der Frauen und für den Umgang mit der Gewalt von zentraler Bedeutung sind. Auf diesen Aspekt möchte ich etwas genauer eingehen.

In den Beziehungen zu den Kindern spiegelt sich die Auseinandersetzung mit der Herkunftsfamilie. Über die Kinder können manche Frauen erst spüren, was ihnen selbst in der Gewaltsituation passiert. Aber die Kinder nehmen auch konkrete Funktionen für die Mütter ein. Sie werden zur emotionalen Stütze, sie sind die Legitimation für das eigene Handeln, sie werden zur Projektionsfläche bestimmter Interpretationen der Gewaltsituation. Sie bekommen konkrete Rollen und Aufgaben in der Gewaltbeziehung zugewiesen und werden damit zu Akteuren in der Gewaltsituation. Ich spreche hier aus der Perspektive der Mütter. Jedoch sollte deutlich darauf hingewiesen werden, dass die gewalttätigen Väter oder Partner hier ebenfalls massiv und auf sehr unterschiedliche Art und Weise auf die Kinder einwirken.

Auffällig ist, dass in den Interviews von keiner Frau ausgesprochen wurde, dass sie oder ihr Partner ihre Kinder geschlagen haben. Dabei ist davon auszugehen, dass viele Kinder im Kontext häuslicher Gewalt zu Opfern von Gewalt werden und dies von beiden Elternteilen. In den Interviews wird die Ebene von Gewalt angesprochen, die Kinder erfahren, wenn sie erleben, dass die Mutter Opfer wird (vgl. hierzu besonders ausführlich Kapitel 7.2 Nihad Amin). Nihad Amin beschreibt emotional sehr dicht, wie ihr fünfjähriger

Sohn in die Gewaltsituation verwickelt wird, wie sie in ihm sowohl den Retter als auch den Täter sieht. Besonders eindrucksvoll ist, wie sie schildert, dass sie das Kind in ihrem Sohn nicht mehr entdecken kann (vgl. Kapitel 7.2). Meistens wird selbst die Ebene psychischer Gewalt, die die eigenen Kinder erfahren haben und die aus den biographischen Interviews offensichtlich wird, nur angedeutet und wenig ausgeführt. Deutlich wird, dass die Gewalterfahrungen der Kinder und die eigene Rolle darin zugedeckt werden. Vermutlich spielen Schuldgefühle hier eine große Rolle. Es ist zu vermuten, dass die Beziehungsdynamik zwischen Müttern und Kindern besonders bedeutsam ist, wenn es um die *Verarbeitung* der Gewaltsituation geht. In der Beziehung zu den Kindern werden Mütter sowohl mit ihren eigenen Erfahrungen in der Herkunftsfamilie konfrontiert als auch mit ihrer Verantwortung als agierende Erwachsene in der Elternrolle bzw. Mutterrolle.

Für meine Interviewpartnerinnen war und ist die erlebte Gewalt und der Gang ins Frauenhaus eine sehr gravierende Erfahrung mit einschneidenden Konsequenzen. Die Beratungsarbeit im Frauenhaus kann hier sehr wichtige Unterstützung bieten. Das Leben im Frauenhaus kann den Raum eröffnen für neue Erfahrungen, Kontakte und Austausch mit anderen Frauen, in ähnlichen Lebenssituationen. Dies erweist sich als sehr hilfreich für die Bewältigung der Gewalt und für die Entwicklung neuer Perspektiven. Die Komplexität der Lebensgeschichten verweist jedoch darauf, dass eine intensivere Auseinandersetzung mit der erlebten Gewalt notwendig werden kann. Der Gang ins Frauenhaus ist Ausdruck einer Krise, die ein Anlass sein kann, grundsätzlicher zu reflektieren, wie es zu der Gewalt kam, was die Beziehung ausgemacht hat und dabei das eigene Handeln bewusster wahrzunehmen. Dabei geht es darum, Verantwortung zu übernehmen für sich selbst und für andere, die von einem abhängig sind (wie die eigenen Kinder). Hierbei ist es notwendig, gegebenenfalls eigene Gewalthandlungen gegenüber Kindern aufzudecken und sie nicht mit der Reduzierung auf eine ‚Opferidentität' zuzudecken. Die Gleichzeitigkeit von Handlungsfähigkeit und Opferstatus sollte ins Bewusstsein kommen, denn „the status of victim can never become a way of life" (Collins 1998:928).

Ein zweite wichtige Ebene für die Auseinandersetzung mit der Gewalt sind gesellschaftliche Machtstrukturen in der Herkunfts- und Aufnahmegesellschaft. Sie verbinden sich individuell im Erleben mit den Erfahrungen in der Herkunftsfamilie und mit der Gewalterfahrung. Gesellschaftliche Machtstrukturen vermitteln sich in den Interviews bzw. der Gesprächssituation deutlich über die Artikulation dominanter gesellschaftlicher Diskurse sowohl in der Herkunftsgesellschaft als auch in der Aufnahmegesellschaft.

Dies erfordert von Beraterinnen eine selbstreflexive Auseinandersetzung mit diesen Diskursen. In der Beratung gewaltbetroffener Migrantinnen sollten Mitarbeiterinnen sensibel dafür sein, welche soziale Positionierung oder Verortung die Frauen einnehmen. Handelt es sich dabei um eine Reaktion auf vermutete oder explizit formulierte Erwartungshaltungen der Institution Frauenhaus? Ist die soziale Positionierung eine Reaktion auf Erfahrungen in Deutschland mit Rassismus und Diskriminierung? Oder im Herkunftskontext? Wie gehen Beraterinnen damit um, wenn Migrantinnen diskriminierend über ihre ‚Kultur', ihre Herkunft oder über ihren gewalttätigen Partner sprechen?

Für Mitarbeiterinnen bedarf es einer besonderen Sensitivität, mit Rassismus- und Diskriminierungserfahrungen umzugehen, die in Deutschland auf der Ebene von Institutionen und im Alltag gemacht werden. Diese Erfahrungen können konkrete Auswirkungen auf die Beratungssituation haben. Es kann für die gewaltbetroffenen Migrantinnen ein problematischer Unterstützungsansatz sein, wenn zum Beispiel in der Beratung die Lebenssituation des gewalttätigen Partners und anderer wichtiger Personen aus dem familären und sozialen Umfeld vollständig ausgeblendet wird. Möglicherweise gibt es Loyalitäten der Frauen auf unterschiedlichen Ebenen, die in der Beratungssituation zu klären sind, bevor eine neue Perspektive entwickelt werden kann. Dabei muss berücksichtigt werden, dass es sich bei den familiären und sozialen Netzwerken und Beziehungen um wichtige Ressourcen für gewaltbetroffene Migrantinnen handeln kann (vgl. Kapitel 2 und 3). Die Beratung sollte sich dieser unterschiedlichen Bedeutungen und Loyalitäten bewusst sein und die damit einhergehenden Grenzen der Frauen akzeptieren. Jedoch erfordert dies auch, über flexiblere Beratungsansätze nachzudenken. Insbesondere Mitarbeiterinnen, die Angehörige der Mehrheitsgesellschaft sind, müssen sich auf dieser Ebene fortbilden und ihr eigenes Handeln politisch und professionell reflektieren.

Die Bedürfnisse der interviewten Migrantinnen sind stark voneinander abweichend und dementsprechend vielfältig sind auch die Anforderungen an die Beratung. Grundsätzlich ist es für alle, die in der Beratungsarbeit tätig sind, wichtig, sich die Offenheit für Selbstdeutungen, Interpretationen und Sichtweisen der Betroffenen zu erhalten.

Wenn wir davon ausgehen, dass Perspektiven nicht statisch sind, könnte es in der Beratungsarbeit darum gehen, gewaltbetroffene Frauen darin zu unterstützen, differenzierte Perspektiven auf die Gewalterfahrung einzunehmen. Für die eine Frau mag es vorrangig wichtig sein, sich mit Geschlechterverhältnissen in ihrer Biographie auseinanderzusetzen, für die andere aber geht es um die Folgen der psychischen Erkrankung der Mutter auf das eigene Leben, wiederum für eine andere Frau um die Diskriminierungserfahrungen, die ihre Familie gemacht hat, um nur ein paar wenige Beispiele zu nennen. Die politische Perspektive als ‚Frau', als ‚Migrantin', kann eine wichtige Ressource werden oder sein, weil durch eine überindividuelle Perspektive emotionale Distanz möglich wird und die eigenen Erfahrungen nicht nur als ‚Schicksal' wahrgenommen werden. Die Verbindungen zwischen gesellschaftlichen Machtstrukturen und dem eigenen Leben werden wahrnehmbar und können politisches Bewusstsein und Handlungskompetenz erzeugen. Dies ersetzt jedoch nicht die individuelle Auseinandersetzung mit der eigenen Gewalterfahrung im Kontext der Biographie, sondern kann nur ein Teil dieser sein.

Einseitige Fokussierungen in der Beratungssituation auf ‚Geschlecht', den Status als ‚Migrantin' oder ‚Kultur' als Problemdefinition bei häuslicher Gewalt können also zur Folge haben, dass die komplexen Erfahrungen und damit verbundenen Problemlösungsstrategien und Ressourcen von gewaltbetroffenen Migrantinnen nicht wahrgenommen werden können.

Eine methodische Möglichkeit, dies im Rahmen eines Beratungsprozesses im Frauenhaus zu leisten, ist die stärkere Einbeziehung biographischer Ansätze. Voraussetzung ist die Bereitschaft der Beraterinnen, sich mit familiengeschichtlichen und vielschichtigen gesellschaftlichen (Unterdrückungs-) Erfahrungen auseinanderzusetzen. Das Frauenhaus ist ein Ort, wo die Frauen mit ihren Kindern leben und ein unmittelbarer Kontakt und Zugang möglich ist. Darum ist es allgemein sinnvoll, auf die Frauenhausarbeit zugeschnittene Methoden und Beratungsansätze zu entwickeln, die die mehrdimensionalen Erfahrungen gewaltbetroffener Migrantinnen berücksichtigen, und an denen mit ihnen gearbeitet wird. Es ist außerdem möglich diese Dimensionen in Therapien aufzuarbeiten, aber zuvor gibt es erfahrungsgemäß unterschiedliche Barrieren zu überwinden. Mitarbeiterinnen in Frauenhäusern sollten sich mit den Grundlagen der Traumaforschung in Weiterbildungen beschäftigen und sich über unterschiedliche Formen der Traumatisierung in Kenntnis setzen. Therapeutische Zusatzausbildungen sind für die Frauenhausarbeit mindestens genauso wichtig wie in anderen psychosozialen Arbeitsfeldern. Wenn ich hier auch explizit von gewaltbetroffenen Migrantinnen spreche, ist es klar, dass viele der genannten Aspekte für gewaltbetroffene Frauen allgemein gelten werden.

9.1.2 Strukturelle Intersektionalitätsanalyse

Die Ebene der strukturellen Intersektionalitäten bezieht sich hier auf die sozialen und gesellschaftlichen Positionierungen der gewaltbetroffenen Migrantinnen und welche Schlussfolgerungen sich daraus für die Frauenhausarbeit ergeben. Strukturelle Intersektionalität dominiert meistens die Beratungsarbeit und die Lebenssituation gewaltbetroffener Migrantinnen. In Kapitel 2 und 3 dieser Arbeit wurde bereits genauer dargestellt, welche strukturellen Probleme sich für Migrantinnen aufgrund ihres aufenthaltsrechtlichen Status und anderer sozialer Ungleichheiten ergeben und welche Anforderungen sich daraus für die Frauenhausarbeit formulieren lassen.

Für Migrantinnen werden mehr und andere finanzielle und personelle Ressourcen benötigt, weil sie aufgrund von institutionellen Barrieren weniger ergänzende Hilfsangebote im sozialen Netz in Anspruch nehmen können und darum häufig einen umfassenderen Unterstützungsbedarf haben. Das Frauenhaus hat aufgrund seiner unbürokratischen Aufnahmebedingungen weniger Zugangsbarrieren als viele andere soziale Projekte und Einrichtungen und damit auch eine besondere Funktion. Viele Migrantinnen in Frauenhäusern benötigen intensivere Begleitung und Unterstützung der Mitarbeiterinnen, wenn sie zum Beispiel die Strukturen in Ämtern nicht kennen und institutionelle Diskriminierung und Rassismus erleben. Bei der Klärung der aufenthaltsrechtlichen Probleme können in den Frauenhäusern wichtige Weichenstellungen stattfinden. Dazu ist es notwendig, dass es ein fundiertes Wissen zur aktuellen Migrationspolitik und ihren rechtlichen, politischen und sozialen Rahmenbedingungen gibt. Weiterhin sind sprachliche Kompetenzen bei den Mitarbeiterinnen erforderlich. Es erweist sich aus mehreren Gründen als wichtig, dass bevorzugt kompetente Mitarbeiterinnen mit Migrationshintergrund eingestellt werden. Unter anderem um gewaltbetroffene Migrantinnen nicht auf eine einseitige Rolle als Klientinnen und Opfer zu reduzieren. Wenn Migrantinnen auch als Beraterinnen und damit als Professionelle agieren, verändert dies die Struktur und das Erscheinungsbild einer Organisation auf allen Ebenen.

In der Prävalenzstudie des Bundesministeriums für Familie, Senioren, Frauen und Jugend (vgl. Schröttle/Müller 2004a) stellen die Forscherinnen in der Hauptstudie als Fazit ihrer Analysen fest, dass für gewaltbetroffene Migrantinnen ein deutlicher Hilfe- und Unterstützungsbedarf besteht. Die bereits bestehenden Hilfsangebote sind nur unzureichend bekannt und werden insbesondere dann nicht genutzt, wenn Sprachbarrieren vorhanden sind. Hier wird auf die Notwendigkeit mehrsprachiger Öffentlichkeitsarbeit und auf den Bedarf des Auf- und Ausbaus spezifischer Angebote für Migrantinnen unterschiedlicher Herkunft verwiesen (a.a.O.:133).

In den USA wurde der große Einfluss sozioökonomischer Faktoren für das Ausmaß häusliche Gewalt als ein wichtiges Forschungsergebnis herausgearbeitet (vgl. z.B. Coker 2005). Sozioökonomische Ressourcen (Geld, Arbeit, soziale Netzwerke u.a.) können sehr wirkungsvoll vor Gewalt schützen. Insgesamt ist es ein Schutz vor häuslicher Gewalt, zu einer gesellschaftlich privilegierten Gruppe zu gehören.

Die Frauenhausarbeit definiert es als eine wesentliche Aufgabe, die Frauen darin zu unterstützen, finanzielle Abhängigkeiten abzubauen und sich selbst helfen zu können. Es ist darum notwendig darüber nachzudenken, wie für gewaltbetroffene Migrantinnen in ihrer besonders unsicheren Situation zusätzliche sozioökonomische Ressourcen verfügbar werden. Es ist sinnvoll, in Frauenhäusern Sprachkurse und Orientierungskurse anzubieten oder aber Frauen in berufliche Weiterbildungsmaßnahmen zu vermitteln.

In den USA haben Migrantinnen, die Opfer von häuslicher Gewalt waren, beispielsweise ein erfolgreiches Catering eingerichtet, in dem sie gemeinsam arbeiten können (vgl. Sokoloff/Dupont 2005:7). In Zeiten knapper werdender sozialer und finanzieller Ressourcen werden solche Ideen zunehmend gebraucht.

Dies ist insbesondere deswegen wichtig, weil Migrantinnen aufgrund ihrer spezifischen Situation erfahrungsgemäß länger in Frauenhäusern bleiben müssen (vgl. auch Situation in den USA Kapitel 3). Es ist notwendig bezahlbaren Wohnraum verfügbar zu haben, in dem Migrantinnen, die länger bedroht sind und einen konkreten Beratungsbedarf haben, gemeinsam leben können.[216]

Die strukturelle Intersektionsanalyse kann sozialpolitische Maßnahmen gegen häusliche Gewalt daraufhin analysieren, ob gewaltbetroffene Migrantinnen durch bestimmte Interventionen erreicht werden, wie z.B. durch das Gewaltschutzgesetz. So wird in den USA kritisiert, dass die Überbetonung von gesetzlichen Maßnahmen gegen häusliche Gewalt für marginalisierte Gruppen (z.B. illegalisierte Migrantinnen, gewaltbetroffene Migrantinnen mit ungesichertem Aufenthaltsstatus) negative Konsequenzen auf unterschiedlichen Ebenen hat (Richie 2000).

Weiterhin kann durch Studien in Frauenhäusern festgestellt werden, ob das vorhandene Beratungs- und Unterstützungsangebot für gewaltbetroffene Migrantinnen geeignet ist.[217]

Die Evaluierung der Hilfangebote und der Interventionen erweist sich als besonders wichtig, weil sich die gesellschaftlich und institutionell verankerten Angebote von ‚Schutz und Sanktionen' in allen Gesellschaften und Subgruppen als universell wichtige Faktoren bei der Gewaltprävention und Gewaltbekämpfung erwiesen haben (vgl. Kapitel 3.1).

9.1.3 Politische Intersektionalitätsanalyse

Josephson (2005) unterscheidet bei der politischen Intersektionsanalyse zwei Ebenen (vgl. Kapitel 4). Eine Ebene analysiert, auf meine Fragestellung

---

216 Das Interkulturelle Frauenhaus in Berlin hat darum ein Wohnprojekt eingerichtet, in dem gewaltbetroffene Migrantinnen und ihre Kinder in kleinen komplett ausgestatteten Wohnungen bis zu zwei Jahre leben können. Als besonders wichtig erweist sich dabei, dass die Frauen dort wie im Frauenhaus alle Vorteile einer Gemeinschaft haben (z.B. Kontakt zu anderen Frauen, gemeinsame Aktivitäten, gegenseitige Unterstützung bei der Kinderbetreuung und in anderen Bereichen), jedoch gleichzeitig eine wirkliche Privatsphäre haben, das heißt keine gemeinsame Bad- und Küchennutzung, und ein Rückzug möglich ist. Als wichtig erweist sich auch das Beratungsangebot vor Ort und ein pädagogisches Angebot für die Kinder (vgl. zum Konzept: Grubič/ Lehmann 2003, Lehmann 2002b).

217 Das Interkulturelle Frauenhaus in Berlin hat über das Entimon-Projekt des Bundesministeriums eine Finanzierung für die Erstellung eine Handbuches mit Qualitätskriterien für die Arbeit mit gewaltbetroffenen Migrantinnen und ihren Kindern erhalten. Im Rahmen dieses Projekts wurden Akzeptanzanalysen mit den Bewohnerinnen durchgeführt (Attia 2005). Derartige Akzeptanzanalysen sind für die Reflektion und Weiterentwicklung der Arbeit eine sinnvolle Grundlage.

angewandt, inwiefern die Situation von gewaltbetroffenen Migrantinnen in Frauenhäusern, in der Gewaltforschung und in den sozialpolitischen Diskursen und Maßnahmen berücksichtigt wird. Dies ist möglich, indem die dominanten fachlichen, wissenschaftlichen und politischen Diskurse analysiert werden. Dies ist in der vorliegenden Arbeit zumindest im Ansatz geschehen. Deutlich wurde vor allem das Forschungsdefizit in der Gewaltforschung (vgl. Einleitung und Kapitel 4). Jedoch fehlt noch eine grundlegende theoretische Debatte über die Definitionen zu häuslicher Gewalt und die damit verbundene Marginalisierung von gewaltbetroffenen Migrantinnen, aber auch anderen Gruppen von gewaltbetroffenen Frauen. Die vorhandene Forschung zu häuslicher Gewalt ist daraufhin genauer zu analysieren.

Die zweite Ebene der politischen Intersektionsanalyse bezieht sich darauf, effektive politische Strategien für gewaltbetroffene Migrantinnen zu entwickeln. Josephson (2005) führt als Beispiel für effektive politische Strategien für gewaltbetroffene Migrantinnen die Notwendigkeit von politischen Koalitionen an, zum Beispiel zwischen gewaltbetroffenen armen Frauen und gewaltbetroffenen Frauen aus Minderheiten. Für die Diskussion in Deutschland wäre es beispielsweise ein wichtiger Schritt, bestehende Migrantinnenprojekte und MigrantInnenorganisationen stärker als bisher in die Anti-Gewalt-Arbeit bei der Prävention und Intervention einzubinden.

Schließlich handelt es sich bei diesem Modell der Intersektionsanalyse um ein wirkungsvolles Instrument, um die fachliche und politische Diskussion zu gewaltbetroffenen Migrantinnen zu versachlichen und zu systematisieren.

Grundsätzlich lässt sich als Ergebnis dieser Arbeit folgendes feststellen:

Eine bessere Kooperation, Vernetzung und Zusammenarbeit zwischen MigrantInnenforschung und Gewaltforschung und zwischen MigrantInnenprojekten und Anti-Gewalt-Projekten und die Einbeziehung internationaler Forschungsperspektiven können einseitige Problemdefinitionen von häuslicher Gewalt verhindern, die sich auf die Inanspruchnahme von Hilfsangeboten und bei der Bewältigung der erlebten Gewalt negativ auswirken können.

10 Literaturverzeichnis

Abraham, Margaret (2000a): Isolation as a Form of Marital Violence: The South Asian Immigrant Experience. In: Journal of Social Distress and the Homeless, Vol.9, No.3. S. 221-236.

Abraham, Margaret (2000b): Speaking the unspeakable: Marital violence among South Asian immigrants in the United States. New York.

Agha, Tahereh (1997): Lebensentwürfe im Exil. Biographische Verarbeitung der Fluchtmigration iranischer Frauen in Deutschland. Frankfurt a. M.

Aghakhan, Akram (Hg.) (1994): Dokumentation – „Rassismus und seine psychosozialen Auswirkungen auf Schwarze Frauen“. Veranstaltungsreihe vom 19.02. bis 07.09.1993 in Berlin. Berlin.

Aktaş, Gülşen (1993): „Türkische Frauen sind wie Schatten – Leben und Arbeiten im Frauenhaus“. In: Hügel, Ika/Lange, Chris/Ayim, May u.a. (Hg.): Entfernte Verbindungen. Rassismus, Antisemitismus, Klassenunterdrückung. Berlin. S. 49-60.

Alheit, Peter (1996): Biographizität als Lernpotential. Konzeptionelle Überlegungen zum biographischen Ansatz in der Erwachsenenbildung. In Krüger, Heinz-Hermann/ Marotzki, Winfried (Hg.): Erziehungswissenschaftliche Biographieforschung. Opladen. S. 276-307.

Allard, Sharon Angella (2005): Rethinking Battered Woman Syndrome: A Black Feminist Perspective. In: Sokoloff, Natalie J./Pratt, Christina (2005)(Ed.): Domestic Violence at the Margins. Readings on Race, Class, Gender and Culture. New Brunswick; New Jersey; London. S. 194-205.

Ammann, Birgit (2001): Kurden in Europa. Ethnizität und Diaspora. Münster.

Amnesty International (Sektion d. Bundesrepublik Deutschland e.V.) (2004): Gewalt gegen Frauen verhindern. Bonn.

Anthias, Floya (2003): Erzählungen über Zugehörigkeit. In: Apitzsch, Ursula/ Jansen, Mechthild (Hg.): Migration, Biographie und Geschlechterverhältnisse. Münster. S.20-37.

Apitzsch, Ursula (1994): Migrationsforschung und Frauenforschung. In: Senatskommission für Frauenforschung (Hg.): Sozialwissenschaftliche Frauenforschung in der Bundesrepublik Deutschland: Bestandsaufnahme und forschungspolitische Konsequenzen. Deutsche Forschungsgemeinschaft. Berlin. S.240-254.

Apitzsch, Ursula (2000): Biographische >>Unordnung<< und >>Caring Work<<. Die Entdeckung der strukturellen >>Unangemessenheit<< weiblicher Migrationsbiographien. In: Feministische Studien 18.Jg. extra 2000: Fürsorge – Anerkennung – Arbeit. S. 102-115.

Apitzsch, Ursula/ Jansen, Mechthild (Hg.) (2003): Migration, Biographie und Geschlechter-verhältnisse. Münster.

Asbury, Jo-Ellen (1999): What Do We Know Now About Spouse Abuse and Child Sexual Abuse in Families of Color in the United States. In: Hampton, Robert L. (Ed.): Family Violence. Prevention and Treatment. Thousand Oaks; London; New Delhi. S. 148-167.

Asel v., Kathie (2001): Eine Wende ohne Ende? Eindrücke vom 7. Treffen ost- und westdeutscher Frauenhäuser in Kassel. In: beiträge zur feministischen theorie und praxis. 24 Jg. H. 56/57. S. 41-51.

Ateş, Seyran (2003): Große Reise ins Feuer. Berlin.

Attia, Iman/ Basqué, Monika/ Kornfeld, Ursula/ Lwanga, Gotlinde M./ Rommelspacher, Birgit/ Teimoori, Pari/ Vogelmann, Silvia/ Wachendorfer, Ursula (Hg.) (1995). Multikulturelle Gesellschaft, Monokulturelle Psychologie? Antisemitismus und Rassismus in der psychosozialen Arbeit. Tübingen.

Attia, Iman (1995): Antiislamischer Rassismus in interkulturellen Beziehungen. In: Attia, Iman/ Basqué, Monika/ Kornfeld, Ursula/ Lwanga, Gotlinde M./ Rommelspacher, Birgit/ Teimoori, Pari/ Vogelmann, Silvia/Wachendorfer, Ursula (Hg.) (1995). Multikulturelle Gesellschaft, Monokulturelle Psychologie? Antisemitismus und Rassismus in der psychosozialen Arbeit. Tübingen. S. 136-156.

Attia, Iman (2005): Akzeptanzanalyse im Rahmen der externen Evaluation des entimon-Projekts „Qualitätsmanagement in der Arbeit mit Gewalt betroffenen Migrantinnen" der Interkulturellen Initiative e.V. Berlin. Unveröffentlichtes Manuskript.

Attia, Iman (2006): Bedarfsanalyse für den Kinderbereich des Frauenhauses und Wohnprojekts der Interkulturellen Intiative e.V. im Rahmen der externen Evaluation des entimon-Projekts „Qualitätsmanagement in der Arbeit mit Gewalt betroffenen Migrantinnen". Unveröffentlichtes Manuskript.

Aufhauser, Elisabeth (2000): Migration und Geschlecht: Zur Konstruktion und Rekonstruktion von Weiblichkeit und Männlichkeit in der internationalen Migration. In: Husa, Karl/ Parnreiter, Christof/ Stacher, Irene (Hg.): Internationale Migration. Die globale Herausforderung des 21. Jahrhunderts? Frankfurt a. M. ;Wien. S. 97-122.

Augstein, Renate (2004): Konsequenzen aus den Forschungsergebnissen: Die Antwort der Politik. In: Bundesministerium für Familie, Senioren, Frauen und Jugend (2005): Kongressbericht: Gewalt im Leben von Männern und Frauen - Forschungszugänge, Prävalenz, Folgen, Intervention. Europäischer Kongress 23. September 2004 in Osnabrück. Download der Dokumentation unter: http://www.bmfsfj.de/Kategorien/Forschungsnetz/forschungsberichte,did=26370.html, Zugriffsdatum: 16.08.05

Ayers Counts, D./ Brown, Judith K./ Campbell, Jacquelyn C.(Eds.) (1992): Sanctions and Sanctuary: Cultural Perspectives on the Beating of Wives. Boulder: Westview.

Ayers Counts, D./ Brown, Judith K./ Campbell, Jacquelyn C.(Eds.) (1999): To have and to hit: Cultural Perspectives on Wife Beating. Illinois.

Baghramian, Louise/ Grubic, Rada/ Lehmann, Nadja/ Weinbach, Heike (Hg.) (2006): Qualität in der Arbeit mit von Gewalt betroffenen Migrantinnen. Autorin: Castro Varela, Maria do Mar. Berlin.

Batatu, Hanna (1978): The Old Social Classes and the Revolutionary Movements of Iraq. Princeton; New Jersey.

Bednarz-Braun, Iris/ Heß-Meining (2004): Migration, Ethnie und Geschlecht. Theorieansätze – Forschungsstand – Forschungsperspektiven. Wiesbaden.

beiträge zur feministischen theorie und praxis (1990): Geteilter Feminismus. Heft 27. Köln.

beiträge zur feministischen theorie und praxis (1996): Ent-fremdung, Migration und Dominanzgesellschaft, Heft 42. Köln.

beiträge zur feministischen theorie und praxis (2003): Wenn Heimat global wird... Heft 63/64. Köln.

Bingen, Dieter (1999): Die Republik Polen. Eine kleine politische Landeskunde. München.

Bograd, Michele (2005): Strengthening Domestic Violence Theories: Intersections of Race, Class, Sexual Orientation, and Gender. In: Sokoloff, Natalie J./Pratt, Christina (Ed.): Domestic Violence at the Margins. Readings on Race, Class, Gender, and Culture. New Brunswick; New Jersey; London. S. 25-38.

Bommes, Michael (1994): Die Beobachtung von Kultur. Die Festschreibung von Ethnizität in der bundesdeutschen Migrationsforschung mit qualitativen Methoden. In: Jahrbuch für Soziologiegeschichte. Opladen. S. 205-226.

Boos-Nünning, Ursula/ Karakasoglu, Yasemin (2004): Viele Welten leben. Lebenslagen von Mädchen und jungen Frauen mit griechischem, italienischem, jugoslawischem, türkischem und Aussiedlerhintergrund. Berlin. http://www.bmsfsj.de/Kategorien/Forschungsnetz/forschungsberichte,did=22566.html. Zugriffsdatum: 16.08.05.

Boszormenyi–Nagi, Ivan/ Spark, Geraldine M. (3. Aufl. 1992): Unsichtbare Bindungen. Stuttgart.

Bräutigam, Barbara (2000): Der ungelöste Schmerz. Perspektiven und Schwierigkeiten der therapeutischen Arbeit mit Kindern politisch verfolgter Menschen. Gießen.

Breckner, Roswitha (1999): „...da stand ich immer zwischen den Stühlen..." Zur Relevanz und Funktion des Eisernen Vorhangs in Ost-West-Migrations-Biografien – rekonstruiert an einer „Fluchtmigration" aus Rumänien in die Bundesrepublik. In: Apitzsch, Ursula (Hg.): Migration und Traditionsbildung. Opladen, S. 130-156.

Breckner, Roswitha (2005): Migrationserfahrung – Fremdheit – Biographie. Zum Umgang mit polarisierten Welten in Ost-West-Europa. Wiesbaden.

Bronfenbrenner, Urie (1981): Die Ökologie der menschlichen Entwicklung. Stuttgart.

Brown, Judith K. (1999): Introduction: Definitions, Assumptions, Themes, and Issues. In: Ayers Counts, D./ Brown, Judith K./ Campbell, Jacquelyn C. (Eds.) (1999): To have and to hit: Cultural Perspectives on Wife Beating. Illinois. S. 3-26.

Brückner, Margrit (1990): Vom schwierigen Umgang mit Enttäuschung. Frauenhäuser zwischen Selbsthilfe und Professionalisierung. In: Müller, Burkhard/ Thiersch, Hans (Hg.): Gerechtigkeit und Selbstverwirklichung: Moralprobleme im sozialpädagogischen Handeln. Freiburg. S. 137-160.

Brückner, Margrit (1996): Frauen- und Mädchenprojekte: von feministischen Gewißheiten zu neuen Suchbewegungen. Opladen.

Brückner, Margrit (1998): Wege aus der Gewalt gegen Frauen und Mädchen. Eine Einführung. Fachhochschulverlag. Bd. 51. Frankfurt a. M.

Brückner; Margrit (2000): Gewalt im Geschlechterverhältnis – Möglichkeiten und Grenzen eines geschlechtertheoretischen Ansatzes zur Analyse „häuslicher Gewalt". In: Zeitschrift für Frauenforschung und Geschlechterstudien. H.4, Jg. 18; S. 3-19.

Bührmann, Andrea (1995): Das authentische Geschlecht. Die Sexualitätsdebatte der Neuen Frauenbewegung und die Foucaultsche Machtanalyse. Münster.

Bui, Hoan N. (2003): Help-Seeking Behavior among Abused Immigrant Women. A Case of Vietnamese American Women. In: Violence against Women. Vol. 9. No. 2. S. 207-239.

Bumbulut, Sorina; Larondelle, Katharina (2000): Die Beratungsstelle Artemis in Rumänien und ihre Zusammenarbeit mit Wildwasser – ein Dialog: In: Bumbulut, Sorina; Kavemann, Barbara; Brown, Kate; McCullum, Clir Angela; Oberlies, Dagmar; Wildwasser Berlin (Hg.): Input 2. Aktuell zum Thema sexuelle Gewalt. Ruhnmark, S. 9-25.

Bundesministerium für Familie, Senioren, Frauen und Jugend (1999): Aktionsplan der Bundesregierung zur Bekämpfung von Gewalt gegen Frauen. Bonn.

Bundesministerium für Familie, Senioren, Frauen und Jugend (Hg.) (2000): Familien ausländischer Herkunft in Deutschland. Leistungen, Belastungen, Herausforderungen. Sechster Familienbericht. Berlin.

Bundesministerium für Familie, Senioren, Frauen und Jugend (2004): Materialien zur Gleichstellungspolitik. Umsetzung des Aktionsplans der Bundesregierung zur Bekämpfung von Gewalt gegen Frauen. Nr. 99.

Bundesministerium für Familie, Senioren, Frauen und Jugend (2005): Kongressbericht: Gewalt im Leben von Männern und Frauen - Forschungszugänge, Prävalenz, Folgen, Intervention. Europäischer Kongress 23. September 2004 in Osnabrück. S. 52-62. Download der Dokumentation unter: http://www.bmfsfj.de/Kategorien/Forschungsnetz/forschungsberichte,did=26370.html, Zugriffsdatum: 16.08.05

Bunch, Charlotte (1995): Transforming Human Rights from a Feminist Perspective. In: Peters, Julie/ Wolper, Andrea (Ed.): women's rights, human rights: international feminist perspectives. New York/ London. S.11-17.

Butler, Judith (1991): Das Unbehagen der Geschlechter. Frankfurt a.M.

Campbell, Jacqueline C. (1999): Sanctions and Sanctuary: Wife Battering within Cultural Contexts. In: Ayers Counts, D./ Brown, Judith K./ Campbell, Jacquelyn C. (Eds.) (1999): To have and to hit: Cultural Perspectives on Wife Beating. Illinois. S. 261-283.

Castro Varela, Maria del Mar/ Gutiérrez Rodríguez, Encarnación (2000): Queer Politics im Exil und in der Migration. In: Quaestio (Hg.) (2000): Queering Demokratie [sexuelle politiken]. Berlin. S. 00-112.

Çelik, Semra (2003): Positionen türkischer Migrantinnen im Einwanderungsdiskurs. In: beiträge zur feministischen theorie und praxis. 26. Heft 63/64. S. 29-39.

Coker, Donna (2005): Shifting Power for Battered Women: Law, Material Resources, and Poor Women of Color. In: Sokoloff, Natalie J./Pratt, Christina (2005) (Ed.): Domestic Violence at the Margins. Readings on Race, Class, Gender and Culture. New Brunswick; New Jersey; London. S. 369-388.

Collins, Patricia Hill (1998): The tie that binds: Race, gender and U.S. violence. In: Ethnic and Racial Studies 21 (5). S. 917-938.

Crenshaw, Kimberlé (1994): Mapping the Margins: Intersectionality, Identity Politics and Violence against Women of Color. In: Albertson Fineman, Martha/ Mykitiuk, Roxanne: The Public Nature of Private Violence. New York/London. S. 93-118.

Czyzewski, Marek/ Gülich, Elisabeth/ Hausendorf, Heiko/ Kastner, Maria (1995a): Einleitung. In: Czyzewski, Marek/ Gülich, Elisabeth/ Hausendorf, Heiko/ Kastner, Maria (Hg.): Nationale Selbst- und Fremdbilder im Gespräch. Kommunikative Prozesse nach der Wiedervereinigung Deutschlands und dem Systemwandel in Ostmitteleuropa. Opladen. S. 1-9.

Czyzewski, Marek/ Drescher, Martina/ Gülich, Elisabeth/ Hausendorf, Heiko (1995b): Selbst- und Fremdbilder im Gespräch. Theoretische und methodologische Aspekte: In: Czyzewski, Marek/ Gülich, Elisabeth/ Hausendorf, Heiko/ Kastner, Maria (Hg.): Nationale Selbst- und Fremdbilder im Gespräch. Kommunikative Prozesse nach der Wiedervereinigung Deutschlands und dem Systemwandel in Ostmitteleuropa. Opladen, S. 11-81.

Dackweiler, Regina-Maria/ Schäfer, Reinhild (Hg.) (2002): Gewalt-Verhältnisse. Feministische Perspektiven auf Geschlecht und Gewalt. Frankfurt a. M.; New York.

Dasgupta, Shamita Das (1998): Women's Realities: Defining Violence Against Women by Immigration, Race and Class. In:. Kennedy, Bergen, Raquel: Issues in Intimate Violence: Thousand Oakes; London; New Delhi. S. 209-219.

Dausien, Bettina (1996): Biographie und Geschlecht : zur biographischen Konstruktion sozialer Wirklichkeit in Frauenlebensgeschichten. Bremen.

Dausien, Bettina/ Calloni, Marina/ Friese, Marianne (Hg.) (2000): Migrationsgeschichten von Frauen. Beiträge und Perspektiven aus der Biographieforschung. Bremen: Universität Bremen.

Dausien, Bettina (2001): Erzähltes Leben – erzähltes Geschlecht? Aspekte der narrativen Konstruktion von Geschlecht im Kontext der Biographieforschung. In: Feministische Studien, Heft 2/2001, S. 57-73.

Dausien, Bettina (2004): Biographieforschung: Theoretische Perspektiven und methodologische Konzepte für eine re-konstruktive Geschlechterforschung. In: Becker, Ruth/ Kortendiek, Beate (Hg.): Handbuch Frauen- und Geschlechterforschung. Theorie, Methoden, Empirie. Wiesbaden. S. 314-325.

Dederichs-Bain, Birgit (2001): Die Weltfrauenkonferenz von Peking: Ihre Umsetzung in die deutsche Politik. In: Fues, Thomas/ Hamm, Brigitte I. (Hg.): Die Weltkonferenzen der 90er Jahre: Baustellen für Global Governance. Bonn. S. 191-224.

Die Beauftragte der Bundesregierung für Migration, Flüchtlinge und Integration, und Der Beauftragte für Integration und Migration des Senats von Berlin (Hg.) (2004): Das neue Aufenthaltsrecht. Fragen und Antworten zum Zuwanderungsgesetz. Berlin. http://www.integrationsbeauftragte.de. Zugriffsdatum: 16.08.05.

Die Ausländerbeauftragte des Senats Berlin (1988): Polen in Berlin. Informationen zum Aufenthaltsrecht. Berlin.

Die Ausländerbeauftragte des Senats Berlin (1988): Polen in Berlin. Geschichte und Gegenwart. Berlin.

Dutton, Mary Ann (1996): Battered Women's Strategic Response to Violence. The Role of Context. In: Edleson, Jeffrey L./ Eisikovits, Zvi C. (Ed.): Future Interventions with Battered Women and their Families. Thousand Oaks; London; New Delhi. S. 105-123.

Eaton, Mary (1994): Abuse by Any Other Name: Feminism, Difference, and Intralesbian Violence. In: Albertson Fineman, Martha/ Mykitiuk, Roxanne (1994): The Public Nature of Private Violence. New York; London. S. 195-223.

Ebbinghaus, Angelika (Hg.) (1996): Opfer und Täterinnen. Frauenbiographien des Nationalsozialismus. Frankfurt a. M.

Eggers, Maureen M./ Kilomba, Grada/ Piesche Peggy/ Arndt, Susan (2005): Mythen, Masken und Subjekte. Kritische Weißseinforschung in Deutschland. Münster.

Eichhorn, Cornelia/ Grimm, Sabine (Hg.) (1995): Gender Killer. Texte zu Feminismus und Politik.

Eisikovits, Zvi S./ Buchbinder, Eli (1996): Towards a Phenomenological Intervention With Violence in Intimate Relationships. In: Edleson, Jeffrey L./ Eisikovits, Zvi C. (Ed.) (1996): Future Interventions with Battered Women and their Families. Thousand Oaks; London; New Delhi. S. 186-200.

FeMigra (Feministische Migrantinnen, Frankfurt) (1995): Wir, die Seiltänzerinnen. Politische Strategien von Migrantinnen gegen Ethnisierung und Assimilation. In: Eichhorn, Cornelia/ Grimm, Sabine (Hg.): Gender Killer. Texte zu Feminismus und Politik. Berlin. S. 49-63.

Feministische Studien (1993): Kritik der Kategorie „Geschlecht". Heft 2. Weinheim.

Fenstermaker, Sarah/ West, Candace (2001): 'Doing Difference' Revisited. Probleme, Aussichten und der Dialog in der Geschlechterforschung. In: Heintz, Bettina (Hg.): Geschlechtersoziologie. Opladen. S. 236-249.

Fischer-Rosenthal, Wolfram (1978): Struktur und Funktion von Lebensgeschichten. In: Kohli, M.(Hg.): Soziologie des Lebenslaufs. Darmstadt; Neuwied. S. 311-336.

Fischer-Rosenthal, Wolfram (1995): Schweigen - Rechtfertigen - Umschreiben. Biographische Arbeit im Umgang mit deutschen Vergangenheiten. In: Fischer- Rosenthal, Wolfram/ Alheit, P. (Hg.) Biographien in Deutschland. Opladen; Wiesbaden. S. 43-86.

Fischer-Rosenthal, Wolfram (1996): Strukturale Analyse biographischer Texte. In: Brähler, Elmar/ Adler, C. (Hg.): Quantitative Einzelfallanalysen und qualitative Verfahren. Gießen. S. 147-207.

Fischer-Rosenthal, Wolfram/ Rosenthal, Gabriele (1997a): Warum Biographieanalyse und wie man sie macht. In: Zeitschrift für Sozialisationsforschung und Erziehungssoziologie (4/1997). S. 405-427.

Fischer-Rosenthal, Wolfram/ Rosenthal, Gabriele (1997b): Narrationsanalyse biographischer Selbstpräsentation. In: Hitzler, Ronald/ Honer, Anne (Hg.): Sozialwissenschaftliche Hermeneutik. Eine Einführung. Opladen. S. 133-164.

Fischer-Tahir, Andrea (2000): Nationalismus und Frauenbewegung in Irakisch-Kurdistan. In: Savelsberg, Eva/ Siamend, Hajo/ Borck, Carsten (Hg.) (2000): Kurdische Frauen und das Bild der kurdischen Frau. Münster. S.157-177.

Frauen gegen Antisemitismus (1993): Der Nationalsozialismus als Extremform des Patriarchats? Zur Leugnung der Täterschaft von Frauen und zur Tabuisierung des Antisemitismus in der Auseinandersetzung mit dem NS. In: beiträge zur feministischen theorie und praxis: Feminis-muß. H. 35. Köln. S. 77-89.

Friedman, Elisabeth (1995): Women's Human Rights: The Emergence of a Movement. In: Peters, Julie/ Wolper, Andrea (Ed.): women's rights, human rights: international feminist perspectives. New York; London. S.18-35.

Frischherz, Bruno (1997): Lernen, um zu sprechen – sprechen, um zu lernen: diskursanalytische Untersuchungen zum Zweitspracherwerb türkischer und kurdischer Asylbewerber in der Deutschschweiz. Freiburg, Schweiz.

Fuchs, Brigitte/ Habinger, Gabriele (Hg.) (1996): Rassismen & Feminismen. Differenzen, Machtverhältnisse und Solidarität zwischen Frauen. Wien.

Fuchs, Gesine (2003): Die Zivilgesellschaft mitgestalten. Frauenorganisationen im polnischen Demokratisierungsprozess. Frankfurt; New York.

Gaitanidis, Stefan (1999): Zugangsbarrieren von MigrantInnen zu den sozialen und psychosozialen Diensten und Strategien interkultureller Öffnung. In: IZA: Zeitschrift für Migration und Soziale Arbeit. H.3-4; S. 41-45.

Gebhard, Manfred (1999): Geschichte der Zeugen Jehovas: Mit Schwerpunkt der deutschen Geschichte. Berlin.

Gelbin, Cathie S./ Konuk, Kader/ Piesche, Peggy (Hg.) (1999): Kulturelle Produktionen von Migrantinnen, Schwarzen und jüdischen Frauen in Deutschland. Königstein; Taunus.

Glammeier, Sandra/ Müller, Ursula/ Schröttle, Monika (2004): Unterstützungs- und Hilfebedarf aus der Sicht gewaltbetroffener Frauen. Ergebnisse der Gruppendiskussionen. Im Auftrag des Bundesministeriums für Familie, Senioren, Frauen und Jugend. Download (S. 618-731) unter: http://www.bmfsfj.de/Kategorien/Forschungsnetz/forschungsberichte,did=20560. html, Zugriffsdatum: 16.08.05

Glaser, B./ Strauss, A. (1967): The Discovery of Grounded Theory. Chicago.

Godenzi, Alberto (1994): Gewalt im sozialen Nahraum. Basel; Frankfurt a. M.

Gondolf, Edward W/ Fisher, Ellen/ Mc Ferron J. Richard (1988): Racial Differences among Shelter Residents: A Comparaison of Anglo, Black, and Hispanic Battered. In: Journal of Family Violence, Vol. 3, No.1. S. 39-51.

Gondolf, Edward (1998): Appreciating Diversity among battered Women. In: Gondolf Edward W. (Ed.): Assessing Women Battering in Mental Health Services. London. S. 113-131.

Golec, Izabella (2002): Zur Destruktion des tradierten polnischen Frauenbildes und des polnischen ‚kresy'-Mythos in der Fernsehserie Boża podszewka. In: George, Marion, Rudolph, Andrea (Hg.): Selbstfindung – Selbstkonfrontation. Frauen in gesellschaftlichen Umbrüchen. Dettelbach. S. 255-266.

Grubič, Rada/ Lehmann, Nadja (2003): Interkulturelle Arbeit im Frauenhaus. In: Ev. Konferenz für Familien- und Lebensberatung e.V. Fachverband für Psychologische Beratung und Supervision (EKFuL) (Hg.): Integration gestalten – Psychosoziale Beratung und Begleitung im interkulturellen Kontext: Kriterien-Konzepte-Kompetenzen. Dokumentation der Fachtagung vom 4.-6.11.2002 in Berlin-Mitte. Meckenheim. S. 54-68.

Güclü, Nebahat/ Rodrigo Palma, Mónica (1999): Interkulturelle Arbeit im Frauenhaus. In: Paritätischer Wohlfahrtsverband (Hg.): Dokumentation des Fachforums Frauenhausarbeit vom 25.- 27.11.98 in Bonn. S. 62-65.

Gültekin, Nevâl (2003): Bildung, Autonomie, Tradition und Migration. Doppelperspektivität biographischer Prozesse junger Frauen aus der Türkei. Opladen.

Gültekin, Nevâl/ Inowlocki, Lena/ Lutz, Helma (2003, September): Quest and Qery: Interpreting a Biographical Interview with a Turkish Woman Laborer in Germany [55 paragraphs]. Forum Qualitative Sozialforschung/ Forum: Qualitative Social Research [On-line Journal]. Available at: http://www.qualitative-research.net/fqs-texte/3-03/3-03gueltekinetal-e.htm [Date of access: 01/05/2003].

Gümen, Sedef (1996): Die sozialpolitische Konstruktion „kultureller" Differenzen in der bundesdeutschen Frauen- und Migrationsforschung. In: beiträge zur feministischen theorie und praxis. Heft 42.S. 77-89.

Gümen, Sedef (2000a): Soziale Identifikation und Vergleichsprozesse von Frauen. In: Herwartz-Emden, Leonie (Hg.): Einwandererfamilien: Geschlechterverhältnisse, Erziehung und Akkulturation. Osnabrück, S. 325-349.

Gümen, Sedef (2000b): Vergeschlechtlichung und Ethnisierung im Kontext der Familie, Gesellschaftspolitische Dimensionen des Alltäglichen. In: Buchkremer, Hansjosef/ Bukow, Wolf-Dietrich/ Emmerich, Michaela (Hg.): Die Familie im Spannungsfeld globaler Mobilität. Zur Konstruktion ethnischer Minderheiten im Kontext der Familie. Opladen. S.163-183.

Gutiérrez Rodríguez, Encarnación (1996): Frau ist nicht gleich Frau, nicht gleich Frau... Über die Notwendigkeit einer kritischen Dekonstruktion in der feministischen Forschung. In: Fischer, Ute Luise u.a.(Hg.): Kategorie Geschlecht ? Empirische Analysen und feministische Theorien. Opladen. S. 163-190.

Gutiérrez Rodríguez, Encarnación (1999): Intellektuelle Migrantinnen – Subjektivitäten im Zeitalter von Globalisierung. Eine postkoloniale dekonstruktive Analyse von Biographien im Spannungsverhältnis von Ethnisierung und Vergeschlechtlichung. Opladen.

Hagemann-White, Carol (1992): Strategien gegen Gewalt im Geschlechterverhältnis. Bestandsanalyse und Perspektiven. Pfaffenweiler.

Hagemann-White, Carol u.a. (1997): Strategien gegen Gewalt im Geschlechterverhältnis. Bestandsanalyse und Perspektiven. In: Hagemann-White, Carol/ Kavemann, Barbara/ Ohl, Dagmar (Hg.) (1997): Parteilichkeit und Solidarität. Praxiserfahrungen und Streitfragen zur Gewalt im Geschlechterverhältnis. Bielefeld. S. 15-116.

Hagemann-White, Carol/ Kavemann, Barbara/ Ohl, Dagmar (Hg.) (1997): Parteilichkeit und Solidarität. Praxiserfahrungen und Streitfragen zur Gewalt im Geschlechterverhältnis. Bielefeld.

Hagemann-White, Carol (2002): Gewalt im Geschlechterverhältnis als Gegenstand sozialwissenschaftlicher Forschung und Theoriebildung: Rückblick, gegenwärtiger Stand, Ausblick. In: Dackweiler, Regina-Maria/ Schäfer, Reinhild (Hg.): Gewalt-Verhältnisse. Feministische Perspektiven auf Geschlecht und Gewalt. Frankfurt a. M.; New York. S. 29-52.

Hagemann-White, Carol/ Helfferich, Cornelia (2002): Gewalt im Geschlechterverhältnis. In: Bundesministerium für Familie, Senioren, Frauen und Jugend (Hg.): Bericht zur gesundheitlichen Situation von Frauen in Deutschland. Eine Bestandsaufnahme unter Berücksichtigung der unterschiedlichen Entwicklung in West- und Ostdeutschland. Schriftenreihe d. BMFSFJ. Bd. 209. Stuttgart/ Berlin/ Köln. S. 245-274.

Haschemi Yekani, Elahe/ Michaelis, Beatrice (Hg.) (2005): Quer durch die Geisteswissenschaften. Perspektiven der Queer Theory. Berlin.

Herman, Judith (1994): Die Narben der Gewalt. Traumatische Erfahrungen verstehen und überwinden. München.

Herwartz-Emden, Leonie (Hg.) (2000a): Einwandererfamilien: Geschlechterverhältnisse, Erziehung und Akkulturation. Osnabrück.

Herwartz-Emden, Leonie (2000b): Einleitung: Geschlechterverhältnis, Familie und Migration. In: Herwartz-Emden, Leonie (Hg.): Einwandererfamilien: Geschlechterverhältnisse, Erziehung und Akkulturation. Osnabrück, S. 9-50.

Hilbig, Antje/ Kajatin, Claudia/ Miethe, Ingrid (Hg.) (2003): Frauen und Gewalt. Interdisziplinäre Untersuchungen zu geschlechtsgebundener Gewalt in Theorie und Praxis. Würzburg.

Hillmann, Felicitas (1996): Jenseits der Kontinente. Migrationsstrategien von Frauen nach Europa. Pfaffenweiler.

Hoffmann-Riem, Christa (1980): Die Sozialforschung einer interpretativen Soziologie, in: Kölner Zeitschrift für Soziologie und Sozialpsychologie, Heft 32, S. 339-372.

Hügel, Ika/ Lange, Chris/ Ayim, May/ Bubeck Ilona/ Aktas, Gülsen/ Schultz, Dagmar (Hg.) (1993): Entfernte Verbindungen. Rassismus Antisemitismus Klassenunterdrückung. Berlin.

Huth-Hildebrandt, Christine (1999): Ethnisierungsprozesse re-visited. Die Relevanz der Kategorie Geschlecht im Umgang mit Fremdheit. In: Kiesel, Doron/ Messerschmidt, Astrid/ Scherr, Albert (Hg.): Die Erfindung der Fremdheit. Zur Kontroverse um Gleichheit und Differenz im Sozialstaat. Frankfurt a. M. S. 185-201.

Imber-Black, Evan (Hg.) (1995): Geheimnisse und Tabus in Familie und Familientherapie. Freiburg i. Breisgau.

Inowlocki, Lena (1993): Grandmothers, mothers, and daughters. Intergenerational transmission in displaced families in three jewish communities. In: Bertaux, Daniel /Thompson, Paul (Ed.): Between generations. Family models, myths, and memories. International Yearbook of Oral History and Life Stories. Oxford. S. 139-153.

Interkulturelle Initiative e.V. (Hg.) (2006 i. Ersch.): Handbuch „Qualitätsmanagement in der Arbeit mit von Gewalt betroffenen Migrantinnen und ihren Kindern". Berlin.

Jäger, Margret (1996): Fatale Effekte. Die Kritik am Patriarchat im Einwanderungsdiskurs. Duisburg.

Jäger, Margret (2004): Diskursanalyse: Ein Verfahren zur kritischen Rekonstruktion von Machtbeziehungen. In: Becker, Ruth/ Kortendiek, Beate (Hg.): Handbuch Frauen- und Geschlechterforschung. Theorie, Methoden, Empirie. Wiesbaden. S. 336-341.

Joseph, Gloria (1993): Schwarzer Feminismus. Berlin.

Josephson, Jyl (2005): The Intersectionality of Domestic Violence and Welfare in the Lives of Poor Women. In: Sokoloff, Natalie J./ Pratt, Christina (Eds.): Domestic Violence at the Margins. Readings on Race, Class, Gender and Culture. New Brunswick; New Jersey; London. S. 83-101.

Kaiser, Eva-Maria/ Rausch, Ulrich (1996): Die Zeugen Jehovas. Ein Sektenreport. Augsburg.

Kallmeyer, Werner/Schütze, Fritz (1977): Zur Konstitution von Kommunikationsschemata der Sachverhaltsdarstellung. In: Wegener, Dirk (Hg.): Gesprächsanalysen. Hamburg; Büske, S. 159-274.

Kanuha, Valli (1994): Women of Color in Battering Relationships. In: Comas-Diaz, Lilian / Greene, Beverly (Eds.): Women of Color. Integrating Ethnic and Gender Identities in Psychotherapy, New York; London. S. 428-454.

Kanuha, Valli (1996): Domestic Violence, Racism, and the Battered Women's Movement in the United States. In: Edleson, Jeffrey L./ Eisikovits, Zvi C. (Ed.): Future Interventions with Battered Women and their Families. Thousand Oaks; London; New Delhi. S. 34-50.

Karrer, Cristina/ Turtschi, Regula/ Le Breton Baumgartner, Maritza (1996): Entschieden im Abseits. Frauen in der Migration. Zürich.

Kavemann, Barbara (1997): Zwischen Politik und Professionalität: Das Konzept der Parteilichkeit: In: Hagemann-White u.a.(Hg.): Parteilichkeit und Solidarität. Praxiserfahrungen und Streitfragen zur Gewalt im Geschlechterverhältnis. Bielefeld. S. 179-235.

Kavemann, Barbara (2001): Modelle der Kooperation gegen häusliche Gewalt. Schriftenreihe des Bundesministeriums für Familie, Senioren, Frauen und Jugend. Bd. 193. Berlin. S. 27f.

Kavemann, Barbara (2002): Kinder und häusliche Gewalt. In: Landeskommission Berlin gegen Gewalt (Hg.): Berliner Forum Gewaltprävention. Themenschwerpunkt: Häusliche Gewalt. Nr.1/2002. S. 116-121.

Kavemann, Barbara (2004): Gemeinsam gegen häusliche Gewalt. Kooperation, Intervention, Begleitforschung. Forschungsergebnisse der wissenschaftlichen Begleitung der Interventionsprojekte gegen häusliche Gewalt (WiBIG). In: Bundesministerium für Familie, Senioren, Frauen und Jugend (2005): Kongressbericht: Gewalt im Leben von Männern und Frauen - Forschungszugänge, Prävalenz, Folgen, Intervention. Europäischer Kongress 23. September 2004 in Osnabrück. S. 52-62. Download der Dokumentation unter: http://www.bmfsfj.de/Kategorien/Forschungsnetz/forschungsberichte,did=26370.html, Zugriffs-datum: 16.08.05

Kelek, Necla (2005): Die fremde Braut. Ein Bericht aus dem Inneren des türkischen Lebens in Deutschland. Köln.

Kizilhan, Ilhan (2000): Zwischen Angst und Aggression. Kinder im Krieg. Ein Medico International- Buch. Bad Honnef.

Köttig, Michaela (2004): Lebengeschichten rechtsextrem orientierter Mädchen und junger Frauen. Biographische Verläufe im Kontext der Familien- und Gruppendynamik. Gießen.

Koher, Frauke/ Pühl, Katharina (Hg.) (2003): Gewalt und Geschlecht. Konstruktionen, Positionen, Praxen. Opladen.

Kontos, Silvia (1995): Jenseits des hydraulischen Bewegungsmodells: Einwände gegen das backlash-Konzept. In: Jansen, Mechthild M. u.a. (Hg.): Frauen in der Defensive?: Zur backlash-Debatte in Deutschland. Münster. S. 29-57.

Koonz, Claudia (1991): Mütter im Vaterland: Frauen im Dritten Reich. Freiburg i. Br.

Korzycki, Wlodzimierz (1992): Republik Polen. Eine kleine politische Landeskunde. München; Landsberg am Lech.

Kraft, Marion/Shamim Ashraf-Khan, Rukhsana (Hg.) (1994): Schwarze Frauen der Welt. Europa und Migration. Berlin.

Kramer, Helgard (1992): Nachwort. In: Interdisziplinäre Forschungsgruppe Frauenforschung (IFF)/ Kramer, Helgard (Hg.): Zweierlei Welten? Feministische Wissenschaftlerinnen im Dialog mit der männlichen Wissenschaft. Frankfurt a.M.; New York. S. 193-200.

Kramer, Helgard (2003): Einleitung. In: Kramer, Helgard / Naegele, Roger (Hg.): Geschlechterarrangements in globaler und historischer Perspektive. Heidelberg. S. 1-14.

Kriechhammer-Yağmur, Sabine (2005): Das neue Zuwanderungsrecht - Eine erste Übersicht über Neuregelungen, die für Migrantinnen im Frauenhaus interessant sein könnten. Download unter: www.frauenhauskoordinierungsstelle.de

Lehmann, Nadja (2001): Migrantinnen in Misshandlungssituationen. In: Quer – denken, lesen, schreiben. Gender/Geschlechterfragen update. (Hg.): Frauenrat und Frauenbeauftragte der Alice-Salomon-Fachhochschule für Sozialarbeit/Sozialpädagogik und Pflege/Pflegemanagement. Berlin. Ausgabe 04/01. S. 10-13.

Lehmann, Nadja (2002): Frauenhausarbeit im Spannungsfeld von Professionalisierungsprozessen und tradiertem Feminismusbegriff. In: Agha, Tahereh u.a. (Hg.): Frauen in Gewaltverhältnissen. Dokumentation des Hochschultages vom 31.10.2001 an der Alice-Salomon-Fachhochschule. Berlin. S. 34-46.

Lehmann, Nadja (2002): Projektvorstellung „Interkulturelles Frauenhaus" In: Landeskommission Berlin gegen Gewalt (Hg.): Berliner Forum Gewaltprävention. Themenschwerpunkt: Häusliche Gewalt. Nr.1/2002. S. 116-121.

Lehmann, Nadja (2004): Auf dem Weg von Ost nach West: Kontinuitäten, Relevanzen und Verbindungen von „Ethnizität" und „Geschlecht" am Beispiel einer rumänisch-deutschen Migrationsbiographie. In: Miethe, Ingrid/ Kajatin, Claudia/ Pohl, Jana (Hg.): Geschlechterkonstruktionen in Ost und West. Biographische Perspektiven. Münster. S. 131-155.

Lehmann, Nadja (2006): Biographische Perspektiven und Bewältigungsstrategien gewaltbetroffener Migrantinnen – Schlussfolgerungen und Überlegungen für Theorie und Praxis. In: Landeskommission Berlin gegen Gewalt (Hg.): Berliner Forum Gewaltprävention. Dokumentation einer Fachtagung in Kooperation mit der Friedrich-Ebert-Stiftung am 22.02.06. Nr. 25/2006. S. 30-39.

Lenz, Ilse (1995): Geschlecht, Herrschaft und internationale Ungleichheit. In: Becker-Schmidt, Regina/Knapp, Gudrun-Axeli (Hg.) (1995): Das Geschlechterverhältnis als Gegenstand der Sozialwissenschaften. Frankfurt a.M. S. 19-46.

Lenz, Ilse (1996): Grenzziehungen und Öffnungen: Zum Verhältnis von Geschlecht und Ethnizität zu Zeiten der Globalisierung. In: Lenz, Ilse/Germer, Andrea/Hasenjürgen, Brigitte (Hg.): Wechselnde Blicke. Frauenforschung in internationaler Perspektive. S. 200-228.

Loch, Ulrike (2002): Grenzen und Chancen der narrativen Gesprächsführung bei Menschen mit traumatischen Erlebnissen in der Kindheit. In: Schaeffer, Doris/ Müller-Mundt (Hg.): Qualitative Gesundheits- und Pflegeforschung. Bern; Göttingen; Toronto; Seattle. S. 233-246.

Lucius-Hoene, Gabriele/ Deppermann, Arnulf (2002): Rekonstruktion narrativer Identität. Ein Arbeitsbuch zur Analyse narrativer Interviews. Opladen.

Ludwig, Klemens (1993): Das verratene Volk. Die Kurden im Irak. In: Nirumand, Bahman (Hg.): Die kurdische Tragödie. Die Kurden - verfolgt im eigenen Land. Hamburg.

Lutz, Helma (1991): Welten verbinden – Türkische Sozialarbeiterinnen in den Niederlanden und der Bundesrepublik Deutschland. Frankfurt/M.

Lutz, Helma (2000a): Biographisches Kapital als Ressource der Bewältigung von Migrationsprozessen. In: Gogolin, Ingrid/ Nauck, Bernhard (Hg.): Migration, gesellschaftliche Differenzierung und Bildung. Resultate des Forschungsschwerpunktprogramms FABER. Opladen. S. 179-210.

Lutz, Helma (2000b): Ethnizität, Profession, Geschlecht. Die neue Dienstmädchenfrage als Herausforderung für die Migrations- und Frauenforschung. Münster.

Lutz, Helma (2001): Differenz als Rechenaufgabe: über die Relevanz der Kategorien Race, Class und Gender. In: Lutz, Helma/ Wenning, Norbert (Hg.): Unterschiedlich verschieden.Opladen.

Lutz, Helma/ Davis, Kathy (2005): Geschlechterforschung und Biographieforschung: Intersektionalität als biographische Ressource am Beispiel einer ungewöhnlichen Frau.In: Völter, Bettina/ Dausien, Bettina/Lutz, Helma/Rosenthal, Gabriele (Hg.): Biographieforschung im Diskurs. Wiesbaden. S. 228-247.

Lyons, Harriet D. (1999): Foreword to the Second Edition. In: Ayers Counts, D./ Brown, Judith K./ Campbell, Jacquelyn C.(Eds.): To have and to hit: Cultural Perspectives on Wife Beating. Illinois. S. vii-xiii.

MacLeod, Linda/ Shin, Maria for the National Clearinghouse on Family Violence (1990): Isolated, Afraid and Forgotten. The Service Delivery Needs and Realities of Immigrant and Refugee Women who are battered. Ontario, Canada.

Mahoney, Martha R. (1994): Victimization or Oppression? Women's Lives, Violence, and Agency. In: Albertson Fineman, Martha/ Mykitiuk, Roxanne: The Public Nature of Private Violence. New York; London. S. 59-92.

Mamozai, Martha (1989): Schwarze Frau, weiße Herrin: Frauenleben in den deutschen Kolonien. Reinbek.

McGoldrick, Monica (1998): Re-Visioning Family Therapy. Race, Culture, and Gender in Clinical Practice. New York; London.

McGoldrick, Monica/ Gerson, Randy (2000): Genogramme in der Familienberatung. Bern; Göttingen; Toronto; Seattle.

Mecheril, Paul/ Teo,Thomas (Hg.) (1994): Andere Deutsche. Zur Lebenssituation von Menschen multiethnischer und multikultureller Herkunft. Berlin.

Mecheril, Paul (1997): Rassismuserfahrungen von Anderen Deutschen – eine Einzelfallbetrachtung. In: Mecheril, Paul/ Teo, Thomas (Hg.): Psychologie und Rassismus. Reinbek.

Miethe, Ingrid (1999): Frauen in der DDR-Opposition. Lebens- und kollektivgeschichtliche Verläufe in einer Frauenfriedensgruppe. Leske + Budrich. Opladen.

Mihok, Brigitte (1990): Ethnostratifikation im Sozialismus, aufgezeigt an den Beispielländern Ungarn und Rumänien. Frankfurt a.M.; Bern.

Mihok, Brigitte; Müller, Stephan (1994): Roma in Osteuropa: Zur sozioökonomischen Situation und den Ursachen der Migration. In: Busch, Rolf (Hg.): Sinti, Roma und wir. Berlin, S. 71-96.

Mihok, Brigitte (1999): Vergleichende Studie zur Situation der Minderheiten in Ungarn und Rumänien (1989-1996) unter besonderer Berücksichtigung der Roma. Frankfurt a.M.; Berlin; Bern; New York; Paris; Wien.

Mojab, Shahrzad (1997): Crossing the Boundaries of Nationalism, Patriarchy and Eurocentrism: The Struggle for a Kurdish Women Studies Network. In: KWAHK. Download unter: http://www.kwahk.org/articles.asp?id=33. Zugriff: 13.12.2003.

Mojab, Sharzad/ Hassanpour, Amir (2002): In Memory of Fadime Sahindal: Thoughts on the Struggle Against „Honour Killing“ In:
KWAHK. http://www.kwahk.org/articles.asp?id=33. Zugriff: 13.12.2003.

Müller-Schneider, Thomas (2000): Zuwanderung in westliche Gesellschaften. Opladen.

Narayan, Uma (1997): Dislocating Cultures. Identities, Traditions, and Third World Feminism. New York; London.

Nienaber, Ursula (1995): Migration – Integration und Biographie. Biographieanalytische Untersuchungen auf der Basis narrativer Interviews am Beispiel von Spätaussiedlern aus Polen, Rumänien und der UDSSR. Münster; New York.

Niesner, Elvira/ Anonuevo, Estrella/ Aparacio, Marta/ Sonsiengchai-Fenzl, Petchara. (Hg.) (1997): Ein Traum vom besseren Leben. Migrantinnenerfahrungen, soziale Unterstützung und neue Strategien gegen Frauenhandel. Opladen, Leske+Budrich.

Ochse, Gabriele (1999): Migrantinnenforschung in der Bundesrepublik Deutschland und den USA. Oldenburg.

Oevermann, Ulrich/ Allert, Tilman/ Konau, Elisabeth/ Krambeck, Jürgen (1979): Die Methodologie einer „objektiven Hermeneutik" und ihre allgemeine forschungslogische Bedeutung in den Sozialwissenschaften. In: Soeffner, Hans- Georg (Hg.): Interpretative Verfahren in den Sozial- und Textwissenschaften. Stuttgart. S. 352- 433.

Oguntoye, Katharina/ Opitz, May/ Schultz, Dagmar (1986): Farbe bekennen. Afrodeutsche Frauen auf den Spuren ihrer Geschichte. Berlin.

Paritätischer Wohlfahrtsverband - Gesamtverband e.V. (Hg.) (1998): Vernetzt gegen Männergewalt. Dokumentation des Fachforums Frauenhausarbeit vom 25.-27.11.1998 in Bonn.

Papatya (2000; 2001): Europäisches Netzwerk, Schutz für Mädchen und junge Frauen aus dem islamischen Kulturkreis vor familiärer Gewalt. Publikationen im Rahmen des Daphne Programms der EU. Berlin.

Prodolliet, Símone (1999): Spezifisch weiblich: Geschlecht und Migration. Ein Rückblick auf die Migrationsforschung. In: Zeitschrift für Frauenforschung 17. Jg. H. 1+2. S. 26-42.

Pühl, Katharina (2003): Zwischen Diskurs und Subjekt. Einleitung. In: Koher, Frauke/ Pühl, Katharina (Hg.) (2003): Gewalt und Geschlecht. Konstruktionen, Positionen, Praxen. Opladen. S. 7-17.

Quaestio (Hg.) (2000): Queering Demokratie [sexuelle politiken]. Berlin.

Raab, Heike (1998): Foucault und der feministische Poststrukturalismus. Dortmund.

Rashid, Nazaneen (2002): DFID's Roundtable conference on Violence Against Women in Iraqi Kurdistan. In KWAHK: :
http://www.kwahk.org/articles.asp?id=33. Zugriff: 13.12.2003.

Reemtsma, Katrin (1996): Sinti und Roma: Kultur, Geschichte, Gegenwart. München.

Richie, Beth E. (2000): Black Feminist Reflection on the Antiviolence Movement. In: Signs 25 (4), S. 1127-1133.

Riegel, Christine (2003): Umgangsformen von jungen Migrantinnen mit ethnisiertvergeschlechtlichten Fremdzuschreibungen. In: beiträge zur feministischen theorie und praxis. Heft 63/64. S. 59-73.

Riemann, Gerhard (1987): Das Fremdwerden der eigenen Biographie. München.

Rommelspacher, Birgit (1995). Dominanzkultur. Texte zu Fremdheit und Macht. Berlin.

Rommelspacher, Birgit (2002): Anerkennung und Ausgrenzung. Deutschland als multikulturelle Gesellschaft. Frankfurt a.M..

Rommelspacher, Birgit (2006): Interdependenzen – Geschlecht, Klasse und Ethnizität. www.geschlecht-ethnizitaet-klasse.de. Zugriffsdatum:10.09.06.

Rosaldo Renato (1993): Culture and Truth. The Remaking of Social Analysis. Boston.

Rosenthal, Gabriele (1987): „...wenn alles in Scherben fällt...": von Leben und Sinnwelt der Kriegsgeneration; Typen biographischer Wandlungen. Opladen.

Rosenthal, Gabriele (1995): Erlebte und erzählte Lebensgeschichte. Frankfurt a. M.; New York.

Rosenthal. Gabriele (1997): Zur interaktionellen Konstitution von Generationen. In Mansel, J./ Rosenthal, G./ Tölke, A. (Hg.): Generationen-Beziehungen, Austausch und Tradierung. Opladen. S. 57-73.

Rosenthal, Gabriele (1999): Migrationen und Leben in multikulturellen Milieus. Nationale Zugehörigkeit zur Herstellung von familien- und lebensgeschichtlicher Kontinuität. In: Apitzsch, Ursula (Hg.): Migration und Traditionsbildung. Opladen; Wiesbaden. S. 22-34.

Rosenthal, Gabriele (2001): Biographieforschung. In: Keupp, Heiner/ Weber, Klaus (Hg.): Psychologie. Ein Grundkurs. Hamburg. S. 266-276.

Rosenthal, Gabriele (2005): Die Biographie im Kontext der Familien- und Gesellschaftsgeschichte. In: Völter, Bettina/ Dausien, Bettina/ Lutz, Helma/ Rosenthal, Gabriele (Hg.) (2005): Biographieforschung im Diskurs. Wiesbaden. S. 46-64.

Salgo, Ludwig (2003): Häusliche Gewalt und Umgang. In: Fegert, J.M./ Ziegenhain, Ute (Hg.): Hilfen für Alleinerziehende. Weinheim. S. 108-124.

Schäfer, Reinhild (2002): Feministisches Engagement in der Zivilgesellschaft gegen Gewalt an Frauen. Projekt der Demokratisierung der Geschlechterverhältnisse. In: Dackweiler, Regina-Maria/ Schäfer, Reinhild (Hg.): Gewalt-Verhältnisse. Feministische Perspektiven auf Geschlecht und Gewalt. Frankfurt a. M.; New York. S. 201-220.

Schäfer, Thomas/ Völter, Bettina (2005): Subjekt-Positionen. Michel Foucault und die Biographieforschung. In: Völter, Bettina/ Dausien, Bettina/Lutz, Helma/Rosenthal, Gabriele (Hg.): Biographieforschung im Diskurs. Wiesbaden. S. 161-188.

Schaible, Ira (1999): "Frauenhäuser vor neuen Problemen." In: Rundbrief des Demokratischen Frauenbundes e.V. von März 1999.

Schröttle, Monika/ Müller, Ursula (2004a): Lebenssituation, Sicherheit und Gesundheit von Frauen in Deutschland. Eine repräsentative Untersuchung zu Gewalt gegen Frauen in Deutschland. Im Auftrag des Bundesministeriums für Familie, Senioren, Frauen und Jugend. Download unter: http://www.bmfsfj.de/Kategorien/Forschungsnetz/forschungsberichte,did=20560.html, Zugriffsdatum: 16.08.05.

Schröttle, Monika/ Müller, Ursula (2004b): Eine repräsentative Untersuchung zu Gewalt gegen Frauen in Deutschland. Zusammenfassung zentraler Studienergebnisse. Im Auftrag des Bundesministeriums für Familie, Senioren, Frauen und Jugend. Download der Kurzfassung unter: http://www.bmfsfj.de/Kategorien/Forschungsnetz/forschungsberichte, did=20560. html, Zugriffsdatum: 16.08.05.

Schröttle, Monika/ Müller, Ursula (2004c): I. Teilpopulationenerhebung – Erhebung bei Flüchtlingsfrauen. „Lebenssituation, Sicherheit und Gesundheit von Frauen in Deutschland". Im Auftrag des Bundesministeriums für Familie, Senioren,Frauen und Jugend. Download der Dokumentation (S. 367-464) unter: http://www.bmfsfj.de/Kategorien/Forschungsnetz/forschungsberichte,did=20560. html, Zugriffsdatum: 16.08.05

Schütze, Fritz (1976): Zur linguistischen und soziologischen Analyse von Erzählungen. In: Internationales Jahrbuch für Wissens- und Religionssoziologie. Bd. 10. Opladen, S. 7-41.

Schütze, Fritz (1983): Biographieforschung und narratives Interview. In: Neue Praxis, Heft 3. S. 283-293.

Schütze, Fritz (1984): Kognitive Figuren des autobiographischen Stegreiferzählens. In: Kohli, M./ Robert, G. (Hg.): Biographie und soziale Wirklichkeit. Stuttgart. S. 78-117.

Schweikert, Birgit (2000): Gewalt ist kein Schicksal. Ausgangsbedingungen, Praxis und Möglichkeiten einer rechtlichen Intervention bei häuslicher Gewalt gegen Frauen unter besonderer Berücksichtigung von polizei- und zivilrechtlichen Befugnissen. Baden Baden.

Senatsverwaltung für Arbeit und Frauen (1995): Psychosoziale Versorgung ausländischer Frauen. Berlin.

Senatsverwaltung für Wirtschaft, Arbeit und Frauen in Berlin (2002): Berliner Aktionsplan zur Bekämpfung von Häuslicher Gewalt. (Zeitraum 2002-2006).

Senatsverwaltung für Justiz in Berlin (2005): Pressemitteilung vom 24.03.05 unter http://www.berlin.de/senjust/gerichte/org/presse/archiv/24409/index.html, Zugriffsdatum: 16.06.05.

Sellach, Brigitte (2000): Neue Fortbildungsmaterialien für Mitarbeiterinnen im Frauenhaus. Gewalt im Geschlechterverhältnis. Schriftenreihe des Bundesministerium für Familie, Senioren, Frauen und Jugend (Hg.) (2000): Bd. 191/ Bd.1: Stuttgart.

Sluglett, Peter/ Farouk-Sluglett, Marion (1991): Der Irak seit 1958. Von der Revolution zur Diktatur. Frankfurt am Main.

Sokoloff, Natalie J./ Pratt, Christina (2005) (Ed.): Domestic Violence at the Margins. Readings on Race, Class, Gender and Culture. New Brunswick, New Jersey, London.

Sokoloff, Natalie J./ Dupont, Ida (2005): Domestic Violence: Examining the Intersections of Race, Class, and Gender – An Introduction. In: Sokoloff, Natalie J./ Pratt, Christina (2005) (Ed.): Domestic Violence at the Margins. Readings on Race, Class, Gender and Culture. New Brunswick, New Jersey, London. S. 1-13.

Sokolowska, Magdalena (1973): Frauenemanzipation und Sozialismus. Das Beispiel der Volksrepublik Polen. Hamburg.

Statistisches Bundesamt (2006): Mikrozensus 2005. http://www.destatis.de/presse/deutsch/pk/2006/Mikrozensus2005_Statement_Hahlen.pdf, Zugriffsdatum: 31.08.06

Steyerl, Hito/ Gutiérrez Rodríguez, Encarnación (2003) (Hg.): Spricht die Subalterne deutsch? Münster.

Stierlin, Helm (1989, 1. Aufl.): Individuation und Familie. Frankfurt am Main.

Strasser, Philomena (2003): Häusliche männliche Gewalt gegen Frauen in der Migration. In: beiträge zur feministischen theorie und praxis. Heft 66. S.103-116.

Straßburger, Gaby (2003): Nicht westlich und doch modern. Partnerwahlmodi türkischer Migrant(inn)en in Diskurs und Praxis. In: beiträge zur feministischen theorie und praxis. Heft 63/64. S. 15-27.

Strauss L., Anselm (1994): Grundlagen qualitativer Sozialforschung: Datenanalyse und Theoriebildung in der empirischen und soziologischen Forschung. München.

Strohmeier, Martin/ Yalçın-Heckmann, Lale (2000): Die Kurden. Geschichte, Politik, Kultur. München.

Süzen, Talibe (2003): Das Scheidungsverhalten türkischer Migrantinnen der zweiten Generation in der Bundesrepublik Deutschland. Die subjektiven Ursachen und Folgen der Scheidung. Frankfurt a.M.

TAZ – die tageszeitung vom 26./27./28.03.05: Zeugen Jehovas jetzt normale Kirche.

Thürmer-Rohr, Christina (1989): Frauen in Gewaltverhältnissen. Zur Generalisierung des Opferbegriffs. In: Studienschwerpunkt „Frauenforschung" am Institut für Sozialpädagogik der TU Berlin (Hg.): Mittäterschaft und Entdeckungslust. Berlin. S. 22-36.

Thürmer-Rohr (2003): Veränderungen der feministischen Gewaltdebatte in den letzten 30 Jahren. In : Hilbig, Antje/ Kajatin, Claudia/ Miethe, Ingrid (Hg.): Frauen und Gewalt. Interdisziplinäre Untersuchungen zu geschlechtsgebundener Gewalt in Theorie und Praxis. Würzburg.

Treibel, Annette (1999): Migration in modernen Gesellschaften. Soziale Folgen von Einwanderung, Gastarbeit und Flucht. Weinheim und München.

Treibel, Annette (2000): Migration als Form der Emazipation? Motive und Muster der Wanderung von Frauen. In: Butterwege, Christoph/ Hentges, Gudrun (Hg.): Zuwanderung im Zeichen der Globalisierung. Migrations-, Integrations- und Minderheitenpolitik. Opladen. S. 75-90.

Uremovic, Olga/ Oerter, Gundula (Hg.): Frauen zwischen Grenzen. Rassismus und Nationalismus in der feministischen Diskussion. Frankfurt a. M.; New York 1994.

Völter, Bettina (2003): Judentum und Kommunismus. Deutsche Familiengeschichten in drei Generationen. Opladen.

Völter, Bettina/ Dausien, Bettina/ Lutz, Helma/ Rosenthal, Gabriele (Hg.) (2005): Biographieforschung im Diskurs. Wiesbaden.

Volpp, Leti (2005): Feminism versus Multiculturalism. In: Sokoloff, Natalie J./ Pratt, Christina (2005) (Ed.): Domestic Violence at the Margins. Readings on Race, Class, Gender and Culture. New Brunswick; New Jersey; London. S. 39-49.

Wachendorfer, Ursula (1998): Soziale Konstruktionen von Weiß-Sein. Zum Selbstverständnis Weißer TherapeutInnen und BeraterInnen. In: Castro Varela, Maria del Mar/ Schulze, Sylvia/ Vogelmann, Silvia/ Weiß, Anja (Hg.): Suchbewegungen: Interkulturelle Beratung und Therapie / Deutsche Gesellschaft für Verhaltenstherapie. Tübingen. S. 49-60.

Wachendorfer, Ursula (2001): Weißsein in Deutschland. Zur Unsichtbarkeit einer herrschenden Normalität. In: Arndt, Susan (Hg.): Afrikabilder. Studien zu Rassismus in Deutschland. Münster. S. 87-101.

Wagenblass, Sabine (2002): Kinder psychisch kranker Eltern. In: Institut für soziale Arbeit e.V. (Hg.): Hauptsache gesund... Zwischen Jugendhilfe und Gesundheitswesen. ISA-Kongress vom 03.-05.09.2001 in Wuppertal. Tagungsdokumentation. http://www.isa-muenster.de/pdf/hauptsache_gesund.pdf, Zugriff am 27.06.05.

Wagenblass, Sabine (2003): Wenn Mütter in ver-rückten Welten leben. Zur Lebenssituation von psychisch kranken allein erziehenden Frauen und ihren Kindern. In: Fegert, J.M./ Ziegenhain, Ute (Hg.): Hilfen für Alleinerziehende. Weinheim. S. 208-214.

Walter, Joachim/ Möller, Birgit/ Adam, Hubertus (2000): Vom beredten Schweigen in der Kinder- und Familientherapie mit Flüchtlingsfamilien. In: Zeitschrift für politische Psychologie, Jg. 8, 2000, Nr. 4, und Jg. 9, 2001, Nr. 1. S. 549-560.

Weedon, Chris (2000): Menschenrechte aus postmoderner Sicht. In: Das Argument. Jg. 42, Nr. 1. S. 25-32.

Weinbach, Heike (2006): Einfach Klasse? Klassismus: Diskriminierung aufgrund des sozialpolitischen Status. In: Quer – denken, lesen, schreiben. Hg.: Frauenrat und Frauenbeauftragte der Alice-Salomon-Fachhochschule für Soziale Arbeit, Gesundheit, Erziehung und Bildung. Berlin. Ausgabe 13/06. S. 4-8.

Wernet, Andreas (2000): Einführung in die Interpretationstechnik der Objektiven Hermeneutik. Opladen.

West, Candace/ Zimmerman, Don H. (1987): Doing gender. In: Gender & Society, Heft 1 (9). S. 125-151.

West, Candace/ Fenstermaker, Sarah B. (1995): Doing difference. In: Gender & Society, Heft 1 (9). S. 8-37.

West, Cornel (1993): Race Matters. Boston.

West, Traci C. (1999): Wounds of the Spirit. Black Women, Violence, Resistance Ethics. New York.

Westphal, Manuela (2000): Berufs- und Bildungseinstellungen von Frauen. In: Herwartz-Emden, Leonie (Hg.): Einwandererfamilien: Geschlechterverhältnisse, Erziehung und Akkulturation. Osnabrück. S. 289-321.

WHO (2005): Multi-country Study on Women's Health and Domestic Violence against Women. Initial results on prevalence, health outcomes and women's responses. Langfassung download unter:

http://www.who.int/gender/violence/who_multicountry_study/summary_report /en/index.html. Zugriffsdatum: 26.11.2005.

Wölte, Sonja (2002): Von Lokal nach International und zurück: Gewalt gegen Frauen und internationale Frauenmenschenrechtspolitik. In: Dackweiler, Regina-Maria/ Schäfer, Reinhild (Hg.): Gewalt-Verhältnisse. Feministische Perspektiven auf Geschlecht und Gewalt. Frankfurt a. M.; New York. S. 221-247.

Wohlrab-Sahr, Monika (1994): Vom Fall zum Typus: Die Sehnsucht nach dem „Ganzen“ und dem „Eigentlichen“ – „Idealisierung „ als biographische Konstruktion. In: Diezinger, Angelika u.a. (Hg.): Erfahrung mit Methode. Freiburg i. Br. S. 269-299.

Zorn, Jean G. (1999): „Women's Rights Are Human Rights“: International Law and the Culture of Domestic Violence. In: Ayers Counts, D./ Brown, Judith K./ Campbell, Jacquelyn C. (Eds.) (1999): To have and to hit: Cultural Perspectives on Wife Beating. Illinois. S. 286-301.

Zülch, Tilman (Hg) (1991): Völkermord an den Kurden. Eine Dokumentation der Gesellschaft für bedrohte Völker. Frankfurt a.M.

ANHANG

Übersicht zu Interviewpartnerinnen

Name (anonym.)	**Geb.:**	**Geburtsland /Mind.**	**Schulbildung/Beruf**	**Heirat/ Migration**	**Frauenhaus**	**Kinder**	**Interview-Jahr**
Yesemin Aslan	1977	Türkei / kurdische Alevitin Ehemann: Türkei./kurd. Alevit	8 Jahre Mittelschule (Schulpflicht) Zimmermädchen Abendschule: Abitur	Heirat und Migration: Familienzusammenführung 1994 mit deutschem Ehemann türkisch-kurdischer Herkunft	1995-1998	1 Tochter: 2001	1999
Olga Ivanova	1973	Bulgarien Zuhälter/Freund: Bulgare	8 Jahre Schule bis 10. Klasse Technikum	1. Migration:1997 für 3 Monate 2. Migration: 1997	Januar 1998-Mitte 2000	1Tochter: 1992 2Tochter: 1993	Anfang 2000
Berrivan Demiray	1973	Türkei/ Kurdin Ehemann: anerkannter Asylbewerber, Türkei/Kurde	8 Jahre ohne Abschluss 3 Jahre Ausbildung als Näherin abgebrochen	Migration: Antrag 1994 auf Asyl – abgelehnt. 1995 Heirat	1998 – 2000 mit einer Unterbrechung von einigen Monaten	Keine	2000
Affoue Seka	1969	Westafrika, Herkunftsland anonymisiert Ehemann: Westafrika	12 Jahre ohne Abschluss	Heirat: 1989 Migration: 1995 Ehemann: Westafrika	1996 - 2000: mit Unterbrechungen und Flucht in eine andere Stadt	1. Kind: Herkunftsland, 1988 2.Kind: Deutschland, 1995 3.Kind: Deutschland, 1998	2000
Shereta Brovina	1972	Kosovo Ehemann: Kosovo	8 Jahre + 3 Jahre Gymnasium mit Abschluss (kein Abitur)	Heirat: 1993 i. Kosovo Migration: 1996	1997- Ende 1998	1 Sohn: 2003	2001

Ayla Deligöz	1970	Türkei/ Alevitin Ehemann: Tür-kei/Alevit	Bis 3. Klasse	Heirat: 1990 Migration: 1991	1997-1999	1 Sohn: 1991 1Tochter: 1993	2001
Parev Demiroglu	1958	Türkei/ Armenierin Ehemann: Tür-kei/Armenier	Hauptschulabschluss in Deutschland	Heirat: 1981 Migration: 1970	1996-1997	2 Töchter: 1983, 1987	2002
Hanife Tarman	1961	Türkei Ehemann: Türkei	7 Jahre Grundschule & Ober-schule (Türkei) 3 Jahre Hauswirtschaftsober-schule (Deutschland)	Heirat: 1984 Scheidung: 1997 Migration: 1974	1997-1998	1 Tochter: 1986 1 Sohn: 1989	2002
Kadriye Gök	1976	Türkei/ kurd. Ehemann: Tür-kei/kurd.	Grundschule. Schneiderin	Heirat: 1992 Scheidung: 1996 Migration: 1992	1996-1997	1 Sohn: 1993 (bei Vater) 1 Tochter: 1998	2002
Lisa Rodriguez	1976	Kuba Ehemann: Deutsch-land	12. Klasse Studium Betriebswirtschaft mit Diplom	Heirat: 1999 Migration: 1998 6 Monate Deutschland 1999-2001 i. Deuschland 2001-2003 USA Seit 2003: Deutsch-land	2003: 2 Monate	1 Sohn: 2002 geboren in USA	2004
Ella Noack	1954	Polen, Einbürgerung 1995 Deutsche Staats-bürgerschaft Ehemann: Deutsch-land	8 Jahre Schule Pädagog. Gymnasium - Erzie-herin	Heirat: 1989 Scheidung: 2003 Migration: 1988	1991: für einen Tag 2000: 6 Monate	1 Tochter: 1975	2004
Nihad Amin	1972	Irakisch-Kurdistan/ Kurdin Ehemann: Deut-scher, irak.-kurd. Her-kunft	Abitur (Irak) Kurzausbildung psychosozial (anonymisiert) i. Deutschland	Heirat: 1995 Scheidung: Migration: 1995	2001 - 2004 (Frauenhaus bzw. Zufluchtswohnung)	2 Söhne: 1996, 1997	2001 Nachfrage interview: 2004

Mirja Johannsen	1961	Rumänien/ Roma Ehemann: Deutschland	10. Klasse ungelernte Fabrikarbeiterin/Küchenhilfe	1. Heirat: 1978 Rumänien, Scheidung: 1983/84 2. Heirat: 1994 Migration: 1990 als Asylbewerberin	1999: 6 Monate	3 Töchter: 1980, 1982, 1994	2000
Justine Ölmez	1982	Türkei/ kurd. Cousin : Türkei/kurd.	Hauptschulabschluss Deutschland	Heirat: Migration: 1994	2004: einige Monate	Keine	2004
Jasna Babič	1973	Deutschland/ Migrationshintergrund durch Eltern: Serbien Deutsche Staatsangehörigkeit Ehemann: Serbien	Hauptschule ohne Abschluss	Heirat: 1985 ohne Standesamt (Hinweis auf Zugehörigkeit zu serbischen Roma)	1995 1996 2001 mehrere Male einige Monate	2 Töchter: 1988, 1990 1 Sohn: 1996	2002

Transkriptionszeichen

,	kurzes Absetzen
(3)	Dauer der Pause in Sekunden
nein:	gedehnt gesprochen
((lachend))	Kommentar der Transkribierenden
/	Einsetzen des kommentierten Phänomens
\	Ende des kommentierten Phänomens
nein	betont
viel-	Abbruch
'aber '	leise
...	Auslassungen
( )	Inhalt der Äußerung ist unverständlich; Länge der Klammer entspricht etwas der Dauer der Äußerung
(sagte er)	unsichere Transkription
ja=ja	schneller Anschluß
F: Ja so war es	gleichzeitiges Sprechen zweier Sprecherinnen ab „war"
S:	ich bin aber
/mhm/	Äußerung der Interviewerin

nach: Rosenthal 1995: 239.

FachZeitschriften im Verlag Barbara Budrich

Erziehungswissenschaft
Mitteilungsblatt der Deutschen Gesellschaft
für Erziehungswissenschaft

Erziehungswissenschaft ist das offizielle Mitteilungsblatt der Deutschen Gesellschaft für Erziehungswissenschaft. Die Zeitschrift trägt den Informationsaustausch innerhalb der Gesellschaft und fördert die Diskussion über die Entwicklung des Faches.

femina politica
Zeitschrift für feministische Politik-Wissenschaft

femina politica ist die einzige Zeitschrift für feministische Politik-Wissenschaft im deutschsprachigen Raum. Sie wendet sich an politisch und politikwissenschaftlich Arbeitende, die den Gender-Aspekt bei ihrer Arbeit berücksichtigen. *femina politica* analysiert und kommentiert tagespolitische und politikwissenschaftliche Themen aus feministischer Perspektive, berichtet über Forschungsergebnisse, Projekte, Tagungen und einschlägige Neuerscheinungen.

Gesellschaft. Wirtschaft. Politik (GWP)
Sozialwissenschaften für politische Bildung

GWP ist die älteste Fachzeitschrift in der Bundesrepublik für Studium und Praxis des sozialwissenschaftlichen Unterrichts. Als sozialwissenschaftliches Magazin ist sie der Aktualität wie dem Grundsätzlichen verpflichtet, der sorgfältigen Fundierung wie der lebendig wechselnden Stilistik.
GWP finden Sie im Interent unter www.gwp-pb.de

Politics, Culture and Socialization

Politics, Culture and Socialization is a new quarterly, comprising some 480 pages per year. The journal pulbishes new and significatn work in all areas of political socialization in order to achieve a better scientific understanding of the origins of political behavior and orientations of individuals and groups.

Weitere Informationen unter www.budrich-verlag.de